高等学校土木工程学科专业指导委员会规划教材

（按高等学校土木工程本科指导性专业规范编写）

路 基 工 程

（铁道工程专业方向适用）

刘建坤	岳祖润	主　编
曾巧玲	副主编
沈宇鹏	王天亮	田亚护	参　编
方　焘	冯瑞玲	张　彧
罗　强	主　审

中国建筑工业出版社

图书在版编目(CIP)数据

路基工程/刘建坤,岳祖润主编. —北京:中国建筑工业出版社,2015.8(2025.1重印)
高等学校土木工程学科专业指导委员会规划教材(按高等学校土木工程本科指导性专业规范编写)(铁道工程专业方向适用)
ISBN 978-7-112-18328-9

Ⅰ.①路… Ⅱ.①刘…②岳… Ⅲ.①铁路路基-铁路施工-高等学校-教材 Ⅳ.①U213.1

中国版本图书馆 CIP 数据核字(2015)第 175857 号

本书根据高等学校土木工程学科专业指导委员会制定颁布的《高等学校土木工程本科指导性专业规范》编写,介绍了铁路路基工程的最新建设理论和技术,全书共 11 章,主要内容包括:一般路基设计、路基填土的压实与填筑质量控制、路基受力与变形、铁路路基后沉降控制及基底处理技术、路基与其他建筑物的连接、路基排水和防护、路基边坡稳定性分析、路基支挡结构设计、复杂地带路基、特殊土地区路基、土工合成材料在路基工程中的应用等。

本书可作为土木工程、交通运输工程、铁道工程、城市轨道交通工程等专业方向的教材,也可供从事路基工程设计与施工的工程技术人员参考使用。

为支持本课程教学,作者制作了配套的教学课件,请需要的老师发送邮件至:jiangongkejian@163.com 免费索取。

责任编辑:王 跃 吉万旺
责任设计:陈 旭
责任校对:刘 钰 关 健

高等学校土木工程学科专业指导委员会规划教材
(按高等学校土木工程本科指导性专业规范编写)

路 基 工 程
(铁道工程专业方向适用)

刘建坤 岳祖润 主 编
曾巧玲 副主编

沈宇鹏 王天亮 田亚护
方 素 冯瑞玲 张 彧 参 编

罗 强 主 审

*
中国建筑工业出版社出版、发行(北京西郊百万庄)
各地新华书店、建筑书店经销
北京科地亚盟排版公司制版
建工社(河北)印刷有限公司印刷
*

开本:787×1092毫米 1/16 印张:20 字数:418千字
2016 年 2 月第一版 2025 年 1 月第四次印刷
定价:**48.00**元
ISBN 978-7-112-18328-9
(35604)

本系列教材编审委员会名单

主　　　任：李国强

常务副主任：何若全　沈元勤　高延伟

副　主　任：叶列平　郑健龙　高　波　魏庆朝　咸大庆

委　　　员：（按拼音排序）

陈昌富　陈德伟　丁南宏　高　辉　高　亮　桂　岚
何　川　黄晓明　金伟良　李　诚　李传习　李宏男
李建峰　刘建坤　刘泉声　刘伟军　罗晓辉　沈明荣
宋玉香　王　跃　王连俊　武　贵　肖　宏　徐　蓉
徐秀丽　许　明　许建聪　杨伟军　易思蓉　于安林
岳祖润　赵宪忠

组织单位：高等学校土木工程学科专业指导委员会
　　　　　中国建筑工业出版社

出 版 说 明

　　近年来，高等学校土木工程学科专业教学指导委员会根据其研究、指导、咨询、服务的宗旨，在全国开展了土木工程学科教育教学情况的调研。结果显示，全国土木工程教育情况在 2000 年以后发生了很大变化，主要表现在：一是教学规模不断扩大，据统计，目前我国有超过 400 余所院校开设了土木工程专业，有一半以上是 2000 年以后才开设此专业的，大众化教育面临许多新的形势和任务；二是学生的就业岗位发生了很大变化，土木工程专业本科毕业生中 90% 以上在施工、监理、管理等部门就业，在高等院校、研究设计单位工作的本科生越来越少；三是由于用人单位性质不同、规模不同、毕业生岗位不同，多样化人才的需求愈加明显。土木工程专业教指委根据教育部印发的《高等学校理工科本科指导性专业规范研制要求》，在住房和城乡建设部的统一部署下，开展了专业规范的研制工作，并于 2011 年由中国建筑工业出版社正式出版了土建学科各专业第一本专业规范——《高等学校土木工程本科指导性专业规范》。为紧密结合此次专业规范的实施，土木工程教指委组织全国优秀作者按照专业规范编写了《高等学校土木工程学科专业指导委员会规划教材（专业基础课）》。本套专业基础课教材共 20 本，已于 2012 年底前全部出版。教材的内容满足了建筑工程、道路与桥梁工程、地下工程和铁道工程四个主要专业方向核心知识（专业基础必需知识）的基本需求，为后续专业方向的知识扩展奠定了一个很好的基础。

　　为更好地宣传、贯彻专业规范精神，土木工程教指委组织专家于 2012 年在全国二十多个省、市开展了专业规范宣讲活动，并组织开展了按照专业规范编写《高等学校土木工程学科专业指导委员会规划教材（专业课）》的工作。教指委安排了叶列平、郑健龙、高波和魏庆朝四位委员分别担任建筑工程、道路与桥梁工程、地下工程和铁道工程四个专业方向教材编写的牵头人。于 2012 年 12 月在长沙理工大学召开了本套教材的编写工作会议。会议对主编提交的编写大纲进行了充分的讨论，为与先期出版的专业基础课教材更好地衔接，要求每本教材主编充分了解前期已经出版的 20 种专业基础课教材的主要内容和特色，与之合理衔接与配套、共同反映专业规范的内涵和实质。此次共规划了四个专业方向 29 种专业课教材。为保证教材质量，系列教材编审委员会邀请了相关领域专家对每本教材进行审稿。

　　本系列规划教材贯彻了专业规范的有关要求，对土木工程专业教学的改革和实践具有较强的指导性。在本系列规划教材的编写过程中得到了住房和城乡建设部人事司及主编所在学校和单位的大力支持，在此一并表示感谢。希望使用本系列规划教材的广大读者提出宝贵意见和建议，以便我们在重印再版时得以改进和完善。

高等学校土木工程学科专业指导委员会
中国建筑工业出版社
2014 年 4 月

前　　言

　　本书是为普通高等院校土木类专业开设铁道工程相关课程的需要而编写的一本教材，主要介绍一般铁路路基设计，高速铁路路基设计，路基填土的压实原理，路基受力与变形，路基沉降计算与基底处理，路基与其他结构物的连接，路基排水及防护，路基边坡稳定性分析，路基支挡结构，特殊土及复杂条件下路基，土工合成材料在路基中的应用等。

　　全书由刘建坤、岳祖润主编。来自北京交通大学、石家庄铁道大学、华东交通大学、兰州交通大学的教师们参与了编写。其中绪论部分及第 2、3 章由北京交通大学刘建坤、曾巧玲编写；第 1 章 1.1 和 1.2 节由曾巧玲编写，1.3 节由石家庄铁道大学王天亮、岳祖润编写；第 4 章及 9.4、9.5、10.1、10.2 节由北京交通大学沈宇鹏编写；第 5 及第 7 章由华东交通大学方焘编写；第 6 章由王天亮、岳祖润编写；第 8 章由曾巧玲编写；第 9 章 9.1、9.2、9.3 节及第 10 章 10.5 节由北京交通大学田亚护编写；10.3 由北京交通大学冯瑞玲编写；10.4 节由兰州交通大学张彧编写；10.6 节和 10.7 节由王天亮编写；第 11 章由曾巧玲、杨广庆（石家庄铁道大学）编写。

　　全书由刘建坤、岳祖润统稿，西南交通大学罗强主审。

　　本书编写过程中参考了大量文献，对其作者们表示衷心的感谢。

　　本次重印在总结中山大学、北京交通大学、石家庄铁道大学以及南京工业大学等单位本教材使用情况的基础上，修改了教学过程中发现的缺点和错误。

　　敬请阅读本教材的老师和同学们提出宝贵意见并发至：liujiank@mail.sysu.edu.cn。

编者

2020 年 5 月于中山大学

目　　录

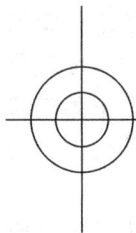

绪　论

一、路基工程的主要内容及特点

铁路路基是轨道的基础，是经过开挖或填筑而形成的土工建筑物，其主要作用是满足轨道的铺设、承受轨道和列车产生的荷载、提供列车运营的必要条件。在纵断面上，路基必须保证线路需要的高程；在平面上，路基与桥梁、隧道连接组成完整贯通的线路。

路基工程的主要内容包括路基本体工程、路基防护工程、路基排水工程、路基支挡和加固工程以及由于修筑路基可能引起的改河、改沟等配套工程，还有针对复杂地带和特殊土地区的路基特殊设计，用于路基加固的土工合成材料的应用更是路基工程的主要发展前景。

路基作为一种线性结构物工程承受路面车辆和人行荷载，具有以下一些特点：

（一）材料复杂。路基工程主要以岩土体为材料，受各种自然力作用，在不同的地质环境及地质年代中发生复杂的物理化学变化，其力学性质具有极大的不确定性，土的成因、成分、颗粒大小、级配、结构不同，其力学性质就会明显不同，在计算路基变形和稳定性分析中所用的参数就会不同。因此能否正确确定土的应力应变关系和计算参数，能否正确预报路基的变形是路基设计计算的关键。

（二）路基受环境影响大。路基完全暴露在大自然中，很容易受到气候、水和四季温度变化的影响。如膨胀土路基干缩湿胀会引起边坡破坏；北方地区路基受寒冷气候的影响会引起冻胀；黄泛区粉土路基经常由于雨水的影响而遭受潜蚀破坏；西北一些地区的路基容易受到风蚀、沙埋等。

（三）路基同时承受动、静荷载的作用。路基上的轨道或路面结构以及附属结构物产生静荷载，运行的列车或车辆产生动荷载。动荷载是产生路基病害的重要原因。行驶在轨道或路面上的车辆，通过车轮把荷载传给轨道或路面，由轨道或路面传给路基，在路基内部产生应力、应变及位移。如果路基结构整体或某一组成部分的材料强度或抗变形能力不足以抵抗这些应力、应变及位移，则轨道或路面结构会出现沉陷，表面会出现不平顺，使路况恶化，服务水平下降。因此，要求路基结构具有与行车荷载相适应的承载能力。

结构承载能力包括强度与刚度两方面。路基结构层应具有足够的刚度，使得在车轮荷载作用下不发生过量的变形，保证不发生不平顺病害。

（四）路基的稳定性不易维持。在天然地表面建造的路基结构物改变了自然的平衡，在达到新的平衡状态之前，路基结构物处于一种暂时的不稳定状态。新建的路基结构裸露在大气之中，经常受到大气温度、降水与湿度变化的影响，结构物的物理、力学性质将随之发生变化，处于另外一种不稳定状态。路基结构能否经受这种不稳定状态而保持工程设计所要求的几何形态及物理力学性质，称为路基结构的稳定性。

在地表上开挖或填筑路基，必然会改变原地面地层结构的受力状态。原来处于稳定状态的地层结构，有可能由于填挖筑路而引起不平衡，导致路基失稳。如在软土地层上修筑高路堤，或者在岩质或土质山坡上开挖深路堑时，有可能由于软土层承载能力不足，或者由于坡体失去支承，而出现路堤沉落或坡体坍塌破坏。路线如选在不稳定的地层上，则填筑或开挖路基会引发滑坡或坍塌等病害出现。因此在选线、勘测、设计、施工中应密切注意，并采取必要的工程措施，以确保路基有足够的稳定性。

大气降水使得路基结构内部的湿度状态发生变化，低洼地带路基排水不良，长期积水，会使得矮路堤软化，失去承载能力。山坡路基，有时因排水不良，会引发滑坡或边坡滑塌。因此，防水、排水是确保路基稳定的重要方面。

在严重冰冻地区，低温引起路基的不稳定是多方面的，低温会引起路基收缩裂缝，地下水源丰富的地区，低温会引起冻胀，路基上面的路面结构也随之发生断裂。春天融冻季节，在交通繁重的路段，有时引发翻浆，使路基路面发生严重的破坏。

（五）路基的使用年限长。路基工程投资昂贵，从规划、设计、施工至建成通车需要较长的时间，对于这样的大型工程都应有较长的使用年限，一般的道路、铁道工程使用年限至少数十年，因此路基工程应具有耐久性。

路基的稳定性可能在长期经受自然因素的侵袭后逐年削弱，因此，提高路基的耐久性，保持其强度、刚度、几何形态经久不衰，除了精心设计、精心施工、精选材料之外，要把长年的养护、维修工作放在重要的位置。

二、影响路基稳定性的因素

路基是一种线性结构物，具有线路长、与大自然接触面广的特点，其稳定性在很大程度上由当地自然条件所决定。路基的稳定性与下列因素有关：

（一）地理条件

公路沿线的地形、地貌和海拔高度不仅影响路线的选定，也影响到路基的设计。平原、丘陵、山岭各区地势不同，路基的水温情况也不同。平原区地势平坦、排水困难、地表易积水、地下水位相应较高，因而路基需要保持一定的最小填土高度，路面结构层应选择水稳定性良好的材料，并采取一定的结构排水设施；丘陵区和山岭区，地势起伏较大，路基排水设计至关重要，否则会导致稳定性下降，出现破坏现象，影响路基路面的稳定性。

（二）地质条件

沿线的地质条件，如岩石的种类、成因、节理，风化程度和裂隙情况，岩石走向，倾向、倾角、层理和岩层厚度，有无夹层或遇水软化的夹层以及有无断层或其他不良地质现象（岩溶、冰川、泥石流、地震等）都对路基的稳定性有一定的影响。

（三）气候条件

气候条件如气温、降水、湿度、冰冻深度、日照、蒸发量、风向、风力等都会影响线路沿线地面水和地下水的状况，并且影响到路基的水温情况。

在一年之中，气候有季节性的变化，因此路基的水温情况也随之变化。气候还受地形的影响，例如山顶与山脚、山南坡与山北坡气候有很大的差别，这些因素都会严重影响路基的稳定性。

（四）水文和水文地质条件

水文条件是指如线路沿线地表水的排泄，河流洪水位、常水位，有无地表积水和积水时期的长短，河岸的淤积情况等。水文地质条件是指如地下水位、地下水移动的规律，有无层间水、裂隙水、泉水等。所有这些地面水及地下水都会影响路基的稳定性，如果处理不当，常会引起各种病害。

（五）土的类别

土是建筑路基的基本材料，不同的土类具有不同的工程性质，因而将直接影响路基的强度与稳定性。

不同的土类含有不同粒径的土颗粒，砂粒成分多的土，强度构成以内摩擦力为主，强度高，受水的影响小，但施工时不易压实。较细的砂，在渗流情况下，容易流动，形成流砂。黏粒成分多的土，强度形成以黏聚力为主，其强度随密实程度的不同变化较大，并随湿度的增大而降低。粉土类土毛细现象强烈，路基的强度和承载力随着毛细水上升、湿度增大而下降，在负温度坡差作用下，水分通过毛细作用移动并积聚，使局部土层湿度大幅度增加，造成路基冻胀，最后导致路基翻浆，路面结构层断裂等各种破坏。

三、对路基工程的基本要求

为了保证铁路最大限度地满足车辆运行的要求，提高车速，增强安全性和舒适性，降低运输成本和延长线路使用年限，根据路基工程的特点，路基除断面尺寸应符合设计标准外，还应满足如下要求：

1. 路基必须具有足够的整体稳定性

路基建成后，改变了原来地面的天然平衡状态。在土质不良地区，修筑路基则可能加剧原地面的不平衡状态；开挖路堑使两侧边坡土体失去支承力，可能导致边坡溜坍或滑坡；天然坡面特别是陡坡面上的路堤，可能因自重而下滑。对于上述种种情况，都必须因地制宜地采取一定措施来保证路基的整体稳定性。

2. 路基必须具有足够的强度和刚度

强度和刚度是两个不同的力学特性，两者既有区别，又有联系。强度是指路基抵抗应力作用和避免破坏的能力，刚度则是指路基抵抗变形的能力。

为防止路基在车辆荷载及各种自然因素作用下发生破坏与失稳，同时给轨道或路面提供一个坚实的基础，必须针对具体情况，采取一定的措施来保证路基具有足够的强度。同时，为保证路基在荷载作用下，不致产生超过允许范围的变形，同时要求路基应具有一定的刚度。

3. 路基必须具有足够的水热稳定性

路基在地表水和地下水作用下，其强度会降低。特别是在季节性冰冻地区，由于周期性的冻融作用，在水和负温度共同作用下，土体会发生冻胀，造成轨面或路面变形，春融期局部土层过湿软化，路基强度急剧下降。因此，不仅要求路基要有足够的刚度和强度，而且还应保证在最不利的水热条件下，路基不致冻胀和在春融期强度不致发生显著降低，这就要求路基应具有足够的水热稳定性。

四、路基工程发展与展望

长期以来，我国铁路建设中没有把路基作为一种土工结构物对待，而普遍冠名土石方，致使早期建成的线路路基没有根据受力情况对基床部分的填料和结构进行专门设计，路基填料质量不好，导致基床翻浆冒泥、下沉，边坡坍滑，滑坡等路基病害。如黄泛区粉土路基经常遭遇水害；北方一些地区的铁路和公路路基由于填筑了一些冻胀敏感性土，冬期产生冻胀，春期产生翻浆，给线路正常运营造成危害。这些情况影响着铁路的正常运营以及后续的重载和提速，制约着铁路发展。目前对既有铁路路基的评价与加固，是铁路提速建设必须进行的重要工作。

近年来由于不断的新线建设，既有线提速和高速铁路的建设，使路基工程得到了突飞猛进的发展，从对路基重视的程度，设计思路的转变到新材料、新技术的应用方面都有充分的体现。路基已经作为一种土工结构物来进行专门的设计、研究。一般路基的设计、路基附属结构的设计已经普遍采用计算机辅助方法。随着大面积的提速和高速铁路的建设，路基设计的指导思想从单纯按照强度设计发展到按照变形设计，提出了工后沉降的严格要求。对于路基与其他建筑物连接处开始给予充分的重视，即把路基的纵向平顺性作为一种目标在设计中贯穿，对于路桥过渡、路堤路堑的过渡以及隧道入口等部位进行专门的设计。路基断面结构各个部位的材料的选择和尺寸的确定已经按照动载荷作用的水平和动、静变形进行合理的设计。实验技术有飞跃，20世纪50年代、80年代一直到90年代我国进行了为数不多的中等速度及准高速的路基动态测试，21世纪初进行了时速超过300km的大量动态测试，为高速铁路的路基基础理论奠定了基础，也为路基设计标准的制定提供了依据。同时也针对路基开发出大型分析软件。施工质量控制方面由最初的单指标控制发展到现在的多指标控制，尤其是基床等填料的选择有了明确的指标要求，与以前相比有了质的飞跃。全国范围的既有线路的提速促进了其路基状态的评价方法与加固技术的发展。新材料得到了大量应用，土工合成材料（土工格栅、土工格室、土工布、土工膜、工业保温材料如EPS、XPS等）在路基支挡结构、排水设施、基底处理、特殊土路基等方面得到了大量应用。现场监测技术得到了很大发展，从青藏铁路开始将路基作为一种土工结构物进行长期监测。路基与环境的关系在路基工程中得到了前所未有的重视。生物工程方法补强路基得到了应用。

我国交通建设正处在一个大发展的阶段，路基工程的设计理论和建设技术将会在实践中得到大幅度的提高。

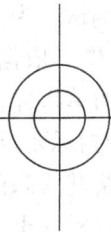

第1章
一般路基设计

本章知识点

【知识点】本章主要介绍路基横断面的主要组成部分以及这些组成部分的几何尺寸要求。

【重　点】重点掌握基床表层和底层的设计以及填料的分类。

【难　点】填料的分类内容较多而复杂，是理解的难点。

1.1 一般铁路路基设计

1.1.1 路基横断面形式

路基横断面是指垂直线路中心线截取的截面。路基的断面形式、构造尺寸、各部分组成和主要设备均可从路基的横断面图上得到反映，路基横断面图是路基设计的主要文件之一。路基横断面的基本形式有下面几种：

1. 路堤

当路基面高于天然地面时，路基以填筑方式构成，这种形式的路基称为路堤，如图1-1（a）所示。

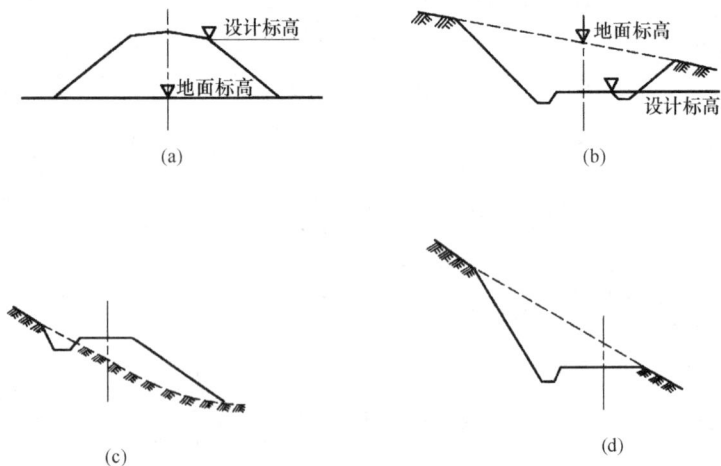

图 1-1　路基断面形式（一）

（a）路堤；（b）路堑；（c）半路堤；（d）半路堑

图 1-1 路基断面形式（二）
（e）半路堤半路堑；（f）不填不挖路基

2. 路堑

当路基面低于天然地面时，路基以开挖方式构成，这种形式的路基称为路堑，如图 1-1（b）所示。

3. 半路堤

当天然地面横向倾斜，路基面边线和天然地面相交时，路堤体在地面和路基面相交线以上部分无填筑工程量，这种路堤称为半路堤，如图 1-1（c）所示。

4. 半路堑

当天然地面横向倾斜，路堑路基面的一侧无开挖工作量时，这种路基称为半路堑，如图 1-1（d）所示。

5. 半路堤半路堑

当天然地面横向倾斜，路基一部分以填筑方式构成而另一部分以开挖方式构成时，这种路基称为半路堤半路堑，如图 1-1（e）所示。

6. 不填不挖路基或零断面

当路基的路基面和经过清理后的天然地基面平齐，路基无填挖土方时，这种路基称为不填不挖路基；或者如果经过换填后的路基面与天然地基面在一个水平面上，称为零断面，如图 1-1（f）所示。

1.1.2 路基横断面基本组成及设计

路基横断面主要由路基本体和路基附属结构两大部分组成。其中路基本体是为了能按线路设计要求铺设轨道而构筑的部分，包括路基面、路肩、填料、基床、边坡、路基基底等部位，如图 1-2 所示。路基附属结构是为确保路基本体的稳固性而采用的必要的附属工程措施，包括排水设施和路基防护措施。

路基横断面的设计主要内容如下。

1. 路基面

为了轨道的铺设而设置的作业面，称为路基顶面或简称路基面。在路堤中路基面即为路堤堤身的顶面，也称路堤顶面；在路堑中，路基面即为堑体开挖后形成的构造面。为了便于排水，路基面的形状应该设计为三角形路拱，由路基中心线向两侧设 4% 的人字排水坡，使雨水能够尽快排出，避免路基面积水使土浸湿软化，保证路基土体的稳定。一般这样形成的单线路基的路拱高约 0.15m，一次修筑双线路基的路拱高约 0.2m，如图 1-3 所示。曲线加宽时，路拱仍保持三角形。

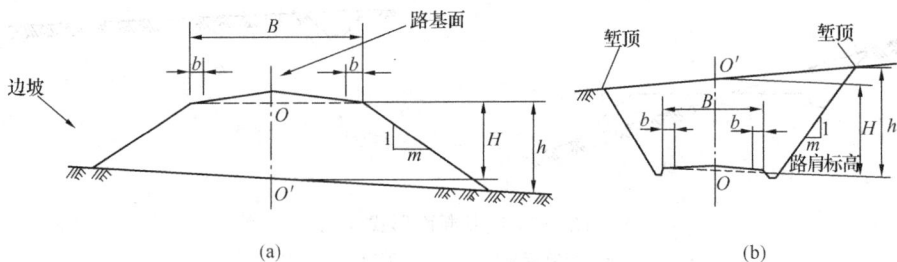

图 1-2 路基本体

(a) 路堤；(b) 路堑

B—路基宽度；b—路肩；H—路基中心高；h—路基边坡高

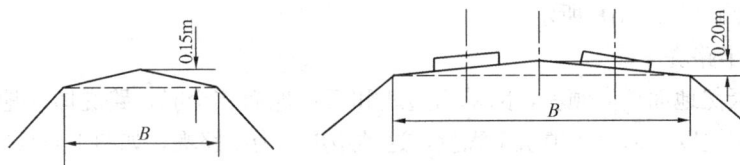

图 1-3 单、双线路基面形状示意图

在单线铁路（或双线铁路并行，并行等高地段）中，硬质岩石路堑及基床表层为级配碎石或级配砾石的路基，由于路肩宽度不同，道砟厚度不同，导致路肩高程不同，其路肩高程应高于土质路堤的路肩高程，高出尺寸 Δh 按照按下式计算：

$$\Delta h = (h - h') + (B - B')/2 \times 0.04 \tag{1-1}$$

式中 h——土质路基直线地段的标准道床厚度（m）；

B——土质路基直线地段的标准路基面宽度（m）；

h'——硬质岩石路堑及基床表层为级配碎石或级配砾石的路基的道床厚度（m）；

B'——硬质岩石路堑及基床表层为级配碎石或级配砾石路基直线地段的标准路基面宽度（m）。

站场内路基面的形状可根据站内股道数目的多少选用单坡形、人字坡或锯齿形，路基面的横向排水坡度为 2‰～4‰，并在低谷处设置排水设备，如图 1-4 所示。

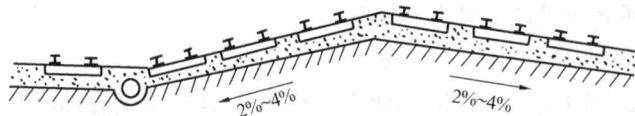

图 1-4 站场多股道路基顶面图

不同填料的基床表层衔接时，应设长度不小于 10m 的渐变段，如图 1-5 所示。渐变段应在路肩设计高程较高的段内逐渐顺坡至路肩设计高程较低处。渐变段的基床表层应采用相邻填料中较好的填料填筑。双线铁路中并行等高地段与局部单线地段连接时，应在局部单线地段内逐渐顺坡至并行等高地段，其顺坡长度要大于 10m。

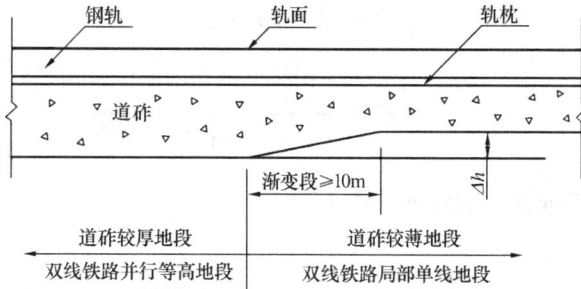

图 1-5 不同填料的基床表层衔接方法

2. 路基面宽度

路基面宽度等于道床覆盖的宽度加上两侧路肩的宽度之和。区间路基面宽度应根据列车设计运行速度、远期采用的轨道类型、正线数目、线间距、曲线加宽、路肩宽度、养路形式、接触网立柱的设置位置等由计算确定，需要时还要考虑光缆、电缆及声屏障基础的设置。

路肩宽度对于线路的维护和路基边坡的稳定性有重要影响。路肩宽度大，有利于维修作业的开展，也有利于路基边坡的稳定，当然工程造价也越大。《铁路路基设计规范》TB 10001—2005 规定了时速 160km/h 以内Ⅰ、Ⅱ级线路的路肩宽度为：路堤不应小于 0.8m，路堑不应小于 0.6m。

对于有特殊要求的线路和各种非标准轨距的线路等，则可建立公式对路基面宽度进行计算，以满足特定道床覆盖宽度和所需路肩宽度的要求。路基面宽度的计算公式如下：

(1) 单线标准路基面宽度 (图 1-6)

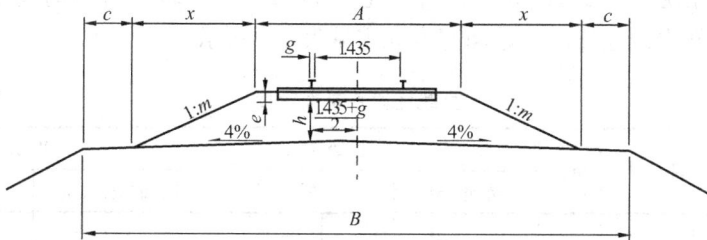

图 1-6 单线铁路直线地段标准路基面宽度

B——路基面宽度（m）；

A——单线地段道床顶面宽度（m）；

m——道床边坡坡宽；轻型轨道为 1.5，其余为 1.75；

h——钢轨中心的轨枕底以下的道床厚度（m）；

e——轨枕埋入道砟深度；Ⅲ型钢筋混凝土轨枕为 0.185m，Ⅱ型钢筋混凝土轨枕为 0.165m；

g——轨头宽度（m）；75kg/m 轨为 0.075m，60kg/m 轨为 0.073m，50kg/m 轨为 0.07mm；

c——路肩宽度（m）：路堤 0.8m，路堑 0.6m；

x——砟肩至砟脚的水平距离。

$$B = A + 2x + 2c$$

$$x = \frac{h + \left(\dfrac{A}{2} - \dfrac{1.435 + g}{2}\right) \times 0.04 + e}{\dfrac{1}{m} - 0.04} \tag{1-2}$$

（2）双线标准路基面宽度（图1-7）

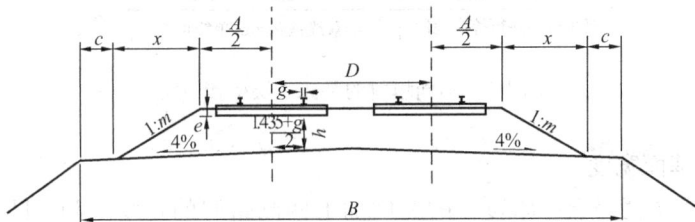

图1-7 双线标准路基面宽度

$$B = 2\left(c + x + \frac{A}{2}\right) + D \tag{1-3}$$

$$x = \frac{h + \left(\dfrac{A}{2} + \dfrac{1.435 + g}{2}\right) \times 0.04 + e}{\dfrac{1}{m} - 0.04}$$

式中　D——双线的线间距，旅客列车设计行车速度160km/h时为4.2m，旅客列车设计行车速度小于160km/h时为4.0m；

　　　　h——靠近路基面中心侧的钢轨中心处轨枕底以下的道床厚度（m）。

（3）区间直线地段路基面宽度

一般情况下，《铁路路基设计规范》TB 10001—2005针对时速160km/h以内的区间直线地段的路基面宽度规定见表1-1所示。

直线地段路基面宽度　　　　　　　　　　表1-1

项　目			单位	Ⅰ 级 铁 路						Ⅱ 级 铁 路		
				特 重 型		重 型			次重型	次重型	中型	轻型
旅客列车设计行车速度 v			km/h	160	120≤v<160	160	120<v<160	120	120	80≤v≤120	80≤v≤100	80
双线线间距			m	4.2	4.0	4.2	4.0	4.0	4.0	4.0	4.0	4.0
道床顶面宽度			m	3.5	3.5	3.4	3.4	3.4	3.3	3.3	3.0	2.9
基床表层类型	土质	道床厚度	m	0.5	0.5	0.5	0.5	0.5	0.45	0.45	0.40	0.35
		单线 路堤	m	7.9	7.9	7.8	7.8	7.8	7.5	7.5	7.0	6.3
		单线 路堑	m	7.5	7.5	7.4	7.4	7.4	7.1	7.1	6.6	5.9
		双线 路堤	m	12.3	12.1	12.2	12	12	11.7	11.7	11.2	10.5
		双线 路堑	m	11.9	11.7	11.8	11.6	11.6	11.3	11.3	10.8	10.1
	硬质岩石	道床厚度	m	0.35	0.35	0.35	0.35	0.35	0.3	0.3	0.3	0.25
		单线路堑	m	6.9	6.9	6.8	6.8	6.8	6.5	6.5	6.2	5.7
		双线路堑	m	11.3	11.1	11.2	11	11	10.7	10.7	10.4	9.9

项　　目		单位	Ⅰ级铁路					Ⅱ级铁路		
			特重型	重　型			次重型	次重型	中型	轻型
基床表层类型 级配碎石或级配砂砾石	道床厚度	m	0.3	0.3	0.3	0.3	—	—	—	—
	单线 路堤	m	7.1	7.1	7	7	—	—	—	—
	单线 路堑	m	6.7	6.7	6.6	6.6	—	—	—	—
	双线 路堤	m	11.5	11.3	11.4	11.2	—	—	—	—
	双线 路堑	m	11.1	10.9	11.0	10.8	—	—	—	—

注：1. 特重型、重型轨道的路基面宽度为无缝线路轨道、Ⅲ型混凝土枕的标准值，对 $v=120\mathrm{km/h}$ 的重型轨道；当采用无缝线路轨道和Ⅱ型混凝土枕时，路基面宽度应减小 0.1m；当采用有缝线路轨道和Ⅱ型或Ⅲ型混凝土枕时，路基面宽度应减小 0.3m；
　　2. 次重型轨道的路基面宽度为无缝线路轨道、Ⅱ型混凝土枕的标准值，当采用有缝线路轨道时，路基面宽度应减小 0.2m；
　　3. 中型、轻型轨道的路基面宽度为有缝线路轨道、Ⅰ型混凝土枕的标准值；
　　4. 采用大型养路机械的电气化铁路，当接触网的立柱设在路肩上时，直线地段路基面宽度应满足以下标准；单线铁路不小于 7.7m；双线铁路 160km/h 地段不小于 11.9m（其他不小于 11.7m）。

（4）区间曲线地段的路基面加宽

在曲线地段，由于曲线轨道的外轨设置超高、外侧道床加厚、道床坡脚外移，故曲线外侧的路基面应予加宽，其加宽值可按各级铁路的最大允许超高度计算确定。曲线外侧路基面的加宽量应在缓和曲线范围内线性递减。我国现行的《铁路路基设计规范》TB 10001—2005 中规定的区间单线曲线地段，路基面加宽值见表 1-2 所示。

表中加宽值是按照Ⅰ级铁路最高行车速度 160km/h，Ⅱ级铁路最高行车速度 120km/h，Ⅲ级铁路最高行车速度 100km/h 计算的。计算轨面超高值根据最高行车速度，按《铁路线路设计规范》TB 10001—2005 条文说明中超高上界值选用，均不超过 150mm 的最大超高值。

双线和多线曲线地段路基面宽度除按表 1-2 规定的数值加宽外，还应根据双线线间距、外轨超高度、道床宽度及其坡度、路拱形状等计算确定，确保规定的安全行车空间所需的线间距加宽值。双线曲线地段线间距加宽原因是当两线列车交会时，外线车辆中部向内偏移而内线车辆两端向外偏移，使行车安全空间被压缩；若外线超高值大于内线超高值，则两线上行驶的车辆顶部相互靠近，也减少了行车安全空间。

普通时速列车曲线地段路基面加宽值　　　　表 1-2

铁路等级	旅客列车设计行车速度	曲线半径 R（m）	路基面外侧加宽值（m）
Ⅰ级铁路	160km/h	1600≤R≤2000	0.4
		2000<R<3000	0.3
		3000≤R<10000	0.2
		R≥10000	0.1
	140km/h	1200≤R≤1400	0.4
		1400<R<2000	0.3
		2000≤R≤6000	0.2
		R>6000	0.1

12

铁路等级	旅客列车设计行车速度	曲线半径 R（m）	路基面外侧加宽值（m）
Ⅰ、Ⅱ级铁路	120km/h	$800{\leqslant}R{<}1200$	0.4
		$1200{\leqslant}R{<}1600$	0.3
		$1600{\leqslant}R{<}5000$	0.2
		$R{\geqslant}5000$	0.1
Ⅱ级铁路	100km/h	$600{\leqslant}R{<}800$	0.4
		$800{\leqslant}R{<}1200$	0.3
		$1200{<}R{<}4000$	0.2
		$R{\geqslant}4000$	0.1
	80km/h	$500{\leqslant}R{\leqslant}600$	0.3
		$600{<}R{\leqslant}1800$	0.2
		$R{>}1800$	0.1

　　区间曲线地段路基面加宽值是按照Ⅰ级铁路最高行车速度 160km/h，Ⅱ级铁路最高行车速度 100km/h 计算的。计算轨面超高值根据最高行车速度，按《铁路线路设计规范》TB 10001—2005 条文说明中超高上界值选用，均不超过 150mm 的最大超高值。

　　由图 1-8 可知曲线地段路基面外侧的加宽值为：

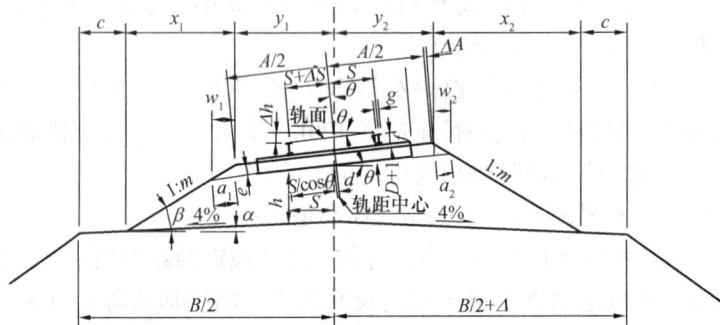

图 1-8　曲线地段路基的加宽

$$\Delta = (y_2 + x_2 + c) - \frac{B}{2} \tag{1-4}$$

$$d = (f + D + I)\tan\theta$$

道砟顶面上轨枕中垂线至铁路中心线的距离为：

$$\Delta d = \frac{d(f + D + I - e)}{f + D + I}$$

$$a_2 = \frac{e}{\tan(\beta + \theta)}$$

$$w_2 = \sqrt{a_2^2 + e^2} \times \cos\beta$$

$$y_2 = \left(\frac{1}{2} \times A + \Delta A + \Delta d\right)\cos\theta$$

由式 $h+S(\tan\theta-\tan\alpha)=(x_2-w_2)(\tan\beta-\tan\alpha)-\left(d+\dfrac{1}{2}\times A+\Delta A+a_2\right)\cos\theta$ $(\tan\theta+\tan\alpha)$ 得

$$x_2=\frac{h+S(\tan\theta-\tan\alpha)+\left(d+\dfrac{1}{2}\times A+\Delta A+a_2\right)\cos\theta(\tan\theta+\tan\alpha)}{\tan\beta-\tan\alpha}+w_2$$

式中　S——轨面上外轨轨头中心至轨枕中垂线与铁路中心线相交处的距离（m），$S=0.5\times(1.435+g)$；

　　　g——钢轨头部宽度（m）。

3. 路肩

路基面两侧自道床坡角至路基面边缘的部分称为路肩。其作用是保护轨道以下的路基土体，防止其在列车动荷载作用下侧向挤动；防止路基面边缘部分的土体稍有塌落时，影响轨道道床的完整状态。一般路堤浸水后边坡部分土质软化，在自重与列车产生的振动加速度的共同作用下，容易发生边坡浅层坍滑。路肩较宽时，即使边坡发生坍滑，也不影响路堤的承载部分，从而可使因边坡坍滑而影响列车正常运行的事故大幅度减少。在线路养护维修作业中，它是线路器材存放处和辅助工作面。铁路线路的标志，信号设备和一些通信、电力及给水设施也都设置在路肩上或设槽埋置在路肩下。在线路设计中，路基的设计高程以路肩边缘的高程表示，称为路肩高程。路肩的高程应保证路基不致被洪水淹没，也不致在地下水最高水位时因毛细水上升至路基面而产生冻胀或翻浆冒泥等病害。因此，对路肩高程有一个最小值要求。

当路肩高程受洪水位或潮水位控制时，计算设计水位一般采用的设计洪水频率标准为：Ⅰ、Ⅱ级铁路为 1/100。

滨河、河滩路堤的路肩高程应高出设计水位加壅水高（包括河道卡口或建筑物造成的壅水，河湾水面超高）加波浪侵袭高或斜水流局部冲高，加河床淤积影响高度，再加 0.5m。其中波浪侵袭高与斜水流局部冲高应取二者中之大值，如图 1-9 所示。

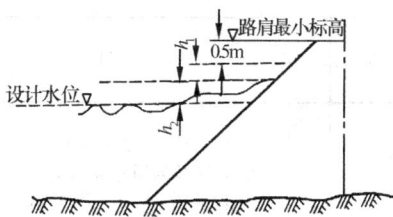

图 1-9　滨河、河滩路堤的路肩高程
h_1—波浪侵袭高；h_2—壅水高

水库路基的路肩高程，应高出设计水位加波浪侵袭高加壅水高（包括水库回水及边岸壅水），再加 0.5m。当按规定洪水频率计算的设计水位低于水库正常高水位时，应采用水库正常高水位作为设计水位。

未设防浪胸墙的滨海路堤，其路肩高程应高出设计高潮水位加波浪侵袭高（波浪爬高）加不小于 0.5m 的安全高度；当路堤顶设有防浪胸墙时，路肩高程应高出设计高潮水位以上不小于 0.5m。

地下水水位和地面积水水位较高地段的路基，其路肩高程应高出最高地下水水位或最高地面积水水位加毛细水强烈上升高度，再加 0.5m。

季节冻土地区路基的路肩高程应高出冻前地下水水位或冻前地面积水水

位，加毛细水强烈上升高度加有害冻胀深度，再加 0.5m。

盐渍土路基的路肩高程应高出最高地下水水位或最高地面积水水位，加毛细水强烈上升高度加蒸发强烈影响深度，再加 0.5m。

通常，路肩的设计高程在线路平纵断面设计时先行确定。在铁路线路工程中，路基面的高程由线路纵断面设计确定，并以路肩高程表示。

4. 路基的填料

用来填筑路基的材料为土，称为路基填料。填料的力学性质的好坏直接影响到路基的变形与稳定，一些工程性质不稳定或者容易受环境影响的土填入路基会引起路基的病害，导致路基失稳或产生超标的变形。如膨胀土填筑的路基容易受水的影响而产生膨胀或收缩，长期的胀缩变化使土体发生松动、变形增加甚至失去稳定性；冻胀敏感性土填筑的路基会在冬期降温后产生冻胀，影响线路的正常运营。好的填料应该不受环境影响，具有可压实性、较强的抗剪强度、较小的压缩性、良好的水稳性和抗冻性，压实后能够很快稳定，不产生变形。所以路基填料的正确选择，是路基填筑质量的重要保证。

根据路基对填筑材料的特殊要求，《铁路路基设计规范》TB10001—2005在一般岩土分类的基础上，对填料进行了详细分类。

一般岩土分类主要按照颗粒粒径大小分为巨粒土、粗粒土和细粒土三大类。路基设计规范根据细粒含量、颗粒的成分、级配和抗风化能力等将其中的巨粒土、粗粒土等粗颗粒土填料分为 A、B、C 组（其中仅有风化的软岩块分为 D 组），具体见表 1-3。

路基填料分类表 表 1-3

一级定名				二级定名			填料分组
类别	名称		说明	细粒含量	颗粒级配	名称	
巨粒土	碎石类土	块石类	硬块石土	粒径大于 200mm 颗粒的质量超过总质量的 50%（不易风化，尖棱状为主）	—	—	硬块石	A
			软块石土	粒径大于 200mm 颗粒的质量超过总质量的 50%（易风化，尖棱状为主）			$R_c > 15$MPa 的不易风化软块石	A
							$R_c \leqslant 15$MPa 的不易风化软块石	B
							易风化的软块石	C
							风化的软块石	D
			漂石土	粒径大于 200mm 颗粒的质量超过总质量的 50%（浑圆或圆棱状为主）	<5%	良好	级配好的漂石	A
						不良	级配不好的漂石	B
					5%~15%	良好	级配好的含土漂石	A
						不良	级配不好的含土漂石	B
					15%~30%	—	土质漂石	B
					>30%	—	土质漂石	C

一 级 定 名			二 级 定 名			填料分组
类别	名称	说明	细粒含量	颗粒级配	名称	
巨粒土	碎石类	卵石土 粒径大于60mm颗粒的质量超过总质量的50%（浑圆或圆棱状为主）	<5%	良好	级配好的卵石	A
				不良	级配不好的卵石	B
			5%~15%	良好	级配好的含土卵石	A
				不良	级配不好的含土卵石	B
			15%~30%	—	土质卵石	B
			>30%	—	土质卵石	C
		碎石土 粒径大于60mm颗粒的质量超过总质量的50%（尖棱状为主）	<5%	良好	级配好的碎石	A
				不良	级配不好的碎石	B
			5%~15%	良好	级配好的含土碎石	A
				不良	级配不好的含土碎石	B
			15%~30%	—	土质碎石	B
			>30%	—	土质碎石	C
粗粒土	碎石类土 砾石类	粗砾土 粗圆砾土 粒径大于20mm颗粒的质量超过总质量的50%（浑圆或圆棱状为主）	<5%	良好	级配好的粗圆砾	A
				不良	级配不好的粗圆砾	B
			5%~15%	良好	级配好的含土粗圆砾	A
				不良	级配不好的含土粗圆砾	B
			15%~30%	—	土质粗圆砾	B
			>30%	—	土质粗圆砾	C
		粗角砾土 粒径大于20mm颗粒的质量超过总质量的50%（尖棱状为主）	<5%	良好	级配好的粗角砾	A
				不良	级配不好的粗角砾	B
			5%~15%	良好	级配好的含土粗角砾	A
				不良	级配不好的含土粗角砾	B
			15%~30%	—	土质粗角砾	B
			>30%	—	土质粗角砾	C
		细圆砾土 粒径大于2mm颗粒的质量超过总质量的50%（浑圆或圆棱状为主）	<5%	良好	级配好的细圆砾	A
				不良	级配不好的细圆砾	B
			5%~15%	良好	级配好的含土细圆砾	A
				不良	级配不好的含土细圆砾	B
			15%~30%	—	土质细圆砾	B
			>30%	—	土质细圆砾	C
		细角砾土 粒径大于2mm颗粒的质量超过总质量的50%（尖棱状为主）	<5%	良好	级配好的细角砾	A
				不良	级配不好的细角砾	B
			5%~15%	良好	级配好的含土细角砾	A
				不良	级配不好的含土细角砾	B
			15%~30%	—	土质细角砾	B
			>30%	—	土质细角砾	C

一级定名				二级定名		填料分组
类别	名称	说明	细粒含量	颗粒级配	名称	
粗粒土	砂类土	砾砂	粒径大于 2mm 颗粒的质量占总质量的 25%～50%	<5%	良好	级配好的砾砂	A
					不良	级配不好的砾砂	B
			5%～15%	良好	级配好的含土砾砂	A
				不良	级配不好的含土砾砂	B
			>15%	—	土质砂砾	B
		粗砂	粒径大于 0.5mm 颗粒的质量超过总质量的 50%	<5%	良好	级配好的粗砂	A
				不良	级配不好的粗砂	B
			5%～15%	良好	级配好的含土粗砂	A
				不良	级配不好的含土粗砂	B
			>15%	—	土质粗砂	B
		中砂	粒径大于 0.25mm 颗粒的质量超过总质量的 50%	<5%	良好	级配好的中砂	A
				不良	级配不好的中砂	B
			5%～15%	良好	级配好的含土中砂	A
				不良	级配不好的含土中砂	B
			>15%	—	土质中砾	B
		细砂	粒径大于 0.075mm 颗粒的质量超过总质量的 85%	<5%	良好	级配好的细砂	B
				不良	级配不好的细砂	C
			5%～15%	—	含土的细砂	C
		粉砂	粒径大于 0.075mm 颗粒的质量超过总质量的 50%	—		粉砂	C

注：1. 颗粒级配分为良好（$C_u \geqslant 5$，并且 $C_c = 1 \sim 3$）和不良（$C_u < 5$，或 $C_c \neq 1 \sim 3$），其中不均匀系数 $C_u = \dfrac{d_{60}}{d_{10}}$，曲率系数 $C_c = \dfrac{d_{30}^2}{d_{10} \times d_{60}}$，$d_{10}$、$d_{30}$、$d_{60}$ 分别为颗粒级配曲线上相应于 10%、30%、60% 含量的粒径；

2. 硬块石的单轴抗压强度 $R_c > 30$MPa，软块石的单轴抗压强度 $R_c \leqslant 30$MPa；

3. 细粒含量指细粒（$d \leqslant 0.075$mm）的质量占总质量的百分数。

　　细粒土如粉土、黏性土和有机土的定名均在 C 组以下。粉土和黏性土按照土的液限含水率 w_L 进行填料分组，当 w_L 小于 40% 时定为 C 组，当 w_L 大于 40% 时为 D 组。有机土为 E 组（见表 1-4）。

　　其中 A 组为优质填料，B 组为良好填料，C 为可用填料，D 组为限制使用填料，E 组有机土为禁止使用的填料。

　　根据土质类型和渗水性又可以分为渗水性土和非渗水性土。A、B 组填料中细颗粒含量小于 10%、渗透系数大于 10^{-3}cm/s 的巨粒土、粗粒土（细砂除外）为渗水性土，其余为非渗水性土。

一 级 定 名		二 级 定 名			填料分组
		液限含水率	名 称	塑 性 图	
细粒土	粉土 $I_p \leqslant 10$，且粒径大于 0.075mm 颗粒的质量不超过全部质量 50% 的土	$w_L < 40\%$	低液限粉土	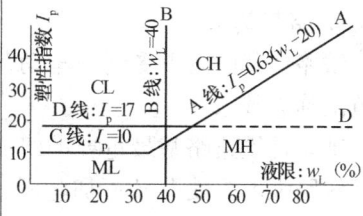	C
		$w_L \geqslant 40\%$	高液限粉土		D
	黏性土 粉质黏土 $10 \leqslant I_p \leqslant 17$	$w_L < 40\%$	低液限粉质黏土		C
		$w_L \geqslant 40\%$	高液限粉质黏土		D
	黏土 $I_p > 17$	$w_L < 40\%$	低液限黏土		C
		$w_L \geqslant 40\%$	高液限黏土		D
有机土		有机质含量大于 5%			E

注：1. 液限含水率试验采用圆锥仪法，圆锥仪总质量为 76g，入土深度 10mm；
    2. A 线方程中的 w_L 按去掉百分率符号后的数值进行计算。

在缺乏 A、B、C 组可用填料的条件下，通过对 D 组填料进行物理改良或化学改良之后可以使用，物理改良的掺合料可以是砂、砾石、碎石等；化学改良的掺合料可以是石灰、水泥、粉煤灰等；改良的填料要通过试验提出最佳的掺合料、最佳配比及改良后的强度指标；必要时进行耐久性试验，同时做好防排水工程，防止地表水、地下水侵入路基。

级配的好坏是影响路基填料性质的重要因素。《铁路路基设计规范》TB 10001—2005 还规定所使用的级配碎石和级配砾石土应该符合表 1-5 和表 1-6 的要求，且 0.5mm 筛以下的细集料中通过 0.075mm 筛的颗粒含量不超过 66%。级配碎石和级配砾石填料还必须满足《铁路碎石道床底碴》的有关规定。级配碎石和级配砾石填料要与上部道床碎石及下部填土之间的颗粒级配应满足匹配要求：

$$D_{15} < 4d_{85} \tag{1-5}$$

式中 D_{15}——较粗一层土的颗粒粒径（mm），小于该粒径的质量占总质量的 15%；

      d_{85}——较细一层土的颗粒粒径（mm），小于该粒径的质量占总质量的 85%。

当下部填土不能满足以上要求时，基床表层应采用颗粒级配不同的双层结构，或在基床底层铺设土工合成材料反滤层；当下部填土为改良土时，可不受此规定限制。

			级配碎石的粒径级配范围				表 1-5	
方孔筛边长（mm）	0.075	0.1	0.5	1.7	7.1	16	25	45
过筛质量百分率（%）	0~7	0~11	7~32	13~46	41~75	67~91	82~100	100

级配砾石的粒径级配范围　　　　　　　　　　　表 1-6

级配编号	通过筛孔（mm）质量百分率（%）								
	50	40	30	20	10	5	2	0.5	0.075
1	100	90~100	—	65~85	45~70	30~55	15~35	10~20	4~10
2	—	100	90~100	75~95	50~70	30~55	15~35	10~20	4~10
3	—		100	85~100	60~80	30~50	15~30	10~20	2~8

5. 路基基床

铁路路基面以下受到列车动荷载作用和受水文、气候四季变化影响的深度范围称为基床。

基床是铁路路基最重要的组成部分，是轨道的直接基础，它的设置可以增强线路强度，使路基更加坚固、稳定，并具有一定的刚度，使列车通过时的弹性变形控制在一定范围内；可以防止道砟压入基床及基床土进入道砟层；可以防止雨水浸入基床使基床土软化，防止发生翻浆冒泥等基床病害，并保证基床肩部表面不被雨水冲刷；可以防止冻害的发生。

（1）基床厚度

基床厚度的设置及其状态将直接影响到列车运行的平稳和速度的提高，设计时一般认为附加应力大于等于自重应力 20% 的深度为基床厚度。基床厚度范围内的土层又分为表层及底层（见图 1-10）。对于时速不超过 160km/h 的 I、II 级铁路，《铁路路基设计规范》TB10001—2005 规定基床表层厚度为 0.6m，底层厚度为 1.9m，基床总厚度为 2.5m。基床厚度以路肩施工高程为计算起点。

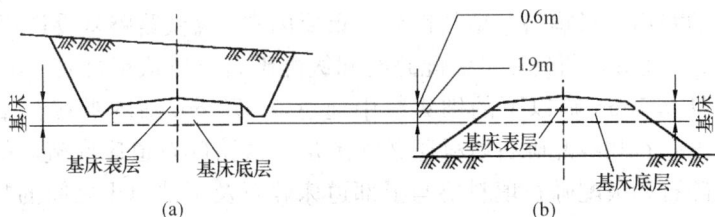

图 1-10　基床结构示意图

（a）路堑；（b）路堤

（2）基床填料要求

《铁路路基设计规范》TB 10001—2005 规定：I 级铁路应选用 A 组填料（砂类土除外）填筑基床表层，当缺乏 A 组填料时，通过经济比选后可以选用级配碎石或级配砂砾石。II 级铁路应优先选用 A 组填料，其次为 B 组填料。对不符合要求的填料，应采取土质改良或加固措施。填料的颗粒粒径不得大于 150mm。

I 级铁路基床底层应选用 A、B 组填料，否则应采取土质改良或加固措施。II 级铁路可采用 A、B、C 组填料作为基床底层。当采用 C 组时年平均降水量大于 500mm 时，填料塑性指数不得大于 12，液限不得大于 32%，否则应采取土质改良或加固措施。底层填料粒径不应大于 200mm，或不超过摊铺厚度的 2/3。

路堤基床以下部位宜选 A、B、C 组填料。当选择 D 组时应采取加固或土质改良。路堤浸水部分的填料应采用渗水土填料。使用不同填料填筑路基时，应分层填筑，每一水平层全宽应以同一种填料填筑。当渗水土填在非渗水土上时，非渗水土顶面应向两侧设 4% 的人字排水坡，当上下两层填料的颗粒大小悬殊时，应在分界面上设厚度不小于 30cm 的垫层。填料的最大粒径不宜大于 300mm 或摊铺厚度的 2/3。

6. 路基边坡

在路堤的路肩边缘以下和在路堑路基面两侧的侧沟外，因填挖而形成的斜坡面，称为路基边坡。边坡与路基顶面的交点称为肩顶。边坡与地面的交点，在路堤中称为坡脚；在路堑中称为路堑堑顶边缘，其高程与路肩高程的差为路堑边坡高度。路堤的边坡高度为路肩高程与坡脚高程之差。边坡的形状在路基中常修筑成单坡形、折线形和阶梯形，每一坡段坡面的斜率以边坡断面图上取上下两点间的高差与水平距离之比表示，当高差为 1 单位长时，水平距离经折算为 m 单位长，则斜率为 $1:m$。在路基工程中，以 $1:m$ 方式表示的斜率称为坡度，m 称为坡率。在路基本体构造中，边坡的形状和坡度的缓陡对路基本体的稳定和工程费用有重要影响。

（1）路堤边坡

在路堤本体构造中，边坡的形式和坡度对堤身与基底的稳定性及经济性影响很大，所以它是路堤工程中必须重视的部分。

路堤边坡形式和坡度应根据填料的物理力学性质、边坡高度、列车荷载和地基条件等确定。

当地基条件良好，边坡高度不大于表 1-7 范围时，其边坡形式和坡度应按表 1-7 采用。当路堤边坡高度大于表 1-7 所列的数值时，其超出的下部边坡形式和坡度，应根据填料的性质由稳定分析计算确定。

路堤边坡形式和坡度　　　　　　　　　　表 1-7

填 料 名 称	边坡高度（m）			边坡坡率			边坡形式
	全部高度	上部高度	下部高度	全部坡率	上部坡率	下部坡率	
细粒土、易风化的软块石土	20	8	12	—	1:1.5	1:1.75	折线形
粗粒土（细砂、粉砂除外）、漂石土、卵石土、碎石土、不易风化的软块石土	20	12	8	—	1:1.5	1:1.75	折线形
硬块石土	8	—	—	1:1.3	—	—	直线形
	20	—	—	1:1.5	—	—	直线形

注：1. 当有可靠资料和经验时，可不受本表限制；
　　2. Ⅰ级铁路的路堤边坡高度不宜大于 15m；
　　3. 填料为粉砂、细砂、膨胀土等时，其边坡形式和坡率应按《铁路特殊路基设计规范》TB 10035—2006 的有关规定设计。

路堤坡脚外应设置不小于 2m 宽的天然护道。在经济作物区高产田地段，当能保证路堤稳定时，可设宽度不小于 1m 的人工护道或设坡脚墙。

(2) 路堑边坡

① 土质路堑边坡

土质路堑边坡形式及坡度应根据工程地质水文地质条件、土的性质、边坡高度、排水措施、施工方法，并结合自然稳定山坡和人工边坡的调查及力学分析综合确定。

边坡高度不大于 20m 时，边坡坡度可按表 1-8 设计。

路堑边坡高度大于 20m 时，其边坡形式及坡度应按现行规范有关规定并结合边坡稳定性分析计算确定，最小稳定安全系数应为 1.15～1.25。

在碎石类土、砂类土及其他土质路堑中，应在侧沟外侧设置平台，其宽度应视边坡高度和土的性质决定，不宜小于 1m。当边坡全部设防护加固工程时，可不设平台。

土质路堑边坡坡度　　　　　　　　　　表 1-8

土的类别		边坡坡度
黏土、粉质黏土、塑性指数大于 3 的粉土		1:1～1:1.5
中密以上的中、粗、砾砂		1:1.5～1:1.75
漂石土、块石土、卵石土、碎石土、圆砾土、角砾土	胶结和密实	1:0.5～1:1.25
	中密	1:1.25～1:1.5

注：1. 黄土、膨胀土等特殊土路堑边坡形式及坡度应按《铁路特殊路基设计规范》TB 10035—2006 有关规定执行；
　　2. 有可靠的资料和经验时，可不受该表限制。

不同地层组成的较深路堑，宜在边坡中部或不同地层分界处设置平台，并在平台上设置截水沟或挡水墙，平台宽度不宜小于 2m。在年平均降水量小于 400mm 地区，边坡平台上可不设截水沟，但应设置向坡脚方向不小于 4% 的排水横坡，平台宽度不宜小于 1m。

② 岩石路堑边坡

岩石路堑边坡形式及坡度应根据工程地质水文地质条件、岩性、边坡高度、施工方法，并结合岩体结构、结构面产状、风化程度和地貌形态以及自然稳定边坡和人工边坡的调查综合确定。必要时可采用稳定分析方法予以检算。

边坡高度不大于 20m 时，边坡坡度可按表 1-9 的规定设计。

岩石路堑边坡坡度　　　　　　　　　　表 1-9

岩石类别	风化程度	边坡坡度
硬质岩	未风化、微风化	1:0.1～1:0.3
	弱风化、强风化	1:0.3～1:0.75
	全风化	1:0.75～1:1
软质岩	未风化、微风化	1:0.3～1:0.75
	弱风化、强风化	1:0.5～1:1
	全风化	1:0.75～1:1.5

注：1. 膨胀岩等特殊岩质路堑边坡形式及坡度应按《铁路特殊路基设计规范》TB 10035—2006 有关规定执行；
　　2. 有可靠的资料和经验时，可不受该表限制。

强风化及全风化的岩石路堑，可根据岩性及边坡高度设置平台和排水设备。

边坡高度大于20m的硬质岩路堑，根据岩体结构、结构面产状、岩性，并结合施工影响范围内既有建筑物的安全性要求，可采用光面、预裂爆破技术。

边坡高度大于20m的软弱松散岩质路堑，当岩层风化破碎、节理发育时，根据边坡工程地质条件，结合机械化施工的工艺特点，宜采用分层开挖、分层稳定和坡脚预加固技术。岩石路堑边坡的形状，一般可取一坡到顶的直线边坡；如为高边坡，边坡上出现性质和风化程度不同的明显变化时，可采用和岩质相适应的坡率，整个边坡呈折线形，在换层处设置边坡平台，如图1-11所示。

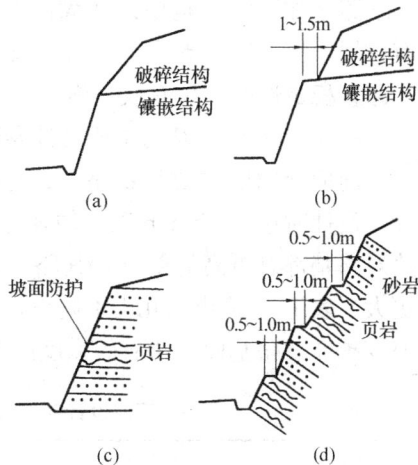

图1-11　岩石路堑边坡形式

7. 路基基底

路堤填土的天然地面以下受填土自重及轨道、列车荷载作用的部分称为路堤基底。路堑边坡土体内和堑底路基面以下的地基内因开挖而产生应力变化的部分称为路堑基底。基底部分土体的稳固性，对整个路基本体以及轨道的稳定性都是极为关键的，特别是在软弱土的基底上修建路堤，必须对基底作妥善处理，以免危及行车安全与正常运营。

路基的基底相当于建筑物的地基，应该满足承载力的要求。对于 I 级线路天然地基基本承载力最低不小于150kPa，Ⅱ级线路不小于120kPa。或者静力触探比贯入阻力 P_s 对于 I 级线路不小于120kPa，Ⅱ级线路 P_s 值不小于100kPa，否则需要对天然地基进行处理。根据软弱土层的性质、厚度、含水率、地表积水等情况进行排水、换填、抛石挤淤或填砂砾石等地基处理措施。

8. 路基附属结构

路基的排水设施分地面排水设施和地下排水设施两种。地面排水设施用以拦截地面径流，汇集路基范围内的大气降水并使其畅通地流向天然排水沟谷，以防止地表水对路基的浸湿、冲刷而影响其良好状态。地下排水设施用以拦截、疏导地下水和降低地下水位，以改善地基土和路基边坡的工作条件，防止或避免地下水对地基和路基本体的有害影响。

路基防护设施用来防止或削弱风霜雨雪、气温变化及流水冲刷等各种自然因素对路基本体所造成的直接或间接的有害影响，其种类很多，类型各异。常用的防护设施是坡面防护和冲刷防护。为了防止路基边坡和坡脚受坡面雨水的冲刷，防止日晒雨淋引起土的干湿循环，防止气温变化引起土的冻融变化等因素影响边坡的稳固，常采用坡面防护。为了防止河水对边坡、坡脚或坡脚处地基不断的冲刷和淘刷，应设冲刷防护。防护位置和所采用的类型则常视水流运动规律及防护要求而定。特殊条件下路基的防护类型更多，例如在多年冻土地区，为防止冻土的退化应采用各种保温措施；在泥石流地区，为防止泥石流对路基本体的威胁，常设置多种拦蓄与疏导工程；在风沙地区为防止路基本体沙蚀和被掩埋，常采用各种防沙、固沙设施等。

路基加固设施是用以加固路基本体或地基的工程设施，在路基工程中，有护堤、挡土墙、支垛、抗滑桩及其他地基加固措施等。路基加固设施是提高路基稳定性的一种有效措施。

9. 客运专线路基的主要设计参数

前面介绍的主要是铁路Ⅰ、Ⅱ级线路路基各个组成部分的设计要求及尺寸。设计时速200km/h以上的客运专线、客货共线以及客运专线无砟轨道线路对路基都有更高的要求，其路基面及路基的宽度比普速铁路宽，基床厚度更大。表1-10给出了几类不同设计速度线路路基的主要参数，可以看出设计速度越高，路基面、路肩的宽度越大，基床厚度越大。

不同设计时速线路路基的主要参数对比　　　　　　表1-10

线路类型	路肩宽度（路堤）（m）	路基面宽度(路堤)(m)		基床尺寸（m）		
		单线	双线	表层	底层	总厚度
160km/h（土质路堤特重型）	0.8	7.9	12.3	0.6	1.9	2.5
200km/h客货共线	1	7.7	12.1	0.6	1.9	2.5
新建200～250km/h	1.2	8.2	13	0.7	2.3	3.0
新建300～350km/h	1.4(双)1.5(单)	8.8	13.8	0.7	2.3	3.0
京沪高速350km/h	1.4	8.8	13.8	0.7	2.3	3.0

1.2 路基设计的基本内容和步骤

本节以铁路路基为例说明路基设计的分类、内容及设计步骤。

1.2.1 路基设计分类

路基设计分为标准设计和个别设计两类。

标准设计是指在一般的工程地质、水文地质条件下，边坡高度不超过现行规范中所规定的范围，可采用一般的施工方法施工的路基，一般路基的设计可采用标准设计。这种路基在线路中最常见，工程量也很大。

路基的个别设计是指除上述一般设计以外，如果不采取特殊措施则不能保持稳定或产生超标的变形，是在特殊条件下的路基工程设计，包括：

（1）工程地质及水文地质条件复杂或路基边坡高度超过现行规范规定的路基。

（2）修筑在陡坡上的路堤。陡坡是指地面横向坡度等于或陡于1：2.5的边坡，若填料与基底均为不易风化的岩石时，则指地面横向坡度等于或陡于

1∶2的边坡。

（3）复杂地质条件下的路基，如在滑坡地段、崩塌地段、岩堆地段、泥石流地区、水库地区、河滩及滨河地段、岩溶及其他坑洞地区、风沙地区、雪害地区等特殊条件下的路基。

（4）特殊土地区的路基，如软土和泥沼地区、膨胀土地区、黄土地区、多年冻土地区等。

（5）所有的路基支挡结构。

（6）有关路基的防护加固及改移河道工程。

个别设计的路基，应做好工程地质和水文地质的调查，对路基断面和边坡、基底的设计要进行必要的检算。采用各种防护加固设施时，常需作多种方案的综合技术经济比较，以确保路基的坚固稳定。

1.2.2 路基设计的基本内容

路基设计应根据线路等级及技术标准，结合当地的自然条件，拟定正确的路基设计方案，作为施工的依据。

路基设计的具体内容包括以下主要方面：

（1）对沿线地区自然条件的调查与勘测，收集所需的设计资料，作为路基设计的依据，如沿线地区地质、水文、地形、地貌、气象等资料。

（2）根据路线纵断面设计确定的填挖高度，结合沿线地质、水文调查资料，设计路基主体，确定路基横断面形状及边坡坡度。对一般路基，可根据规范规定，按路基典型横断面直接绘制路基横断面图。对工程地质和水文地质条件复杂或路基高度超过规范规定，或虽不超过规范规定，但具体工程有一定要求时，须进行个别设计。

（3）根据沿线地面水和地下水流情况，进行排水系统的总体布置，以及地面、地下排水结构物的设计。

（4）视路段需要，进行坡面防护、冲刷防护和支挡构筑物的布置与设计计算。

（5）路基工程的其他设施的布设与计算，如料场、弃土堆、护坡道等。

1.2.3 路基设计的程序

路基设计分初步设计和技术设计（施工图设计）两个阶段。对于工程简易、方案明确、主要技术原则已经确定的设计对象，可采用一阶段设计。

1. 初步设计

路基初步设计是线路初步设计阶段中的一个重要部分。在线路初步设计中，主要目的是通过勘测对一个以上可供比较的线路设计方案进行技术经济比较，从而确定最优的可行方案，所以路基初步设计也应以此为目的。在路基初步设计中，必须充分了解线路初步设计方案的目标与要求，并获得线路平、纵断面设计资料，大比例尺地形图与地质、水文资料，据此可以按照路基工程难易和分类原则，区分为标准设计路基段和个别设计点（或段），以便在进行全线实地调查中有重点地进行研究。在做路基初步设计时，对标准设计路基段，可直接套用标准设计图，以线路纵断面设计所提供的线路中心填挖高来确定路基填挖方并进行土石方工程量计算。标准设计路基段的路基设备通常只考虑地面排水和坡面防护两项。路基地面排水中的路堑两侧侧沟可按水沟的标准断面列入路堑挖方内。堑顶天沟、路堤排水沟与截水沟，可从地形图上计算其长度，一般以土沟的标准断面计算其土方量，即沟深 0.6m，底宽 0.4m，边坡 1:1 或 1:1.5。沟底坡 $i>6\%\sim8\%$ 段应加计加固工程量。边坡防护在坚石类路堑中按坡面面积的 1/10 计算其防护面积，以浆砌片石防护计算其工程量。其他路基边坡的坡面用植草防护。

个别设计地段的路基，初步设计阶段应用近似计算法对路基的稳定性和防护加固措施以及路基断面作粗略计算。在初步设计阶段中，当个别设计路基在工程实施中有技术上的困难或工程经济不合理时，还应进行改移线路位置、降低线路标高以及与改设桥隧建筑物等方案进行比较，以使线路方案更加合理。路基初步设计阶段，对标准设计路基段应提出各段和全线的工程量与工程费概算，通常可以不做详细的检算。对个别设计段应单独提出方案意见、工程措施和工程量以及改善线路方案的可行性研究分析。

初步设计应对路基段的用地进行估算，把它作为计算全线用地、征地与土地费用的基本依据。

路基用地计算，在路堤工程中，路堤的底宽两侧应加护道，护道宽应不小于 2m，在路堤填土有弃土可以利用时，路堤护道之外常仅设排水沟，则用地界应划在排水沟外侧不小于 1m 处，无排水沟时为护道边缘以外 1m。在从路堤一侧或两侧借土时，需在护道外设取土坑，取土坑不宜太深。在有取土坑时，路堤用地应为取土坑外加不小于 1m 的间隔带。取土坑设在一侧的用地，相对于两侧设取土坑用地可稍减少。在陡坡路堤中，地面横坡上方有时需划出防护带，列入征地范围。

路堑的用地和路堤的用地计算相同，只是堑顶边缘至用地界应有弃土堆和无弃土堆与上坡侧和下坡侧之分。在初步设计用地计算时，上坡方向的堑顶用地宽视堑顶土体的稳定性而定，约取 10~20m，在堑顶上坡方向设弃土堆时不宜过高、过陡，以免引起边坡不稳定和弃土自身不稳定而坠落。堑顶下坡方向一般留 5~10m 的防护地段，设弃土堆时应计入弃土堆的用地宽。在堑顶地面土石松动时，防护区范围可按需要列入征地内。个别设计地段的用地按需要计算。

2. 技术设计

路基技术设计是在线路设计方案已定的情况下进行的，它是指导施工的重要技术文件。

(1) 资料准备

① 技术资料。技术资料包括：线路平、纵断面设计图，沿线的横断面测量资料，地质、水文资料。在初步设计中已经提出的个别设计地段还应有1:500的大比例尺地形图，地质不良地段应有地质平面图和断面图与钻探资料，滨河

线路的路基段应有 300 年或 100 年一遇的洪水位、流量、流速、河流平面图、河床断面与地质资料等。

② 经济资料。应取得沿线土地的利用情况、土地行政区归属、土地单价、农田水利设施、土石方施工单价、路堤填料来源与路堑弃方利用经济价值等有关经济资料。

在作现场调查与核对时,对于路堤地段应着重解决填料的来源、土质分析、地面水来源、流量与排水去向。在路堤修筑造成农田排灌设施失效时,地面排水规划应与地方的排灌和其他设施结合。在现场勘测中应着重在对路堤稳固有影响的因素上做处理,如路堤边坡落在水塘洼地内,路堤基底软弱,地面有横坡等的路堤稳定。现场工作结束时,应对标准设计路堤的断面设计与防护处理形成一个明确的意见,在技术设计中加以实施。路堑的情况大致与路堤相同,但现场勘测工作的重点在于查明边坡土质,确定边坡坡度和坡面防护的类型;其次为堑顶排水的水沟走向与路堑开挖土方的利用或弃置地点。对于个别设计工点,现场勘测工作应核实地形、地质、水文资料和研究处理方案,为室内设计与计算做好准备工作。

(2) 设计内容

路基技术设计在标准设计路基地段还应完成以下工作:

① 复核线路纵断面图内的路肩标高,对岩质土路基的路肩标高和曲线段的路肩标高作修正。增补由于地形、地质、水文等因素需对路基填高作特别处理的各点路肩标高。

② 进行路基本体断面设计,绘制横断面图。路基横断面图一般按线路行进方向依次绘制在计算纸上,比例尺取 1∶200。在横断面图上应标出路基面宽度,包括路基面加宽。绘出边坡形状和分别注明其坡率与平台设置标高及尺寸。当路堤以不同土质分层填筑时,还应在图中注明分层填筑的标高。在路基横断面图上,按照路基的弃、取土设计和路基地面排水设计,把取土坑、弃土堆及水沟绘于横断面上,并注明其距离和构造尺寸,水沟应标出流向与沟底纵坡。

③ 计算路基横断面面积,计算土石方工程量,进行土方调配。路基本体的填挖方工程量按平均面积法或平均距离法计算。

平均面积法:

$$\sum V = L_1 \times (A_1 + A_2)/2 + L_2 \times (A_2 + A_3)/2 + \cdots + L_{n-1} \times (A_{n-1} + A_n)/2$$

$$(1\text{-}6)$$

式中　A_1、$A_2 \cdots A_n$——每个断面面积;

　　　L_1、$L_2 \cdots L_{n-1}$——两相邻断面间距离;

　　　　　$\sum V$——土方量。

平均距离法:

系将式 (1-6) 加以变换而得:

$$\sum V = A_1 \times L_1/2 + A_2 \times (L_1 + L_2)/2 + \cdots + A_n \times L_{n-1}/2 \qquad (1\text{-}7)$$

《铁路路基表格格式》通用图提供以上两种方法的计算表格。

在路堤工程中，因基底沉降而增大的土方工程量可另行列出，路基地面排水的挖方和加固工程量及坡面防护工程量可另行计算。

路堤的填方应尽量利用路堑的挖方作填料来源，在路堑挖方中用做路堤填料的土石方量称为利用方，余下的弃土土方量则称为施工土方。在路基工程中应尽量减少施工土方，以减少弃土量以及弃土堆置的场地面积。但是路堑挖出的土石只有在适合作路堤填料和运费经济的情况下才有利用价值。

④ 计算标准设计路基段的工程费。依据各段的土石方工程量和防护加固工程量，依据不同的工程费单价进行计算。土石方工程的单价因土石方的开挖和填筑条件不同，上坡运输与下坡运输以及运距长短等的不同而有不同的计算法。所以，设计者应熟悉各种工程和材料的市场价格，掌握一定的概预算知识，使工程投资经济、合理。

1.2.4 路基设计所需资料

不论是路基的标准设计或个别设计，随着设计阶段（初步设计、技术设计）与设计要求的不同，所需资料内容与详细程度也有所不同。一般所需资料包括下列内容：

（1）线路与列车、车辆载重资料：线路地形平面图、线路纵断面图与横断面图。做个别设计的地段，有大比例尺平面图与工点横断面图、线路等级、轨道标准等。

（2）地质资料：线路的地质平面、纵断面、横断面图、工程地质说明书、土质与地下水质试验资料、地下水位、流向、渗透系数资料等。

（3）气象水文资料：其中包括年降水量、降雪量、气温、冻结深度与时间、风向、风力、风速等资料；水文方面包括路基设计地段河流的最高和最低水位、流量、流向、流速、浪高、壅水高的资料以及冲刷防护设计所需的资料等。

（4）其他资料：如设计任务书的要求，建筑材料的分布与调查资料，以及水准基点，其他线路标志如坡度、高程、桥、隧、车站的里程、类型，对旧线地段更需将病害资料、防治情况等收集备用。

1.2.5 路基设计文件

综上所述，两个设计阶段应交付的文件图表虽有详略不同，一般应包括下列主要内容：

（1）设计说明书。说明路基设计地段的地形、地质条件及设计原则，包括路基加固附属工程及土石方调配、施工、养护注意事项及有待进一步解决的问题等。

（2）设计图表。包括一般路基横断面设计图并附排水系统图。个别设计路基应有设计地段路基的平、纵、横断面图并附地质资料以及结构大样图。

（3）工程数量、材料数量、机械种类及数量、工程概算、线路用地明细表等。

1.3 高速铁路路基设计

1.3.1 高速铁路对路基的要求

高速铁路简称"高铁"，是指通过改造原有线路（直线化、轨距标准化），使最高营运速率达到不小于200km/h，或者专门修建新的"高速新线"，使营运速率达到至少250km/h的铁路系统。高速铁路除了要求列车在营运时达到一定速度标准外，车辆、路轨、操作都需要配合提升。

路基作为轨道基础，其强度、刚度、稳定性以及在运营条件下使线路轨道参数保持在允许的标准范围之内，是确保列车高速、安全、舒适平顺运行的前提条件。就路基工程而言，高速铁路路基的结构形式有较大的变化。

为保证路基强度大、变形小，并具有足够的稳定性和耐久性，高速铁路路基结构的形式较传统铁路路基有明显的变化。高速铁路一般为双线路基，也有路堤、路堑、半路堤半路堑等形式，且路肩的宽度相对一般铁路来说得到了加宽。

高速铁路有砟轨道线路结构已经突破了传统的轨道—道床—土路基这种结构形式，我国高速铁路轨道结构主要有有砟轨道和无砟轨道两种类型。高速铁路有砟轨道基床厚度为2.5～3.0m，基床表层采用0.6～0.7m厚的级配碎石，这也是与传统铁路基床结构明显不同的地方。除此之外，为控制路基工后沉降和保证路基刚度，高速铁路对路基填料及压实标准较传统铁路有更严格的要求，并且对路基各部位的地基系数K_{30}、变形模量E_{v2}或动态变形模量E_{vd}有严格的要求。我国在高速铁路路基上采用的无砟轨道主要有板式轨道和双块式无砟轨道。板式轨道结构由钢轨、扣件、轨道板、CA砂浆调整层组成。双块式无砟轨道结构由钢轨、扣件、混凝土道床板组成。无砟轨道基床表层由混凝土底座和级配碎石组成，这也与有砟轨道在结构上有明显不同之处，基床厚度目前统一为3.0m，表层厚0.7m、底层厚2.3m。在路基与其他结构的连接处，为保证差异沉降小和纵向刚度均匀，过渡段段路基的结构形式也与一般地段不同。

1.3.2 高速铁路路基特点

高速铁路运行速度快、技术标准高，高速铁路路基要求按土工构筑物设计，路基应具有足够的强度、刚度、稳定性，满足耐久性要求，并强调与相邻构筑物的变形与刚度协调、统一，满足高速列车平稳、安全运营以及旅客乘坐的舒适度要求。因此，高速铁路路基与常规铁路路基相比，具有以下特点：

（1）控制路基变形是关键

高速铁路对轨道的平顺性提出了更高的要求，对轨道不平顺管理标准要求非常严格。而路基是铁路线路工程的一个重要组成部分，是承受轨道结构重量和列车荷载的基础，它也是线路工程中最薄弱、最不稳定的环节，路基几何尺寸的不平顺，自然会引起轨道的几何不平顺。因此，高速铁路路基除应具备一般铁路路基的基本性能之外，还需要满足高速铁路轨道对路基提出的性能要求，即不仅要求静态平顺，还要求动态条件下的平顺。

一般铁路路基是以强度控制设计，而对于高速铁路，变形控制是路基工程设计的主要控制因素。因为在强度破坏前，可能已经出现了不容许的过大变形。我国高速铁路对路基的变形要求非常严格，无砟轨道要求一般路基工后沉降不超过 15mm，而过渡段沉降差不超过 5mm。因此，变形控制问题就变得尤为突出。

日本东海岛新干线的设计时速为 220km，由于在设计中仅仅采取了轨道的加强措施，而忽略了路基结构的强化，以至于从 1965 年开始，因为路基的严重下沉，使路基病害不断，线路变形严重超限，不得不对线路以年均 30km以上的速度大举整修，10 年内中断行车 200 多次，列车的平均速度也降低到100～110km/h。变形问题的解决是相当复杂的，日欧各国虽然实现了高速，但他们是通过采取高标准的强化轨道结构和高质量的养护维修技术弥补这方面的不足。其中，日本对此不惜代价，在上越和东北新干线上，高架桥延长数所占比例分别为 49％和 57％，路基仅仅占到 1％和 6％。

（2）路基刚度的均匀性

列车速度越高，要求路基的刚度就越大，弹性变形就越小。如果弹性变形过大，高速运行就得不到保证，就像车辆在松软的沙滩上无法快速行驶一样。当然，刚度也不能过大，刚度过大将会导致列车振动加大，也不能做到平稳运行。路基刚度的不平顺则会给轨道造成动态不平顺，研究表明，由刚度变化而引起的列车振动与速度的平方成正比。列车速度越高，刚度变化越剧烈，引起列车振动越强烈。轻则使旅客舒适度降低，重则影响列车运行安全。所示，要求路基在线路纵向做到刚度均匀、变化缓慢，不允许刚度突变的存在。

（3）在列车运行及自然条件下的稳定性

在列车运营时，路基不仅承受轨道结构和附属构筑物的静荷载，还要承受列车荷载的长期反复作用。同时，由于路基直接暴露在自然条件下，需要抵抗气温变化、雨雪作用、地震破坏等不良因素的影响。路基工程必须在这些条件的长期作用下，其强度不会降低，弹性不会改变，变形不会加大。真正做到长寿命、少维修。只有这样，高速铁路才能高速行车，减少维修费用，并增加运行的安全性。

（4）高速铁路路基的多层结构系统

高速铁路路基结构已经突破了传统的轨道、道床、土路基这种结构形式，既有有砟轨道，也有无砟轨道。而对于有砟轨道结构，在道床和土路基之间已经抛弃了将道砟层直接放在土路基上的结构形式，做成了多层结构系统。

多层系统中的路基保护层或垫层可以有效地防治基床病害。例如：法国采用道砟层、砟底层（级配粒料）、基础层（级配良好的砾石）、防污层（砂、土工纤维），见图 1-12；日本高速铁路板式轨道有 30cm 厚的保护层，其中表面为 5cm 厚的沥青混凝土或水硬性高炉矿渣碎石，见图 1-13；德国在道床与基床之间加设了路基保护层即 PSS 层。

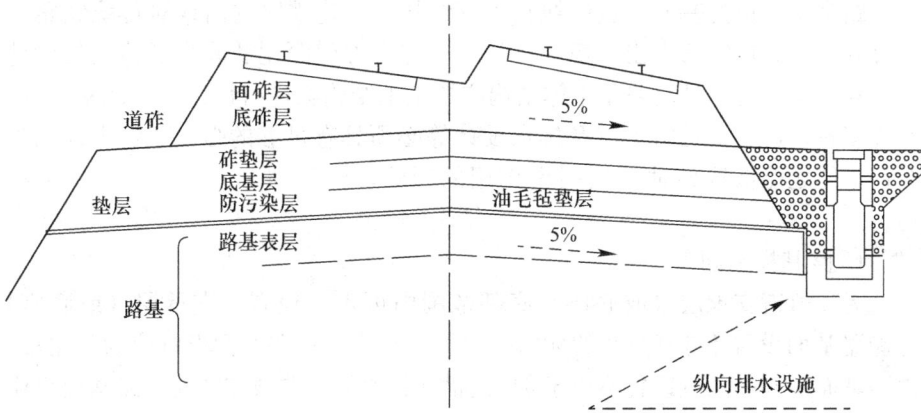

图 1-12 法国的基床垫层结构

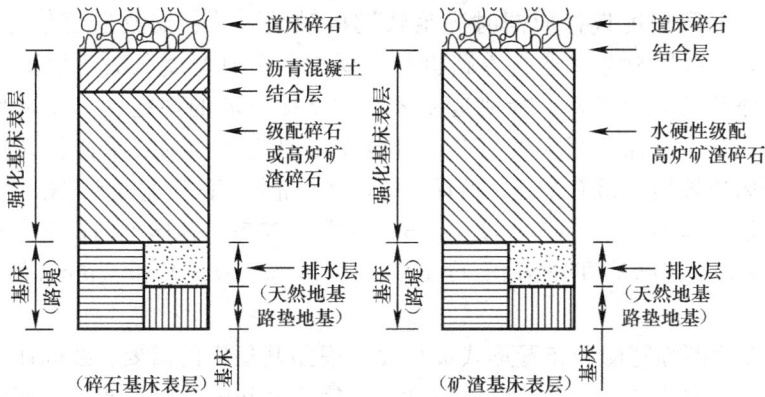

图 1-13 日本强化基床表层结构

我国在高速铁路路基修建中，也在一些地区采用了多层结构系统。在寒冷地区，为了防止水分渗入路基土体内部，产生冻胀、融沉变形，影响高速铁路的正常运营，在路基基床和道床之间设置了防水层。例如，我国哈大高速铁路路基采用纤维混凝土防水层封闭路堤，与基床表层底部铺设一层两布一膜不透水土工布进行隔水防渗，采用混凝土底座设排水孔的方式排水，以避免通过管道排水引起管道周边路基冻胀问题的产生，见图 1-14。

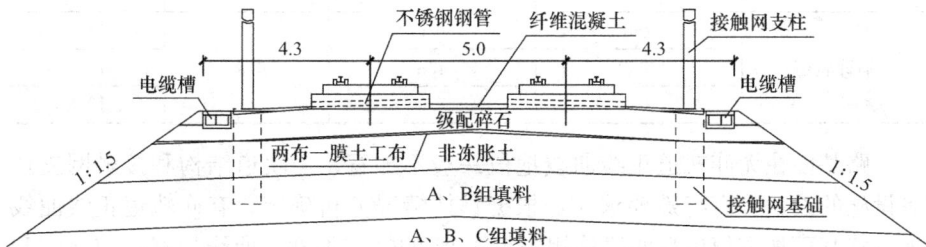

图 1-14 哈大高铁路基防排水横断面

1.3.3　高速铁路路基断面形式及设计

路基是轨道的基础，也叫线路下部结构。高速铁路的出现对传统铁路的设计施工和养护维修提出了新的挑战，在许多方面深化和改变了传统的设计方法和观念。高速铁路路基主体结构应按土工结构物进行设计，其地基处理、路堤填筑、边坡支挡防护以及排水设计等必须具有足够的强度、稳定性和耐久性，使之能抵抗各种自然因素作用的影响，确保列车高速、安全和平稳运行。

1. 路基横断面

无砟轨道支承层（或底座）底部范围内可水平设置，支承层（或底座）外侧路基面设置不小于 4% 的横向排水坡。有砟轨道路基面形状应为三角形，由路基面中心向两侧设置不小于 4% 的横向排水坡。曲线加宽时，路基面仍应保持三角形。

路肩虽不直接承受列车荷载作用，但它对保证路基受力部分的稳固十分重要。路肩宽度选择应同时满足敷设接触网支柱、安放通信信号设备、埋设必要的线路标志、通行养路机具等要求。路肩宽度取决于以下几个因素：①路基稳定的需要，特别是浸水以后路堤边坡的稳定性；②满足养护维修的需要；③保证行人的安全，符合安全退避距离的要求；④为路堤压密与道床边坡坍落留有余地。我国高速铁路有砟轨道路肩宽度亦根据所采用的机车外形、车辆幅宽、列车长度、行车速度等，参考其他国家的资料考虑了上述要求后，提出路基两侧路肩宽度不应小于 1.4m（双线）和 1.5m（单线）的标准。

路基横断面宽度和布置形式设计要考虑路基稳定的需要、线间距、轨道结构形式、曲线超高设置、路肩宽度、通信信号和电力电缆布置、接触网立柱基础位置、声屏障基础等因素的影响，并应综合考虑路基防排水问题。我国《高速铁路设计规范》中规定直线地段路基面宽度应符合表 1-11 的规定。

高速铁路直线地段路基面标准宽度　　　　　　　　表 1-11

轨道类型	设计最高速度 (km/h)	双线线间距（m）	路基面宽度	
			单线（m）	双线（m）
无砟轨道	250	4.6	8.6	13.2
	300	4.8		13.4
	350	5.0		13.6
有砟轨道	250	4.6	8.8	13.4
	300	4.8		13.6
	350	5.0		13.8

路基面在无砟轨道正线曲线地段一般不加宽，当轨道结构和接触网支柱等设施的设置等有特殊要求时，根据具体情况分析确定。有砟轨道正线曲线地段路基面加宽值应在曲线外侧按表 1-12 的规定加宽，曲线加宽值应在缓和曲线内渐变。

有砟轨道曲线地段路基面加宽值 表 1-12

设计最高速度（km/h）	曲线半径 R（m）	路基外侧加宽值（m）
250	R≥10000	0.2
	10000＞R≥7000	0.3
	7000＞R≥5000	0.4
	5000＞R≥4000	0.5
	R＜4000	0.6
300	R≥14000	0.2
	14000≥R≥9000	0.3
	9000＞R≥7000	0.4
	7000＞R≥5000	0.5
	R＜5000	0.6
350	R＞12000	0.3
	12000≥R≥9000	0.4
	9000≥R≥6000	0.5
	R＜6000	0.6

图 1-15～图 1-22 为我国高速铁路路基的标准横断面图。

2. 路基基床

（1）基床结构

高速铁路路基基床是由基床表层和底层构成。基床表层厚度无砟轨道为
0.4m，有砟轨道为 0.7m，基床底层厚度为 2.3m。

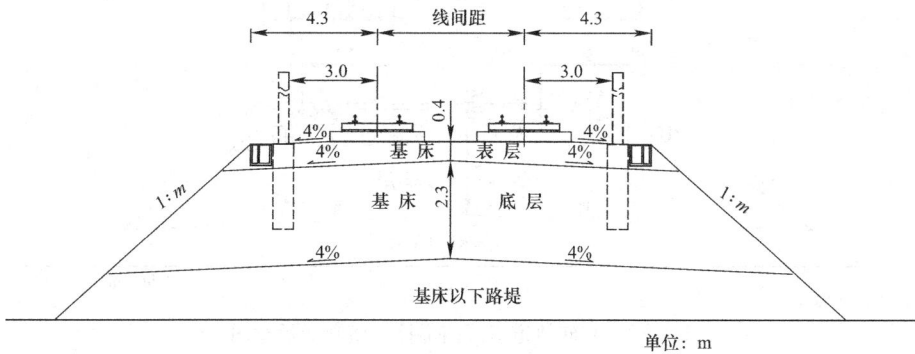

单位：m

图 1-15　无砟轨道双线路堤标准横断面示意图

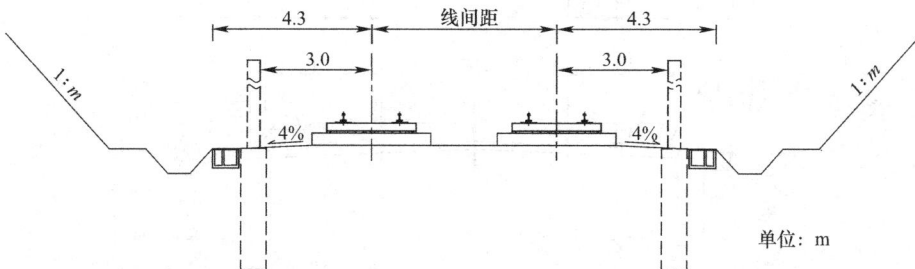

单位：m

图 1-16　无砟轨道双线硬质岩路堑标准横断面示意图

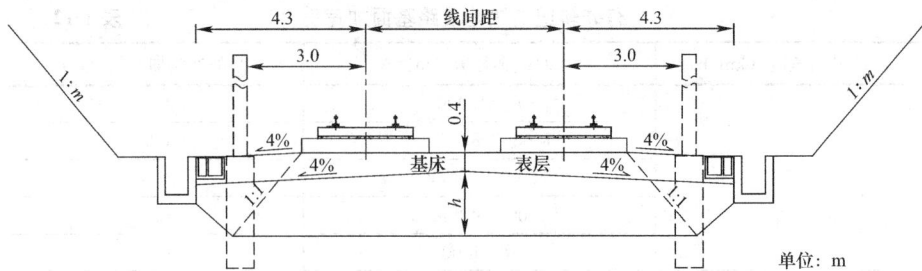

图 1-17　无砟轨道双线非硬质岩路堑标准横断面示意图

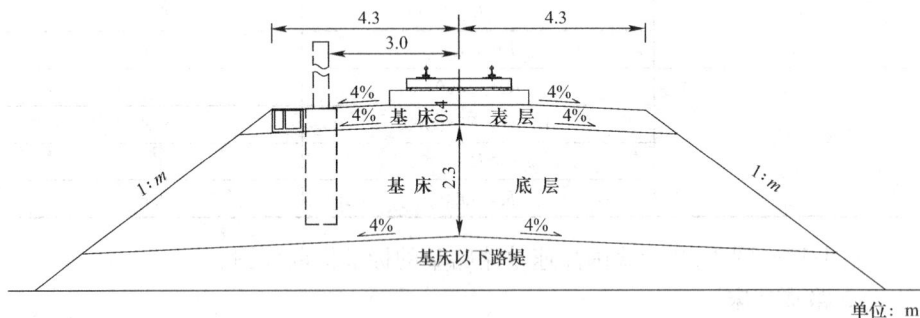

图 1-18　无砟轨道单线路堤标准横断面示意图

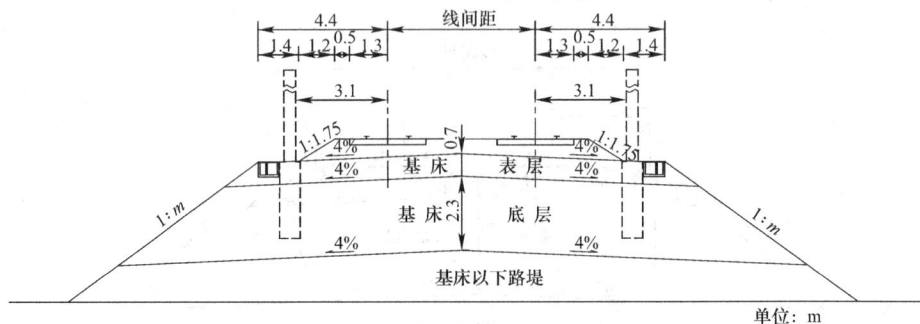

图 1-19　有砟轨道双线路堤标准横断面示意图

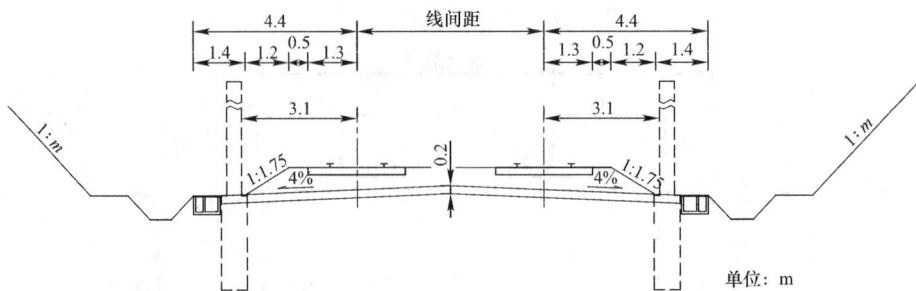

图 1-20　有砟轨道双线硬质岩路堑标准横断面示意图

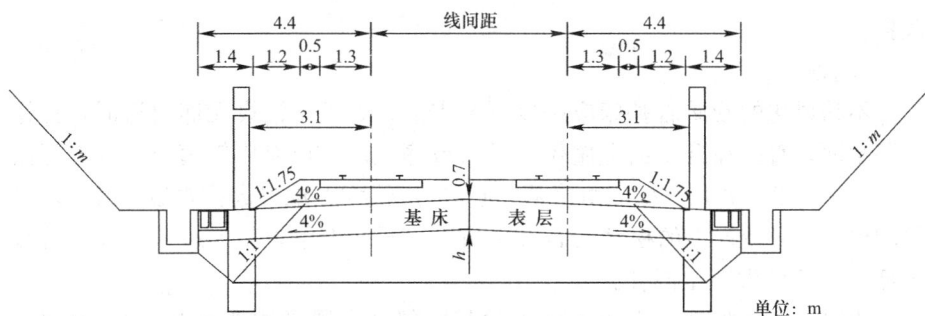

图 1-21　有砟轨道双线非硬质岩路堑标准横断面示意图

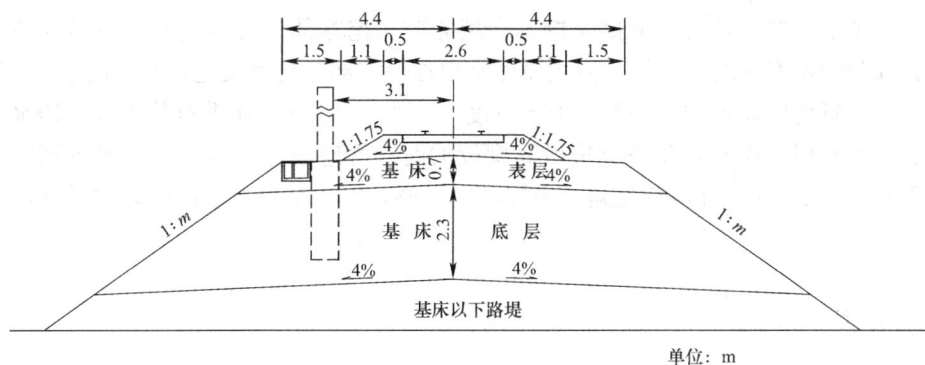

图 1-22　有砟轨道单线路基标准横断面示意图

（2）基床表层

基床表层要求填筑级配碎石，压实标准应符合本书第2章表2-11的规定，其材料规格应符合下列要求：

1）基床表层级配碎石材料由开山块石、天然卵石或砂砾石经破碎筛选而成。

2）基床表层级配碎石的粒径级配应符合表1-13的规定。其不均匀系数 C_u 不得小于15，0.02mm以下颗粒质量百分率不得大于3%。

基床表层级配碎石粒径级配　　　　　　　　　　　　表 1-13

方孔筛边长（mm）	0.1	0.5	1.7	7.1	22.4	31.5	45
过筛质量百分率（%）	0~11（5）	7~32	13~46	41~75	67~91	82~100	100

注：括号内数字适用于寒冷地区铁路。

（3）基床底层

路基基床底层填料采用A、B组填料或改良土，A、B组填料粒径级配应符合压实性能要求，寒冷地区冻结影响范围填料应符合防冻胀要求。路基填料最大粒径在基床表层内应小于60mm，在基床以下应小于75mm。

3. 路堤

基床以下路堤宜选用A、B组填料和C组碎石、砾石类材料，其粒径级配应符合压实性能要求；当选用C组细粒土填料时，应根据填料性质进行改良。

4. 路堑

不易风化的硬质岩基床应按以下要求进行处理：铺设无砟轨道时，开挖至路基面，直接在开挖面上施做支承层或底座。铺设有砟轨道时，开挖至路基面以下 0.2m 处，开挖面由路基中心向两侧设 4% 的横向排水坡，其上填筑级配碎石。开挖面上的松动岩石应予清除。开挖面不平整处应采用强度等级不低于 C25 的混凝土嵌补。

膨胀土、湿陷性黄土等特殊土的基床部分应视具体情况进行挖除换填、设置隔水防渗等措施，基床以下的膨胀土、湿陷性黄土等应在路基变形分析的基础上，采取封闭防水、排水或地基处理措施。

半填半挖路基轨道下横跨挖方与填方时，挖方部分可通过换填调整与填方部分的强度及刚度差异，换填厚度宜根据填方部分高度及地基条件确定。

路堑均应设置侧沟平台，平台宽度不宜小于 1.0m。在土石分界处、透水和不透水层交界面处及路堑边坡高度较大时，均应设置边坡平台，平台宽度不宜小于 2.0m，并应满足路堑边坡稳定需要，边坡平台上应做好防水及加固措施。

思考题

1. 路基横断面有哪些组成部分？各有什么要求？

2. 为何需对曲线地段的路基面进行加宽？如何确定加宽量？

3. 什么是铁路路基基床？如何确定基床厚度？

4. 路基的填料是如何分类的？铁路路基基层填料有何要求？

5. 什么是路基标准设计？什么是路基个别设计？什么情况下进行路基个别设计？

6. 高速铁路路基与一般铁路路基的横断面有什么区别？

第2章

路基填土的压实与填筑质量控制

本章知识点

【知识点】本章主要介绍土的压实原理和路基填筑质量控制指标。
【重　点】正确、全面地理解土的压实原理。
【难　点】各类路基填筑检测指标的定义及其物理力学意义的正确理解。

2.1 路基土的压实原理

压实是一种古老的地基处理方法，早在公元前 2000 年左右的殷商时期，压实法就被用来提高地基的承载力。当然，那时候的人可能还没有承载力的概念，不过经验告诉他们，在压实后的地基上盖房子比较稳定。直到现代，压实仍然是一种路基填筑的基本方法，经常在铁路工程的建造中大量应用。为了提高填土的强度，增加土的密实程度，降低其透水性和压缩性，必须采用分层压实的办法来处理路基填土。压实可以提高土体的稳定性。在工程中常用轮碾、羊角碾、橡胶轮碾和振动碾来压实土体，振动碾常用来压实粗颗粒土。本章主要通过室内和现场试验分析土的压实原理。

2.1.1 土的压实

利用机械能将土中的空气和水排出的过程称为压实。大量实践表明，对过湿的土进行夯击和碾压时会出现软弹现象（俗称"橡皮土"），此时土的密实度就不会增加；所以，要使土的压实效果最好，其含水量必须适当，要使得土在一定的夯击能量下最容易被压实。在填筑路堤时，就要寻找这样一个土的含水量，使填筑的路堤质量最好，具有较强的抵抗变形和破坏的能力。土的压实程度常用干密度（亦可用干重度）来度量。当压实时加入水，水便渗入到土介质中，土粒相互滑动到最合适的位置，压实后土就越密实；随着天然含水量的增加，用相同的压实功压实后土的干密度也增加。当含水量为零时（$w=0$），天然密度等于干密度，如图 2-1 所示。

$$\rho = \rho_{d(w=0)} \tag{2-1}$$

当含水量逐渐增加，相同压实功下，单位体积内土颗粒的密度逐渐增加。例如，$w=w_1$ 时，干密度可用下式表示：

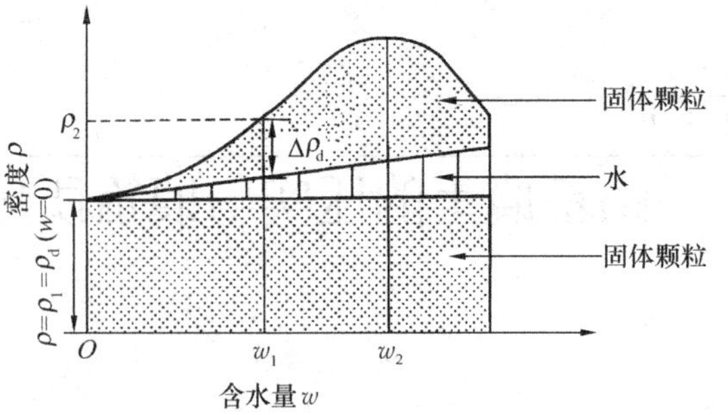

图 2-1 压实原理

$$\rho_{d(w=w_1)} = \rho_{d(w=0)} + \Delta\rho_d \qquad (2\text{-}2)$$

当含水量超过一定值时（如 $w=w_2$），如图 2-1，干密度随含水量增加而减少。这是因为水占据了固体颗粒的空间，所以存在一个最为合适的含水量。工程上定义：在一定的压实功能条件下，能使压实土达到最大干密度时的含水量，称为土的最优含水量 w_{opt}（或称最佳含水量），相对应的干密度称最大干密度，记为 ρ_{dmax}。

在填筑路基的过程中就是要尽量碾压，使路基填料的干密度接近于 ρ_{dmax}，保证路基的施工质量。土经过击实后得到的干密度与上述试验中得出的 ρ_{dmax} 比值称为该压实土的压实度，用下式表示：

$$k = \frac{\rho_d}{\rho_{dmax}} \times 100\% \qquad (2\text{-}3)$$

k 用来表示该土的压实程度，是控制路基填筑质量的重要指标之一。

2.1.2 土的压实机理

Proctor（1933）指出，土的压实效果是由土颗粒间的摩擦力所控制的，认为土是由干的土颗粒通过环绕在每一个土颗粒周围的水膜的表面张力而被联系在一起的。由于这些水膜所产生的毛细作用力使土颗粒间产生很高的摩擦力，从而难以压实。增加土的含水量，土颗粒间的毛细力就减小，从而降低摩擦力。继续增加水使结合水膜变厚，会有润滑作用，土粒之间的联结力减弱而使土粒易于移动，引起土颗粒的重新排列，击实效果就变好。这种作用会一直延续到土中的强结合水和弱结合水正好可以在压实过程完成时充满土中的孔隙。此时土达到这种压实方法所能得到的最大干密度和最小的孔隙比。如果土中的水量过多，会使土中的孔隙加大，以致土中出现了自由水，击实时孔隙中过多的水分不易立即排出，势必阻止土粒的靠拢，从而造成压实完成时的干密度下降。而且过多的水还会使土变软，可能不再能够承受压实力的作用。这一过程可用图 2-2 表示，因此如果土的含水量为零，则土颗粒间的毛细力也将不存在，也易于压实，如

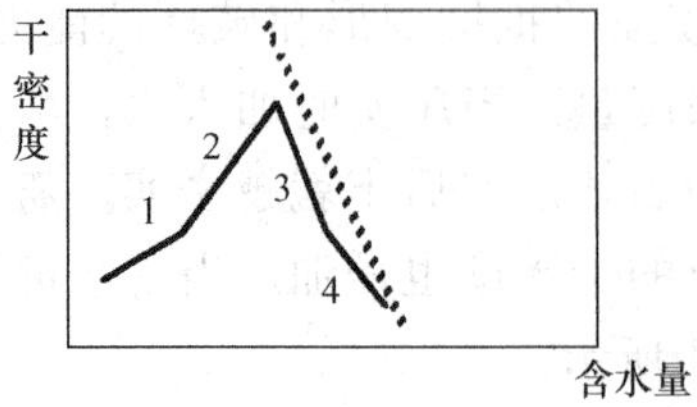

图 2-2 压实土的不同阶段
1—干燥阶段；2—润滑阶段；
3—膨胀阶段；4—饱和阶段

图 2-3 所示。

Lambe（1985）提出了压实土特性的物理化学解释。在低含水量情况下，黏粒之间的作用力以吸力为主，形成随机排列的絮凝结构。在这种情况下，大部分的带正电荷的边缘同带负电荷的面相连，因此密度较低。含水量的增加会增大土颗粒间的斥力，使其趋向于平行排列的方向，就像在最优含水量附近时的情况一样。如果压实含水量继续增加就会导致所谓的"分散结构"的出现。Lambe 所看到的压实土的结构如图 2-4 所示。

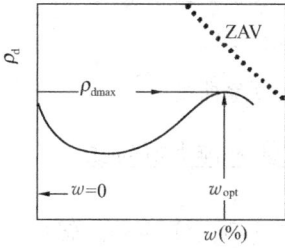

图 2-3 一种双峰压实曲线　　　　图 2-4 压实机理示意图

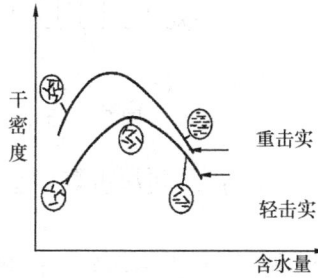

物理化学方法以及对土结构的研究可能并不能完全解释压实曲线，但它有助于理解压实土的强度和体积变化特性以及估计压实的不同类型。具有絮凝结构的土在小应变时具有较高的强度、较大的渗透性、较小的收缩性，与密度和含水量相同但具有分散结构的土相比有较大的膨胀性。大应变的揉搓压实比起动力压实来明显导致较强的分散性。分散性抵消了由于密度增加所得到的较高的强度，这可以用来解释为什么某些土在过压实的情况下会产生强度降低。

2.1.3　击实试验

土的最优含水量可在试验室通过击实试验测得。1933 年美国工程师普洛克托（R. R. Proctor）首先提出黏性土在压实过程中存在最优含水量和最大干密度的概念，并通过击实试验确定最大干密度和最优含水量。试验时将同一种土配制成若干份不同含水量的试样，在特制的钢筒内用同样的击实能量分别对每一份试样进行试验，然后测定各试验击实后的含水量和干密度，从而绘制含水量与干密度的关系曲线，如图 2-5 所示，称为击实曲线。从图 2-5 中可以看出，当含水量低于最优含水量时，土的干密度也逐渐增大，表明击实效果逐步提高；当含水量超过某一限值时，干密度随着含水量增大而减小，即击实曲线上出现一个干密度峰值（即最大干密度），相应于这一峰值的含水量就是最优含水量。实验室内的压实试验方法有多种多样，现场填土压实也有不同方式，但是都可以得到带有峰值特征的击实曲线。

击实实验是研究土的压实性的主要方法，其做法是用击实工具如锤以一定的落距落下从而对土进行击实，根据落距和每层土的击实次数可以计算出对每单位体积的土所做的功，因此单位体积的压实功能可由下式给出：

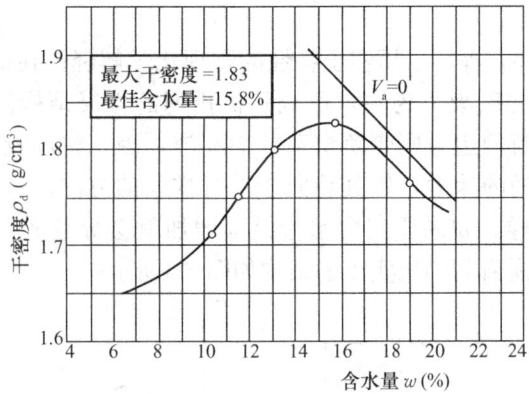

图 2-5　干密度与含水量关系曲线

$$E = \frac{每层击数 \times 层数 \times 锤重 \times 锤下落高度}{体积}$$

根据规范规定，击实实验分轻型击实和重型击实两种。轻型击实实验对单位体积的土所做的功约为 $E = 600\text{kJ/m}^3$，重型击实实验对单位体积的土所做的功约为 $E = 2700\text{kJ/m}^3$。轻型击实实验适用于粒径小于 5mm 的黏性土，重型击实实验适用于粒径不大于 20mm 的土，采用三层击实时，最大粒径不大于 40mm。典型的击实仪如图 2-6 所示，各主要部件规格见表 2-1。

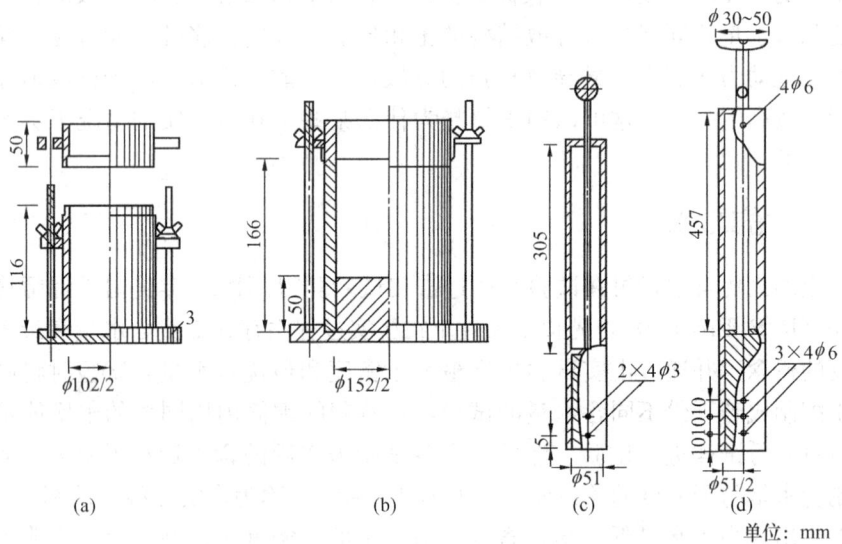

单位：mm

图 2-6　击实仪

(a) 轻型击实筒；(b) 重型击实筒；(c) 2.5kg 击锤；(d) 4.5kg 击锤

击实实验前需要制备至少 5 个不同含水量的土样，分别击实后，测定试样的干密度。试验结束后，应在直角坐标纸上绘制干密度与含水率的关系曲线（如图 2-2）。取曲线峰值点相应的纵坐标为击实试样的最大干密度 ρ_{dmax}，相应的横坐标为击实试样的最优含水量 w_{opt}。同时在图中还应绘出气体体积等于零的曲线（即饱和度 100%）的 ρ_{zav} 线。

试验方法	类别	锤底直径（mm）	锤质量（kg）	落高（mm）	试筒尺寸			层数	每层击数	最大粒径（mm）
					内径（mm）	高（mm）	容积（cm³）			
轻型（Ⅰ）	Ⅰ-1	51	2.5	305	102	116	947.4	3	25	5
	Ⅰ-2	51	2.5	305	152	116	2103.9	3	56	20
重型（Ⅱ）	Ⅱ-1	51	4.5	457	102	116	947.4	5	25	5
	Ⅱ-2	51	4.5	457	152	116	2103.9	5	56	20
	Ⅱ-3	51	4.5	457	152	116	2103.9	3	94	40

对于给定的含水量，当孔隙中没有空气，即饱和度等于100％时的理论最大干密度 ρ_{zav} 可由下式得出：

$$\rho_{zav} = \frac{d_s\rho_w}{1+e} \tag{2-4}$$

式中　ρ_{zav}——空气为零时的单位密度；

　　　e——孔隙比；

　　　d_s——土粒相对密度。

由于当饱和度为100％，$e=wd_s$，即有

$$\rho_{zav} = \frac{d_s\rho_w}{1+e} = \frac{\rho_w}{w+1/d_s} \tag{2-5}$$

式中　w——含水量。

利用土粒相对密度，假定几个含水量如5％、10％、15％等，根据式（2-5）计算可以得到 ρ_{zav} 随含水量的变化曲线。

2.2　压实土的性质及影响因素

2.2.1　压实土的性质

当路基土体的含水量接近其最优含水量时，对土体进行压实，其工程性质能得到明显提高。压实土的主要优点如下：

（1）压实土的压缩变形和湿化变形最小，所以在最优含水量附近压实的路基其沉降变形和由于雨水的影响引起的变形就会小，减少路基的破坏；

（2）压实后的土的抗剪强度增加，提高了路基的稳定性；

（3）压实后的土的渗透能力减小，这样就减少了水对路基的影响。

如图 2-7 所示为粉质土的一组压实含水量、压实度和抗变形能力的试验结果。由图中关系曲线的变化趋势可看出，当含水量低于最佳值时，随着压实程度（密实度）的增加，变形模量也增加，表明提高压实度可以增强抗变形能力。但是当含水量超过最佳值，即 $w>w_{opt}$ 后，曲线存在一峰值，超过一定的压实度后变形模量反而随压实度增加而降低。这是由于超过最佳含水量的

39

土接近于饱和状态，进一步的压实是靠封闭空气的压缩、土中水分的挤动、土的结构变为离散状态、土变为两相饱和土来实现的，这时由于孔隙水压力高，土体有效应力减小，导致抗剪强度下降。然而，上述峰值现象，对有些土（例如黏土）表现得不太明显。

压实土遇水浸湿后，其含水量会增长：一部分填满空隙，另一部分被土粒吸附引起体积膨胀。压实土的膨胀量除了与土质有关之外，很大程度上与压实时的含水量有关。压实含水量低于最佳含水量 w_{opt} 时，压实的土比略高于 w_{opt} 时压实的土，有较大的膨胀量。因此，从水稳定性的角度来看，当接近或略大于最佳含水量时，压实的土吸水量与膨胀量最小，最为稳定。压实土浸湿后抗变形能力的变化情况，可参考如图 2-8 所示的试验结果。图中的曲线表示用三种不同的压实功在不同含水量时压实的试件，浸湿后的抗变形能力同压实含水量的关系曲线。曲线表明，在最佳含水量时压实的试件抗变形能力最强，低于最佳含水量及高于最佳含水量 w_{opt} 时，则抗变形能力下降。因而，在 w_{opt} 时压实的土可望得到最高的浸湿后的抗变形能力。同时，增加压实功能、提高密度，可以得到较高的浸湿后的抗变形能力。

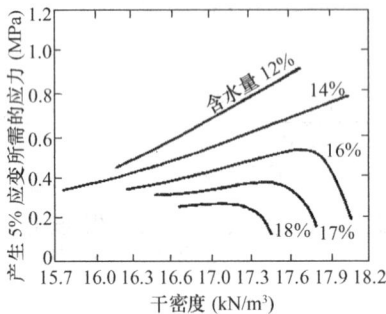

图 2-7　压实含水量—压实度
—抗变形能力关系曲线

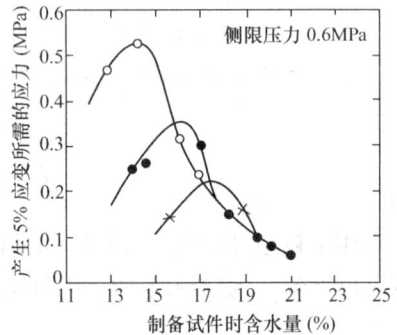

图 2-8　压实含水量与浸湿后
刚度的关系曲线

综合上述分析可以明显看出，路基土在最佳含水量 w_{opt} 状态下进行压实可以提高路基的抗变形能力和水稳定性。

2.2.2　影响土压实性的因素

1. 击实功对压实效果的影响

在不同的击实功能条件下的击实试验所得出的压实曲线是不同的，因而得出的最优含水量也是不同的。不同的压实功能标准可以模拟施工现场的不同压实机械和施工方法。重型击实试验方法的压实功能相当于 12～15t 压路机的碾压效果。轻型击实试验方法的压实功能相当于 6～8t 压路机的碾压效果，因而其最大密实度比重型标准约小 6%～12%，最佳含水量约大 2%～8%。图 2-9 所示是一种高塑性黏土在不同击实功作用下所得的实验结果。可见随着击实功的增加，最大干密度增大，最优含水量降低。如果在半对数坐标上绘制最大干密度和击实功的关系曲线，则可以得到一条近似的直线（如图 2-10）。

击实功的影响随土的类型不同而有所不同。粗粒土和细粒土的轻型和重型击实试验的结果存在一定的差异。Yoder（1959）指出，轻型击实试验所得最大干密度是重型击实试验所得最大干密度的 85%～97%。重型击实试验的最优含水量比轻型击实试验所得的小 2%～5%。土的塑性越大，这种差异越明显。

对细颗粒土来说，随着土的塑性增加，最优含水量增加，最大干密度下降。最优含水量处的饱和度一般为 80%～85%，当在大于最优含水量的情况下击实，最大饱和度可以达到 90%～95%，此时压实曲线趋向于平行于 ZAV 曲线（100%饱和曲线）

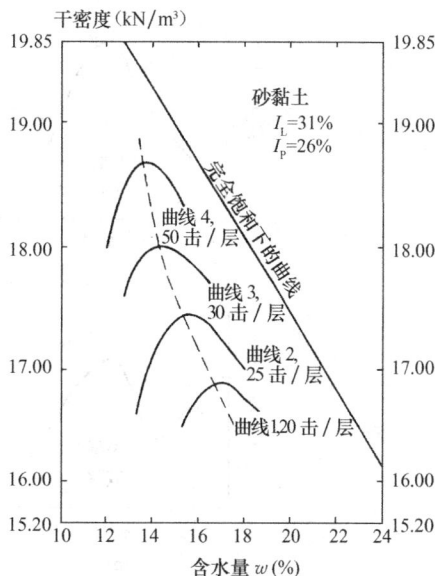

图 2-9　不同压实功能条件下的压实曲线

压实功的有效性也很重要。位于软土地基上的路堤的第一层填土很难被压实；同样铺设在土基上的石砟垫层也难以达到要求的密度，这是因为下部土体的变形限制了压实功的有效性。在压实过程中必须限制土中产生的压缩和剪切变形，使其作用是压实而不是变形。经验表明，在软弱地基上填筑路基的时候，每一层的密度和强度必须逐渐提高，除非对下卧层进行加固处理。

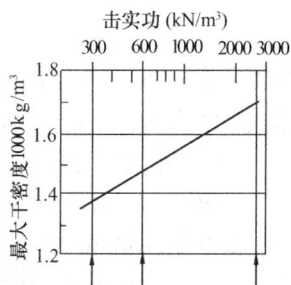

图 2-10　击实功与最大干密度的关系

2. 土的类型对压实效果的影响

土类型（即颗粒级配、土颗粒形状、土颗粒相对密度、黏矿物含量和类型）对最大干密度和最优含水量有很大的影响。土的压实性与土的类型以及采用的方法密切相关。图 2-11 为四种典型土的压实曲线。Lee 和 Suedkamp（1972）发现了四种典型的压实曲线，如图 2-11，A 类型压实曲线有一个单峰，这种曲线通常在土的液限为 30%～70% 之间时出现；B 类型出现一个半峰值，C 类型出现两个峰值，B 类型和 C 类型可在含水量低于 30% 时出现。D 类型无明显的峰值。土的液限超过 70% 时可能会出现不很常见的 C 类和 D 类曲线。

化学添加剂可以用来改变土的压实性能。分散剂会增加压实土的最大干密度而降低最优含水量。絮凝剂可以增加土的抗剪强度而使得压实更加困难；同样，稳定添加剂像石灰和水泥通常减小最大干密度以及增大最优含水量。即在土的天然含水量大于最优含水量，工期又比较紧的情况下，添加石灰后即可得到良好的压实效果，而且由于石灰的胶结作用，其强度一般能够满足要求。

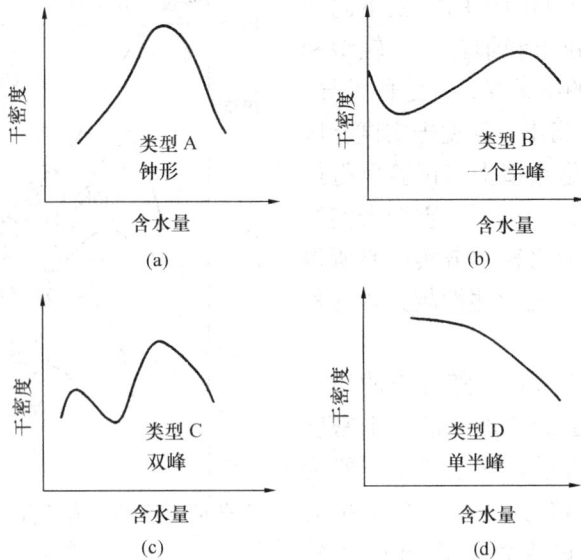

图 2-11 几种压实曲线

2.3 路基土的压实施工方法

路基土的压实可以分为人工压实和机械压实两大类，目前在大面积的土方施工中，机械压实是主要的方法，只有在路基与结构物相连的地段，如桥台背后、涵洞两端等，施工场地比较狭小，机械难以进入时才用人工压实。

我国铁路修建史上，压实方法经历过三个阶段：20世纪50年代以前，铁路运量小、轴重轻、施工技术落后，填土路基主要靠自然沉降和人工打夯来使其密实。20世纪60年代发展到用推土机、自卸汽车来兼作压实机械。20世纪80年代以来，为了适应于铁路的高速化、重载化的要求，为了满足铺设轨枕板、无缝线路等技术要求，路基需要在具有足够稳定性的前提下，严格控制积累的残余变形量。因此在路基施工中采用了国外已广泛采用的专用压实设备。大秦线重载路基、广深准高速铁路路基、秦沈客运专线路基等的施工实践证明，专用设备能取得令人满意的压实效果和较好的经济效益。

2.3.1 压实机械的分类

压实机具的类型很多，按压实作用原理可大致分为静力碾压式、夯击式和振动碾压式三大类。

1. 静力碾压式

静力碾压式包括光面碾（普通的两轮和三轮压路机）、羊足碾和气胎碾及各种拖式压滚等几种，是依靠机械自重的静压力作用，利用滚轮在碾压层表面往复滚动，使被压实层产生一定程度的永久变形而达到压实目的。

2. 夯击式

夯实机械可分为冲击夯实、振动夯实两种。

冲击夯实是利用机械或人力使夯锤离开地面上升到一定高度，然后自由下落所产生的冲击力来压实。人工使用的有石硪、木夯，机械式的有夯锤、夯板、风动夯及蛙式夯机等。

振动夯实除具有冲击夯实力外，还有振动力同时作用于被压实层，包括振动平板夯和快速冲击夯等。

国产压实机械的种类和型号编制方法见表 2-2。

压实机械的分类　　　　　　　　表 2-2

类别	种别	型式	特性	代号	代号含义	主参数	
						名称	单位
压实机械	光轮压路机 Y（压）	拖式		Y	拖式压路机（简称平碾）	加载后质量	t
		两轮自行式	Y（液）	2Y 2YY	两轮压路机（简称压路机）液压（转向）压路机（简称压路机）	结构质量/加载后质量 结构质量/加载后质量	t t
		三轮自行式	Y（液）	3Y 3YY	三轮压路机（简称压路机）三轮液压（转向）压路机（简称压路机）	结构质量/加载后重量 结构质量/加载后质量	t t
	羊足压路机 YJ（压、脚）	拖式	T（拖）	YJT	拖式羊足压路机（简称羊足碾）	加载总质量	t
		自行式		YJ	自行式羊足压路机（简称羊足碾）	加载总质量	t
	轮胎压路机 YL（压、轮）	拖式	T（拖）	YJT	拖式轮胎压路机（简称轮胎碾）	加载总质量	t
		自行式		YL	自行式羊足压路机（简称轮胎碾）	加载总质量	t
	振动压路机 YZ（压、振）	拖式	Z（振）	YZZ	拖式振动羊脚压路机（简称振动羊脚碾）	加载总质量	t
		拖式	T（拖）	YZT	拖式振动压路机（简称振动碾）	结构质量	t
		自行式		YZ	自行式振动压路机	结构质量	t
			B（摆）	YZB	摆脱压路机	结构质量	t
			J（铰）	YZJ	铰接式振动压路机 手扶式振动压路机	结构质量 结构质量	t kg
	振动夯实机 H（夯）	振动式 Z（振）	R（燃）	HZ HZR	振动夯实机 内燃振动夯实机	结构质量 结构质量	kg kg
	多头式夯实机 H（夯）	蛙式 W（蛙）爆炸式 B（爆）D（多）		HW HB HD	蛙式夯实机 爆炸夯实机 多头夯实机	结构质量 结构质量 结构质量	kg kg kg

3. 振动碾压式

振动碾压式主要包括振动器、振动压路机等。是利用专门的振动机构，以一定的频率和振幅振动，并通过滚轮的往复滚动传递给压实层，使压实材料的颗粒在振动和静压力联合作用下重新排列，从而提高密实度和稳定性。

另外，一些自重较大的机具，如运土汽车、挖掘机、推土机等也可用于路基压实。

2.3.2 压实机械的适用范围

1. 光轮压路机

光轮压路机是一种静作用压路机，按其质量可分为特轻型、轻型、中型、重型和特重型五种。这种压路机单位线压力较小，压实深度比较浅，适用于一般的筑路工程。按其质量的应用范围分类见表 2-3。

光轮压路机按质量的应用范围的分类 表 2-3

分类	加载质量（t）	单位直线压力（kPa）	应用范围
特轻型	0.5~2	800~2000	压实人行道和修补沥青类路面
轻型	2~5	2000~4000	压实人行道、沥青表外层、公园小道、体育场和土路基
中型	5~10	4000~6000	压实路基、砾石、碎石基层、沥青混合料层
重型	10~15	6000~8000	砾石、碎石类基层、沥青混合料层的终压作业
特重型	15~20	8000~12000	压实大块石填筑的路基和碎石结构层

2. 羊足（凸块）碾

羊足（凸块）碾有较大的单位压力（包括羊足的挤压力），压实深度大而均匀，并能挤碎土块，因而有很高的压实效果和较高的生产效率。比较适用于黏性土的分层压实，但不适用于非黏性土和高含水量黏土的压实。

3. 轮胎碾

轮胎辗机动性好，便于运输，进行压实工作时土与轮胎同时变形，接触面积大，并有揉搓作用，压实效果好。适用于黏性土、非黏性土及沥青混合料的复压。

4. 振动碾

振动碾单位线压力大，振动影响深度大，因此压实深度较大，压实遍数可相应减少。振动碾种类繁多，应用广泛。光轮振动碾最适用于压实非黏性土（砂土、砂砾）、碎石、块石及不同类型、不同厚度的沥青混合料面层。羊足（凸块）式振动碾既可压实非黏性土，又可压实含水量不大的黏性土和细颗粒砂砾以及碎石。振动碾的应用范围见表 2-4，压实后的最大铺层厚度见表 2-5。

振动碾的应用范围 表 2-4

质量和类型	块石	砂砾石		粉土、粉质土、冰碛土		黏土	
		优良级配	均匀粒级	粉质砂、粉质砾石、冰碛土	粉土、砂质粉土	低、中强黏土	高强度黏土
3t 以下光轮		△	△	△	△		
3~5t 光轮		○	○	△	△	△	
5~10t 光轮	△	○	○	○	△	△	△

质量和类型	块石	砂 砾 石		粉土、粉质土、冰碛土		黏 土	
		优良级配	均匀粒级	粉质砂、粉质砾石、冰碛土	粉土、砂质粉土	低、中强黏土	高强度黏土
10～15t 光轮	○	○	○	○	△	△	△
振动凸块式			△	△	○	○	○
振动羊足式			△	△	△	○	○

注：○—适用；△—可用。

5. 夯实机械

夯实机械分振动夯实机械及冲击夯实机械，它们体积小、重量轻，主要适用于狭窄工作面的铺层压实。如桥台背后、涵洞两端等。振动夯实机械常用于非黏性砂质黏土、砾石、碎石的压实，而冲击夯实机械则多用于黏土、砂质黏土和石灰土的夯实作业。

2.3.3　压实过程中的注意事项

路基的压实作业，应遵循"先轻后重、先慢后快、先边后中"的原则。

压实后的最大铺层厚度　　表 2-5

压路机工作质量（括号内为振动轮部分的质量）		路 堤				基床底层	基床表层
		岩石填方△	砂 砾	粉 土	黏 土		
拖式振动压路机	6t	0.75	⊙0.60	⊙0.45	0.25	⊙0.40	⊙0.30
	10t	⊙1.50	⊙1.00	⊙0.70	⊙0.35	⊙0.60	⊙0.40
	15t	⊙2.00	⊙1.50	⊙1.00	⊙0.50	⊙0.80	—
	6t	—	0.60	⊙1.45	⊙0.30	0.40	
	10t	—	1.00	⊙0.70	⊙0.40	0.60	
自行式振动压路机	7（3）t		⊙0.40	⊙0.30	⊙0.15	⊙0.30	⊙0.25
	10（5）t	0.75	⊙0.50	⊙0.40	0.20	⊙0.40	⊙0.30
	15（10）t	⊙1.50	⊙1.00	⊙0.70	⊙0.35	⊙0.60	⊙0.40
	8（4）t凸块式	—	0.40	⊙0.30	⊙0.20	0.30	
	8（7）t凸块式	—	0.60	⊙0.40	⊙0.30	0.40	
	15（10）t凸块式	—	1.00	⊙0.70	0.40	0.60	
两轮振动压路机	2t		0.30	0.20	0.10	0.20	⊙0.15
	7t	—	⊙0.40	0.30	0.15	⊙0.30	⊙0.25
	10t	—	⊙0.50	⊙0.35	0.20	⊙0.40	⊙0.30
	13t	—	⊙0.60	⊙0.45	⊙0.25	⊙0.45	⊙0.35
	18t凸块式	—	0.90	⊙0.70	⊙0.40	0.60	

注：△—仅适用于为压实岩石填方而特殊设计的压路机；⊙—最适用。

（1）先轻后重，是指开始时先使用轻型压路机进行初压，随着被压实层密度的增加逐渐改用中型或重型压路机复压。

（2）先慢后快，是指压路机碾压速度随着碾压遍数的增加可以逐渐加快。这是因为在开始阶段，填土比较松散，以较低的速度碾压，压力作用时间较长，有利于发挥压路机的压实功能，避免因碾压过快造成推拥土壤或陷车。随着碾压遍数的增加而加快碾压速度，有利于提高作业效率和表层的平整度。

（3）先边后中，是指碾压作业始终坚持从路基两侧开始，逐渐向路中心碾压，以保证路基的设计拱形和防止路基两侧的坍塌。

（4）在碾压过程中，应注意保持压路机行驶方向的直线性，相邻压实带应有 1/3 的重叠量，以保证碾压质量。

2.4 路基压实质量控制指标与检测方法

压实质量检测是控制路基填筑的重要手段，压实质量检测有多种方法，常用的检测指标有：压实系数、地基系数 K_{30}、标贯、CBR、轻型触探、弯沉值等。不同的部门常用的方法不同，铁路部门常用地基系数 K_{30}、压实度、相对密度和孔隙率 n 以及动模量 E_{vd} 来控制压实质量，下面就对各种方法进行简要介绍。

2.4.1 路基填筑质量的物理检测指标

1. 压实度

压实度的定义已经在本章开始给出。现场一般采用灌水法或灌砂法测量路基填土的干密度，再与室内压实试验得出的最大干密度相比得出压实度。

灌水法试验首先要根据表 2-6 的规定，根据试样的最大粒径来确定试坑尺寸。挖试坑时应将坑内的试样装入盛土容器内，称其质量并测定其含水量。然后在挖好的试坑内铺上大于试坑容积的塑料薄膜袋，再通过有刻度的储水筒向试坑内注水至水面与试坑边缘齐平，则试坑的体积即为注水的体积。试样的密度可以按下式计算：

$$\rho_0 = \frac{m_p}{V_p} \tag{2-6}$$

式中　ρ_0——试样的密度；

　　　m_p——取自试坑内的试样质量；

　　　V_p——试坑体积。

灌水法所需试坑尺寸（mm）　　　　　　　　　　表 2-6

试样最大粒径	试坑尺寸		试样最大粒径	试坑尺寸	
	直 径	深 度		直 径	深 度
5（20）	150	200	60	250	300
40	200	250			

灌砂法的原理与灌水法基本相同，但是采用标准砂来作为测定试坑体积的工具。具体要求可参见《土工试验方法标准》GB/T 50123—1999。

也可以用核子湿度密度仪直接测量路基填土的密度，其原理是利用元素的放射性来测定各种材料的密度和湿度。仪器内部带有两个辐射源，即用于测定密度的同位素 Cs-137γ 源和用于测定湿度的 Am-241/Be 中子源。此外，仪器内部还有两种射线的接收装置以及为检测射线和显示测试值所需要的处理器等电子元件。现场可直接用于进行压实质量控制。测量密度时，Cs-137γ 源发出 γ 射线进入被测材料。如果材料的密度较低，可通过的 γ 射线量大，仪器内的接收装置在单位时间内计到的数就较大；如果材料的密度较高，材料吸收的 γ 射线比较多，计数就比较少。通过微处理器将该密度计数值除以存储在仪器内的密度材料标准计数值可得到计数比，再通过一定的计算程序，就可以得到被测材料的天然密度。

与传统的灌水或灌砂法相比，核子湿度密度仪有明显的优点：被测土壤体积大，结果更具有代表性；测量中实际上没有试样的影响或体积的变化，人为影响小；测量一次总耗时不超 5min，因此测量可以在压实机械来回通过的间隙时间内完成，可直接用来指导施工。其不足之处在于辐射源的辐射强度会随时间而变化，因此需经常对仪器进行标定。

2. 孔隙率

对于砾石类、碎石类填料，《铁路路基设计规范》TB 10001—2005 规定采用土的孔隙率 $n(\%)$ 作为评价其路基基床压实程度的指标。孔隙率越小表明土越密实。在秦沈客运专线设计暂行规定中开始使用土的孔隙率 $n(\%)$ 作为路基填筑质量控制指标。孔隙率的定义在一般土力学教材中都有介绍。

3. 相对密实度

对于砂土填料，传统上一直用相对密实度 D_r 来表征其压实状态。相对密实度按下式计算：

$$D_r = \frac{e_{max} - e}{e_{max} - e_{min}} \tag{2-7}$$

式中 e_{max}、e_{min} 为填料的最大和最小孔隙比，分别在试验中取最大的干密度 ρ_{dmax} 和最小的干密度 ρ_{dmin} 计算得出。e 为填料压实后取样测其干密度后求出的孔隙比。据此上式可以写成：

$$D_r = \frac{(\rho_d - \rho_{min})\rho_{dmax}}{(\rho_{max} - \rho_{min})\rho_d} \tag{2-8}$$

2.4.2 路基填筑质量的力学检测指标

1. 地基系数 K_{30}

K_{30} 称为地基系数，是指由直径为 30cm 的荷载板压在地基上，然后在荷载板上加载，测量荷载板的下沉量，根据荷载下的荷载应力 $P(\text{N/cm}^2)$ 与荷载板的竖向下沉量 S(cm) 的比值来确定，即

$$K_{30} = \frac{P}{S} \tag{2-9}$$

K_{30}的单位为"N/cm³",或"MPa/m"。

由于地基土的非线性性质,不同变形量情况下的 K_{30} 值也不相同,《铁路路基设计规范》TB 10001—2005 取 $S=0.125$cm 时的 P 和 S 比值作为地基系数 K_{30}。

2. E_{vd} 动态模量

动态模量 E_{vd} 是一种土体承载力指标,可以通过动态平板载荷试验来检测,主要做法是用 10kg 的锤以 7.70kN 的最大冲击力冲击土体表面的直径 30cm 的圆板,冲击时间为 18ms,这样的冲击力约为 $\sigma=0.1$MPa,动态模量可以按照下式计算:

$$E_{vd} = 1.5 \cdot r \cdot \sigma/S = 22.5/S \tag{2-10}$$

r——载荷板的半径(mm),$r=150$mm;

S——载荷板的冲击下沉幅值(mm)。

3. 变形模量 E_{v2}

由平板荷载试验第二次加载测得的土体变形模量称为 E_{v2}。无砟轨道客运专线的路基填筑质量控制指标增加了 E_{v2} 的要求,其试验也属于平板载荷试验,在圆形载荷板上分级施加静荷载,测试荷载强度与沉降变形的关系,由此计算地基的变形模量。该试验方法与地基系数 K_{30} 试验相似,它们的主要差别在于操作步骤与数据整理和计算方法的不同。

变形模量计算的理论基础是弹性半空间体上圆形局部荷载的公式:

$$E_0 = 0.79(1-\mu^2)d\sigma/s \tag{2-11}$$

式中 d——载荷板直径。

取 μ 为 0.21,并采用增量形式:

$$E_v = 1.5r\Delta\sigma/\Delta s \tag{2-12}$$

式中 r——载荷板半径。

计算 $0.3\sigma_{max} \sim 0.7\sigma_{max}$ 的割线。为了有效地利用测试记录的数据,减小误差采用对试验数据作二次回归:

$$s = a_0 + a_1\sigma + a_2\sigma^2 \tag{2-13}$$

利用下式计算:

$$E_v = 1.5r \frac{1}{a_1 + a_2\sigma_{max}} \tag{2-14}$$

如图 2-12 所示,试验经两次加载,E_{v1} 和 E_{v2} 分别为第一次加载和第二次加载时计算的情况,单位一般为"MPa"或"MN/m³"。在铁路路基填筑施工质量检测中,一般情况下采用直径 300mm 的载荷板。

(1)CBR 试验

CBR 试验全称为加州承载比(California Bearing Ratio)试验,是由美国加利福尼亚州公路局最早提出的一种确定路基相对承载力的试验。

对于柔性路面的道路而言,上部结构将作用于路面的交通荷载传递给路基。这就要求传递到路基面的荷载应降低到路基面的容许承载力之下,因此对填土路基的要求,可以归结为对承载力的要求。CBR 试验是将规定尺寸的

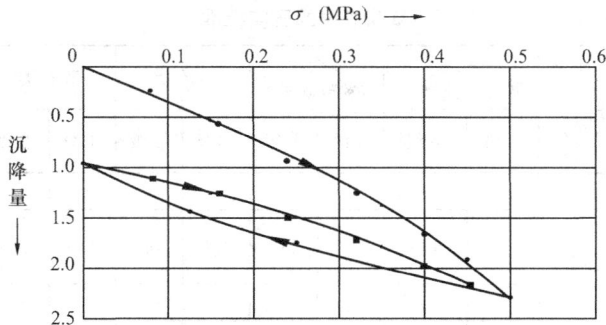

图 2-12　变形模量 E_v 试验曲线

探头贯入土中，在一定的贯入深度时，以其对应的荷载强度与 CBR 基准比较，来确定地基承载能力的相对值。CBR 基准值是用美国加州的一种具有代表性的未筛碎石进行多次试验而得，并将其平均值定为 100%。试验证明在最佳含水量附近压实的土，其 CBR 值也是最高的（图 2-13）。

CBR 试验要求先将试样浸水 96h，测出其浸水膨胀量，再进行贯入试验。其目的在于考虑路基填土在使用期间和长年运营过程中最不利条件下的 CBR 值。

（2）轻型动力触探试验

轻型动力触探试验是一种原位测

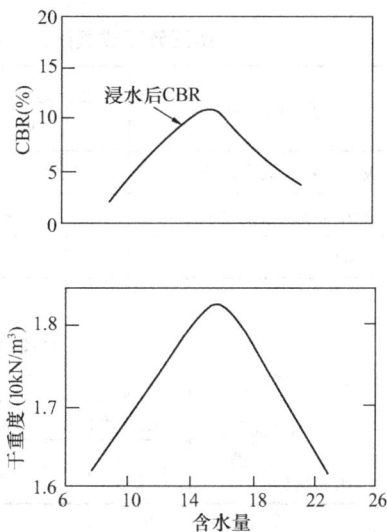

图 2-13　CBR 与含水量的关系

试手段。该试验是使用 10kg 的落锤，以 50cm 的落距自由下落，将探头贯入土中，记录每贯入 30cm 的锤击数 N_{10}。N_{10} 的大小反映了动贯入阻力的大小，与土层的种类、紧密程度、力学性质等密切相关，故可以将 N_{10} 作为反映土层综合性能的指标。

2.4.3　路基填筑质量的基本要求

对于Ⅰ、Ⅱ级铁路路基填料的压实质量控制采用双指标控制方法，即路基施工质量检测中至少要根据填料的性质进行前述指标包括地基系数 K_{30}、压实系数 k、孔隙率 n 和相对密度 D_r 这 4 个指标中的 2 项。规范规定，对细粒土、粉砂、改良土应采用压实系数和地基系数 K_{30} 作为控制指标；对砂类土（粉砂除外）应采用相对密度和地基系数 K_{30} 作为控制指标；对砾石类、碎石类、级配碎石或级配砂砾石应采用地基系数 K_{30} 和孔隙率 n 作为控制指标。路基各个部位的压实标准详见表 2-7～表 2-10。

50

基床表层的压实标准　　　　　　　　　　　　　　表 2-7

层位	填料类别 铁路等级 压实指标	细粒土、 粉砂、改良土		砂类土 （粉砂除外）		砾石类		碎石类		块石类	
		Ⅰ级	Ⅱ级	Ⅰ级	Ⅱ级	Ⅰ级	Ⅱ级	Ⅰ级	Ⅱ级	Ⅰ级	Ⅱ级
基床表层	压实系数 K	—	(0.93)								
	地基系数 K_{30} （MPa/m）		(100)		110	150	140	150	140		
	相对密实度 D_r				0.8						
	孔隙率 n（%）	—	—	—	—	28	29	28	29		

注：细粒土、粉砂、改良土一栏中，有括号的仅为改良土的压实标准，无括号的为细粒土、粉砂、
改良土的压实标准。

级配碎石或级配砂砾石的基床表层厚度及压实标准　　　表 2-8

填料	厚度 （m）	地基系数 K_{30} （MPa/m）	孔隙率 （%）	适用范围
级配碎石或级配砂砾石	0.6	≥150	<28	路堤
级配碎石或级配砂砾石	0.5	≥150	<28	软质岩、强风化硬质岩及土质路堑
中粗砂	0.1	≥130	<18	

基床底层的压实标准　　　　　　　　　　　　　　表 2-9

层位	填料类别 铁路等级 压实指标	细粒土、 粉砂、改良土		砂类土 （粉砂除外）		砾石类		碎石类		块石类	
		Ⅰ级	Ⅱ级	Ⅰ级	Ⅱ级	Ⅰ级	Ⅱ级	Ⅰ级	Ⅱ级	Ⅰ级	Ⅱ级
基床底层	压实系数 K	(0.93)	0.91	—	—						
	地基系数 K_{30} （MPa/m）	(100)	90	100	100	120	120	130	130	150	150
	相对密实度 D_r	—	—	0.75	0.75						
	孔隙率 n（%）	—	—	—	—	31	31	31	31	—	—

注：细粒土、粉砂、改良土一栏中，有括号的仅为改良土的压实标准，无括号的为细粒土、粉砂、
改良土的压实标准。

路堤基床以下部位填料的压实标准　　　　　　　表 2-10

填筑部位	填料类别 铁路等级 压实指标	细粒土、 粉砂、改良土		砂类土 （粉砂除外）		砾石类		碎石类		块石类	
		Ⅰ级	Ⅱ级	Ⅰ级	Ⅱ级	Ⅰ级	Ⅱ级	Ⅰ级	Ⅱ级	Ⅰ级	Ⅱ级
不浸水部分	压实系数 K	0.90	0.90	—	—						
	地基系数 K_{30} （MPa/m）	80	80	80	80	110	110	120	120	130	130
	相对密实度 D_r	—	—	0.7	0.7						
	孔隙率 n（%）	—	—	—	—	32	32	32	32		

填筑部位	压实指标	细粒土、粉砂、改良土 I级	细粒土、粉砂、改良土 II级	砂类土（粉砂除外） I级	砂类土（粉砂除外） II级	砾石类 I级	砾石类 II级	碎石类 I级	碎石类 II级	块石类 I级	块石类 II级
浸水部分及桥涵两端	压实系数 K	—	—	—	—	—	—	—	—	—	—
	地基系数 K_{30}（MPa/m）	—	—	(80)	(80)	(110)	(110)	(120)	(120)	(130)	(130)
	相对密实度 D_r	—	—	(0.7)	(0.7)	—	—	—	—	—	—
	孔隙率 n（%）	—	—	—	—	(32)	(32)	(32)	(32)	—	—

设计速度 200km/h 及以上的铁路客运专线路基，以及无砟轨道客运专线路基填筑质量有更高的要求，其压实质量一般采用多指标控制。其压实控制指标见表 2-11。

高速铁路路基压实控制指标　　　　　　　表 2-11

填料		压实系数 K	地基系数 K_{30}（MPa/m）	动态变形模量 E_{vd}（MPa）	7d 饱和无侧限抗压强度（kPa）	备注
基床表层	级配碎石	≥0.97	≥190	≥55	—	无砟轨道可采用 K_{30} 或 E_{v2}。当采用 E_{v2} 时，其控制标准为 $E_{v2} ≥ 120MPa$，且 $E_{v2}/E_{v1} ≤ 2.3$
基床底层	化学改良土	≥0.95	—	—	≥350（550）	1. 无砟轨道可采用 K_{30} 或 E_{v2}。当采用 E_{v2} 时，其控制标准为 $E_{v2} ≥ 120MPa$，且 $E_{v2}/E_{v1} ≤ 2.3$ 2. 括号内数值为寒冷地区化学改良土考虑冻融循环作用所需强度值
	砂类土及细砾土	≥0.95	≥130	≥40	—	
	碎石类及粗砾土	≥0.95	≥150	≥40	—	
基床以下路堤	化学改良土	≥0.92	—	—	≥250	无砟轨道可采用 K_{30} 或 E_{v2}。当采用 E_{v2} 时，其控制标准为 $E_{v2} ≥ 45MPa$，且 $E_{v2}/E_{v1} ≤ 2.6$
	砂类土及细砾土	≥0.92	≥110	—	—	
	碎石类及粗砾土	≥0.92	≥130	—	—	

思考题

1. 土的压实原理是什么？

2. 什么是压实度? 如何确定路基填土的压实程度?

3. 影响土压实性的因素有哪些?

4. 铁路路基压实质量的检测指标有哪些? 如何控制路基的填筑质量?

5. 某土料场为黏性土, 天然含水量 $w=21\%$, 土粒相对密度 $d_s=2.70$, 室内标准功能击实试验得到的最大干密度 $\rho_{dmax}=1.85\text{g/cm}^3$。设计要求压实度为 0.95, 并要求压实后的饱和度 $S_r \leqslant 0.9$。试问碾压时土料应控制多大含水量。

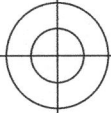

第3章
路基受力与变形

本章知识点

【知识点】本章主要介绍路基面上列车产生的附加动应力的大小及
　　　　　分布规律。
【重　点】根据路基受力确定路基基床结构。
【难　点】如何根据路基附加动应力确定基床表层的结构。

3.1 土动力学基础知识

土体在动荷载作用下的表现与静荷载情况有很大的不同，主要表现在动、静强度的区别。土体的动强度与允许产生的变形大小、动荷载的大小、作用时间、频率等因素密切相关。目前研究土的动强度和动变形的方法可分为两个方面：①根据土的动应力-动应变关系（或称动本构关系）来确定土体在动荷载作用下的动强度和动变形；②直接通过试验方法来研究土的动强度和动变形问题。土的动本构关系是描述土动态力学特性的基本关系，但由于其复杂性，目前的研究还远远没有达到成熟的程度，因此在目前阶段仍常采用直接试验的方法来研究土的动强度和动变形问题。本章也将主要从这个角度来进行介绍。

3.1.1 土体动荷载的常见类型

动荷载产生的方式多种多样，其作用特点也各不相同，如图3-1所示。从动荷载作用的基本要素，即振幅、频率、持续时间和波型的变化来分析，可以将动荷载分为以下三类问题：

(1) 单一的、大脉冲荷载问题，如爆破引起的动力作用；

(2) 多次重复的微幅振动问题，如机器基础引起的振动作用；

(3) 有限次数、无规律的振动问题，如地震引起的振动作用。

这三类动荷载在变化规律和应力量级上有较大的差异，因此在土中所产生的应变量及发展规律均有很大的差别。例如：在核爆炸作用下，土中产生的应力波所引起的应变量级（在考虑防护的范围内），可以大到 10^{-2}，而在一个合理设计的动力机器基础下，土的应变量级约为 10^{-5} 或更小，地震引起的应变量则介于二者之间。在这些不同的应变量级范围内，土的性质具有不同的应力-应变规律关系。如机器基础下的土主要在弹性范围内工作，爆炸作用

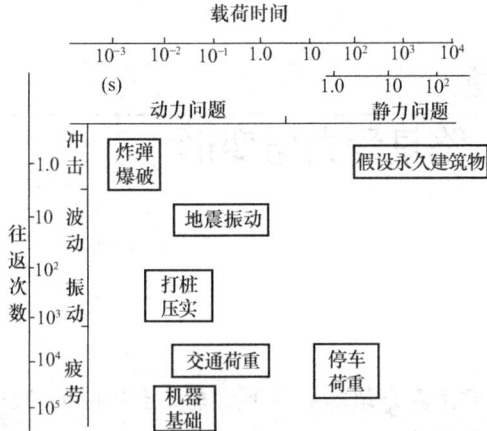

图 3-1　动荷载的主要类型

下的土视爆炸能量及传递距离可能处于弹性、弹塑性或塑性范围内工作；地震作用下的土视震级也可能处于弹性、弹塑性或塑性范围内工作。因此对不同类型的土动力学问题常分别研究。对于其他原因引起的动荷作用，如海洋土动力学问题，交通荷载引起的土动力学问题，应该在尽可能模拟其动荷载要素的条件下进行研究。

3.1.2　土体动强度等概念

动荷载对土体的影响主要表现在两个方面：一、速率效应，即荷载在很短时间内以很高的速率施加于土体所引起的效应；二、循环效应，即荷载的增减，多次往复循环地施加于土体所引起的效应。对第一类荷载，主要表现出速率效应的影响，对于第二类动荷载，主要表现出循环效应的影响，还有一类动荷载会表现出两种效应共同影响的结果，路基工程中所涉及的动荷载主要是这类。

通常，在小应变范围内主要研究土的弹性参数，动模量、动泊松比和阻尼比问题，典型的试验仪器为共振柱；在大应变范围内主要研究土的动强度、动变形、液化及土体动力稳定性问题，典型的试验仪器为动三轴仪。

测定指标 G 和 λ 的室内试验方法以振动三轴仪试验为常用的方法。试验时将圆柱形试样装入三轴压力室内，先施加周围压力使土样固结至土体的初始应力状态，然后施加动荷，测得动荷循环一周的土样的动应力-动应变滞回曲线，即类似于图 3-2 的滞回环，只是动剪应力和动剪应变由动应力和动应变代替。由此滞回环可求得动模量 E_d 和阻尼比 λ。

动模量 $E_d = \dfrac{\sigma_d}{\varepsilon_d}$，其中 σ_d 与 ε_d 分别为动应力与动应变。动剪模量 G 可按下式求得：

$$G = \frac{E_d}{n(1+\mu)} \tag{3-1}$$

土在承受逐级增大的动荷载作用时，其变形、强度和孔压总要经历轻微

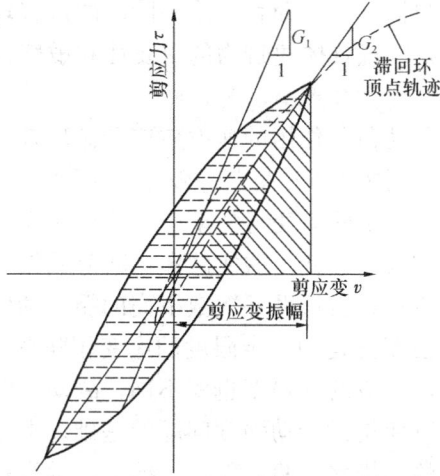

图 3-2 动剪应力与动剪应变关系

变化、明显变化到急速变化三个阶段，我们把这三个阶段分别称为振动压密阶段、振动剪切阶段和振动破坏阶段（图 3-3）。把这三个阶段间的两个界限强度分别称为临界强度（N_c）和极限强度（N_u）。

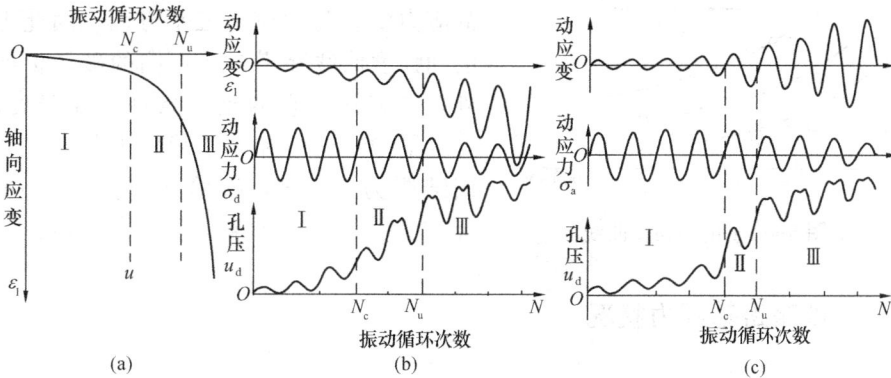

图 3-3 土的动力响应
(a) 土体振动变形的阶段划分；(b) 偏压固结；(c) 均压固结

在振动压密阶段，振动作用的强度较小，土的结构没有或只有轻微的破坏，孔压上升、变形增大和强度降低都比较小，土的变形主要表现为由于土颗粒垂直位移所引起的振动压密变形。

在振动剪切阶段，动荷载的强度超过临界动力强度，出现孔压与变形的明显增大和强度的明显降低，土的变形中剪切变形的影响逐渐增大。

当达到极限动力强度时，出现以孔压急骤上升，变形迅速增大和强度突然减小为标志的完全失稳现象，达到所谓的振动破坏阶段。

由于使土处于不同阶段所需的实际动荷水平（即临界动力强度与极限动力强度的大小）将因土的密度、类型、状态、起始应力状态以及动荷载的波型、频率、振幅和持续时间等的变化而不同。因此三个阶段之间的变化是连续的，并没有明显的界限。一般而言，第一阶段的危害较小，第三阶段是不能容许的，第二阶段则应视具体建筑物的重要性和敏感程度而分别决定其是否能够容许。

土的动强度是随着动荷载作用的速率效应和循环效应而不同的，它通常理解为在一定动荷载作用次数下产生某一破坏应变所需的动应力大小。

在周期荷载作用时，土的应变将随动应力的增大而增加，或随动荷载循环作用次数的增加而增大。因此，欲使试样在动荷载作用下产生一定大小的应变，可以采用两种方法：①低循环次数下高的循环动应力；②高循环次数下低的动应力。土的强度总是和一定限度的应变相联系。显然，如果该破坏应变规定的数值不同，相应的动强度也就不同，故动强度与破坏标准密切相关。合理地指定破坏应变是讨论动强度问题的基础。常见的破坏标准有以下几种：①对于饱和土的不排水试验，破坏标准可表示为孔隙水压力的某种发展程度，称为孔压标准；②按极限平衡条件作为破坏标准，称为极限平衡标准；③有按动荷作用过程中变形开始急速转陡作为破坏标准的，称屈服破坏标准。通常，土的动强度表示为达到上述某种破坏标准时的加载次数 N_f 与作用动应力 σ_d 的关系，即 $\sigma_d - \log N_f$ 曲线，称为土的动强度曲线（如图 3-4）。

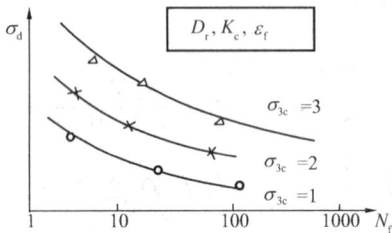

图 3-4 土的动强度曲线

影响土的动强度的因素主要有土性、静应力状态和动应力三个方面，因此土的动强度曲线除需标明不同的破坏标准外，尚需标明它的土性条件（如密度、含水量和结构）和起始静应力状态（如固结应力 σ_1、σ_3，起始剪应力比 τ_0/σ_3 等）。

3.2 铁路路基受力状况

对于铁路来说，作用在路基面上的荷载可分为两部分，静荷载和动荷载。静荷载部分是长期荷载，是由道床、轨枕、轨道及其他附属设备的自重产生。动荷载主要由列车通过时的轮载产生，与列车的速度、轴重、轨道状况等许多因素有关。静荷载和动荷载是分析路基本体结构的重要依据，其大小按铁路等级和道床结构来确定。

3.2.1 路基面上的静荷载及简化计算方法

铁路路基设计规范将列车和轨道荷载全部作为静荷载计算。普通列车荷载按照《铁路桥涵设计基本规范》TB10002.1—2005 的规定采用中华人民共和国铁路标准活载，简称"中—活载"（图 3-5a、b）。高速列车荷载按照《高速铁路设计规范（试行）》TB 10621—2009 的规定采用中国高速铁路列车设计荷载，简称"ZK 活载"（图 3-5c、d）。具体计算时，将列车竖向活载和路基面上的轨道静载一起换算成与路基土体重度相同的具有一定高度和分布宽度的土柱（图 3-6）。

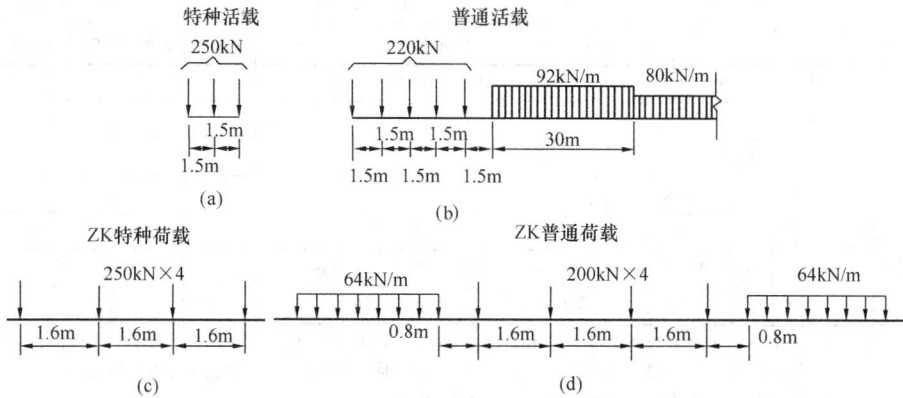

图 3-5 铁路列车竖向静活载图式
(a)、(b) 中-活载；(c)、(d) ZK 活载

换算时按照自轨枕底部两端向下呈 45°角扩散的原则，可以得到换算土柱的宽度 b_0（图 3-6）。按照一级重型时速在 120～160km/h 之间的线路计算，道床厚度 50cm，道砟重度 20kN/m³；钢轨重量 0.6kN/m；轨枕长 2.6m；轨枕及扣件重量 3.46kN/根，可得轨道荷载 P。

列车轴重沿纵向的平均分布：$Q = 220kN/1.5m = 146.67kN/m$

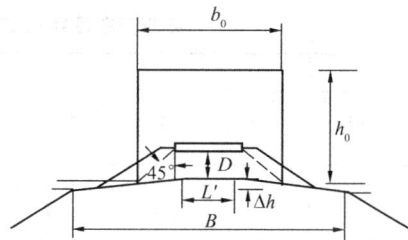

图 3-6 换算土柱示意图

换算土柱高：

$$h_0 = \frac{P+Q}{\gamma \times b_0} \quad (3-2)$$

当 $\gamma = 19kN/m^3$ 时：$h_0 = 3.2m$

当 $\gamma = 18kN/m^3$ 时：$h_0 = 3.4m$

普通列车及轨道和高速列车及轨道荷载的换算土柱高度及分布宽度分别见表 3-1 和表 3-2。

普通列车及轨道荷载换算土柱高度和分布宽度　　　　表 3-1

项　　目				单位	Ⅰ 级 铁 路			Ⅱ 级 铁 路		
					特重型	重　型		次重型	次重型	中型	轻型
基床表层类型	硬质岩石		道床厚度	m	0.35	0.35	0.35	0.35	0.3	0.3	0.3	0.25
		换算土柱	换算土柱宽度	m	3.4	3.4	3.4	3.4	3.2	3.2	3.2	3.1
			荷载强度	kPa	60.5	60.4	60.1	60.1	60.8	60.8	59.8	59.6
		重度	19kN/m³	换算土柱高度 m	3.2	3.2	3.2	3.2	3.2	3.2	3.2	3.2
			20kN/m³	m	3.1	3.1	3.1	3.1	3.1	3.1	3.0	3.0
			21kN/m³	m	2.9	2.9	2.9	2.9	2.9	2.9	2.9	2.9
			22kN/m³	m	2.8	2.8	2.8	2.8	2.8	2.8	2.8	2.8

57

项　　目			单位	Ⅰ 级 铁 路			Ⅱ 级 铁 路		
				特重型	重　型	次重型	次重型	中型	轻型
基床表层类型	级配碎石或级配砂砾石	道床厚度	m	0.3	0.3	0.3	—	—	—
		换算土柱 换算土柱宽度	m	3.3	3.3	3.3	—	—	—
		荷载强度	kPa	60.8	60.7	60.3	—	—	—
		重度 19kN/m³ 换算土柱高度	m	3.2	3.2	3.2	—	—	—
		20kN/m³	m	3.1	3.1	3.1	—	—	—
		21kN/m³	m	2.9	2.9	2.9	—	—	—
		22kN/m³	m	2.8	2.8	2.8	—	—	—

注：1. 表中换算土柱高度按特重型、重型、次重型轨道为无缝线路，中型、轻型为有缝线路轨道的计算值；当重型、次重型轨道铺设有缝线路时，其换算土柱高度应减小 0.1m；

2. 重度与本表不符时，需另计算换算土柱高度；

3. 列车竖向荷载采用"中—活载"，即轴重 220kN，间距 1.5m；

4. 列车和轨道荷载分布于路基面上的宽度，自轨枕底两端向下按 45°扩散角计算；

5. Ⅱ型轨枕的换算土柱高度考虑了轨枕加强地段每千米铺设根数 1840 的影响。

高速列车及轨道荷载换算土柱高度和分布宽度　　　　　表 3-2

列车活载种类	设计轴重 (kN)	轨道形式	分布宽度 (m)	计算高度（m）				
				土的重度（kN/m³）				
				18	19	20	21	22
ZK 活载	200	CRTS Ⅰ 型板式无砟轨道	3.0	3.1	2.9	2.8	2.6	2.5
		CRTS Ⅰ 型板双块式无砟轨道	3.4	2.8	2.7	2.6	2.4	2.3
		CRTS Ⅱ 型板式无砟轨道	3.25	2.9	2.7	2.6	2.5	2.3
		有砟轨道	3.4	3.0	2.8	2.7	2.6	2.4

3.2.2　路基面上的动荷载

铁路路基设计时，采用换算土柱法，将静荷载和动荷载一并简化为均布的静荷载处理。但这只是对路基面上载荷总量的计算，土柱的分布形式与实际作用在路基面上的应力分布有较大的差别。实际作用在路基面上的载荷在没有列车通过时只有轨道结构的静载荷，而在列车通过时则为周期性的动载荷，这种动载荷的周期和频率随着列车的轴重和速度变化。土动力学理论已经揭示，土在动载荷和静载荷作用下的强度和变形特性是有较大区别的，因此要考虑路基填土在动载荷作用下的特性，特别是在列车速度不断提高的情况下，进行动态分析，掌握列车动荷载的作用在路基中所产生的动应力、动位移的大小和分布规律以及疲劳特性就显得越来越重要。

1. 荷载的分担

图 3-7 为荷载分担作用示意图。在轮载力 P 作用下，钢轨的竖向挠曲变形曲线的影响范围与 P 的大小和钢轨、轨枕、道床、路基等的刚度有关。刚度大则影响范围小，刚度小则影响范围大。一般约为 7 根轨枕的宽度，即轮载力 P 大至由 7 根轨枕分担。分摊到每根轨枕面上的支承力可以通过有关计算解出。也可采用简化假定，即简化轮载力 P 由 5 根轨枕分担，分担到每根

枕面上的力假定分别为 $0.4P$、$0.2P$ 及 $0.1P$。这样的荷载分担方式导致的在路基面动应力在纵向与横向的分布如图 3-8、图 3-9 所示。

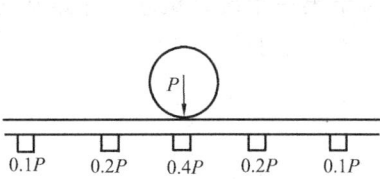

图 3-7　荷载分担作用示意图

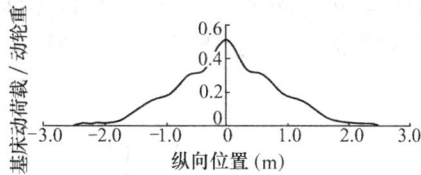

图 3-8　单个轮载作用下路基面上动应力沿纵向分布示意图

2. 路基面上的动应力

设想一个机车静止停在轨道上，它在路基面上引起的动应力是与轮对的距离有关的，在轮载的正下方动应力会达到最大值（图 3-10），两个轮对之间及一个轮对的两轮之间的应力会有不同。动应力沿纵向的分布是一条曲线，曲线

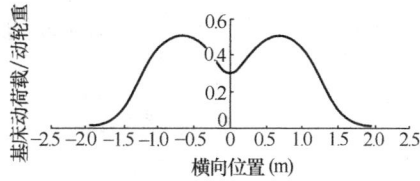

图 3-9　单个轮载作用下路基面上动应力沿横向分布示意图

的峰值与车轮位置相关。列车运行的时候，以列车为参照物可以近似地认为这样一条应力分布曲线随着列车一起运动。

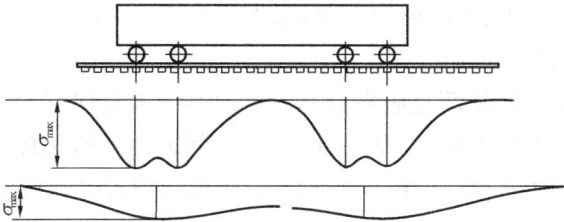

图 3-10　车体在路基面引起的附加应力沿纵向分布示意图

列车由机车和多辆拖车组成，对于轨道下路基面上的每一点来说，每一个轮对通过时都会对路基产生一次加载和卸载，一点动应力跟时间的关系与前述曲线相似，它的波动周期、频率与列车的速度以及列车的车体尺寸、轮对的位置等有关。这个曲线上的最小值与最大值之比表示动应力分布特征的不均匀性。好的线路设计，应该与机车车辆之间具有最理想匹配的情况，每通过一个转向架时，虽然有两个车轮通过，但只有一次加卸载的循环而不是两次，这样可以减少列车作用的次数。如果机车车辆和轨下系统的各种参数设计恰当，将改善基床的动应力分布，从而减弱重复荷载的作用和减少荷载的重复作用次数，这对减轻路基土的疲劳破坏有极大的益处。

路基面上的最大与最小动应力与机车车辆的轴重、轴距、轨道的轨型、枕型、道床厚度和基床的弹性系数（这些因素综合反映轨道的刚度）等有关。图 3-11 为秦沈客运专线实测资料，图中曲线代表轨道下基面上某点的动应力的时程曲线，明显看出前后的机车和中间 3 个拖车对路基面的动载荷，测试的波形证明了前述路基面动应力分布规律的分析。图 3-12 为各国实测资料的汇总图。虽然测试条件各不相同，但该图可给出一个统计概念，即路基面动应力幅值的集中域一般在 50～70kPa 左右，最大值可达 100kPa。

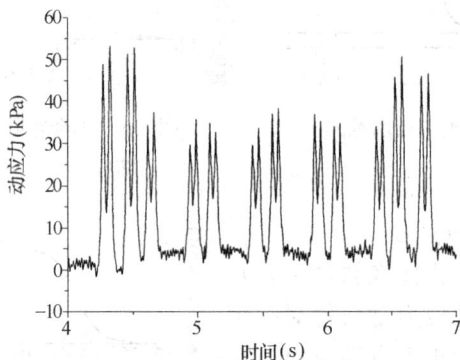

图 3-11　路基面上的实测动应力
（北京交通大学实测资料）

作用在路基面上的动应力可通过实测得出，也可采用一定的计算方法来得到。在计算时需将车辆、车轮、钢轨、道床、路基等作为一个整体系统来分析，考虑包括路基在内的轨下基础的许多影响因素，从而正确地确定线路各部分的荷载、变形振动特性等，科学地指导设计，以减少各部分的动力作用和路基土受到过大的应力。

一般情况下，路基面上应力分布的最大值位于轨枕下方（线路纵向）和钢轨正下方（横断面方向），而两侧较小。计算时通常假定枕底应力均布，并从枕边以 φ 角向下扩散，如图 3-13 所示。扩散角约为 30°～45°。

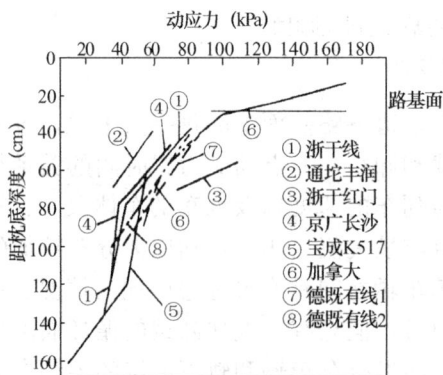

图 3-12　路基面动应力的内外实测资料

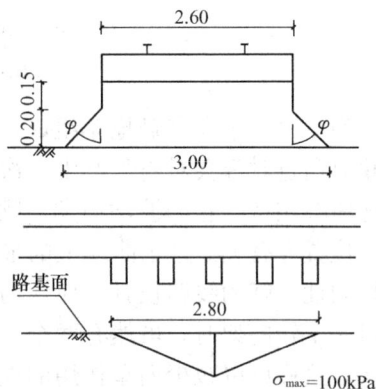

图 3-13　路基面动应力最大值计算

路基面动应力与列车速度的关系曲线如图 3-14 所示。在 300km/h 以内，路基面动应力与行车速度成正比，超过 300km/h 时，行车速度对路基面动应力影响不大。

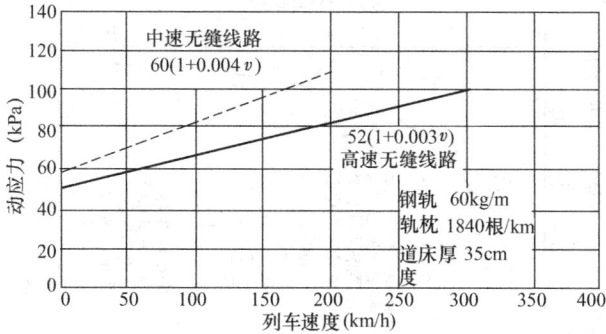

图 3-14　路基面动应力与行车速度的关系曲线

3. 路基设计动应力估算（规范法）

路基面动应力幅值是与列车速度、轴重、机车车辆动态特性、轨道结构、轨道不平顺、距轨底深度及路基状态有关的一个随机函数。作用于基床面上的动应力幅值可由下式计算：

$$\sigma_{dl} = 0.26 \times P \times (1 + av)(kPa) \tag{3-3}$$

式中　$1+av$——冲击系数，客运专线铁路最大的冲击系数为 1.9，即速度在300km/h 以内时按上式计算，超过 300km/h 时按 300km/h 计；

　　　a——200km/h 及以上的客运专线无缝线路 a 取 0.003。

ZK 普通荷载机车车辆的静轴重 $P=200kN$，则，

设计时速为 200km 时

$$\sigma_{dl} = 0.26 \times 200 \times (1 + 0.003 \times 200) = 83.2kPa \tag{3-4}$$

设计时速为 250km 时

$$\sigma_{dl} = 0.26 \times 200 \times (1 + 0.003 \times 250) = 91.0kPa \tag{3-5}$$

如采用中—活载，机车车辆的静轴重 $P=220kN$，a 可取 0.004，则，设计时速为 200km 时

$$\sigma_{dl} = 0.26 \times 220 \times (1 + 0.004 \times 200) = 93.6kPa \tag{3-6}$$

秦沈客运专线的路基面动应力的大量实测结果小于计算值。

3.2.3　路基本体内部附加动应力分布特征

路基面上的动应力通过道床传递到路基面并继续向深层传递，在传递过程中应力会逐渐扩散，即大小会随着深度的增加而衰减。一般来说，路基面以下 0.6m 范围内（距枕底约 1m）动应力的衰减最为急剧。根据铁道科学研究院和西南交通大学等单位的许多实测资料，路基面以下 0.6m 深度处的动应力已衰减了 40%～60%，如图 3-15 所示。若路基面上的动应力为 100kPa，则该深度处为 40～60kPa。根据动三轴试验结果，当动静应力比在 0.2 以下时，土的塑性累积变形在 0.2% 以下，且很快能达到稳定。根据我国的研究，动静应力比为 0.2 时的深度约为 3.2m，动静应力比为 0.1 时的深度约为 4.2m，如图 3-16 所示。因此时速 200km/h 及以上各类客运专线的暂行规定和《京沪高速铁路线桥隧站设计暂行规定》中基床的厚度定为 3.0m。

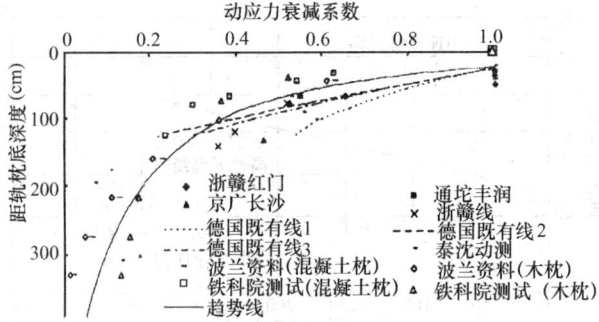

图 3-15 路基面动应力沿深度的衰减

动应力沿路基深度的分布也可以通过 Boussinesq 解析解获得。把轨枕下路基面上的载荷看成是长方形均布荷载，荷载中心下深度为 z 处的垂直应力可用下式计算：

$$\sigma = \frac{2P_0}{\pi}\left[\frac{m\times n}{\sqrt{1+m^2+n^2}}\times\frac{1+m^2+2n^2}{(1+n^2)(m^2+n^2)}+\arctan\frac{m}{\sqrt{1+m^2+n^2}}\right]$$

$$(3\text{-}7)$$

$$m = a/b, \quad n = z/b$$

式中 P_0——荷载强度；

a、b——分别为轨枕的长边、短边边长的 1/2；

z——深度（m）。

图 3-17 为用上述公式计算的路基内动应力分布曲线，与实测的数据对比表明，可以近似地用 Boussinesq 公式估算路基内部的动应力。图 3-18 表示邻枕对压力分布的影响。从图中可见，深度达到轨枕宽度的 3 倍，即距枕底约 70cm 时，沿线路纵向的压力分布就比较均匀了。

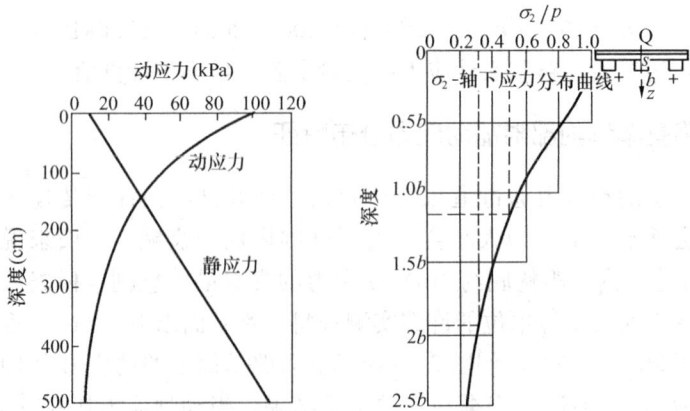

图 3-16 路基附加动、静应力之比

图 3-17 Boussinesq 公式估算路基内部的动应力

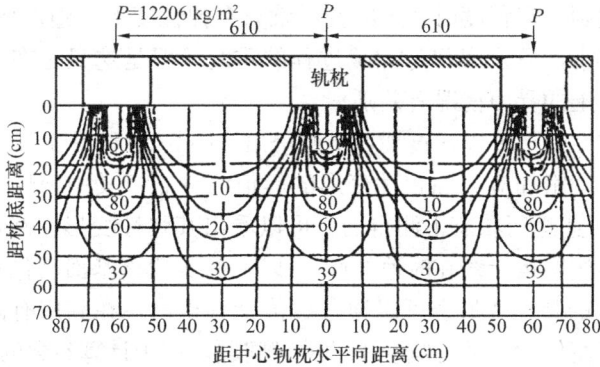

图 3-18　轨枕下路基内动应力的等值线

3.3　路基弹性变形与临界动应力

3.3.1　路基面上的弹性变形

在动三轴试验中施加如图 3-19 所示的动应力所产生的变形，可以产生弹性变形，也可以产生塑性变形。所产生的变形形态，取决于动载荷的大小、频率和土的性质。作为路基填土，不希望产生积累的塑性变形或永久沉降。理想的状态是只产生可以恢复的弹性变形。

时速 200km 以上客运专线要求路基面上的动位移不能超过 3.5mm。路基填土的弹性变形的大小主要取决于它的动弹性模量 E_d，动模量也称回弹模量，其定义为动应力幅值（见图 3-19）与产生的动应变之比，见式（3-8）

$$E_d = \frac{\sigma_d}{\varepsilon_d} \tag{3-8}$$

式中　σ_d、ε_d——动应力幅值和动应变。

动模量越大，路基产生的弹性变形越小。所以客运专线与高速铁路路基填筑质量控制中，要求 K_{30}、E_{vd} 或 E_{v2} 的检测一定要达到规范规定的值，这些都是直接与模量有关的量，这样可以使路基产生的弹性变形控制在允许范围之内。其中 E_{vd} 和 E_{v2} 是与式（3-8）中的 E_d 紧密相关。在有侧限压缩条件下施加动载荷也可以模拟列车动载荷对压实土变形情况的影响（图 3-20），当

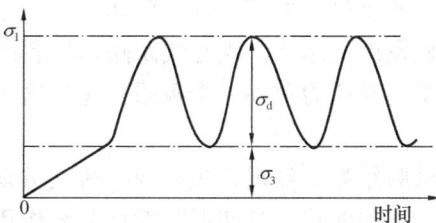

图 3-19　动载荷示意图

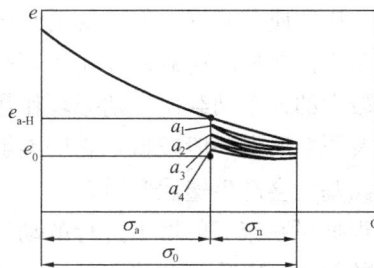

图 3-20　压缩实验模拟动载荷作用

土的密实度达到一定程度时，土的变形就只有弹性变形，塑性变形是衰减的，孔隙比不再减小，只是回弹与加载过程的重复。但是这只是在无侧向变形的情形，与基床土的受力情况有差别。

路基的弹性变形可以通过现场实测得出。图 3-21 和图 3-22 给出了实测的典型路基内部动附加应力和弹性变形的等值线分布，其中弹性变形是在列车以 120km/h 时速运行状态下测得的，可以看出其弹性变形在路基面最大，沿深度衰减。秦沈客运专线在时速 200km 以上的实测路基面动位移都没有超过3.5mm。路基的弹性变形也可以通过数值计算得出，在利用有限元等方法模拟路基在动载荷作用下动态响应中的关键问题，在于计算参数的正确选取。

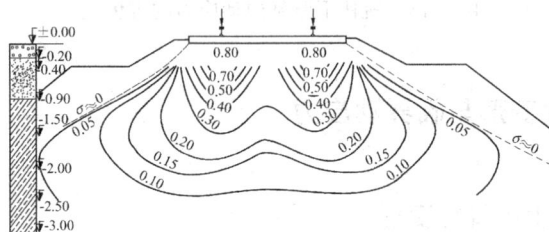

图 3-21　路基横断面内动附加应力分布图
（单位：100kPa，行车速度：120km/h）

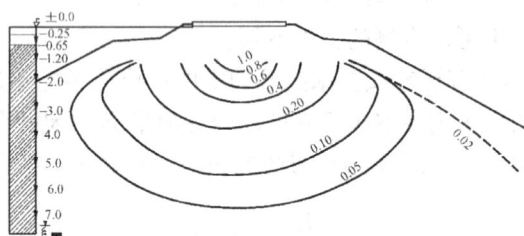

图 3-22　路基横断面内弹性变形分布图
（行车速度 70km/h，竖向位移单位：mm）

3.3.2　基床土的疲劳特性与临界动应力

在一定条件下，路基填土可以在列车动载荷不断的作用下仅产生可以恢复的弹性变形而没有永久变形的积累。这个条件是多方面的：土的力学性质要好，压实质量要好，但重要的是附加在路基面的动荷载不能过大。既有线路路基土体在列车荷载的作用下，往往会产生过大的变形甚至破坏，大多是相对较大的列车动载荷长期循环作用累积发展的结果。既有线路路基填料的性质及压实质量一般较低，它所能够承受的动应力存在一个极限，超过这个极限路基就会产生塑性变形。

根据对基床一般填土进行的动三轴试验结果，发现累积应变与荷载重复次数的关系可以分为两组。其中一组为破坏型曲线，其变形随循环荷载作用次数的增加而逐渐发展直至破坏，如图 3-23 中的①、②、③、④；另一组为衰减形曲线，其变形速率逐渐变缓最后达到稳定状态，如曲线⑤、⑥、⑦、⑧。我们把曲线⑤所对应的循环应力称为临界动应力。

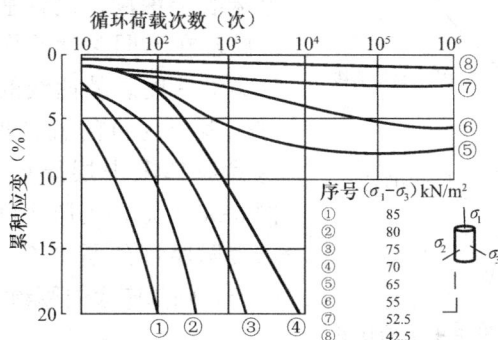

图 3-23　循环荷载作用下填土的变形

临界动应力的大小首先与围压的大小有关，也就是与所考虑路基土的深度有关，其次与填土的种类、强度、变形模量、含水量、密实度、荷载作用频率等因素有关，实际上可以把临界动应力理解为一种特定情况下的动强度。图 3-24 为临界动应力与加载频率的关系。从图中可见，临界动应力随加载频率的提高而减小。而列车的速度越高，相应的加载频率也就越大，因此对既有线路路基而言，随着列车的速度的提高，基床的病害将增多，这已被既有线路的实际情况所证实。

图 3-25 为临界动应力与围压的关系曲线。可见围压越高，临界动应力越大。由于列车产生的动应力随着深度的增加逐渐减小，而路基填土的临界动应力却随着深度的增加而增大，因此基床表层的工作条件是最恶劣的。这也是在高速铁路设计中，强化基床表层的主要原因。

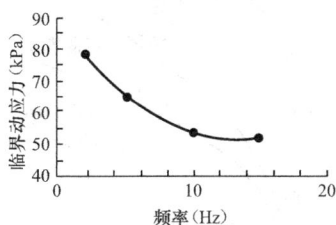

图 3-24　临界动应力与加载频率的关系

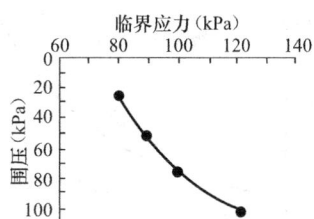

图 3-25　临界动应力与围压的关系

由于确定路基填土的临界动应力所需的实验工作量很大，而且每一种不同填料的临界动应力均不相同，因此在实际应用中常根据已有的试验资料，将路基填土的临界动应力取为静强度的 $50\%\sim60\%$。

把荷载动应力沿深度的衰减曲线与一般未设置基床的路基土体的随深度增加的临界动应力曲线叠加在一起（图 3-24 和图 3-25 合并或图 3-26 所示动强度线），其交点以上表示实际的动应力水平超过了其临界动应力，如果不换成力学性能高的土，则在列车载荷作用下路基上部将产生非衰减的变形，这是不允许的。

所以交点以上的填土的临界动应力一定要大于实际作用的附加动应力，

3.3　路基弹性变形与临界动应力

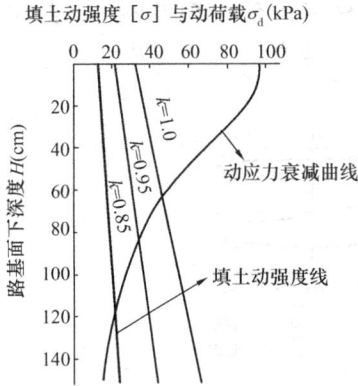

填土动强度 [σ] 与动荷载 σ_d(kPa)

图 3-26 不同压实度下填土动强度
与动应力对比

这样才能防止或减少永久变形的出现。也就是说交点以上厚度就表示所要求的基床表层深度。设置基床表层以后，实际路基在不同深度的临界动应力将在动应力沿深度衰减曲线的右边。所以设置基床表层的目的就是提高临界动应力。这就是基床表层厚度的确定原则。由图 3-26 可知，当压实度 $K = 1.0$ 时，基床表层厚度约需 0.6m；若压实度 $K = 0.95$，则基床表层厚约需 0.8m。

3.3.3 基床结构的要求

基于以上研究，基床内受动载荷影响最大的就是基床表层，也就是按照一般黏性土计算临界动应力小于实际动应力的厚度部分。基床表层是路基直接承受列车荷载的部分，又常被称为路基的承载层或持力层，基床表层的设计是路基设计中最重要的部分。

为了使路基面以下列车动载荷影响范围内的填土不至于产生疲劳变形，铁路路基设计中将这一部分路基填土的厚度和材料进行了专门的规定，不同类型的铁路线路规定了不同的基床结构形式和尺寸，具体参见第 1 章中关于路基基床的论述。

实践表明，基床表层的优劣对轨道的变形影响很大。图 3-27 表明，不良基床表层引起的轨道变形是良好基床表层的几倍，而且其差距还随着列车速度和通过总量的增加而扩大。

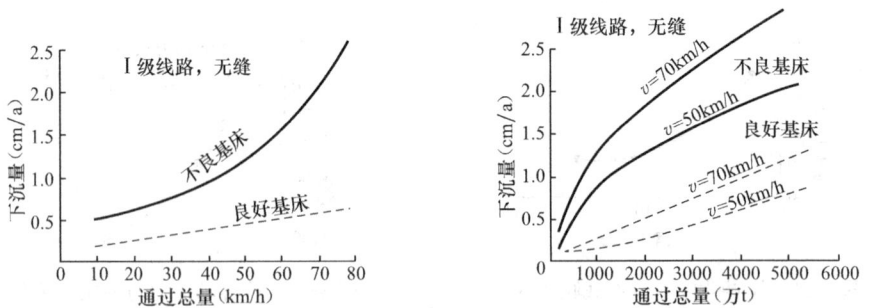

图 3-27 日本铁路轨道下沉量与基床表层质量的关系

基床表层的材质和强度应能承受列车荷载的长期作用，刚度应使列车运行时产生的弹性变形控制在一定范围内，厚度应使扩散到其底层面上的动应力不超过基床底层土的容许承载能力，并能防止道砟压入基床及基床土进入道床，防止地表水侵入基床土中导致基床软化及产生翻浆冒泥等基床病害。因此，《铁路路基设计规范》TB 10001—2005 和《高速铁路设计规范》TB 10621—2009 中对基床填料的选择和压实度的控制提出了明确的要求（第 1、2 章）。

大量资料表明，诸多路基病害中，不少是因为填土压实度不够造成的路堤下沉并因此而伴生的病害。而且填土密度小，其强度也必然偏低，尤其在雨期雨水下渗时，土体强度将进一步降低，所以不仅应严格控制基床表层土的压实度及压实效果，而且要保证基床（基床下的天然地基）具有一定的预度，具体要求见表 4-1。

高度小于 2.5m（小于基床标准厚度）的低路堤，基床表层范围内的天然地基的土质和天然密实度要达到规范对基床表层填料和压实质量的要求。基床底层范围内天然地基的承载力要足够，Ⅰ 级铁路不小于 180kPa，或者静力触探比贯入阻力 P_s 不小于 1.5MPa，Ⅱ 级铁路不小于 150kPa，或者 P_s 不小于 1.2MPa。

路堑基床的表层与路堤基床表层在填料的选择和压实标准上具有同等的要求；基床底层范围内的天然地基的承载力 Ⅰ 级铁路不小于 150kPa，或者静力触探比贯入阻力 P_s 不小于 1.2MPa；Ⅱ 级铁路基床底层范围内的天然地基承载力不小于 120kPa，或者 P_s 不小于 1.0MPa。

思考题

1. 什么是换算土柱？在铁路路基设计中，如何考虑列车荷载？
2. 什么是基床？它的作用是什么？
3. 基床表层的功能是什么？它的厚度是如何确定的？
4. 什么是临界动应力？其影响因素有哪些？

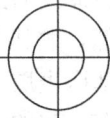

第4章
铁路路基工后沉降控制及基底处理技术

本章知识点

> 【知识点】本章主要介绍路基沉降计算方法，路基工后沉降和地基
> 　　　　　处理技术。
> 【重　点】基于固结原理的地基处理方法和复合地基。
> 【难　点】复合地基的设计计算。

本章节主要介绍铁路路基工后沉降的概念和产生原因，以及目前高等级铁路对路基工后沉降的控制措施和计算方法。为满足路基工后沉降和承载能力的要求，提出铁路路基的软弱地基的处理办法和分类，着重介绍了换填法和复合地基法。

4.1　路基工后沉降

对于普速的有砟轨道铁路而言，由于道砟的存在，即使在路基铺轨完成后出现一定规模的工后沉降，可以通过调砟、调整扣件等工务措施来满足行车的平顺性。因此，工后沉降刚开始没有在铁路部门（路内）得到足够的重视；而在高速公路路基设计中，尤其是东部软土地区，对工后沉降有明确的要求。随着我国高速铁路（通常是无砟轨道）的迅猛发展，对路基工后沉降提出了非常严格的要求。尤其在松软土地区如何控制路基工后沉降，工后沉降如何求得，将在下面章节进行逐一论述。

4.1.1　路基工后沉降的定义

对于路基工程而言，路基的基底在上部填料、轨道结构及上部车辆荷载作用下，将产生宏观的变形；路基在填筑过程中至铺轨结束（有砟）或精调完成（无砟）所产生的沉降称为施工沉降，这部分沉降可以采用填料加高来解决；在铺轨完成后所产生的沉降（即工后沉降）可以通过抬道补砟来调整（有砟轨道），它将直接影响线路养护的维修工作量和运营能力；而无砟轨道唯一能调节的只有垫板，它的调节量非常小，因此，需要控制路基的工后沉降量。

工后沉降按有砟和无砟分别定义：无砟轨道的工后沉降指轨道板精调工作完成后的沉降量，有砟轨道指铺轨整道完成后产生的沉降（图 4-1）。

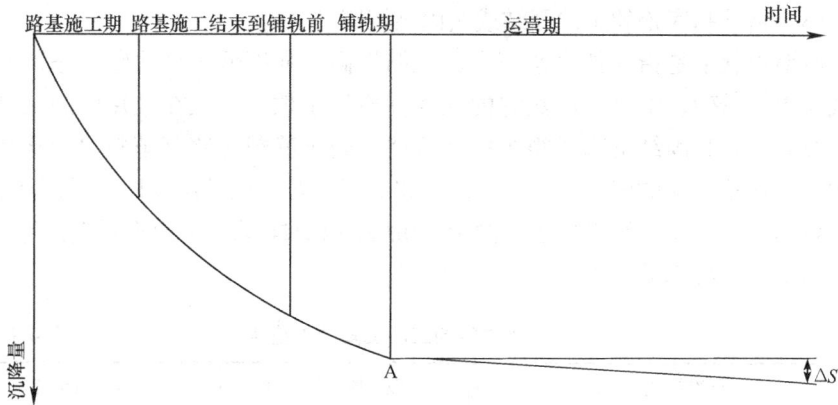

图 4-1　路基沉降的一般规律曲线

4.1.2　工后沉降组成

按照路基工后沉降产生的部位和形成过程，我们可以将路基工后沉降组成划分为行车引起的基床累积下沉、基床下路堤（路堤地段）的压密下沉、基底的固结或次固结沉降三部分。

（1）行车引起的基床累积下沉

运营阶段由行车引起的基床累积下沉是由列车通过道床（或轨道板）传递到路基面的动荷载引起的。这类下沉是一个累积的过程，为使列车安全运行和保持乘客的舒适性，使轨道结构处于良好的几何尺寸和动力状态，需经常进行轨道的养护维修工作；同时，在新线设计过程中，要求保证填料受到的动应力小于它的动承载力。

（2）基床下路堤的压密下沉

对于一般路堤地段，施工阶段的路堤填料压实下沉，这一部分不计入工后沉降；而施工完成后，在填料重力和列车静载作用下，基床下路堤产生的变形，将是工后沉降的一部分。这是因为当填料没有达到预期的压实要求，后期将产生一定程度的变形，且这部分没有在施工阶段充分完成，而在列车静载和填料自重作用下发生的一部分变形。

这部分的压密下沉可以通过填料的压实度予以保证，例如，其中较具代表性的日本提出的压实指标 K_{30} 及欧洲压实指标动态变形模量 E_{vd} 和二次变形模量 E_{V2}。而我们国家在修建大秦铁路（1992 年开通）前仅有唯一的状态控制指标 K（压实系数）。

日本通过大量试验认为，路堤土体的压密沉降约为填土高度的 0.1%～0.3%（砂性土）和 0.5%～2.0%（黏性土），并在通车后一年的时间内渐趋稳定。西班牙在修建高速铁路时，曾对 20 多处路堤在施工期间和施工以后的沉降进行观测，得出工后沉降约为填土高度的 0.1%～0.4%。从我国京沪、京津等运营几年的高速铁路来看，这部分工后沉降不超总沉降量 1%。

（3）路基基底松软土的固结或次固结沉降

所谓松软土是指天然含水率大、压缩性高、强度低、呈软塑状态的黏性土及粉土、粉砂、细砂，虽然它的工程性质好于软土，但在较短的施工期间来不及固结，其固结沉降量很少；运营期在列车静载和路基填料自重作用的影响下，松软土层的固结度逐渐提高，将必然会产生固结沉降即工后沉降。

我国不同铁路等级提出了不同工后沉降的要求，表 4-1 为不同铁路等级条件下路基工后沉降的要求。

不同等级铁路的工后沉降的规范值　　　　　　　　表 4-1

标准或速度 (km/h)			一般地段工后沉降 (cm)	一般地段沉降速率 (cm/年)
《铁路路基设计规范》 TB 10001—2005	Ⅰ级铁路		≤20	≤5
	Ⅱ级铁路		≤30	
《高速铁路设计规范》 TB 10621—2009	有砟轨道	250	≤10	≤3
		300、350	≤5	≤2
	无砟轨道		1.5	
			沉降比较均匀并且调整轨面高程后的竖曲线半径符合下式的要求时，允许的工后沉降为 30mm：$R_{\mathrm{sh}} \geqslant 0.4 V_{sj}^2$ 式中　R_{sh}——竖曲线半径（m）； V_{sj}——设计最高速度（km/h）	

4.1.3　路基工后沉降的计算

一般假定路基的工后沉降由未完成的主固结沉降（Primary consolidation settlement，简称 S_c）和次固结沉降（Secondary consolidation settlement，简称 S_s）两部分组成。下面分别对两种沉降进行论述。

（1）主固结沉降计算：主固结沉降有多种计算方法，常采用分层总和法和规范法。

分层总和法的假设条件见相关土力学的专著，主固结沉降值（S_c）计算公式下：

$$S_c = \sum_{i=1}^{n} S_i \tag{4-1}$$

$$S_i = \frac{\Delta h_i}{1 + e_{1i}} C_{ci} \lg \frac{\bar{\sigma}_{si} + \bar{\sigma}_{zi}}{\bar{\sigma}_{si}} \tag{4-2}$$

式中　　n——地基土分层层数；

Δh_i——地基沉降计算时第 i 层土的分层厚度；

e_{1i}——第 i 层土的初始孔隙比；

C_{ci}——第 i 层土的压缩指数；

$\bar{\sigma}_{si}$、σ_{zi}——分别为第 i 层土的平均自重应力、平均附加应力。

轨道和列车荷载对路基附加应力的影响可用换算土柱来替代，土柱的高度和大小可参照第 3 章中相关内容。

规范法假设的条件这里也不再论述，具体见《建筑地基基础设计规范》GB 50007—2011，计算公式为：

$$S_\infty = \Psi_s S = \Psi_s \frac{p_0}{E_{si}} \sum_{i=1}^{n} (z_i \bar{\alpha}_i - z_{i-1} \bar{\alpha}_{i-1}) \tag{4-3}$$

式中　p_0——基底附加应力；

　　　z_i——计算地层的深度；

　　　E_{si}——计算地层的压缩模量；

　　　$\bar{\alpha}_i$——计算地层的平均附加应力系数；

　　　Ψ_s——沉降经验系数，与压缩模量当量值、基底附加应力有关。

（2）次固结沉降 S_s 计算：通常情况下土体的次固结变形量很小，可忽略不计。但当路基跨越较厚的软土或淤泥层时，需要考虑次固结变形量。次固结沉降常采用下面的公式估算：

$$S_s = \sum_{i=1}^{n} \frac{\Delta h_i}{1 + e_{1i}} C_{ai} \lg \frac{t_2}{t_1} \tag{4-4}$$

式中　n——地基沉降计算的分层层数；

　　　Δh_i——地基沉降计算分层第 i 层分层厚度；

　　　e_{1i}——第 i 层土的初始孔隙比；

　　　C_{ai}——第 i 层土的次固结系数；

　　　t_1——相当于主固结达到 100% 的时间；

　　　t_2——需要计算次固结的时间。

4.1.4　路基工后沉降的实用计算方法

在实际工程中，通常利用现场施工监测得到某一时刻的累积沉降数据 S_t，采用预测分析得到最终沉降值 S_f，工后沉降为最终沉降值 S_f 与测试累积沉降值 S_t 之差。工后沉降的预测办法有很多种，包括双曲线法、三点法、抛物线法、指数曲线法、修正指数曲线法与修正双曲线法、沉降速率法、星野法、Asaoka 法等。限于篇幅，本章节只介绍双曲线法和指数法。

（1）双曲线法

双曲线方程为：

$$S_t = S_0 + \frac{t}{a + bt} \tag{4-5}$$

$$S_f = S_0 + \frac{1}{b} \tag{4-6}$$

式中　S_t——时间 t 时的沉降量；

　　　S_f——最终沉降量（$t=\infty$）；

　　　S_0——初期沉降量（$t=0$）；

　　　a、b——待定系数，可以把累积沉降时间 S_t—t 曲线线性化处理求得。

实际沉降计算时，首先确定起点时间（$t=0$），可取填方施工结束日为 $t=0$，此时的累积沉降记为 S_0；按各实测累积沉降值计算得到 $t/(S_t-S_0)$（见图 4-2），绘制 t 与 $t/(S_t-S_0)$ 的关系图，并确定待定系数 a、b 如图 4-3

所示。计算 S_t；由双曲线关系推算出 $S_t \sim t$ 曲线。

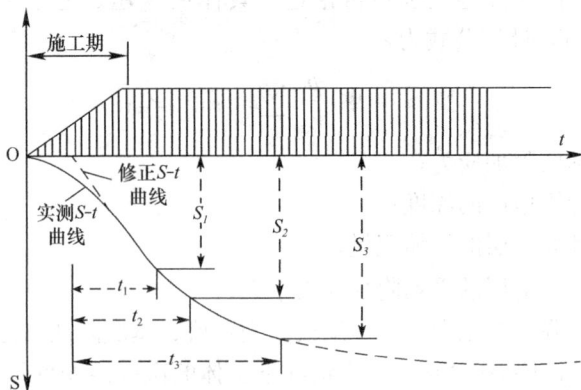

图 4-2　用实测值推算最终沉降的方法

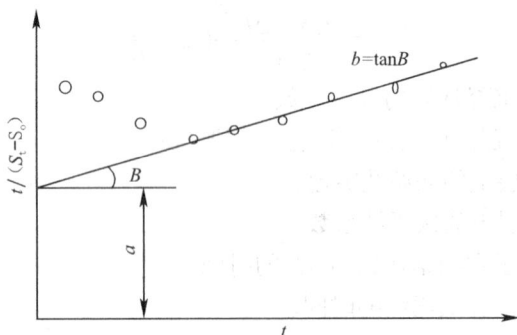

图 4-3　求 a 和 b 方法

　　双曲线法是假定下沉平均速率以双曲线形式减少的经验推导法，要求恒载开始实测沉降时间至少半年（6 个月）以上。

　　（2）指数曲线法

　　指数曲线法方程为：

$$S_t = [1 - Ae^{-Bt}]S_\infty \tag{4-7}$$

式中　S_∞——最终沉降；

　　A、B——待定系数，求法同双曲线法中 a、b。

　　指数曲线法和双曲线法简单实用，但是前提是假定荷载一次施加或者突然施加的，这与实际情况不符，因此其方法尚待改进，下面的修正指数曲线法将路堤荷载分为若干个加载阶段，将各级荷载增量所引起的沉降叠加。

　　（3）修正指数曲线法与修正双曲线法

　　对于多级加荷、路堤沉降曲线"台阶状"发展的情况（见图 4-4），可把常规的指数曲线或双曲线模型拓展为：

$$S_t = \sum_{k=1}^{m} [1 - Ae^{-Bt}]S_k \tag{4-8}$$

$$S_t = \sum_{k=1}^{m} \left(S_{0k} + \frac{t}{\alpha + t}S_k \right) \tag{4-9}$$

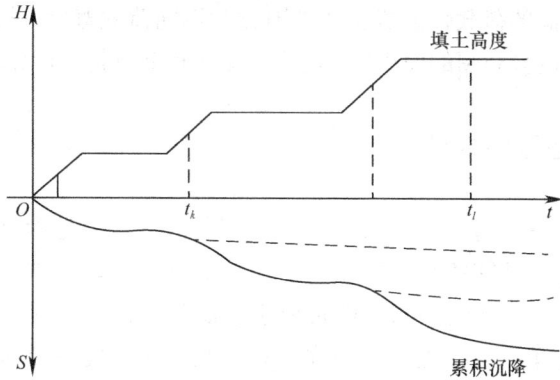

图 4-4　加荷与沉降发展曲线

式中　　m——加荷的总级数；

t——沉降预测时刻 t_i 到第 k 级荷载施加时刻 t_k 的时间间隔；

S_k——第 k 级荷载增量引起的最终沉降量，当加荷速率与土层状况不变时，不考虑地基土的非线性，S_k 与荷载大小成正比，则有 $S_k = C\Delta P_k$；

ΔP_k——第 k 级荷载增量；

A、B、C——反映土体固结性质的参数，设其与荷载的施加无关，视为常量。

式 (4-8) 及式 (4-9) 就变为：

$$S_t = \sum_{k=1}^{m} \left[1 - Ae^{-Bt} \right] C\Delta P_k \tag{4-10}$$

$$S_t = \sum_{t=1}^{m} \left(d + \frac{t}{\alpha + t} \right) C\Delta P_K \tag{4-11}$$

式中　　$d = \dfrac{S_{0K}}{C\Delta P_K}$。

根据沉降实测值，采用试算法确定式 (4-10) 及式 (4-11) 中的参数 A、B、C、α；将已确定出的参数代回上述经验公式模型中，分别计算各级荷载在 t_i 时刻所引起的沉降量，将各级荷载在 t_i 时刻所引起沉降量进行叠加，即得 t_i 时刻总沉降量。

修正指数曲线法与修正双曲线法，还可预测后期增加荷载（如对未设预压土地段，对后期增加的轨道及列车荷载）的沉降。设已有 m_1 级荷载有沉降观测资料，要观测 m_2 级荷载作用后的 t_i 时刻沉降，则先令 $m = m_1$，用实测资料拟合式 (4-10) 中的参数 A、B、C 或式 (4-11) 中的参数 α、C、d。再令 $m = m_2$，将拟合的参数代入上两式中的任何一式可求得 t_i 时的沉降。参数拟合用 0.618 优选法，使各观测时刻的计算沉降与实测沉降之差的平方和最小者，即为所要求的参数。

填土荷载宽度随路堤的升高而变小。荷载增量在地基中应力扩散影响的深度也变小。考虑这一因素，参照分层总和法计算沉降的原理，认为与沉降直接相关的是地基中的附加应力。沉降与附加应力沿深度分布土的面积成正比，而不是与作用在地面的荷载强度成正比，因此对不同荷载宽度，按在地基中相应的附加应力沿深度分布图的面积比，将上部填土荷载打折来计算沉降。

4.2 铁路路基基底处理

路基结构对路基基底的要求主要有三部分内容：一是满足强度的基本要求，就是基底应有足够的承载能力，能够承载路基、轨道结构及上部运营荷载；二是满足工后沉降的要求，就是要求基底的总沉降量保证在某一定范围内，且这部分沉降主要在施工阶段完成；三是满足稳定的要求，就是在施工期和运营期保证基底不出现剪切破坏或沿地层的滑动破坏。

对于一些软弱地基，当天然地基无法满足上部路基结构对路基基底的要求时，需要进行相应的地基处理；同时，从4.1节可以知道，路基的沉降很大一部分来自基底。目前，多数高速铁路的路基基底的处理，主要目标不仅是为了满足强度要求，更主要是保证沉降的要求。

4.2.1 铁路路基基底的基本要求

不同铁路等级对路基基底的要求有所不同（见表4-2），当不能满足上述要求时，应对地基进行加固处理。

不同等级铁路对基底（地基）承载力的要求 表4-2

线路等线		基底条件
Ⅰ级铁路		$p_s \geq 1.2\text{MPa}$ 或 $\sigma_0 \geq 0.15\text{MPa}$
Ⅱ级铁路		$p_s \geq 1.0\text{MPa}$ 或 $\sigma_0 \geq 0.12\text{MPa}$
高速铁路	基岩	无条件
	碎、卵、砾石类	无条件
	砂类土	$p_s \geq 5.0\text{MPa}$ 或 $N \geq 10$，且无地震液化可能
	黏性土	$p_s \geq 1.2\text{MPa}$ 或 $\sigma_0 \geq 0.15\text{MPa}$

注：p_s 为静力触探比贯入阻力 p_s 值，σ_0 为天然地基基本承载力。

4.2.2 铁路路基基底处理分类

根据地基处理的加固原理，将地基处理方法大致分为五大类，见表4-3所示。

地基处理方法分类及其适用范围 表4-3

类别	方法	简要原理	适用范围
换填法	换土垫层法	将软弱土开挖至一定深度，回填抗剪强度较大、压缩性较小的土并分层夯击压实，形成双层地基，可有效扩散基底压力，提高基底承载力、减少沉降	各种软弱土地基
	挤淤置换法	通过抛石或夯击回填碎石置换淤泥达到加固地基的目的，主要是通过扩散基底压力和挤密加固的原理	淤泥或淤泥质黏土地基

类别	方法	简要原理	适用范围
换填法	砂石桩置换法	利用振冲器（或沉管法）在孔内填入碎石、卵石等粗料且振密成碎石桩。砂石桩置换部分地基土体，形成复合地基，以提高承载力，减小沉降	黏性土地基，因承载力提高幅度小，工后沉降大，已很少应用
	强夯置换法	采用边填碎石边强夯的强夯置换法，在地基中形成碎石墩体，由碎石墩、墩间土以及碎石垫层形成复合地基，以提高承载力，减小沉降	粉砂土和软黏土地基等
排水固结	堆载预压法	在地基中设置竖向排水通道—砂垫层和竖向排水系统，以缩小土体固结排水距离，地基在预压荷载作用下排水固结，地基产生变形，地基土强度提高。卸去预压荷载后再建造构筑物，地基承载力提高，工后沉降小	软黏土、杂填土、泥炭土地基等
	超载预压法	原理基本上与堆载预压法相同，不同之处是预压荷载大于设计使用荷载。超载预压不仅可减少工后固结沉降，还可消除部分完工后的次固结沉降	同上
	真空预压法	在饱和软黏土地基中设置竖向排水通道和砂垫层（排水管），在其上覆盖不透气密封膜。通过埋设于砂垫层的抽水管长时间不断地抽气和水，使下伏土体造成负气压，而使软黏土层排水固结，达到提高地基承载力、减小工后沉降的目的	软黏土地基
	真空预压与加荷载联合作用法	当真空预压达不到要求的预压荷载时，可与加载预压联合使用，其加载预压荷载和真空预压荷载可重叠计算	同上
灌入固化物	深层搅拌法	利用深层搅拌机将水泥或石灰和地基土原位搅拌成圆柱状、格栅状或连续墙水泥土增强体，形成复合地基，以提高地基承载力，减小沉降	淤泥、淤泥质土、黏性土和粉土等软土地基，有机质含量较高时应通过实验确定其适用性
	高压喷射注浆法	利用钻机将带有喷嘴的注浆管钻进预定位置，然后用 $20\sim50MPa$ 左右的浆液或水的高压流冲切土体，用浆液置换部分土体，形成水泥土增强体。在地基土中喷射浆液可形成复合地基，以提高承载力，减少沉降，也常用它形成防渗帷幕	淤泥、淤泥质土、黏性土、粉土、黄土、砂土、人工填土和碎石土等地基。当土中含有较多的大块石，或有机质含量较高时，应通过试验确定其适用性
振密	强夯法	采用夯实锤从高处自由落下，地基土在强烈的冲击力和振动力作用下密实，可提高承载力，减少沉降	碎石土、砂土、低饱和度的粉土与黏性土，湿陷性黄土、杂填土和素填土等地基

续表

类别	方法	简要原理	适用范围
振密	振冲密实法	依靠振冲器的振动使饱和砂层发生液化,砂颗粒重新排列,孔隙减小,同时加固填料使砂层挤密,从而达到提高地基承载力,减小沉降,并提高地基土体抗液化能力	黏粒含量少于 10% 的疏松砂性土地基
	土桩、灰土桩法	采用沉管法、爆扩法和冲击法在地基中设置土桩或灰土桩,在成桩过程中挤密桩间土,由挤密的桩间土和密实的土桩或灰土桩形成复合地基,以提高地基承载力和减少沉降,也用来消除湿陷性黄土的湿陷性	地下水以上的湿陷性黄土、杂填土、素填土等地基
复合地基法	树根桩法	在地基中设置如树根状的微型灌注桩(直径 70～250mm),提高地基或土坡的稳定性	各种地基
	低强度混凝土桩复合地基法	在地基中设置低强度混凝土桩,与桩间土形成复合地基,实现了置换、挤密等目的	各类深厚软弱地基
	钢筋混凝土桩复合地基法	在地基中设置钢筋混凝土桩(摩擦桩),与桩间土形成复合地基,实现了置换、挤密等目的	各类深厚软弱地基
	长短桩复合地基	由长桩和短桩与桩间土形成复合地基,提高地基承载力减小沉降。长桩和短桩可采用同一桩型,也可采用两种桩型。通常长桩采用刚度较大的桩型,短桩采用柔性桩或散体材料桩	深厚软弱地基

4.2.3　换填法

在规划和设计路基基底时,常可按照地基土的不同物理力学特性和上部荷载大小等,直接埋置在经过适量开挖而不做任何处理的天然地层上,这种地基称为天然地基。采用天然地基,因为它不但经济,而且施工方便,工期较短。对于高速铁路要求工后沉降小且施工时间短的情况下,必须对地基进行加固,也就是把路基支承在经过人工处理过的地基上,这种地基称为人工地基。

人工地基从处理深度上又可分为浅层处理和深层处理。地基处理尤其是深层处理,往往施工工艺技术较复杂,工期较长,处理费用在路基工程投资中占有相当可观的比例。因此,在路基设计过程中优先考虑采用天然地基或者争取只对地基浅层进行处理。只有在浅层处理不能满足要求时,才采取深层加固的处理方法。

换填法就是将基础底面以下不太深的范围内的软弱土层挖去,然后以质地坚硬、强度较高、性能稳定、具有抗侵蚀性的砂、碎石、卵石、素土、灰土、粉煤灰、矿渣等材料以及土工合成材料分层充填,并同时以人工或机械方法分层压、夯、振动,使之达到要求的密实度,成为良好的人工地基。当地基软弱土层较薄,且上部荷载不大时,也可直接以人工或机械方法(填料或无填料）进行表层压、夯、振动等密实处理，同样也可取得换填加固地基的效果。

经过换填法处理的人工地基或垫层，可以把上部荷载扩散至下卧层，以满足上部建筑所需的地基承载力和减少沉降量的要求。当垫层下面有较软土层时，也可以加速软弱土层的排水固结和强度的提高。

换填法适用于浅层地基处理，包括淤泥、淤泥质土、松散素填土、杂填土、已完成自重固结的吹填土等地基处理以及暗塘、暗浜、暗沟等浅层处理和低洼区域的填筑。换填法还适用于一些地域性特殊土的处理：用于膨胀土地基可消除地基上的胀缩作用，用于湿陷性黄土地基可消除黄土的湿陷性，用于山区地基可用于处理岩面倾斜、破碎、高低差、软硬不均以及岩溶与土洞等，用于季节性冻土地基可消除冻胀力和防治冻胀损坏等。

采用换填法进行地基处理时，应根据路基结构特点、荷载性质和量级、场地工程地质资料及环境条件并结合施工机械设备与当地材料来源等进行综合分析，合理进行换填设计，选择换填材料和相应的施工方法。现对换土垫层法进行简要介绍。

（1）换土垫层法原理及适用范围

目前，在软弱土地区经常采用的是换土垫层法，简称垫层法或换土法，如砂垫层、砂卵石垫层、碎石垫层、灰土或素土垫层、粉煤灰垫层、矿渣垫层以及用其他性能稳定、无侵蚀性的材料做的垫层等。虽然材料不同的垫层，其应力分布有所差异，但从试验结果分析，其极限承载力还是比较接近，通过沉降观测资料，发现不同材料垫层上的建筑物沉降的特点也基本相似，所以各种材料的垫层都可近似地按砂垫层的计算方法进行计算。不同材料的垫层，其主要作用也与砂垫层相同，即：

1）提高地基承载力

众所周知，地基承载力与基础下土层的抗剪强度有关。如果以抗剪强度较高的砂或其他填筑材料代替较软弱的土，可提高地基的承载力，避免地基破坏。

2）减少沉降量

一般地基浅层部分的沉降量在总沉降量中所占的比例是比较大的。以普速路基为例，在相当于基础宽度的深度范围内的沉降约占总沉降量的50%。如以密实砂或其他填筑材料代替上部软弱土层，就可以减少这部分的沉降量。由于砂垫层或其他垫层对应力的扩散作用，使作用在下卧层土上的压力较小，这样也会相应减少下卧层土的沉降量。

3）加速软弱土层的排水固结

路基的不透水基础直接与软弱土层相接触时，在荷载的作用下，软弱土地基的水被迫绕基础两侧排出，因而使基底下的软弱土不易固结，形成较大的孔隙水压力，还可能导致由于地基强度降低而产生塑性破坏的危险。砂垫层和砂石垫层等垫层材料透水性大，软弱土层受压后，垫层可作为良好的排水面，可以使基础下面的孔隙水压力迅速消散，加速垫层软弱土层的固结和提高其强度，避免地基土塑性破坏。

4）防止冻胀

因为粗颗粒的垫层材料孔隙大，不易产生毛细现象。因此，可以防止寒冷地区土中结冰所造成的冻胀。这时，砂垫层的底面应满足当地冻结深度的要求。

5）消除膨胀土的胀缩作用

在各类工程中，垫层所起的主要作用有时也是不同的，如在路堤及土坝等工程，主要是利用砂垫层起排水固结作用，而房屋建筑物基础下的砂垫层主要起换土的作用。

换土垫层法适用于淤泥、淤泥质土、湿陷性黄土、杂填土地基及暗沟、暗浜（塘）及山地不良地基等的浅层处理。

（2）换土垫层设计计算

垫层的设计不但要满足路基对地基变形及稳定的要求，而且也应符合经济合理性原则。垫层设计的主要内容是确定断面的合理厚度和宽度。对于垫层，既要求有足够的厚度来置换可能被剪切破坏的软弱土层，又要有足够的宽度以防止垫层向两侧挤出。对于排水垫层来说，除要求有一定的厚度和密度满足上述要求外，还要求形成一个排水面，促进软弱土层的固结，提高其强度，以满足上部荷载的要求。

1）垫层厚度的确定

垫层的厚度一般根据垫层底面处土的自重应力与附加应力之和不大于同一标高处软土层的容许承载力，如图4-5所示。其表达式为：

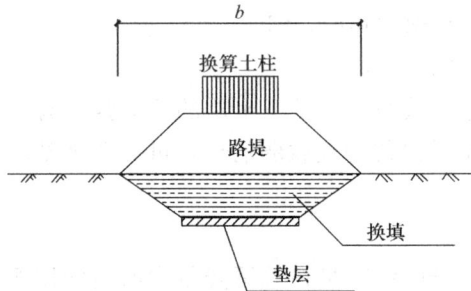

图 4-5　垫层内压力的分布

b—路基底面宽度

$$p_z + p_{cz} \leqslant f_z \tag{4-12}$$

式中　f_z——垫层底面处土层的地基承载力（kPa）；

p_{cz}——垫层底面处土的自重压力（kPa）；

p_z——垫层底面处土的附加压力（kPa）。

具体计算时，一般可根据垫层的容许承载力确定出基础宽度，再根据下卧土层的承载力确定出垫层的厚度。垫层的容许承载力要合理拟定，如定得过高，则换土厚度将很深，对施工不利，也不经济。荷载试验资料表明：当下卧层软弱土的容许承载力为 $60\sim80\text{kPa}$，压缩模量为 3MPa 左右，换土厚度为 $0.5\sim1.0$ 倍路基底宽时，垫层地基的容许承载力大约为 $100\sim200\text{kPa}$，平均变形模量大约为 14MPa。一般是先根据初步拟定的垫层厚度，再用式（4-12）复核。垫层厚度一般不宜大于 3m。太厚施工较困难，太薄（$<0.5\text{m}$）则换土垫层的作用不显著。

对于路基工程中垫层面处的附加应力，可分别按式（4-13）式简化计算：

$$p_z = \frac{b(p - p_c)}{b + 2z\tan\theta} \tag{4-13}$$

式中　p——路基基底压力，主要包括路堤荷载和换算土柱荷载（kPa）；

　　　p_c——基底处土的自重压力，主要与垫层深度有关（kPa）；

　　　b——路基底宽（m）；

　　　z——垫层的厚度（m）；

　　　θ——垫层的压力扩散角，根据工程情况按下列各表选用。

《建筑地基处理技术规范》JGJ 79—2012 规定见表 4-4。

压力扩散角 $\theta(^\circ)$					表 4-4
换填材料 z/b	中砂、粗砂、砾砂、圆砾、角砾、石屑、卵石、矿渣	粉质黏土、粉煤灰	灰土	一层加筋	二层及二层以上加筋
0.25	20	6	28	25～30	28～38
≥0.50	30	23			

注：1. 当 $z/b<0.25$ 时，除灰土仍取 $\theta=28°$ 外，其余材料均取 $\theta=0°$，必要时，宜由试验确定；
　　2. 当 $0.25<z/b<0.5$ 时，θ 值可内插求得。

《建筑地基基础设计规范》GB 50007—2011 规定见表 4-5。

地基压力扩散角 θ		表 4-5
E_{s1}/E_{s2}	z/b	
	0.25	0.50
3	6°	23°
5	10°	25°
10	20°	30°

注：1. E_{s1} 为上层土压缩模量；E_{s2} 为下层土压缩模量；
　　2. $z/b<0.25$ 时，取 $\theta=0°$，必要时，宜由试验决定；$z/b>0.5$ 时，θ 值不变；
　　3. z/b 在 0.25 与 0.50 之间可插值使用。

2）垫层宽度的决定

垫层的宽度应满足路基底面应力扩散的要求，可按下式计算或根据当地经验确定。

$$b' \geqslant b + 2z\tan\theta \tag{4-14}$$

式中　b'——垫层底面宽度；

　　　θ——垫层压力的扩散角，可按表 4-4、表 4-5 采用；

　　　b——路基底面的宽度（m）；

　　　z——垫层的厚度（m）。

垫层顶面每边宜超出基础底边不小于 300mm，或从垫层底面两侧向上按当地开挖基坑经验的要求放坡。

4.2.4 排水固结法

排水固结法是软基处理的最基本方法之一。当被加固软土地基较深或渗透性较差，若采用前面介绍的堆载预压法因排水加固时间太长而不能满足工期要求时，常在地基中打设垂直排水通道，如砂井、袋装砂井和塑料排水板等竖向排水体。在软基中设置竖向排水体将大大缩短地基孔隙水的排水路径，加速软土地基的排水固结过程。

1. 排水体材料

（1）排水砂井

砂井是指软土地基中按一定规格排列的圆形砂柱，砂井可使地基在附加荷重作用下，加速排水固结，提高强度，增大地基承载力，从而保证路堤的稳定。

施打砂井孔眼的方法，有打入钢管、高压射水及爆破等。在孔眼中灌进中粗砂即为排水砂井。砂井顶面与填土之间，用砂垫层或砂沟与砂井连接，构成地基的排水系统。

这种方法少占农田，节约土方，较少后期沉降，地基承载力可提高3倍以上。当软土层厚度超过5m，路堤高度大于填筑临界高度的 $1\frac{2}{3}\sim2$ 倍，采用其他简易方法不能满足实际要求时，常采用砂井加固。尤其当天然土层的水平排水性能较垂直向为大，或软土中有连续薄砂层时，采用砂井排水更为合适。

砂垫层的厚度，以软土沉降不发生错断为原则，由路堤高度、软土层厚度和压缩性而定，一般为0.6~1.0m。当砂源缺乏，且具备人力开挖条件时，可采用砂沟作排水通道。

（2）袋装砂井

为了节约用砂量和保持砂井的连续性，现在多采用袋装砂井。以聚丙烯编织布缝成直径7cm左右的砂袋，长度为设计的砂井长，砂袋中灌满粗砂；利用振动锤将内径为9cm左右的套管打入地基，达到设计深度后，将灌满砂子的砂袋放入套管，拔出套管，砂袋留在软土地基中形成袋装砂井。砂袋上端应有20~30cm余长，并埋入砂垫层中，以便土体中的水分顺利排出。袋装砂井的作用与设计理论均与普通砂井相同，仅仅是缩小了砂井直径。袋装砂井间距一般为0.7~1.4m。

（3）塑料排水板

塑料排水板是由芯体和滤套组成的复合体，或是由单种材料制成的多孔管道板带（无滤套）。芯板一般由聚乙烯或聚丙烯加工而成的多孔管道或其他形式的板带；滤套一般由无纺织物制成。目前，国内、外已有60多种产品出售，其形状也多种多样。塑料排水板所用的材料、制造方法不同，结构也不同，但基本上分为两类。第一类是用单一材料制成的多孔管道的板带，表明有许多微孔；第二类是由两种材料组合而成，芯板为各种规律变形断面的芯板或乱丝、花式丝的芯板，外面包裹一层无纺土工织物滤套。国内外工程上常用的塑料芯板结构主要有如图4-6所示的几种。

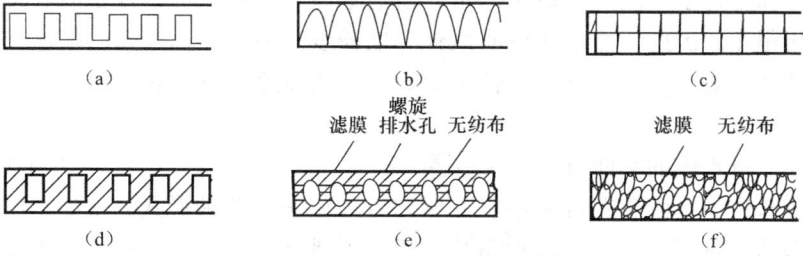

图 4-6　塑料排水板的结构

(a) ∏槽塑料板；(b) 梯形槽塑料板；(c) △槽塑料板；(d) 梗透水膜塑料板；
(e) 无纺布螺旋孔排水板；(f) 无纺布柔性排水板

2. 排水体直径、长度、间距等参数的确定

根据勘察调查的试验数据，考虑到工期、容许工后沉降、路堤高度、施工条件等因素，并通过固结理论计算来确定排水体的直径、间距和长度。在预压期内要求完成的固结度大小，则根据路基剩余沉降以及不均匀沉降可能造成道路路基面层结构破坏这一因素来考虑，一般取固结度 $U = 80\% \sim 95\%$。

（1）直径和间距

我们知道缩小排水体间距比增大排水体直径（断面尺寸）使得加固效果更为明显，因此，设计时采用"细而密"的方案比用"粗而疏"的方案好，但是应该充分考虑到经济和施工的问题。图4-7所示为排水体的布置示意图。设排水体的设置间距为 L，排水体近似用圆柱体来代替，其直径为 d_e（有效排水直径），当为等边三角形排列时，其间距和直径有下列关系：

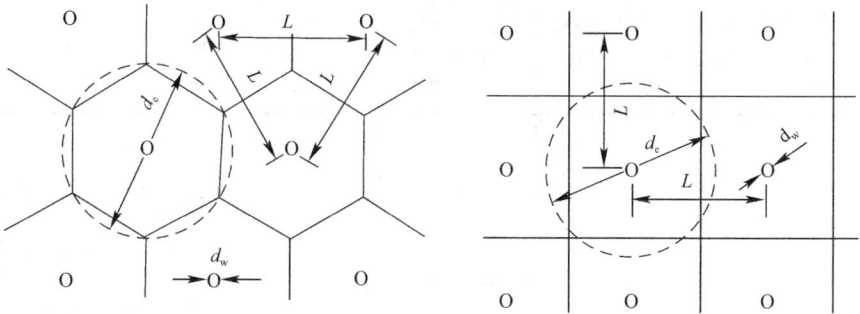

图 4-7　排水板的布置示意图

$$d_e = \sqrt{\frac{2\sqrt{3}}{\pi}} \times L = 1.05L$$

当为正方形排列时：

$$d_e = \sqrt{\frac{4}{\pi}} \times L = 1.128L$$

（2）排水体长度

排水体的长度主要取决于软土层排水固结效果。一般当软土层较薄或其底层为透水层时，排水体应贯穿软土层；当软土层较厚时，排水体深度由地基稳定和容许工后沉降计算来确定。当地基深处的附加应力很小时，排水体的作用很小，因此，排水体应有最佳有效长度。沪嘉高速公路的排水体（砂井）长度一般在 12～15m，最长为 20m；合芜高速公路一般为 12～15m，最长为 16m。

（3）排水体的平面布置及砂垫层

排水体的平面布置可采用正方形和等边三角形两种形式。目前，国内外采用等边三角形的较多，这种布置比正方形排列更为紧凑、有效。为了保证排水体内渗出的水能够顺利排出，一般在排水体的顶部铺设 30cm 的砂垫层，排水体的上部外露部分应埋在该层内。若改用碎砾石应有级配要求，以保证排水效果。

$$\bar{U}_t = \sum_{i=1}^{n} \frac{\dot{q}_i}{\sum \Delta p} \left[(T_i - T_{i-1}) - \frac{\alpha}{\beta} e^{-\beta t} (e^{\beta T_i} - e^{\beta T_{i-1}}) \right] \qquad (4-15)$$

式中 $\bar{U}_t$——t 时刻地基的平均固结度；

$\dot{q}_i$——第 i 级荷载的加载速率（kPa/d）；

$\sum \Delta p$——各级荷载的累加值（kPa）；

T_{i-1}、T_i——分别为第 i 级荷载加载的起始和终止时间（从零点起算）（d），当计算第 i 级荷载加载过程中某时间 t 的固结度时，T_i 改为 t；

α、β——参数，根据地基土排水固结条件按表 4-6 采用。对竖井地基，表中所列 β 为不考虑涂抹和井阻影响的参数值。

α、β 值   表 4-6

排水固结条件 参数	竖向排水固结 $\bar{U}_z > 30\%$	向内径向排水固结	竖向和向内径向排水固体（竖井穿透受压土层）	说　明
α	$\dfrac{8}{\pi^2}$	1	$\dfrac{8}{\pi^2}$	$F_n = \dfrac{n^2}{n^2-1}\ln(n) - \dfrac{3n^2-1}{4n^2}$ 式中 C_h——土的径向排水固结系数（cm²/s）； C_v——土的竖向排水固结系数（cm²/s）； H——土层竖向排水距离（cm）； $\bar{U}_z$——双面排水土层或固结应力均匀分布的单面排水土层平均固结度； n——井径比
β	$\dfrac{\pi^2 C_v}{4H^2}$	$\dfrac{8C_h}{F_n d_e^2}$	$\dfrac{8C_h}{F_n d_v^2} + \dfrac{\pi^2 C_v}{4H^2}$	

工后沉降可以依据计算得到总固结沉降减去已沉降部分所得，即

$$S_{工后} = S(1 - U_t)$$

4.2.5 复合地基法

1. 基本意义

当浅层处理无法满足路基承载力或变形要求时，通常采用复合地基加固路基基底。

复合地基是指在天然地基中设置一定比例的增加体（桩体），使桩土共同承担荷载，并具有密实法和置换法的效应。

由于打设增强体的方法不同、选用的桩体材料不同，复合地基的密实作用和置换作用对承载力的提高幅值占的比例也不相同，如图 4-8 所示。

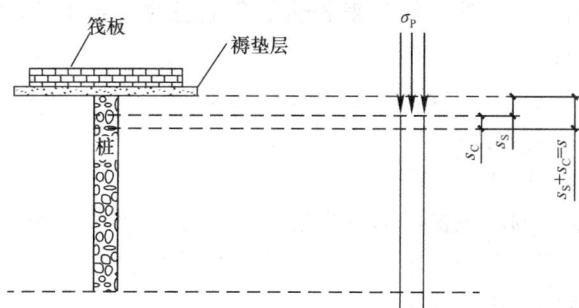

图 4-8　桩顶位移示意图

路基的荷载 p 通过基底将荷载传到桩和桩间土上，桩顶应力为 σ_p，桩间土平均应力为 σ_s，桩在荷载作用下，桩顶产生竖向位移 s，s 由两部分组成，其一是桩体本身的压缩变形 s_c，其二是桩克服土的侧阻和端阻产生的刚体位移量 s_s，即 $s＝s_c＋s_s$。桩的变形模量与桩本身的压缩量 s_c 和桩顶刚性位移量 s_s 密切相关。或者说桩抵抗变形的能力由两部分组成，一部分是桩体本身抵抗变形的能力，另一部分是桩侧和桩端土抵抗变形的能力。当桩长、桩径确定后，对桩的变形模量起控制作用的是桩体本身还是桩侧及桩端土，主要取决于桩身材料的性质。对于有散体材料构成的桩（如碎石桩、砂石桩）和一般黏性强度的桩（如石灰桩），s_c 和 s_s 在桩顶总位移量 s 中的比例都是不可忽略的。桩的变形模量既取决于桩体本身抵抗变形的能力，也取决于桩侧、桩端土的作用，对于刚性桩复合地基（如 CFG 桩），桩身模量很高，在工程中常遇到的荷载水平下，s_c 可近似等于 0，即 $s＝s_s$，这时对桩的变形模量起控制作用的不是桩体本身，而是桩侧、桩端土。或者说刚性桩复合地基中桩的变形模量主要是桩的几何尺寸和土的性质的反映。一般情况下，桩的变形模量既与桩体材料有关，也与桩的几何尺寸（桩径、桩长）、桩侧桩端土的性状有关。

复合土层的复合模量表征的是复合土体抵抗变形的能力。由于复合地基由土和增强体（桩）组成，故复合土层的复合模量与土的模量和桩的模量密切相关。这里所述土的模量是指土的压缩模量，桩的模量是反映桩在地基中抵抗变形能力大小的量，即桩的变形模量。桩与土形成的复合模量在使用上可理解为复合土体的压缩模量，并可用于按单向分层总和法计算复合地基的变形。

复合模量表达式有两种，用桩体材料模量和土的压缩模量的叠加来表达复合土层的复合模量，称其为第一种表达式。具体为：

$$E_{sp} = mE_p + (1-m)E'_s \qquad (4-16)$$

式中　E_{sp}——复合土层的复合模量；

　　　m——面积置换率；

　　　E_p——桩体压缩模量；

　　　E'_s——加固后桩间土压缩模量。

用土的压缩模量的某一倍数来表达复合土层的复合模量，称其为第二种表达式。具体为：

$$E_{sp} = [1 + m(n-1)]E'_s \qquad (4-17)$$

式中　n——桩土应力比；

其余符号意义同式（4-16）。

通常复合地基的面积置换率一般在 3%～25% 之间。个别方法，如碎石桩用到过 40%。一般情况下，复合地基既有密实作用也有置换作用，也有只有置换作用而无密实作用的情况。

根据桩体材料性状，可将复合地基分为：①散体材料桩复合地基；②一般粘结强度桩复合地基；③高粘结强度桩复合地基。

与其他方法不同的是，复合地基法是在 20 世纪 70 年代以来发展最快的一种方法。不同桩型的复合地基，其承载力和变形特性明显不同。了解不同桩型承载特性的共同点以及它们之间的差异，对合理选择复合地基中的桩型是有重要意义的。

2. 承载力计算

（1）桩体复合地基承载力计算公式

桩体复合地基承载力的计算思路通常是先分别确定桩体的承载力和桩间土的承载力，然后根据一定的原则叠加这两部分承载力得到复合地基的承载力。复合地基的极限承载力 p_{cf} 可用下式表示：

$$p_{cf} = K_1\lambda_1 m p_{pf} + K_2\lambda_2 (1-m)p \qquad (4-18)$$

式中　p_{pf}——单桩极限承载力（kPa）；

　　　p_{cf}——天然地基极限承载力（kPa）；

　　　K_1——反映复合地基中桩体实际极限承载力与单桩极限承载力不同的修正系数；

　　　K_2——反映复合地基中桩间土实际极限承载力与天然地基极限承载力不同的修正系数；

　　　λ_1——复合地基破坏时，桩体发挥其极限强度的比例，称为桩体极限强度发挥度；

　　　λ_2——复合地基破坏时，桩间土发挥其极限强度的比例，称为桩间土极限强度发挥度；

m——复合地基置换率，$m\dfrac{A_{\mathrm{p}}}{A}$，其中 A_{p} 为桩体面积，A 为对应的加固面积。

复合地基的容许承载力 p_{cc} 计算式为：

$$p_{\mathrm{cc}} = \frac{p_{\mathrm{cf}}}{K} \tag{4-19}$$

式中　K——安全系数。

当复合地基加固区下卧层为软弱土层时，按复合地基加固区容许承载力计算基础的底面尺寸后，尚需对下卧层承载力进行验算。要求作用在下卧层顶面处附加应力 p_0 和自重应力 σ_{r} 之和 p 不超过下卧层土的容许承载力 $[R]$，即

$$p = p_0 + \sigma_{\mathrm{r}} \leqslant [R] \tag{4-20}$$

为了简化起见，附加应力 p_0 可以采用压力扩散法计算。

桩体复合地基承载力也可采用特征值形式表示。桩体复合地基承载力特征值表达式可用下式表示：

$$f_{\mathrm{spk}} = K_1 \lambda_1 m f_{\mathrm{pk}} + K_2 \lambda_2 (1-m) f_{\mathrm{sk}} \tag{4-21}$$

式中　f_{spk}——复合地基承载力特征值（kPa）；

　　　f_{pk}——桩体承载力特征值（kPa）；

　　　f_{sk}——天然地基承载力特征值（kPa）；

　　　K_1——反映复合地基中桩体实际的承载力特征值与单桩承载力特征值不同的修正系数；

　　　K_2——反映复合地基中桩间土实际的承载力特征值与天然地基承载力特征值不同的修正系数；

　　　λ_1——复合地基达到承载力特征值时，桩体实际承担荷载与桩体承载力特征值的比例；

　　　λ_2——复合地基达到承载力特征值时，桩间土实际承担荷载与桩间土承载力特征值的比例；

　　　m——复合地基置换率。

注意式（4-18）中 K_1、K_2 和 λ_1、λ_2 的取值与式（4-21）是不相同的。

（2）粘结材料桩桩体承载力

桩体极限承载力可通过现场试验确定。如无试验资料，对刚性桩和柔性桩的桩体极限承载力也可采用类似摩擦桩极限承载力计算式估算，其表达式为：

$$P_{\mathrm{pf}} = \left[\sum f S_{\mathrm{a}} L_i + A_{\mathrm{p}} R \right] / A_{\mathrm{p}} \tag{4-22}$$

式中　f——桩周土的极限摩擦力；

　　　S_{a}——桩身周边长度；

　　　L_i——按土层划分的各段桩长，对柔性桩，桩长大于有效桩长时，计算桩长应取有效桩长值；

　　　R——桩端土极限承载力；

　　　A_{p}——桩身横断面积。

按式（4-22）计算桩体极限承载力外，尚需计算桩身材料强度允许的单桩极限承载力，即

$$p_{pf} = q \qquad (4\text{-}23)$$

式中 q——桩体极限抗压强度。

由式（4-22）和式（4-23）计算所得的二者中取较小值为桩体的极限承载力。类似可得到桩体承载力特征值的表达式。

（3）复合地基沉降计算

在各类实用计算方法中，通常把复合地基沉降量分为两部分，复合地基加固区压缩量和下卧层压缩量，如图4-9所示。图中 h 为复合地基加固区厚度，Z 为荷载作用下地基压缩层厚度。复合地

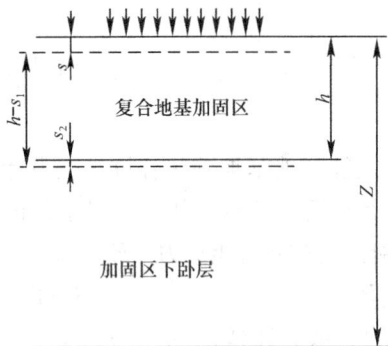

图 4-9 复合地基沉降计算示意图

基加固区的压缩量记为 s_1，地基压缩层厚度内加固区下卧层厚度为 $(Z-h)$，其中压缩量记为 s_2。于是，在荷载作用下复合地基的总沉降量 s 可表示为这二部分之和，即

$$s = s_1 + s_2 \qquad (4\text{-}24)$$

若复合地基设置有垫层，通常认为垫层压缩量很小，且在施工过程中已基本完成，故可以忽略不计。

至今提出的复合地基沉降使用计算方法中，对下卧层压缩量 s_2 大都采用分层总和法计算，而对加固区范围内土层的压缩量 s_1 则针对各类复合地基的特点采用一种或几种计算方法计算。

1）加固区土层压缩量 s_1 的计算方法

加固区土层压缩量 s_1 的计算方法主要有下述几种：

① 复合模量法（E_{cs} 法）

将复合地基加固区中增强体和基体两部分视为一复合土体，采用复合压缩模量 E_{cs} 来评价复合土体的压缩性，并采用分层总和法计算加固区土层压缩量。在复合模量法中，将加固区土层分成 n 层，每层复合土体的复合压缩模量为 E_{csi}，加固区土层压缩量 s_1 的表达式为：

$$s_1 = \sum_1^n \frac{\Delta p_1}{E_{csi}} H_i \qquad (4\text{-}25)$$

式中 Δp_i——第 i 层复合土上附加应力增量；

H_i——第 i 层复合土层的厚度。

竖向增强体复合地基复合土压缩模量 E_{cs} 通常采用面积加权平均法计算，即

$$E_{cs} = mE_{ps} + (1-m)E_{ss} \qquad (4\text{-}26)$$

式中 E_{ps}——桩体压缩模量；

E_{ss}——桩间土压缩模量；

m——复合地基置换率。

② 应力修正法（E_s 法）

在竖向增强体复合地基中，增强体的存在使作用在桩间土上的荷载密度比作用在复合地基上的平均荷载密度要小。在采用应力修正法计算压缩量时，根据桩间土分担的荷载，按照桩间土的压缩模量，采用分层总和法计算加固区土层的压缩量。在计算分析中忽略增强体的存在。竖向增强体复合地基中桩间土分担的荷载为：

$$p_s = \frac{p}{1+m(n-1)} = \mu_s p \qquad (4\text{-}27)$$

式中　p——复合地基上平均荷载密度；

　　　μ_s——应力减小系数或称应力修正系数；

　　n、m——分别为复合地基桩土应力比和复合地基置换率。

复合地基加固区土层压缩量采用分层总和法计算，其表达式为：

$$s_1 = \sum_{i=1}^{n} \frac{\Delta p_{si}}{E_{si}} H_i = \mu_s \sum_{i=1}^{n} \frac{\Delta p_i}{E_{si}} H_i = \mu_s s_{1s} \qquad (4\text{-}28)$$

式中　Δp_i——未加固地基（天然地基）在荷载 p 作用下第 i 层土上附加应力增量；

　　Δp_{si}——复合地基中第 i 层桩间土的附加应力增量；

　　　s_{1s}——未加固地基（天然地基）在荷载 p 作用下响应厚度内的压缩量；

　　　μ_s——应力修正系数，$\mu_s = \dfrac{1}{1+m(n-1)}$。

研究表明采用应力修正法计算存在下述问题：

式（4-28）形式很简单，但在实际计算中应力修正系数 μ_s 是较难合理确定的。复合地基置换率 m 值是要由设计人员确定的，应该说是明确的。但桩土应力比 n 值影响因素较多，桩土相对刚度、荷载水平、荷载作用时间、置换率等都有影响，特别是当桩土相对刚度较大时，其变化范围较大，设计人员很难选用合理值。

另外在设计计算中忽略增强体的存在将使计算值大于实际压缩量。采用该法计算加固区压缩量往往偏大。

2）下卧层土层压缩量 s_2 的计算方法

下卧层土层压缩量 s_2 的计算常采用分层总和法，即

$$s_2 = \sum_{i=1}^{n} \frac{e_{1i} - e_{2i}}{1+e_{1i}} H_i = \sum_{i=1}^{n} \frac{a_i(p_{2i} - p_{1i})}{1+e_i} H_i = \sum_{i=1}^{n} \frac{\Delta p_i}{E_{si}} H_i \qquad (4\text{-}29)$$

式中　e_{1i}——根据第 i 分层的自重应力平均值 $\dfrac{\sigma_{ci} + \sigma_{c(i-1)}}{2}$（即 p_{1i}）从土的压缩曲线上得到的相应的孔隙比；

　σ_{ci}、$\sigma_{c(i-1)}$——分别为第 i 分层土层底面处和顶面处的自重应力；

　　　e_{2i}——根据第 i 分层的自重应力平均值 $\dfrac{\sigma_{ci} + \sigma_{c(i-1)}}{2}$（与附加应力平均值

　　　　　$\dfrac{\sigma_{zi} + \sigma_{z(i-1)}}{2}$ 之和，即 p_{2i}）从土的压缩曲线上得到的相应的孔

　　　　　　隙比；

σ_{zi}、$\sigma_{z(i-1)}$——分别为第 i 分层土层底面处和顶面处的附加应力；

　　　　　H_i——第 i 分层土的厚度；

　　　　　a_i——第 i 分层土的压缩系数；

　　　　　E_{si}——第 i 分层土的压缩模量。

　　在计算下卧层压缩量 s_2 时，作用在下卧层上的荷载是比较难以精确计算的。目前在工程应用上，常采用下述几种方法计算：

　　① 压力扩散法

　　若复合地基上作用荷载为 p，复合地基加固区压力扩散角为 β，则作用在下卧土层上的荷载 p_b 可用式（4-30）计算（见图 4-10）：

$$p_b = \frac{B_p}{(B + 2h\tan\beta)} \tag{4-30}$$

式中　B——复合地基上荷载作用宽度；

　　　h——复合地基加固区厚度。

　　② 等效实体法

　　将复合地基加固区视为一等效实体，作用在下卧层上的荷载作用面与作用在复合地基上的相同，如图 4-11 所示。在等效实体四周作用有侧摩阻力，设其密度为 f，则复合地基加固区下卧层上荷载密度 p_b 可用下式计算：

$$p_b = p - \frac{2h}{B}f \tag{4-31}$$

式中　B——分别为荷载作用面宽度；

　　　h——加固区厚度。

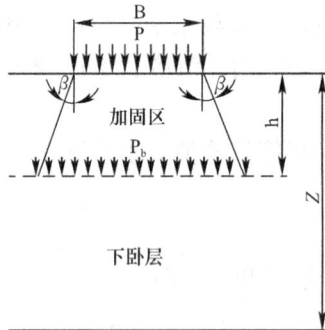

图 4-10　压力扩散法　　　　　　图 4-11　等效实体法

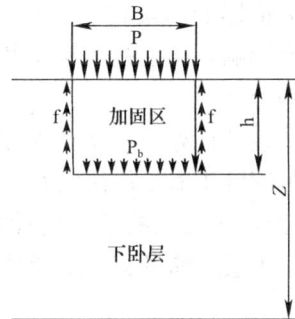

　　研究表明：应用等效实体法的计算误差主要来自对侧摩阻力 f 值的合理选用。当桩土相对刚度较大时，选用误差可能较小。当桩土相对刚度较小时，f 值选用比较困难。桩土相对刚度较小时，侧摩阻力变化范围很大，很难合理估计。事实上，将加固体作为一分离体，两侧面上剪应力分布是非常复杂的。采用侧摩阻力的概念是一种近似，对该法实用性应加强研究。

　　（4）复合地基稳定分析

　　在复合地基稳定分析中，所采用的稳定分析方法、计算参数、计算参数的测定方法和稳定安全系数取值应相互匹配。复合地基稳定分析可采用圆弧滑动总应力法进行分析。

稳定安全系数应按下式计算：

$$K = T_s/T_t \qquad (4\text{-}32)$$

式中 T_t——荷载效应标准组合时最危险滑动面上的总剪切力（kN）；

T_s——最危险滑动面上的总抗剪切面（kN）；

K——安全系数。

复合地基竖向增强体应深入设计要求安全度对应的危险滑动面下至少2m。

思考题

1. 简述路基工后沉降的含义及各部分组成。

2. 为什么要严格控制无砟轨道下路基的工后沉降？

3. 简述路基工后沉降的计算方法。

4. 简述排水固结的加固机理及平均固结度的计算过程。

5. 简述刚性桩体与粘结材料桩体两种复合地基在计算承载力时的区别？

6. 简述复合地基的沉降组成及计算方法。

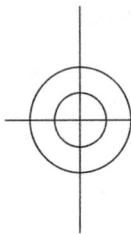

第5章

路基与其他建筑物的连接

本章知识点

【知识点】本章主要介绍过渡段的基本问题及其设置方法。

【重　点】理解过渡段的两类不平顺及其处置方法。

【难　点】过渡段的合理设计。

5.1　路基与其他铁道建筑物过渡段的基本问题

铁路线路是由不同特点、性质迥异的构筑物（桥、隧、路堤路堑等）和轨道构成的，它们相互作用、相互依存、相互补充共同构成了一条平滑线路。但由于组成线路的结构物在材料、强度、变形等方面的差异巨大，必然会引起轨道的不平顺。而轨道的不平顺影响列车运行安全和乘客乘车的舒适性。所以，将轨道的不平顺控制在一定范围之内，是保证列车安全、舒适且不间断运行的关键。本章详细阐述了过渡段的受力特点和过渡段的不平顺两个基本问题，并在此基础上，对过渡段的处理原则和方法进行了详细的阐述。

5.1.1　过渡段的受力特点与变形规律

根据列车行驶方向的不同，过渡段受列车载荷的作用也不同。在列车驶向桥台时，列车载荷会对桥台与路基连接处有一定的冲击作用；而当列车从桥面驶向路基方向时则对距离桥台过渡段的中间位置有较大冲击作用（见图 5-1）。在既有线路桥过渡段动态测试的动应力比一般路基大，说明过渡段的不平顺引起动应力增加，需要对过渡段进行专门设计。

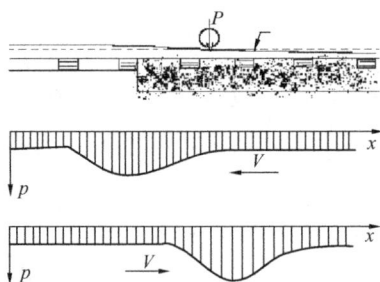

图 5-1　路桥过渡段受力情况示意图

图 5-2、图 5-3 是北京交通大学在秦沈客运专线某路桥过渡段的实测动应力及动位移分布，显示在过渡段 1.5 倍桥台高度位置路基面上轨道下面的动应力最大（图 5-2）。测试则表明，过渡段的动位移也是发生在动应力作用最大的位置（如图 5-3）。

正常施工的路桥过渡段，基底比较稳定的情况下，其路基部分的沉降变

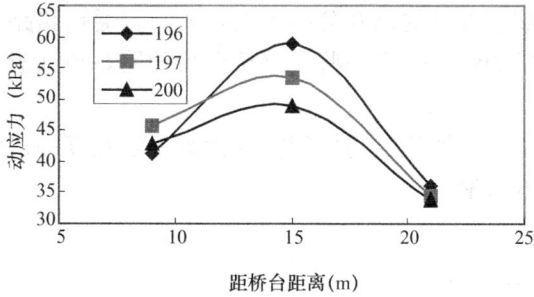

图 5-2 过渡段路基面上的动应力

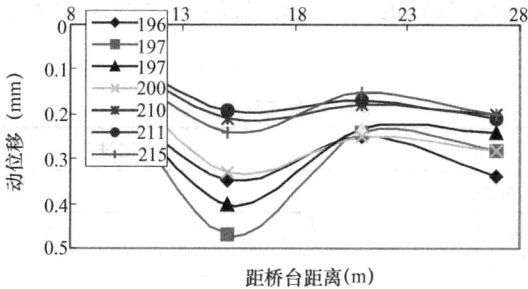

图 5-3 过渡段路基面上的动位移

形遵循从桥台到一般路基逐渐增加的规律；由于施工质量、水害等原因也会引起路基在靠近桥台部分产生较大的沉降差异，与桥台之间产生竖向的错动甚至裂缝。

5.1.2 过渡段的几何不平顺与力学不平顺

几何不平顺：由于路基与桥台、涵洞的沉降经常会不同，在路基部分的沉降变形会大一些，在其过渡点附近极易产生变形差，这种变形差称之为几何不平顺。这种不平顺会导致轨面发生弯折。当列车通过时，必然会引起车辆与线路相互作用力的增加，加速线路状态的劣化，降低线路设备的服务质量，增加线路的养护维修费用，严重时甚至危及行车安全。

力学不平顺：路基与桥梁、涵洞等刚度差别较大，它们对列车车辆通过时的动载荷的响应会不同，路基与其他线路结构物在刚度上存在的差异称为力学不平顺。这种不平顺会影响到乘坐的舒适度。

国内长期以来对路桥过渡段的处理问题不够重视，认为因各种因素引起的轨面变形可通过起拨道、捣固工作进行修复，在过去的设计中并没有采取明确的措施，没有提出明确的标准。在施工过程中由于路桥过渡段的位置特殊，又常使台后的填料不易达到最佳的压实效果，竣工后的沉降较大。另外，工程建设施工计划的安排也增大了过渡段处理难度。桥梁、隧道作为重点工程一般都优先进行施工，路基工程由于被认为施工难度较小而放在最后（其实就是有利于赶工期），过渡段的施工更是放在铺架前才突击完成。没有一定的静置稳定时间，运营后沉降变形大就不足为奇了，需进行频繁养护维修才能保证轨道的平顺。大量的调查分析表明，我国普通铁路路桥过渡段的病害广泛而严重，经常的维修使得一些线路桥台后的路基道砟囊深度较大，纵向延伸较长。

因此，在路基与其他建筑物之间需要设置一定长度的过渡段，以保证列车或车辆安全、舒适地运行。

5.2　过渡段的基本要求

《铁路路基设计规范》 TB 10001—2005 和《高速铁路设计规范》 TB 10621—2009 均对路基与其他结构物的过渡段工后沉降值提出了控制标准，如表 5-1 所示。

路基工后沉降控制标准　　　　　　　　　　　表 5-1

设计速度（km/h）			桥台台尾过渡段工后沉降（cm）
160（Ⅰ级铁路）			≤10
高速铁路	有砟轨道	250	≤5
		300、350	≤3
	无砟轨道		路基与桥梁、隧道或横向结构物交界处的差异沉降不应大于 5mm，过渡段沉降造成的路基与桥梁、隧道的折角不应大于 1/1000

根据过渡段线路不平顺的发展规律，过渡段的处理应包含两个方面的内容：

（1）受荷载影响范围（基床以上部分）线路结构抵抗动载变形的能力，即线路综合模量（刚度）的差异，力学不平顺；

（2）刚性桥台与柔性路基间工后沉降差即几何不平顺问题。

以上两个方面都对列车或车辆的运行产生影响，但产生的原因各不相同，影响程度也不一样，必须区别对待，有针对性地进行处理，才能达到较好的效果。需要设置过渡段的有：路基与桥梁或涵洞的过渡；路堤与路堑过渡；隧道洞口过渡等。

在减少沉降差异方面主要在于加大过渡段地基处理力度，尽量减少由于地基的变形引起的与桥台的不均匀沉降。在软土或冻土等特殊土地区，要根据产生地基沉降的主要原因而采取合适的地基处理方法。在软土地区要使地基内的软土充分固结，尽量减少工后路基沉降；在多年冻土地区要根据冻土的类型尽量使地基下的多年冻土处于稳定状态，不产生长期的变形或融化下沉。

在减少路基和桥隧间的刚度差异方面，可以在过渡段的路基一侧增大基床刚度，减小路基的变形。此类处理方法的主要目的是通过加强路基来达到减小路桥间在刚度和变形方面的差异，进而减小路桥间不平顺。

具体有以下几类处理方法：

5.3 过渡段的设计

5.3.1 过渡段一般处理原则与方法

1. 在过渡段较软一侧，增大基床刚度，减小路堤沉降

该类处理方法的主要目的是通过加强路基来达到减小路桥间在刚度和变形方面的差异，进而减小路桥间轨道不平顺。

（1）碎石类优质材料填筑法

使用强度高、变形小的优质材料进行填筑过渡段，这是最常用的一种处理措施。级配粗粒料（如碎石、级配砂砾石、水泥石灰稳定砂石土、低强度等级混凝土等）用于过渡段填筑，无论是在铁路还是公路，都是最常用的处理方法，其主要目的就是要减小路堤自身的压缩性，并设置一定的几何形状使过渡段的刚度有从桥台到路基逐渐的变化。该方法设计意图明确，材料性质可靠、易控制，刚度和变形能均匀过渡，可能存在的问题是靠近桥台背面窄小空间的填料压实质量不易保证，相对较重的填料质量引起的地基沉降也较大，所以必须进行充分压实和严格检测。根据施工顺序的不同，过渡段级配碎石也可以是梯形或倒梯形形状。

（2）加筋土法

在过渡段路堤填土（必要时也可包括地基）中埋设一定数量的拉筋材料，如土工格栅、土工布、土工网等形成加筋土路堤结构。加筋土不仅能增加路基强度，而且还能大幅提高路基刚度，显著减小或均衡路基变形，能将路桥交界处的台阶式跳跃沉降变成连续的斜坡式沉降，如图 5-4 所示。

（3）轻型材料法

使用力学性能较好的轻型材料（如 EPS、人工气泡混凝土等）填筑过渡段是近年国内外研究开发和应用的一种减轻结构物自重的工艺方法。

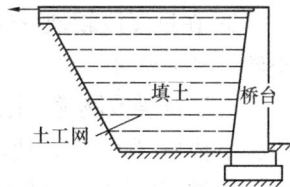

图 5-4 加筋土过渡段

这种方法可显著降低对地基竖向加载作用及对桥台结构的水平土压力，使地基变形减小，并可与地基处理进行综合考虑，降低地基处理费用，减小地基处理范围和缩短施工工期。

（4）过渡板法

在过渡段范围内路基填土上现浇一块钢筋混凝土厚板，并使一端支承在刚性基础（桥台）上，利用钢筋混凝土厚板的抗弯模量来增大刚度，如图 5-5 所示。上置式钢筋混凝土搭板是搭板布置的基本形式，它一端支撑在桥台上，另一端简支于枕梁上，搭板既可水平放置，也可倾斜布置，板厚可均匀，也可渐变。搭板设计按简支板进行，枕梁按弹性地基梁计算。桥头设置搭板时板下仍需填筑级配粗粒土，因此虽然在理论上，设置搭板可使刚性桥台与柔性路基间刚度逐渐变化，但实际上其主要作用是顺坡，使桥头与路基间的不

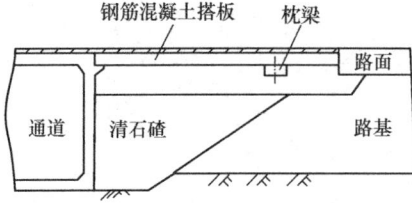

图 5-5　桥头设置搭板和枕梁

均匀沉降可以比较平顺的过渡。如果板下路基填土密实度不够，则在荷载作用下板可能会与路基脱离，这对板的受力非常不利，所以要充分压实路基，提高其强度和稳定性。但应用于铁路过渡段处理时由于列车荷载更大，速度更快，过渡板将更长更厚，这对过渡板的受力非常不利，一旦破损，更换将非常困难。

（5）轻质填料法

位于软土地区的路桥过渡段，还可以考虑采用轻质填料，如二灰土等其他填料。二灰土重度小、强度大，可减小对桥台及基础的附加水平力和地基沉降，并可使用小型碾压机械，薄层填筑，从而减小振动碾压对桥台稳定性的影响。

2. 在过渡段较软一侧，增大轨道竖向刚度

该类处理方法的主要目的是通过提高轨道竖向刚度来减小路桥间轨道刚度的变化率，不能解决由路桥间沉降差引起的轨面弯折问题。

通过调整轨枕长度和间距来提高轨道刚度。在过渡段范围内，通过使用逐步增长的超长轨枕和减小轨枕间距可实现轨道刚度的逐步过渡。

通过加厚道床厚度来提高轨道刚度。道砟是一种强度高、变形小的优质材料。在过渡段范围内逐渐增加道床厚度，可使轨道刚度逐步变化。注意：该法仅适用于既有线改造，高速铁路级配碎石基床表层结构的刚度大于道床刚度。

3. 在过渡段较硬一侧，通过设置轨下、枕下、砟底橡胶垫块（板）来调整轨道竖向刚度

对于桥梁或隧道等刚性结构物上的轨道可通过调整轨下垫板的刚度和设置枕下垫块（无砟），使轨道刚度与较软一侧轨道刚度相匹配。垫板（块）刚度可通过室内试验，计算和现场测试确定。

对于有砟轨道结构，由于列车荷载的动力作用较大，常使桥上和隧道内的道砟发生磨损粉化。为了解决这个问题，日本在高速铁路的道砟底铺设了一层约 25mm 厚的橡胶垫。该层橡胶垫的设置，能降低轨道竖向刚度，减小路桥间轨道刚度变化。

5.3.2　不同等级线路过渡段设计

过渡段设计的核心问题是通过地基处理及提高过渡段路基填筑的质量来尽量减少沉降的差异性；通过改变填料使线路的刚度在过渡带有一个逐渐的变化，达到平顺过渡的目的。

1. 普速铁路过渡段设计

（1）路堤与桥台连接过渡段设置

根据《铁路路基设计规范》TB 10001—2005 的规定，时速 160km/h 及以

下一次铺设无缝线路的Ⅰ级铁路线路，其路桥过渡段按照图 5-6 的要求设计。

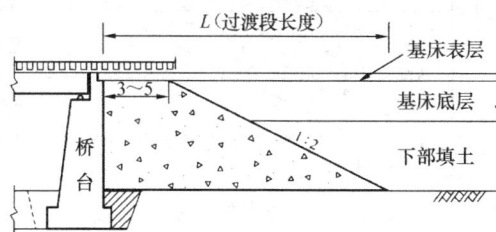

图 5-6　路桥过渡段设计图

过渡段长度为：

$$L = 2h + a \tag{5-1}$$

式中　L——过渡段长度（m）；

h——路堤高度（m）；

a——常数，可取 3～5m。

（2）路堤与路堑连接过渡段设置

1）当路堤与路堑连接处为软岩或土质路堑时，应先沿原地面纵向挖成 1：1.5 的坡面（见图 5-7），在其上设置台阶，台阶高度为 0.6m 左右。开挖回填部分的填料和压实标准与路堤相同。

2）当路堤与路堑连接处为硬岩路堑时，在路堑一侧沿原地面纵向设计台阶，台阶高度为 0.6m 左右（见图 5-8），在路堤一端设置过渡段。

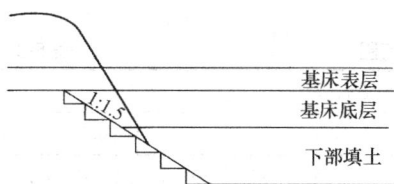

图 5-7　路基与软岩过渡段

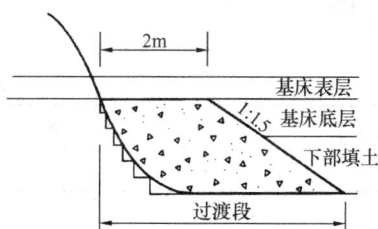

图 5-8　路基与硬岩过渡段

2. 高速铁路过渡段设计

（1）路堤与桥台连接过渡段设置。

路堤与桥台连接处应设置过渡段，可采用沿线路纵向倒梯形过渡形式，如图 5-9 所示，并应符合下列规定。

1）过渡段长度按下式确定，且不小于 20m：

$$L = a + (H - h) \times n \tag{5-2}$$

式中　L——过渡段长度（m）；

H——台后路堤高度（m）；

h——基床表层厚度（m）；

a——倒梯形底部沿线路方向长度，取 3～5m；

n——常数，取 2～5。

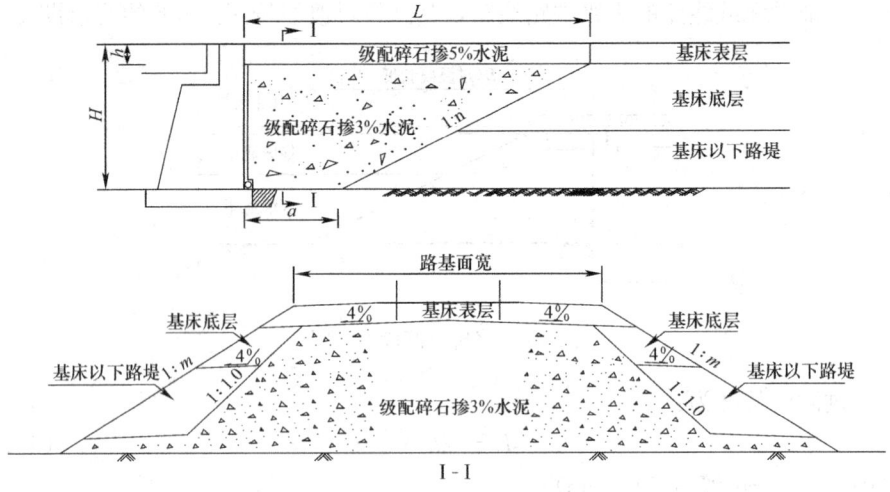

图 5-9　台尾过渡段设置示意图

2）过渡段路基基床表层应填筑级配碎石，压实标准符合规范要求，并掺入 5％水泥。基床表层以下倒梯形部分分层填筑掺入 3％水泥的级配碎石，级配碎石的级配范围应符合表 5-2 的规定，压实标准应满足压实系数 $K \geqslant 0.95$、地基系数 $K_{30} \geqslant 150\mathrm{MPa/m}$、动态变形模量 $E_{\mathrm{vd}} \geqslant 50\mathrm{MPa}$。

3）过渡段桥台基坑应以混凝土回填或以碎石、灰土分层填筑并用小型机具碾压密实，混凝土应满足设计强度要求，碎石、灰土填筑应满足 $E_{\mathrm{vd}} \geqslant 50\mathrm{MPa}$。

碎石级配范围　　　　　　　　　　　表 5-2

级配编号	通过筛孔（mm）质量百分率（％）									
	50	40	30	25	20	10	5	2.5	0.5	0.075
1	100	95～100	—	—	60～90	—	30～65	20～50	10～30	2～10
2	—	100	95～100	—	60～90	—	30～65	20～50	10～30	2～10
3	—	—	100	95～100	—	50～80	30～65	20～50	10～30	2～10

注：颗粒中针状、片状碎石含量不大于 20％；质软、易破碎的碎石含量不得超过 10％。

4）过渡段地基需要加固时应考虑与相邻地段协调渐变。

5）过渡段还应满足轨道特殊结构的要求。

6）过渡段路堤应与其连接的路堤同时施工，并按大致相同的高度分层填筑。

7）过渡段处理措施及施工工艺应结合工程实际，进行现场试验。

（2）路堤与横向结构物连接过渡段设置。

路堤与横向结构物（立交框构、箱涵等）连接处，应设置过渡段，可采用沿线路纵向倒梯形过渡形式，如图 5-10 所示。寒冷地区过渡段设置应充分考虑与横向结构物接触区冻结影响范围填料的防冻，如图 5-11 所示。横向结构物顶面填土厚度不大于 1.0m 时，横向结构物及两侧 20m 范围基床表层级配碎石应掺加 5％水泥，如图 5-12 所示。

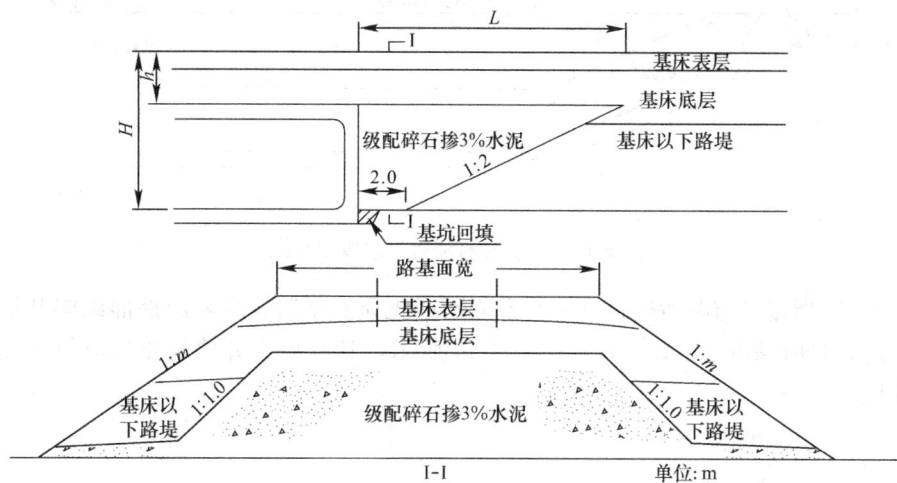

图 5-10 一般路堤与横向结构物（$h>1.0m$）过渡段示意图

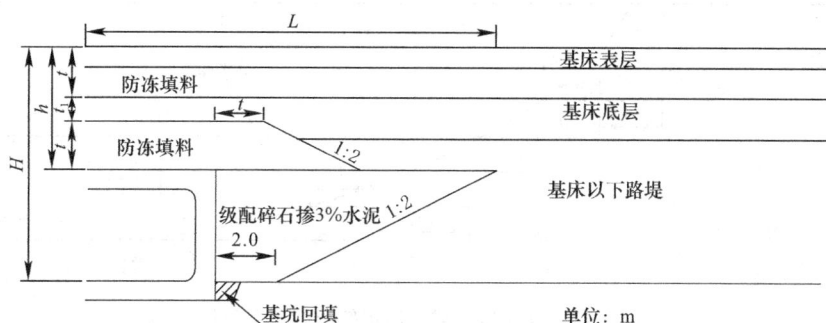

图 5-11 寒冷地区路堤与横向结构物（$h>1.0m$）过渡段示意图
注：图中 t 为最大冻结厚度，当 $t_1<0.3m$ 时涵顶全部填筑防冻填料。

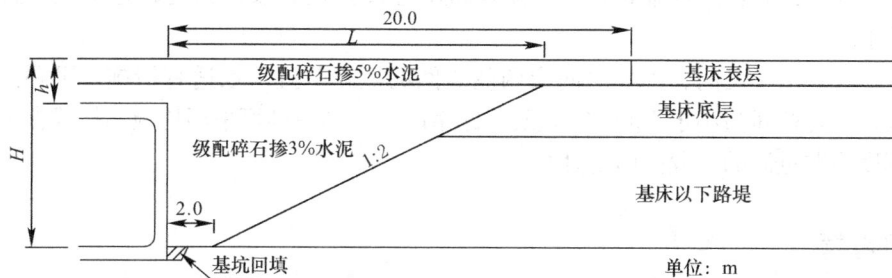

图 5-12 路堤与横向结构物（$h\leqslant1.0m$）过渡段示意图

（3）路堤与路堑连接过渡段设置。

1）当路堤与路堑连接处为硬质岩石路堑时，在路堑一侧顺原地面纵向开挖台阶，台阶高度 0.6m 左右。并应在路堤一侧设置过渡段，如图 5-13 所示。

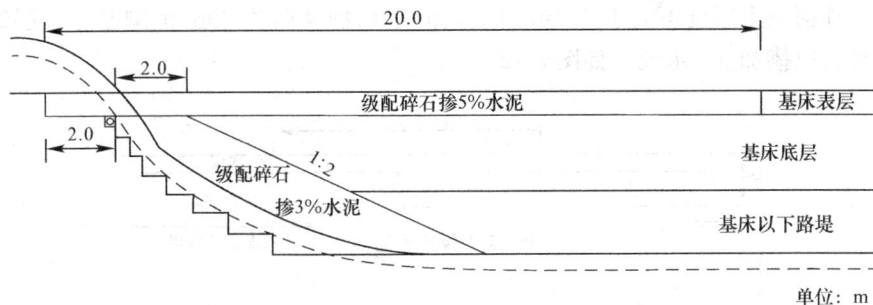

图 5-13　硬质岩石堤堑过渡段示意图

2）当路堤与路堑连接处为软质岩石或土质路堑时，应顺原地面纵向开挖台阶，台阶高度 0.6m 左右。如图 5-14 所示，其开挖部分填筑要求应与路堤相同。

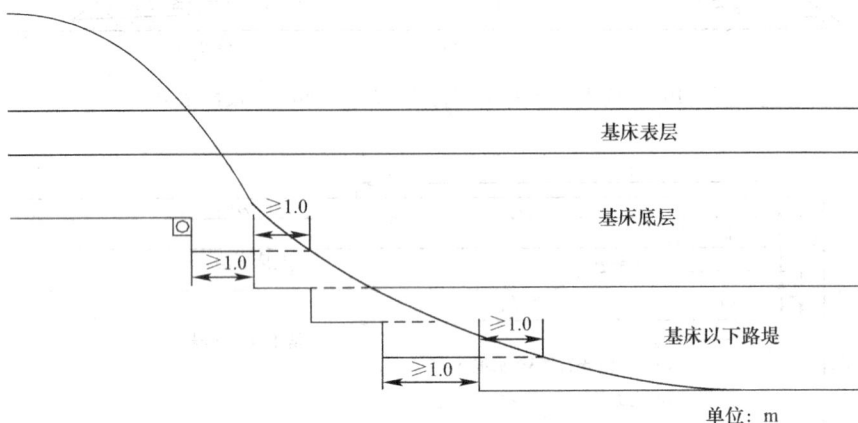

图 5-14　软质岩石或土质堤堑过渡段示意图

（4）土质、软质岩及强风化硬质岩路堑与隧道连接地段，应设置过渡段，并采用渐变厚度的混凝土或掺入 5％水泥的级配碎石填筑。

（5）无砟轨道与有砟轨道连接处路基应设置过渡段，满足轨道形式过渡要求。

（6）两桥之间、桥隧之间及两隧之间的短路基宜采取适宜措施，平顺过渡；当两桥间为小于 150m 非硬质岩路堑时，路基基础可采用桩板结构或保证刚度平顺过渡的工程措施处理。

思考题

1. 什么是路基过渡段？路基过渡段的基本问题是什么？
2. 简述路基过渡段处理的一般原则及方法。
3. 我国普速铁路路基过渡段设计内容是什么？
4. 目前我国高速铁路路基过渡段采用了什么处理措施？

第6章
路基排水和防护

本章知识点

【知识点】本章主要介绍路基工程常用的排水措施及坡面防护措施。

【重　点】路基排水及防护措施的分类。

【难　点】区分路基地下排水措施的适用性。

　　路基排水在施工和养护的实践中都极为重要。排水能提高土体的有效应力和抗剪强度，增进边坡稳定，减少冻害，避免翻浆冒泥，对保证路基的坚固和行车安全都有很大的作用。反之，水对土体的浸湿、饱和及冲刷作用，常常会造成土体的强度降低，导致路基的各种病害发生，如：基床产生翻浆冒泥、下沉和冻害，路基边坡产生滑动和坍塌等，影响线路的正常运营。为了保持路基的稳定，使路基能经常处于干燥和坚固状态，应将可能停滞在路基范围内的地面和地下水及时排除，并防止路基范围以外的水流入或渗入路基范围内。因此，必须建立良好、完善的排水系统，做好路基范围内的地面水和地下水的排除工作。其主要的设计原则为：

　　（1）路基设计应有完善、通畅的排水系统，排水设施应布置合理，与桥涵、隧道、车站等排水设施衔接配合，并具有足够的过水能力；

　　（2）排水设施应根据各段落的汇水面积、表面形状、周边地形、地质情况、地下水状况和气候等条件进行设计；

　　（3）设计时应首先注意保护农田的水利排灌系统和水土保持工程，并尽量考虑农田水利综合利用，少占耕地和良田；

　　（4）城市地区的路基排水应与地方灌溉和排污系统密切配合。

6.1　路基排水设计

6.1.1　汇水面积及水沟流量计算

　　汇水面积指的是雨水流向同一山谷地面的受雨面积。跨越河流、山谷修筑道路时，必须修建桥梁和涵洞；兴修水库必须筑坝拦水。而桥梁涵洞孔径的大小、水坝的设计位置与坝高、水库的蓄水量等都要根据这个地区的降水量和汇水面积来确定。

99

确定汇水面积一般首先要确定汇水范围的边界线，该边界线是由一系列的山脊线（也称为分水线）和道路、堤坝连接而成，边界线所圈定的流域面积即为汇水面积。以图 6-1 为例，该山谷的汇水面积为由一系统山脊线（分水线 a-g-f-e-d-c-b）与铁路线路 ab 所圈定的流域面积。

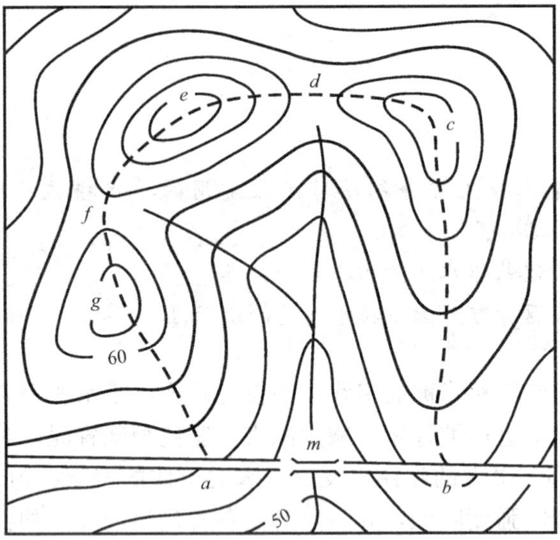

图 6-1 汇水面积计算图示

需要注意的是：

（1）汇水面积应该按照汇水面水平投影面积计算；

（2）边界线往往与山脊线一致，并处处与等高线正交；

（3）汇水面积的边界线应为一条闭合环线；

（4）汇水面积的边界线确定后，可采用面积量算的方法求出以平方公里为单位的汇水面积。

由于水沟的汇水面积小，大都小于 0.1km² （10hm² ＝ 0.1km²），集流时间短，一般按短历时暴雨强度控制计算。集流时间的长短与汇水面积的大小和形状，主沟的长度和坡度，地面横坡以及降雨的特性和损失等因素有关。集流时间一般可认为由三部分时间组成，即产流时间、流入时间和流出时间，建议参照下式估算（一般情况下不通过计算时，可取 10～20min）：

$$t = 2 + 1.5 \left(\frac{mL_1}{\sqrt{J}} \right)^{0.47} + \frac{L_2}{60v} \tag{6-1}$$

式中　L_1——自汇水区最远点至水沟的流程 （m）；

　　　L_2——排水沟自分水点至沟口的距离 （m）；

　　　m——滞流系数，见表 6-1；

　　　J——地面横坡 （坡脚的正切值）；

　　　v——沟内流速 （m/s，差别较大时可分段计算）。

滞流系数 *m*		表 6-1
地表覆盖情况	*m*	
平整，已硬化，较光滑	0.02	
密实，无杂草，光滑裸地	0.1	
稀疏草地、耕地、粗糙裸地	0.2	
普通草地、站场	0.4	
灌木树丛及草地	0.6	
草木茂盛的林地	0.8	

径流系数参考值表		表 6-2
地表类别		*α*
铁路	土质基床表层	0.2~0.4
	强化基床表层	0.6~0.9
公路面	硬化路面	0.70~0.95
	砂砾路面	0.3~0.7
坡面	细粒土	0.4~0.65
	粗粒土	0.1~0.3
	硬岩	0.7~0.85
	软岩	0.5~0.75
草地	砂性土，坡度20%以上	0.1~0.2
	黏性土，坡度20%以上	0.2~0.35
山地	缓坡	0.3
	陡坡	0.5

为了设计水沟的断面及材料，需计算水沟的流量，但是在集流时间段内的降雨总量不可能都转化为流量，这是由于各地山坡和堑坡的渗透性能、植物截留、其他损失以及前期降雨等条件的不同，扣除损失后产生的径流量也不同，须乘以小于1的系数称为径流系数 *a*，即观测期间汇水面积内径流深度和同期降雨量之比。对一般植被的山坡和有防护的堑坡，如无实验资料时可按地表渗漏情况取 $α=0.6~0.8$，如对砂性土，易渗漏的风化带取低值，黏性土及岩质边坡、浆砌护墙边坡取高值。由此水沟流量的计算式就成为：

$$Q = 0.167αiF \tag{6-2}$$

式中　*Q*——径流量（m^3/s）；

　　　α——径流系数，见表6-2；

　　　i——降雨强度（mm/min），各地降雨的大小是一件随机事件，各种频率的降雨量和降雨强度，据当地降雨资料通过数理统计得来。

　　暴雨强度公式常用 $i = \dfrac{A + B\lg N}{t^n}$ 表示，式中 *i* 为暴雨强度（mm/min），*N* 为重现期，*t* 为降雨历时（min），*A*、*B* 为当地地区参

数，n 为降雨衰减指数；

F——汇水面积（hm^2），按图 6-1 的汇水面水平投影面积计算。

6.1.2 路基地面排水

路基地面排水的目的主要是将桥涵间路基两侧的地面水截引至附近桥涵或沟谷，使地表水迅速排离路基范围，防止地表水停滞下渗或流动冲刷而降低路基的稳定性。路基地面排水的主要工作包括沿线地面排水设备的设置和地面排水系统的设计。

1. 路基地面水排除设备

路基地表水的排除设施有：排水沟、侧沟、天沟（截水沟）、缓流井和跌水、急流槽等。现将各设备的功用和特点及一般设计要求分述如下：

（1）地面排水设备的功用和特点

① 排水沟

如图 6-2（a）所示。排水沟位于路堤护道的外侧，用于排除路堤范围内的地面水和截排自田野方向流向路堤的地面水。在地面横坡不明显的平坦地段，可设置双侧排水沟；当地面横坡较陡时，排水沟应设置于地面迎水一侧。当有取土坑时，也可利用取土坑排水。

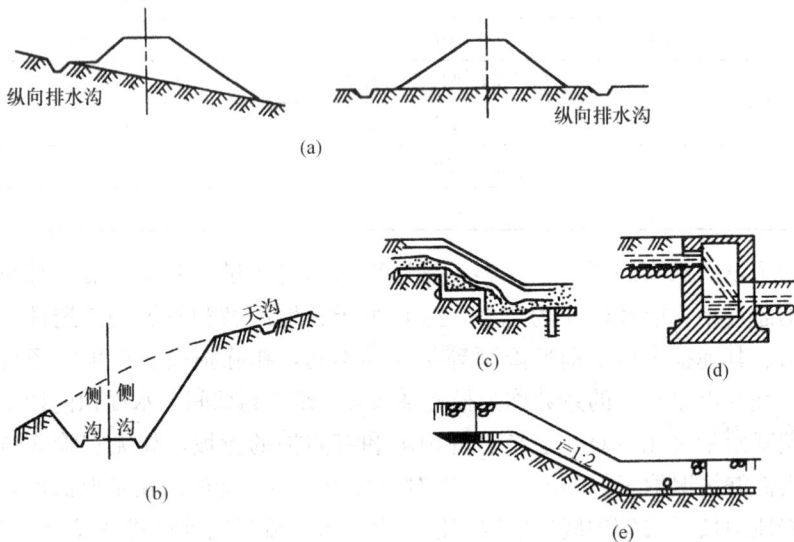

(a)

图 6-2 路基地面排水

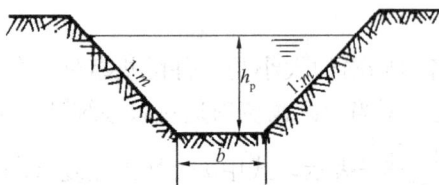

图 6-3 梯形水沟横断面图

如图 6-3 所示，排水沟常采用底宽 0.4m，深度 0.6m 的梯形断面，干旱少雨地区或硬质岩石地段，深度可减至 0.4m；根据需要，有时也采用矩形断面。排水沟纵坡不应小于 2‰，平坦地段或反坡排水地段，在困难情况下，不得小于0.1‰，且分水点的沟深可减至0.2m。大于0.8‰的地段，应对水沟的沟身进行加固，防止冲刷破坏。在水沟纵坡变化段、水沟弯曲段尤应注意。排水沟沟壁的边坡坡率一般可采用1:1，细粒土和砂类土的地段宜采用1:1～1:1.5。

② 侧沟

如图6-2（b）所示。在路堑地段或线路不挖不填地带，位于路肩边缘外侧，用以汇集和排除路堑范围内的地表水。

在一般情况下，侧沟的横断面和纵坡设计与排水沟相同；但对基床表层换填A、B填料的土质路堑，其侧沟深度不应小于0.8m（含困难地段）。靠线路一侧沟壁的边坡坡率可采用1:1。侧沟外侧与防护工程相连时，侧沟外侧沟壁的边坡坡率与防护工程相同；当有侧沟平台时，外侧沟壁的边坡坡率采用1:1；在砂类土中，两侧沟壁坡率采用1:1～1:1.5。在深长路堑和反坡排水困难的地段，宜增设桥涵建筑物，将侧沟水尽快引排至路基外。路堑侧沟的水不得流经隧道排出。当排水困难或隧道长度小于300m时，洞外路堑排水沟的水量较小，含泥量少时，经研究比较确定。

③ 天沟（截水沟）

如图6-2（b）所示。天沟位于堑顶边缘适当距离处，用以截排堑顶上方流向路堑的地面水；截水沟一般设置于较深路堑的边坡平台上，或设于汇水面积和流量较大的路堑天沟外侧。堑顶外可设置单侧或双侧天沟，路堑顶部无弃土堆时，天沟内边缘至堑顶距离不宜小于5m，当沟内采取加固防渗措施时，距离不宜小于2m。天沟的横断面尺寸和纵坡设置与排水沟相同；边坡平台截水沟的尺寸可采用底宽0.4m，深度0.2～0.4m。天沟或截水沟的数量应视天沟距上方分水岭的距离和所需截排的流量而定。

天沟不应向路堑侧沟排水，当受地形限制需修建急流槽向侧沟排水时，应在急流槽的进口处进行加固，出口处设置消能设施及防止水流冲刷道床的挡水墙，急流槽下游的侧沟应加大断面，按1/50洪水频率流量确定。

④ 跌水

如图6-2（c）所示。在地形陡峻地段的天沟、截水沟，两端高差很大而水平距离很短时，可用主槽底部呈台阶状的单级或多级跌水连接。

跌水的横断面一般设计为矩形，采用浆砌片石和混凝土修筑；跌水的每级台阶高差为0.2～2.0m，跌水设备系利用台阶跌水消能，主体部分和消力部分的槽底厚度应按流量和冲击力的大小设计。进口部分始端和出口部分终端的裙墙埋深应在冻结线以下不小于0.4m（浆砌片石）或0.3m（混凝土）；槽壁顶面厚度不小于0.3m（浆砌片石）或0.2m（混凝土）。

⑤ 缓流井

为了缓和纵坡过大段水流的流速，可以设缓流井。如图6-2（d）所示缓流井为井形构造，所以，进水口和出水口高差可以很大，可达15m以上。它常设于地面高差很大、地形陡急、水流量又较大的情况下。缓流井的出水口应高于井底，以井底为消能设备。

⑥ 急流槽

如图6-2（e）所示。采用片石或混凝土等材料建造，也常用于连接水沟纵坡过大的沟段。急流槽的纵坡大，可达1：2，水流急时，可在出口设置消能槛、消力池等装置。设置路堑边坡上的急流槽又称吊沟。急流槽的横断面设计与跌水相同。

（2）地面排水设备的一般设计要求

排水设备应系统完整、排水通畅，排水系统路径区域地基应保持长期稳定，一般要符合下列要求：

① 排水沟、侧沟、天沟（截水沟）的横断面应具有足够的过水能力，在一般情况下，因汇水面积不大，流量不多，可直接采用以上规范规定的断面尺寸和有关规定；否则应按1/50洪水频率流量进行横断面设计，沟顶（包括跌水和急流槽）应高出设计水位0.2m。

② 排水沟、侧沟、天沟（截水沟）的构造可根据土质、防渗要求和流速的大小等采取夯排表层、三合土（或四合土）捶面、单层栽砌卵石护面、干砌或浆砌片石或混凝土板护面等。

③ 土质、软质岩、强风化或全风化的硬质岩石地段的排水沟、侧沟、天沟（截水沟）应采取防止冲刷或渗漏的加固措施，必要时可设垫层。

2. 地面排水系统的设计

沿线地面排水系统的设计就是根据线路平面和纵断面图，以及沿线的地形、地势和水文条件，作出总的排水规划，研究桥涵、隧道、车站等过水建筑物布置的合理性，设置必要的路面排水设施及其适宜位置和排水方向，将路基范围内的地面水以及可能流向路基的地面水导入顺畅的排水通道，最终排入沟河。其主要的设计原则有：

（1）地面排水系统应布置合理，避免勉强改沟或合并天然沟，在天然沟槽不甚明显的漫流地段，应设置足够的过水建筑物，并在其上游设置必要的束流设施，以防病害发生；

（2）排水设施应基本上顺线路方向布置并位于路基本体较近的范围内，以最大限度地发挥其效用，并尽量选择在地质比较稳定和地形较平缓的地带设置沟渠，以防排水系统的变形，保证路基边坡的稳定；

（3）排水设施大体上沿等高线布置，设计为多段直线相连，其转向处尽可能用较大半径（不小于5m）的圆曲线连接；

（4）为使水流通过最短通路迅速排出路基本体外，不宜采用长距离的排水沟，以免增加养护困难，节省养护费用，争取既经济又适用。

6.1.3 路基地下水的排除

路基本体范围内存在的地下水对路基和周围山体的强度和稳定性有很大的危害和影响，因此作好路基地下水的排除，对保证路基的稳定和正常使用关系极大。

1. 地下水对路基的危害

地下水对路基稳固性的危害是指在路基设计和施工中，由于地下水存在的形式和数量可使工程设计与实施产生一定的困难，因而应采取措施，使地下水存在的形式或数量改变，以确保路基的稳固和工程的实施。同样，对已修成的路基，地下水的变化如造成路基稳固性下降，也应采取必要的措施，使它的变化被调节到允许的限度内。例如，在饱和的软黏土上填筑路堤，当堤高形成的荷载大于地基的承载力时，就会造成一定的困难，如能使地基土排水固结，就可提高软土的强度，提高地基承载力并减少后期的沉降量。在路堤堤身的稳定中，也常受地下水的危害，如地下水位高，路堤填料为黏性土，在毛细作用下，水分可升入路堤内，使填料湿度增大，强度下降；在严寒地区，它是路堤出现冻害的重要因素。在路堑的情况下，如果路堑挖深到地下水位以下，若路堑边坡土为细粒土，则边坡的稳定性可受到地下水出渗的动力作用；在嵌体为破碎的岩块，地下水从裂隙中或含水层中流出时，也会使原有的胶结物质及沉淀的碎屑带出而使边坡失去稳定。地下水的存在形式常可因其补给来源的变化而变化，它对路基稳固性的影响还可因各种其他因素的作用而不同。例如在路堤中，当路堤的填筑高度在地基承载力允许的范围内，在堤身下部铺设有渗水土垫层，则地下水的存在和变化对路堤的影响将可忽略不计，在路堑中也可作相似的分析。所以，关于地下水的降低与排除仅是指地下水的存在形式和数量可以对路基的稳固造成危害时的一种重要的工程措施。当地下水可对路基稳定造成危害时，降低和排除地下水常可取得良好的效果，所以应当十分重视。

2. 排除路基地下水的主要设施

地下水可大致分为承压水和无压水（如潜水）；又可据其存在环境分为裂隙水、孔隙水；岩溶地区活动于溶洞、地下河等岩溶构造中的溶洞水，以及多年冻土地区的层上水、层间水和层下水等。降低路基地下水及排除地下水设施的选择，应根据不同类型的地下水及工程具体条件、要求确定。

（1）当地下水埋藏浅或无固定含水层时，可采用明沟、排水槽、边坡渗沟、支撑渗沟、渗水暗沟等。

① 明沟和排水槽。明沟和排水槽建于地表，兼排地表水和土（岩）层中上层滞水和埋藏很浅的潜水。如图 6-4、图 6-5 所示为浆砌片石明沟和浆砌片石排水槽断面图。

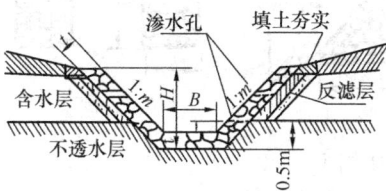

图 6-4　浆砌片石明沟

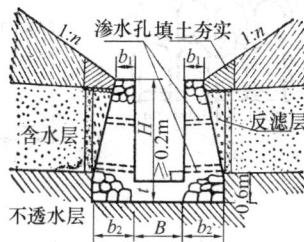

图 6-5　浆砌片石排水槽

　　明沟和排水槽的底面宜埋入不透水层内，沟壁最下一排渗水孔应高出沟底 0.2m 以上。一般情况下，为避免开挖断面过大和节省圬工，明沟深度不宜超过 1.2m，否则应采用排水槽，排水槽深度不宜超过 2m，再深时改用渗沟。

　　明沟断面通常采用梯形，底宽为 0.4～1.0m，沟壁边坡坡率为 1∶1～1∶1.5，多用浆砌片石修筑。排水槽过水断面通常采用矩形，过水断面底宽为 0.6～1.0m，槽壁顶面宽度 b_1 采用 0.4m，底面宽度 b_2 采用 0.4～0.75m。明沟和排水槽多用浆砌片石修筑，槽沟壁外侧与含水层之间应设置反滤层，沟（槽）壁上设置一排或多排向内倾斜的渗水孔或缝隙。沿明沟和排水槽纵向，每隔 10～15m 设置伸缩缝一道，缝宽 2cm，以沥青麻绳或沥青木板填塞密实，以防漏水。明沟和排水槽不易保温，在冻结期较长的严寒地区，不宜兼排地表水用。

　　② 边坡渗沟。边坡渗沟用于疏干潮湿边坡和引排边坡上局部出露的上层滞水或泉水，并对边坡起支撑作用。边坡渗沟常用于处理坡度不陡于 1∶1 的土质路堑边坡，也常用于加固潮湿的易发生边坡表土溜塌的土质路堤边坡。

　　如图 6-6 所示为边坡渗沟应垂直嵌入边坡，对于较小范围的局部湿土或泉水出露处，其立面宜采用条带形布置；对于较大范围的局部湿土，其立面宜采用树枝形布置；当边坡表土普遍潮湿时，宜采用拱形和条带形相结合的形式布置，其纵断面如图 6-6 所示。渗沟断面常采用矩形，宽度不小于 1.2m，深度视边坡潮湿土层的厚度而定。由于边坡渗沟集引的地下水流量较小，故可只在其底部用大粒径石料作为排水通道，其外周设置适当的反滤层，渗沟内部的其余空间可用筛洗干净的小颗粒渗水材料填充。渗沟顶部一般用单层干砌片石覆盖，其表面大致与边坡面齐平；渗沟下部的出水口一般采用干砌片石垛，用于支挡渗沟内部填料并将渗沟集引的土中水或地下水排入路堑侧沟或路堤排水沟。

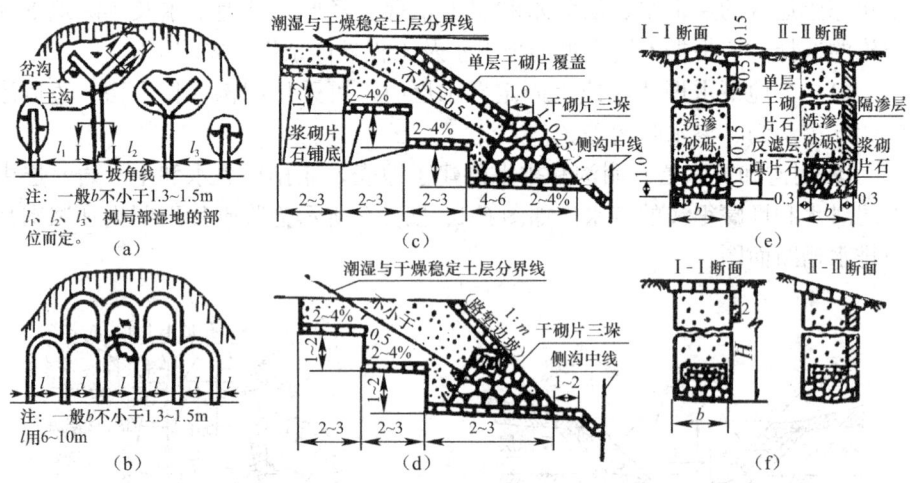

图 6-6　边坡渗沟图

(a) 条带形及分岔形布置正面示意图；(b) 拱形布置正面示意图；(c) 主沟纵断面及出水口布置示意图（一）；(d) 主沟纵断面及出水口布置示意图（二）；
(e) 横断面示意图（一）；(f) 横断面示意图（二）

③ 支撑渗沟。用以支撑可能滑动的不稳定土体或山坡，并排除在滑动面附近活动的地下水和疏干潮湿土体。如图 6-7 所示，支撑渗沟常采用成组的条带形布置，其轴线应与山体的滑移方向大致平行，支撑渗沟深入山体内的长度、间距及断面宽度，可按照每条渗沟所担负的推力计算确定。其断面采用矩形，宽度为 2～3m，各条渗沟的间距一般为 8～15m。

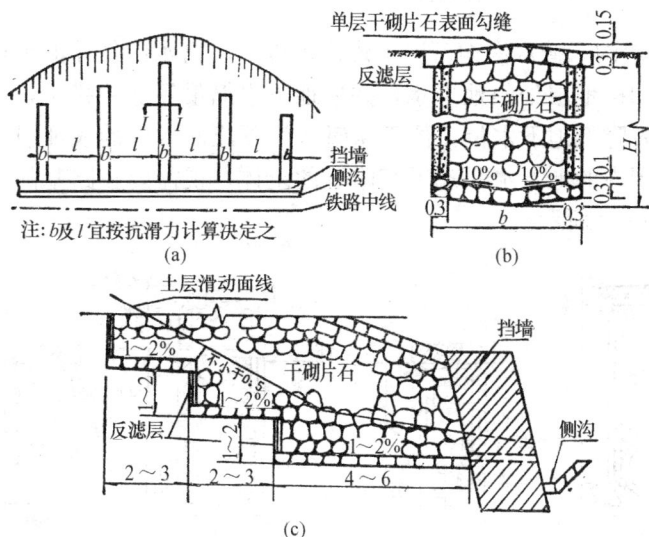

图 6-7　支撑渗沟图
(a) 平面布置示意图；(b) 纵断面及出水口布置示意图；(c) Ⅰ-Ⅰ断面示意图

支撑渗沟的埋置深度根据疏干地下水的深度确定。若用于整治可能的坍滑，渗沟底应置于土体（或山体）滑动面以下稳定土层或岩层内至少 0.5m。在须考虑冻结要求时，沟底应置于冻结深度以下至少 0.4m。在纵向可以顺滑动面的形状作成阶梯形，最下一个台阶的长度宜较大，以增加其抗滑能力，基底应铺砌防渗。支撑渗沟宜与抗滑挡墙配合使用，其出水口可在挡墙下部设置若干泄水孔，将集引的地下水排入墙外的排水沟内。支挡渗沟单独使用时，其出水口采用干砌片石垛。

④ 渗水暗沟。渗水暗沟又称盲沟，用于拦截、排除地下水，降低地下水水位，是一种应用广泛的排水设施之一，一般采用明挖法施工。渗水暗沟按照埋置深度分为浅埋渗沟和深埋渗沟；按照排水功用分为引水渗沟和截水渗沟；按照构造的差异又分为有管渗沟和无管渗沟。

a. 浅埋渗沟和深埋渗沟（见图 6-8、图 6-9）。浅埋渗沟的埋置深度一般为 2～6m，深埋渗沟的埋置深度一般大于 6m 以上。对于浅埋渗沟，截面形状为矩形的尺寸一般采用 0.3m×0.4m，截面形状为圆管的内径尺寸常采用 0.3～0.5m；对于深埋渗沟，为了便于进入检查和维修，矩形沟的尺寸可采用 0.8～1.2m，圆管的内径可采用 1.0m。

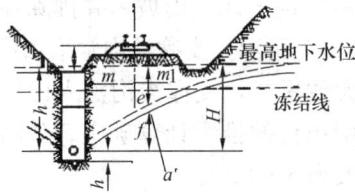

图 6-8 单侧渗沟   图 6-9 双侧渗沟

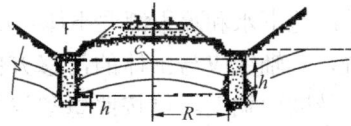

　　b. 引水渗沟和截水渗沟。引水渗沟可以引出富水的低洼湿地或泉水出露地带和地下凹槽地层处的地下水，并使地下水循最短通路排出，以疏干其附近的土体或者降低地下水位。位于路堑侧沟下或侧沟旁的浅埋引水渗沟可以降低路堑范围内的地下水和疏干其附近的土体，视需要在路基的一侧或两侧布置，如图 6-10 所示。

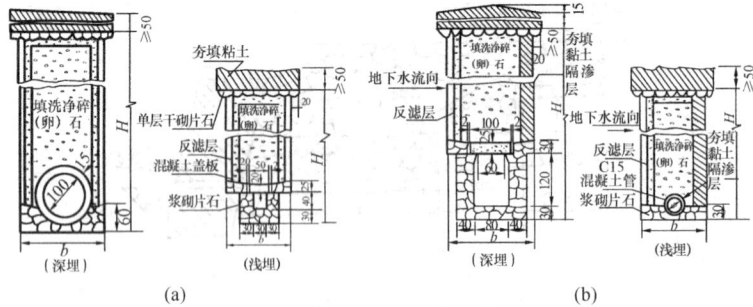

图 6-10 引水渗沟和截水渗沟
(a) 引水渗沟断面图；(b) 截水渗沟断面图

　　路堑侧沟下或侧沟旁的浅埋引水渗沟一般顺侧沟走向布置，但其排水出口部分宜偏离路基。其他引水渗沟可布置成条带状和树枝状，其主沟轴线宜循最短通路将所集引的地下水排至病害区域范围以外。

　　截水渗沟可以截断流向病害区的浅层或深层地下水，并将其排至病害区域范围以外。截水渗沟应布置在渗流上游较稳定的地层内，其纵向轴线宜尽可能与渗流方向垂直，其纵向长度应能确保地下水不致流入病害区域内。截水渗沟只需在渗流上游一侧沟壁进水，下游侧沟壁应不透水，可用黏土或浆砌片石做成隔水层。

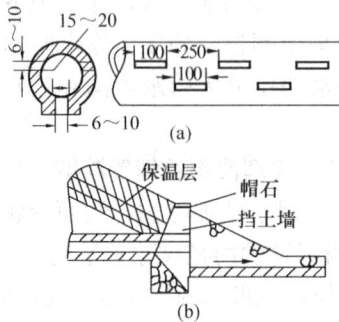

图 6-11 有管渗沟

　　c. 有管渗沟、无砂混凝土渗沟、无管渗沟。有管渗沟的渗水管是管壁带有渗水孔的陶管或混凝土管，如图 6-11 所示，此图适用于流程较长，流量较大的情况。为防止渗水孔堵塞，渗管周围设置反滤层，反滤层可采用砂、砾（卵）石、无砂混凝土板块、土工织物合成材料作为反滤层。砂砾石应筛选清洗，其中小于 0.15mm 的颗粒含量不应大于 5%；无砂混凝土板块的材料要求可参考无砂混凝土渗沟（后面详述）；土工合成材料反滤层可采用无纺土工织物，当坑壁土质为黏性土或粉细砂时，可在土工织物与坑壁土之间增铺一层 10~15cm 厚的中砂。

为防止水反向渗入土中，尽管渗管置于不透水层上，如渗管中的水对沟底有冲刷时，应采用混凝土或浆砌片石作基础。为防止地表水渗入，渗沟顶部可设防水层（铺藓苔、泥炭或倒铺草皮等）。再于其上铺黏土并夯实，当有防冻要求时，从地面到渗管应夯填不小于冻结深度的黏土，且渗管的出口应做成如图 6-11 所示的形式，为便于检查和疏通渗管必须设检查井。

无管渗沟的构造如图 6-12 所示。它和有管渗沟不同之处在于其是利用了碎石的孔隙作为排水通道。适用于地下水流量小、流程短的情况。排水碎石亦可以采用无砂混凝土板代替。排水碎石周围应设反滤层，对反滤层的要求与有管渗沟相同。采用无纺土工织物作为碎石体的围护起渗滤作用是目前许多工程中普遍采用的方法。

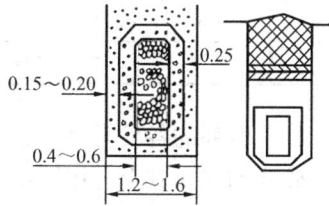

图 6-12　无管渗沟

无砂混凝土渗沟是用无砂混凝土壁板及普通钢筋混凝土横撑和盖板等组成，如图 6-13 所示。其中无砂混凝土壁板是由水泥浆和粗集料（级配卵、砾石及碎石）及水拌制而成的有透水孔隙的圬工块体。无砂混凝土可作为反滤层，在地下水流量不大的地段，亦可代替渗水管。由于它具有一定的强度，可以承受一定的荷载，具有良好的渗滤性能，施工简单，还可以省去渗沟内部的填充料，使用效果良好，受到许多应用部门的欢迎。但在黏土和粉砂地层中应慎重使用。

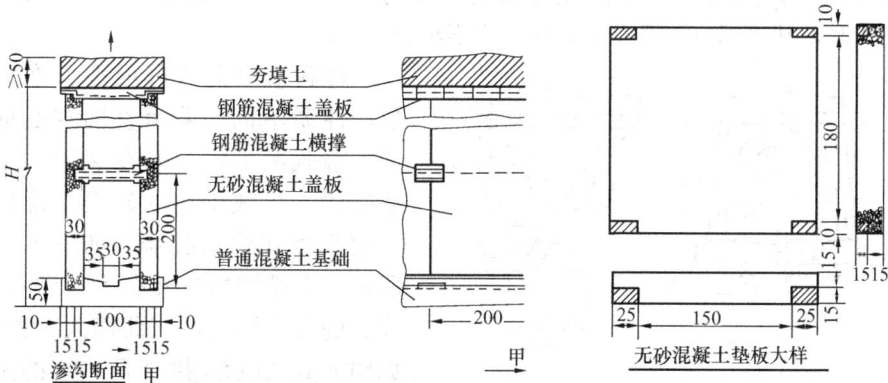

图 6-13　无砂混凝土渗沟

无砂混凝土的粗集料的粒径应与含水地层土的粒径相适应，以保证其过水能力。对于卵砾石和粗砂地层，无砂混凝土粗集料的粒径宜用 10~20mm；对于中砂地层，粗集料的粒径宜用 5~10mm；对于细砂地层，宜用

3~5mm；灰石比（水泥与粗集料的重量比）宜采用1：6，无砂混凝土壁板厚度以不小于30cm为宜，以保证无砂混凝土有良好的透水性，其具体技术指标见表6-3。

无砂混凝土技术指标参考表　　　　　　　　表6-3

粗集料（mm）	灰石比（重量比）	水灰比（重量比）	水泥（N/m³）	混凝土重度（kN/m³）	平均强度（kPa）		平均渗透系数（m/d）	适应含水地层
					抗压	抗弯		
10~20	1：6	0.38	2530	18.7	9140	1170	2240	卵石、砾石、粗砂
5~10	1：6	0.42	2530	18.7	11720	1720	1410	粗砂、中砂
3~5	1：6	0.46	2470	18.4	8540	1510	377	中砂、细砂

以上所列的各种类型的渗水暗沟均应在顶部覆盖单层干砌片石，表面用水泥砂浆勾缝，其上再用厚度大于0.5m的土夯填到与地面平齐。除无砂混凝土渗沟外，渗水暗沟内应采用筛选洗净的填充料，填充料与渗水的沟壁之间须设置适当的反滤层。渗水暗沟每隔30~50m和在平面转折、纵坡变坡点处，宜设置检查井。渗水暗沟的纵坡不应小于0.5%，条件困难时不应小于0.2%。

（2）当地下水埋藏较深或为固定含水层时，可采用渗水隧洞、渗井、渗管或仰斜式钻孔等。

① 渗水隧洞。为拦截或引排埋藏较深的地下水且地下水流量较大时，可采用渗水隧洞。渗水隧洞常和立式渗井以及渗管配合使用，用以排除土体内多层含水层的地下水。滑坡整治工程中大型滑坡的滑坡体及滑动带（面）的地下水，多采用渗水隧洞及其他排除地下水的设施进行综合治理。

渗水隧洞的平面布置分别与前述的引水渗沟和截水渗沟相同；渗水隧洞的埋设深度应选择在欲截引的主要含水层内，并应置于稳定地层上。滑坡区的隧洞，其顶部应设置在滑动面以下不小于0.5m。

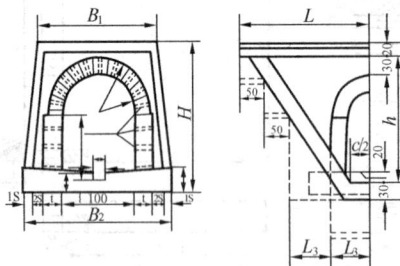

图6-14　直墙式渗水隧洞

隧洞断面形状可根据所在地层的性质不同，采用直墙式断面或曲墙式断面，一般在裂隙岩层或破碎岩层或中密的碎石土层内可用直墙式渗水隧洞，如图6-14所示；在松散的或夹有少量卵石、碎石的黏土层内可用曲墙式断面，如图6-15所示。拱部及边墙的进水部分均应留渗水孔，其外围设置与渗水孔眼大小及隧洞所在地层性质相应的反滤层。隧洞断面净空从便于施工和检查维修以及节省开挖土石方等方面考虑，不受地下水流量限制。较长的隧洞宜用较大的净空，较短的隧洞可用较小的净空。隧洞衬砌厚度应按理论计算确定。

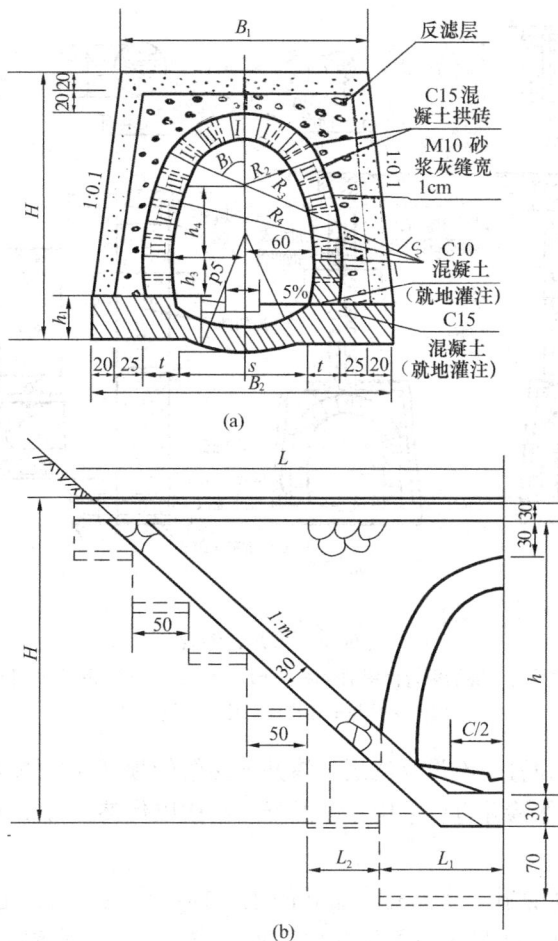

图 6-15　曲墙式渗水隧洞

(a) 净空 120cm×160cm 断面图；(b) 洞门出水口半正面图

隧洞洞口位置宜根据当地的地质情况以及便于迅速排水的条件进行选择。洞口挖方不宜太深，以免因仰坡和两侧边坡过高而发生变形和病害，堵塞出口。洞门墙按挡土墙设计，通常采用仰斜重力式挡土墙，挡墙采用浆砌片石或混凝土修筑，其基础埋入较坚实稳定的地层内，墙的两侧嵌入洞口挖方边坡内不小于 0.5m；洞门墙以外应紧接翼墙或挖方边坡砌石防护及一段具有防冲刷铺砌的排水沟。渗水隧洞每隔 30~50m 和在平面转折、纵坡变坡点处，宜设置检查井。渗水隧洞的纵坡不应小于 0.5%，条件困难时不应小于 0.2%。

② 渗井、渗管。立式集水渗井和渗管的功用是集引具有多层含水层的复杂地层中的地下水和潮湿土体中的自由水，一般成群布置并与平式排水设备配合使用以降低地下水位或者疏干其附近的土体。如图 6-16 所示的渗井群或渗管群的排列方向宜垂直于渗流方向；其深度一般是穿过含水层而与下卧的平式排水设施（如隧洞或平式钻孔）相衔接。

渗井断面通常采用直径为 1.0~1.5m 的圆形或边长为 1.0~1.5m 的方形。渗井内部可用筛洗干净的渗水材料填充，井壁与填充料之间可根据两者

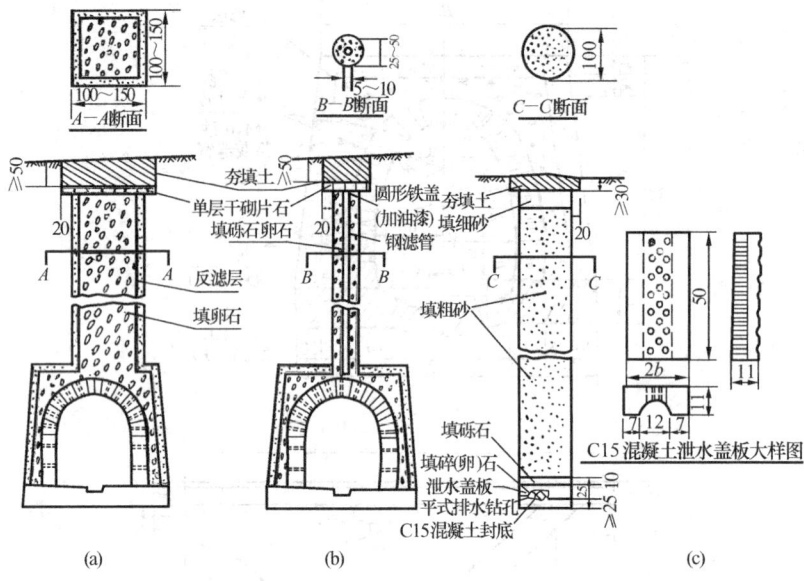

图 6-16　渗井、渗管
（a）集水渗井与隧洞配合使用剖面图；（b）集水渗管与隧洞配合使用剖面图；
（c）集水渗井与平式排水钻孔配合使用剖面图

的颗粒组成情况设置或不设反滤层。渗井或渗管的顶部应用隔渗材料覆盖，以防淤塞。圆形集水渗井也可采用无砂混凝土结构以代替设置反滤层和填充渗水材料。

③ 平式排水钻孔。平式排水钻孔的主要排水功能是引排地层内的地下水及盆地或分散的局部凹地中聚集的地下水，或与立式集水渗井群配合使用以疏干潮湿的土体。平式排水钻孔除本身集引一部分土中水外，还作为通道排除自上方立式设备集的土中水。

平式排水钻孔可平行布置，亦可扇形布置，如图 6-17 所示，可设一层排水平孔，也可设多层平孔。单独使用的平式排水钻孔一般宜垂直于山坡走向或土体边坡走向钻入；与立式渗井群配合使用的平式排水钻孔一般宜垂直于渗井群纵向布置的走向钻入，并尽可能多穿连几个渗井。设置的位置应在地下水低水位以下，以有效地排除地下水，扩大排水疏干的范围。平式排水钻孔的仰坡设计以考虑迅速排水的需要为主；若穿过有可能沉落的土体时，还应考虑土体下沉的影响，一般以采用 10%～15% 的平均仰坡较为适宜。

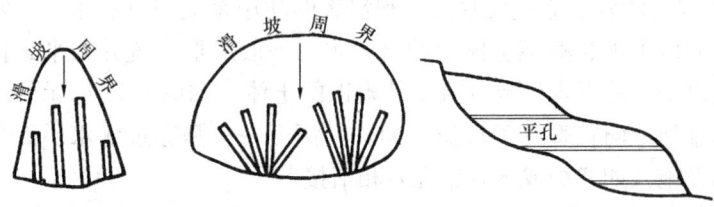

图 6-17　排水平孔

6.2 路基防护措施

路基属于完全暴露于大自然的露天工程，不可避免地受到自然环境的影响。易于冲蚀的土质边坡和易于风化的岩石路堑边坡施工完成后，在长期的自然风化营力和雨水冲刷的作用下，将发生溜坍、掉块和冲沟等坡面变形和破坏；而修建在河滩上和水库边的路堤，必然经常的或周期性的受到水流的冲刷作用，路基的边坡和稳定性必然受到很大的影响而遭破坏。因此，必须及早采取相应的防范措施。坡面破坏的轻重程度，除与边坡的岩土性质有关外，还与当地的气候环境以及地层、地质构造及边坡所处的方位有关，必须综合考虑这些因素，并结合现场的材料条件，选择适当的防护类型。

路基防护的主要内容包括路基面防护、路基坡面防护和路基冲刷防护。

6.2.1 路基面防护

在铁路路堤中路基面即为路堤堤身的顶面，也称路堤顶面；在路堑中，路基面即为堑体开挖后形成的构造面。为了便于排水，路基面的形状应该设计为三角形路拱，由路基中心线向两侧设 4% 的人字排水坡，使水能够尽快排出，避免路基面积水使土浸湿软化，保证路基土体的稳定。然而，在实际情况中，水（降雨、雪等）不可避免地渗入到路基土体内部，最终导致基床在列车动力荷载反复作用下产生道砟囊、翻浆冒泥等病害，在冻土地区，水渗入到路基土体内来不及排出，还会引起冻胀病害，导致钢轨不平顺，影响列车正常运营。因此，有必要对路基面进行防护，尤其是针对变形控制严格的高速铁路无砟轨道结构路基。

目前常用的路基面防护类型有：垫层、封闭层、土工合成材料、保温层。

（1）垫层

垫层是介于基床层与道床层之间的结构层，用以改善路基基床的水稳定性，提高路基面的水稳定性和抗冻胀能力，垫层材料的强度一般要求不高，但其水稳定性必须要好。工程中常见的垫层分为刚性和柔性两种。刚性垫层一般由低强度等级的混凝土捣固而成；柔性垫层一般是由各种散体材料，如砂、炉渣、碎石、灰土等加以压实而成。

（2）封闭层

封闭层是在路基面上铺设一层不透水的掺料土、沥青混合料或其他材料将其封闭，防止地面水渗入路基土体内部引起基床表层土体软化或导致冻胀病害。目前常用的方法有黏土衬层、聚合物纤维混凝土、沥青混合料。

① 黏土衬层因防渗性能好而广泛应用于垃圾掩埋场的基底处理，但黏土衬层的强度往往不能满足列车荷载的要求。

② 我国哈大高铁、兰新高铁路基采用纤维混凝土防水层封闭层路堤，与基床表层底部铺设一层两布一膜不透水土工布进行隔水防渗，采用混凝土底座设排水孔的方式排水，以避免通过管道排水引起管道周边路基冻胀问题的

产生，如图 6-18 所示。然而，纤维混凝土的收面和假缝顺直是施工中控制的重点和难点。此外当路基土体出现不均匀沉降时，在外界荷载的作用下，纤维混凝土以及纤维混凝土与混凝土底座连接处常常发生开裂，产生裂缝，使得水分渗入路基土体内部，影响路基稳定性。

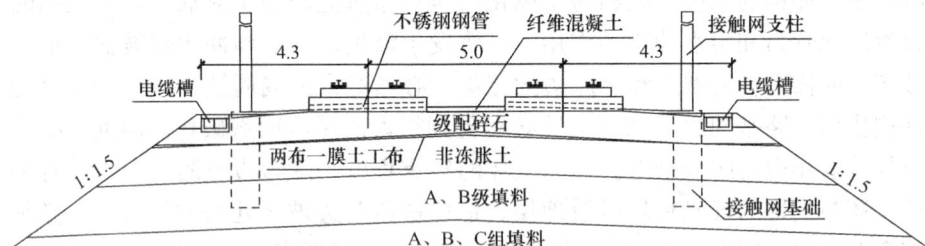

图 6-18　哈大高铁路基面防护措施

③ 沥青混合料是用具有一定黏度和适当用量的沥青与一定级配的矿质集料，经过充分拌合而形成的混合物。沥青及混合料因其结构性强、黏弹性好、污染少和经久耐用、良好的不透水性等特点被广泛应用于防水工程，如房屋建筑、水工大坝、桥面铺装等。

日本无砟轨道选用沥青混合料作为防水封闭层时，一般采用全断面铺设，其兼具结构与防水功能，见图 6-19。德国采取路基保护层（PSS）结合稳定材料或塑料防水层的措施，不仅提高了路基刚度，且消除了基床冻害。经过多年实践，美国于 1986 年提出了"热熔混合沥青（HMA）"，即将道床中的底砟用沥青胶结起来，以沥青石砟垫层代替普通的底砟层，该层厚约 10cm，其上部仍铺设碎石面砟，维持原有的设计状态，见图 6-20。意大利也用沥青混凝土作为高速铁路路基面的防水层，该层位于底砟层，起到防水和分散应力的作用。荷兰在路基面设置了厚 50cm 霜冻保护层，该层材料通常为水泥混凝土，但现在也开始尝试采用沥青混凝土。

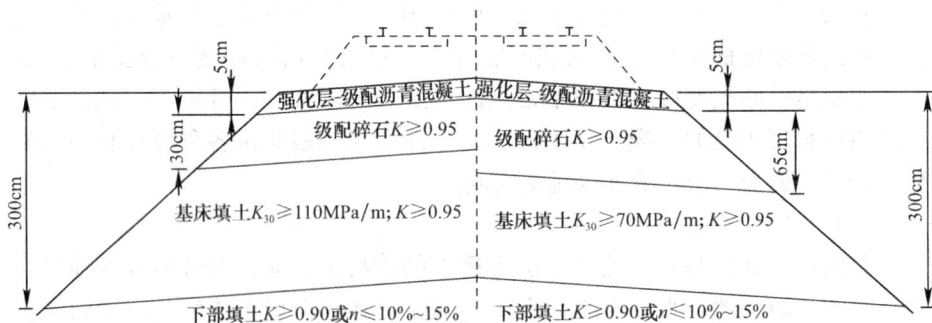

图 6-19　日本新干线路基基床断面图（$v \leqslant 270$km/h）

我国采用沥青混凝土在轨下基础中的应用可以追溯到 20 世纪 50 年代，主要是为了提高线路运行质量并减少维修成本。我国无砟轨道设计指南中规定混凝土支承层或混凝土底座以外的路基面应设防排水层，采用厚 5～10cm 沥青混凝土或 C25 混凝土。在遂渝铁路和京津城际铁路无砟轨道的建设中，选用沥青混合料作为路基面防排水层，基本布置形式见图 6-21。

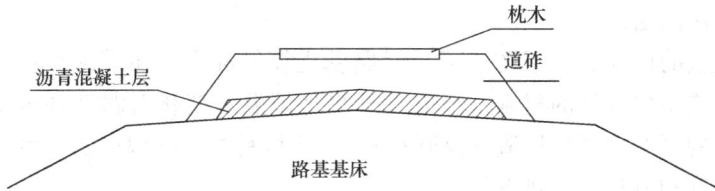

图 6-20　美国热熔混合沥青层示意图

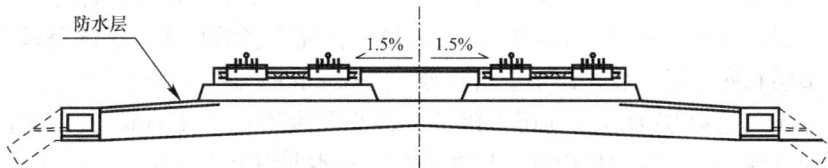

图 6-21　无砟轨道路基面防水型沥青混合料布设方式

（3）土工合成材料

土工合成材料是岩土工程领域中的一种新型建筑材料，是以人工合成的聚合物（如塑料、化纤、合成橡胶等）为原料，制成各种类型的产品，置于土体内部、表面或各种土体之间，发挥加强或保护土体的作用。土工合成材料的类型较多，其功能差异较大，《土工合成材料应用技术规范》将土工合成材料分为土工织物、土工膜、土工特种材料和土工复合材料等类型。

针对路基面防护方面的应用，一般采用土工合成材料隔离道床和基床土，并具有透水和排水作用，亦可用于提高地基土的承载能力，最近采用一种新结构即土工格室，铺设于道床底部与基床表层之间，能显著加强道床的稳固性，提高基床的承载能力，改善基床的动应力分布，减少线路的累积下沉，是一种具有发展前景的有效措施。然而，土工合成材料在浅埋条件下存在材料性能老化且修复困难等问题，因此，多采用土工合成材料与其他材料结合使用，以达到防护路基面的效果。德国提出在非渗水性基床和道砟之间增设 20cm 厚的具有过渡性能的路基保护层（PSS），该层由严格的级配碎石碾压而得，要求渗透系数不小于 10^{-6} m/s，也可在砾或砂中间铺设塑料隔水层，以此提高路基刚度，消除基床病害和冻害（见图 6-22）。法国路基防水所用的材料和设置位置与德国相似，即在路基表面级配碎石层下设置防污层，防污层由砂垫层中间铺合成毡垫或土工纤维布进行防水防污。

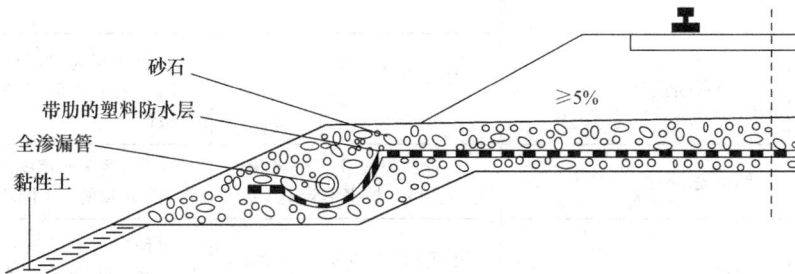

图 6-22　德国既有线路堤内用塑料防水层密封的工程实例

（4）保温层。

保温层的设计是为了防止或减轻路基土体的冻害，在道床和路基基床之间铺设导热系数较低的材料，以降低外界环境温度变化对路基基床土体的影响。常用的隔温材料有炉渣（煤矸石）、泡沫材料等，保温层的厚度取决于当地冻结深度和材料的导热系数。

20 世纪 50 年代，挪威就已开始尝试保温材料在道路路基中的应用；德国根据冬季寒冷程度，将全国定为 3 个冰冻作用区，路基表层按冰冻作用区设置保护层，起到保护基床表层的作用，并具有抗冻胀的功能；法国路基表层由砟垫层和底基层组成，砟垫层由粒径 $D \geqslant 30mm$ 的纯砾石和碎石组成，厚约 $20 \sim 25cm$，底基层为级配纯砾石组成，最小厚度不小于 15cm，其下为防污层，铺设纯砂，或在砂层中铺一层油毛毡。日本北海道为防冻胀，路面为 3cm 厚的石质路面，其下按顺序为 6cm 厚的沥青混凝土、6cm 厚的沥青稳定层、40cm 厚的砂砾石、底层为 8cm 厚的砂中间夹 2.5cm 的泡沫苯乙烯保温层。

20 世纪 70 年代中期，我国开始进行铺设 EPS 保温材料对路基稳定性影响的研究；20 世纪 80 年代，基于低温冻土区野外试验和实验工程为基础，提出了路基临界高度设计理论以及由此延伸的保温换填、等效保温厚度理论。20 世纪 90 年代，我国青藏线的建设中大量使用铺设保温板的措施。

6.2.2　路基坡面防护

地表水沿路基坡面流动的速度，与边坡坡度和坡面状态有关，缓坡、坡面粗糙及有草木生长时流速小，反之就大。地表水流对坡面的破坏，最初被洗蚀，冲走细小颗粒并搬运到侧沟中，日积月累，坡面出现鸡爪状沟、深浅不一的冲沟，进而坍滑、错落、掉块，最终失去稳定。因此，应及时进行坡面防护。当坡面由易分化岩石或疏松土层组成，或由于爆破施工，使边坡岩土层松动，更应首先采取坡面防护措施，以策安全。

坡面防护应根据路基边坡的土质、岩性、水文地质条件、边坡坡率与高度等，选择适宜的防护措施。表 6-4 中所列为路基坡面防护工程的常用类型及适用条件。

路基坡面防护工程常用类型和适用条件　　　　　　　　　表 6-4

防护类型	结构形式	适用条件	注意事项
植被防护	种草或喷植草	土质边坡，坡率缓于 1：1.25	当边坡较高时，可用土工网、土工网垫与种草结合防护
	铺草皮	土质和强风化、全风化的岩石边坡，坡率不陡于 1：1	草皮可为天然草皮，亦可为人工培植的土工网草皮
	种植灌木	土质和全风化的岩石边坡，坡率不陡于 1：1.5	树种应为根系发达、枝叶茂盛、适合当地迅速生长的低矮灌木

防护类型	结构形式	适用条件	注意事项
喷护	喷掺砂水泥土，厚度6～10cm，材料为砂、水泥、黏性土	易受冲刷的土质路堑边坡，坡率不陡于1：0.75	选好材料配合比和水灰比，一般应通过试喷
	喷浆，厚度不小于5cm，材料为砂、水泥、石灰	易风化但未遭强风化、全风化的岩石堑坡，坡率不陡于1：0.5	
	喷混凝土，厚度不小于8cm，材料为砂、水泥、砾石	易风化但未遭强风化、全风化的岩石堑坡，坡率不陡于1：0.5	
挂网喷护	锚杆铁丝网（或土工格栅）喷混凝土或喷浆，锚固深度1～2m，网距20～25cm，其他同喷护	喷混凝土或喷浆防护的岩石边坡，当坡面岩体破碎时，为加强防护的稳定性而采用	锚孔深度应比锚固深度深20cm，其他同喷护
干砌片石护坡	一般厚度30cm，其下设不小于10cm厚的砂砾石垫层	土质路堤边坡，有少量地下水渗出的局部堑坡，局部土质堑坡，坡率不陡于1：1.25	基础应选用较大的石块，应自下而上地进行栽砌，接缝错开，缝隙要填满塞紧
浆砌片石护墙	厚度30～40cm，水泥砂浆砌筑	易风华的岩石边坡和土质边坡，坡率不陡于1：1	—
浆砌片石或混凝土骨架护坡	骨架宜用方格形，也可用人字形、拱形。方格内铺种草皮、喷植草或干砌片石等	土质和全风化的岩石边坡，当坡面受雨水冲刷严重或潮湿时，坡率不陡于1：1	护坡需用浆砌片石镶边，混凝土骨架视情况在节点处加锚杆，多雨地区骨架宜做成截流沟式

1. 植被防护

边坡植被防护是指用人工培植边坡植被，使植物的根系产生加固边坡表层土的作用，同时利用植物的枝叶保护坡面，防止或减少降水尤其是暴雨对边坡的冲刷以保护边坡。植被防护又可以改善环境，且施工简单、费用低廉，是一种效果较好的坡面防护方法。

依照采用植被防护的方式不同，有种草、铺草皮和植树几种措施。

坡面种草如图6-23所示，适用于高度较低、边坡坡度缓于1：1.25的土质或严重风化的岩质边坡。草籽可撒播或沟播、点播并应注意适宜生长的草种和必要的土、肥和水的生长成活条件。当土质条件较差，种植时应补充适宜草生长的种植土和肥料。

铺草皮如图6-24所示，适用条件与坡面种草相同，其成活速度更快一些，抵抗水流冲蚀能力更强，但要求有适宜的成活草皮。铺设的方法可满铺，也可与方格骨架护坡结合使用。

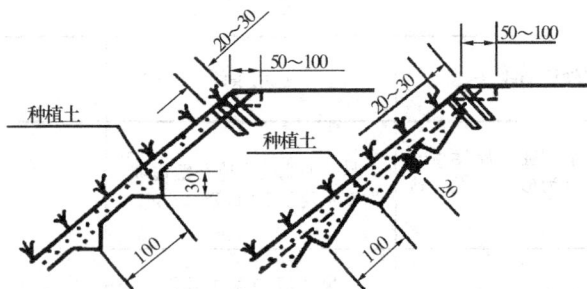

图 6-23 种草示意图

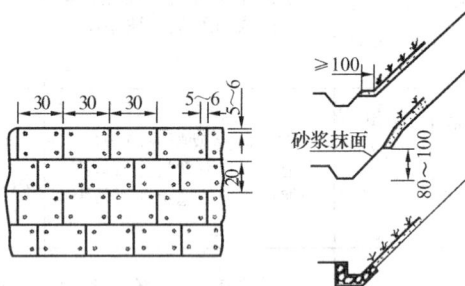

图 6-24 铺设草皮防护边坡

植树以适宜生长的灌木为佳。树种应选择容易成活，根系发达的灌木。植树布置形式有梅花形和方格形，间距 40~60cm。植树亦可与种草同时配合进行。

2. 坡面的补强及加固

易风化的岩质边坡坡面常常发生风化剥落和坡面水流的侵蚀。为防止山区易风化岩质边坡产生变形，危及线路和运营的安全，可采用坡面的补强及加固措施。补强及加固措施包括勾缝和灌浆、抹面、喷浆和锚杆铁丝网喷射混凝土等。

勾缝采用 1∶2 或 1∶3 的水泥砂浆，也可用体积比为 1∶0.5∶3 或 1∶2∶9 的水泥石灰砂浆，它适用于节理裂隙较多而细的岩石路堑边坡，以防止雨水沿裂隙侵入岩层内部。灌浆适用于裂缝较大较深的岩石路堑边坡，一般采用 1∶4 或 1∶5 的水泥砂浆，裂缝很宽时可用混凝土。勾缝和灌浆前应先用水清洗工作面，并清除裂缝内的泥土杂草。

抹面适于易风化的黏土岩类边坡，如图 6-25 所示。抹面材料可因地制宜，采用具有一定强度且具有良好防水性的三合土或其他材料。

喷浆适用于易风化但未遭严重风化的岩石边坡，对高而陡、上部岩层较破碎而下部岩层完整并需要大面积防护的边坡，此方法更为经济。喷浆厚度不宜小于 5cm，喷射混凝土厚 8cm 为宜，分 2~3 次喷射。喷浆及喷射混凝土护坡的周边与未防护坡面衔接处应严格封闭，坡脚应做 1~2m 高的浆砌片石

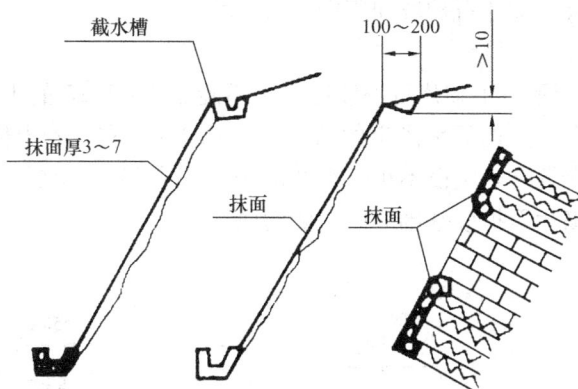

图 6-25　抹面

护坡。应注意喷射混凝土护面适用于堑坡稳定、地下水不发育、边坡较干燥但陡峻的边坡。砂浆抹面与喷射混凝土护面相比，前者施工较简单，后者水泥用量节省，较可靠。

当坡面岩体破碎时，可采用锚杆铁丝网喷射混凝土防护，以加强防护的稳定性。一般锚杆的锚固深度 0.5～1.0m，用 1：3 水泥砂浆固定。铁丝网间距 20～25cm。喷射混凝土厚 8～10cm，混凝土粗骨料粒径小于 2.0cm。水泥：砂：石子比例 1：2：2～1：2.5：2.5，水灰比 0.4～0.5，喷射护面应设置伸缩缝和泄水孔。

由于土工合成材料的发展，无纺土工织物可用于坡面防护。对于不适于植物生长的边坡可采用无纺土工织物多层复合坡面防护。国外采用这种复合防护结构取得了良好效果。其结构为紧贴坡面铺设无纺土工织物用以排水，保证边坡稳定，其上铺设隔水的土工薄膜，防止水的渗入且具有一定保温作用。亦可两层合为一层采用复合土工膜代替，同时兼起以上两种作用。最上面铺设沥青土工膜作为保护层保暖、防水，如图 6-26 所示。

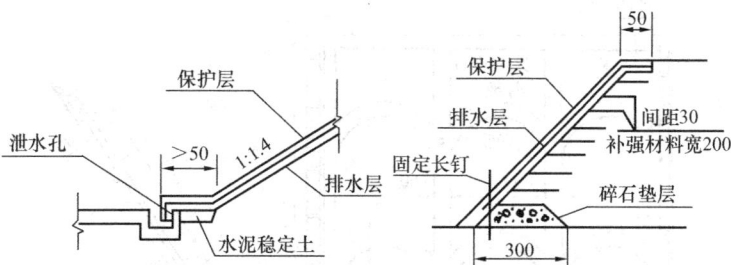

图 6-26　土工合成材料复合防护

3. 砌石护坡

砌石防护适用于边坡坡度缓于 1：1 的各类土质及岩质边坡。当坡面受地表水流冲蚀产生冲沟，表层溜坍或剥落时，均可采用砌石防护。

砌石防护有干砌片石护坡和浆砌片石护坡。

(1) 干砌片石护坡

如图 6-27 所示,干砌片石护坡适用于不陡于 1∶1.25 的土质(包括土夹石)边坡,且有少量地下水渗出的情况,厚 0.3m 左右。若土体为粉土质土、松散砂和砂黏土等时,应设不小于 0.2m 厚的碎石或砂砾垫层。片石护坡应设基础,堑坡干砌片石护坡基础应砌至侧沟底。

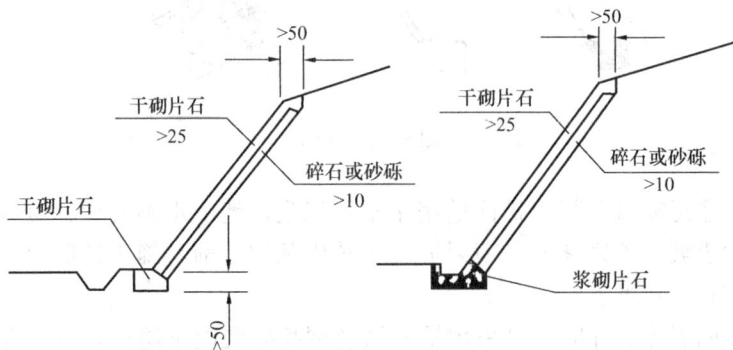

图 6-27 干砌片石护坡

(2) 浆砌片石护坡

浆砌片石护坡适用于不陡于 1∶1 的各类岩质和土质边坡,厚度一般为 0.3~0.4m。浆砌片石护坡可作为边坡的补强措施。对高边坡可分级设置平台,平台宽不小于 1m,每级高不宜大于 20m,沿线路方向每 10~20m 应设伸缩缝并在护坡下部设置泄水孔。片石的砌筑采用强度等级为 M5 的水泥砂浆。施工应在边坡土体沉实后进行,防止因土体下沉开裂。

作为边坡的加强措施,可采用浆砌片石骨架护坡,如图 6-28 所示。骨架常用方格形和拱形,骨架内可采用植被防护、捶面填补。

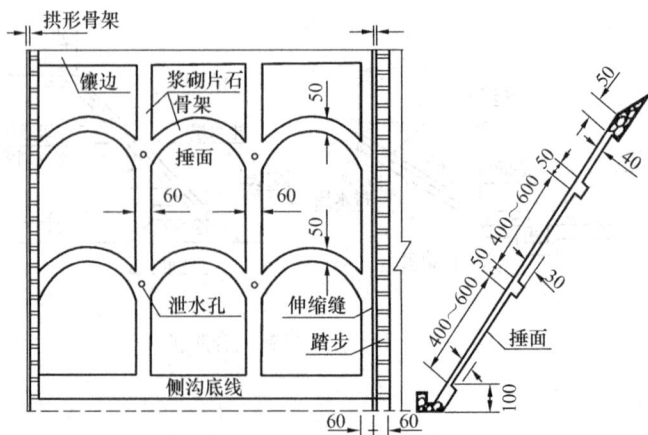

图 6-28 浆砌片石骨架护坡

（3）浆砌片石护墙

浆砌片石护墙适用于各类土质边坡和易风化剥落且破碎的岩质边坡，用以防治较严重的边坡坡面变形，常作为边坡加固措施。对较陡的堑坡防护仅限应用于稳定的堑坡，且边坡坡度不陡于1：0.3。

浆砌片石护墙有实体护墙及孔窗式护墙，孔窗内可采用干砌片石或捶面防护。一般土质及破碎岩石边坡多采用实体护墙，较完整且较陡的岩质边坡可采用肋式护墙，若下部较完整、上部较破碎的岩质边坡可采用拱式护墙。

当浆砌片石护墙的高度大于12m、浆砌片石护坡和骨架护坡高度大于15m时，宜在适当高度处设置平台，平台宽度不宜小于2m，如图6-29所示；浆砌片石护墙、护坡的基础应埋置在路肩线以下1m，并不应高于侧沟砌体底面；当地基为冻胀土时，应埋在冻结线以下不小于0.25m。若护面为封闭式，应在防护砌体上设置伸缩缝和泄水孔。

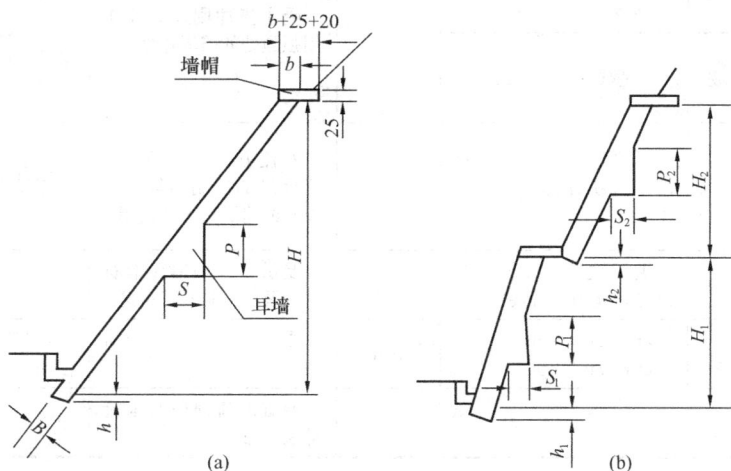

图 6-29　浆砌片石护墙剖面

（a）等截面护墙；（b）两级护墙

6.2.3　路基冲刷防护

1. 路基冲刷防护的类型

由于地形的限制，不得不将路基修筑在河谷地带或水库旁，路基必然经常或周期性地受到水流的冲刷作用。当路基本体或部分边坡伸入河床范围，对水流产生约束，改变水流特性，将导致更严重的水流冲刷。河滩路堤、滨河路堤及水库路基都必须妥善解决路基的冲刷防护问题，从而提高路基的抗洪能力，确保路基安全、稳定。寒冷地区冬期还存在着河流或水库冰封、流冰，产生冰压力而导致对路基的损害。

路基冲刷防护工程一般分为直接防护、间接防护和改河工程。设计时应根据水流特性、河道地貌、地质等情况选用适宜的防护类型。常用的路基冲刷防护类型和相应的适用条件列于表6-5。

路基冲刷防护工程常用类型和适用条件 表 6-5

类型	结构形式	适用条件		说　明
		容许流速(m/s)	水流方向、河道地貌	
植被防护	铺草皮	1.2～1.8	水流方向与线路近乎平行；不受洪水主流冲刷的浅滩地段路堤边坡防护	
	种植防水林、挂柳		有浅滩地段的河岸冲刷防护	
干砌片石护坡	单层干砌厚 0.25～0.35m，双层干砌上层厚 0.25～0.35m，下层厚 0.25m	2～3	水流较平顺的河岸滩地边缘；不受主流冲刷的路堤边坡；无漂浮物和滚石的河段	应设置垫层
浆砌片石护坡	厚 0.3～0.6m	4～8	受主流冲刷及波浪作用强烈处的路堤边坡	有冻胀变形的边坡应设垫层，有流木、流冰、滚石时应适当加厚
混凝土护坡	厚 0.08～0.2m			
抛石	石块尺寸根据流速及波浪大小计算，不宜小于 0.3m	3	水流方向较平顺，无严重局部冲刷河段，已浸水的路堤边坡与河岸	抛石厚度不小于两倍石块尺寸
石笼	镀锌铁丝制成箱形或圆形，笼内装石块	4～5	受洪水冲刷但无滚石河段及大石料缺乏地区	
大型砌块	2m×2m×2m3m×3m×2m	5～8	受主流冲刷严重的河段	常与脚墙配合使用
浸水挡墙		5～8	峡谷激流河段及水流冲刷严重河段	

汛期洪水对路基的威胁更为严重，水流对路基的冲刷乃至冲毁，会造成列车安全运行的威胁和铁路设施的严重破坏，对于汛期水害曾付出过昂贵的代价。因此，必须采取正确的路基冲刷防护措施。

2. 常用路基冲刷防护措施

(1) 直接防护

直接防护主要是对河岸或路基边坡和基底的直接加固，以抵抗水流的冲刷作用。其特点是可以尽量不干扰或少干扰原来水流的性质，但容易遭受洪水破坏，但由于这类工程直接建筑在受冲刷的河岸或路堤边坡及基础部分，因此直接防护建筑物必须具有足够的坚固性与稳定性。常用的直接防护类型有以下几种：

① 草皮护坡

草皮护坡多采用台阶式叠砌形式，如图 6-30 所示。草皮尺寸为 25cm×40cm，厚为 10～15cm，叠砌前先平整坡面，再将草皮砖紧贴坡面，并用竹尖桩钉紧。在坡脚部分，一般铺草皮砖 2～3 层。草皮成活生长后根系错结，从而起防止冲刷作用。

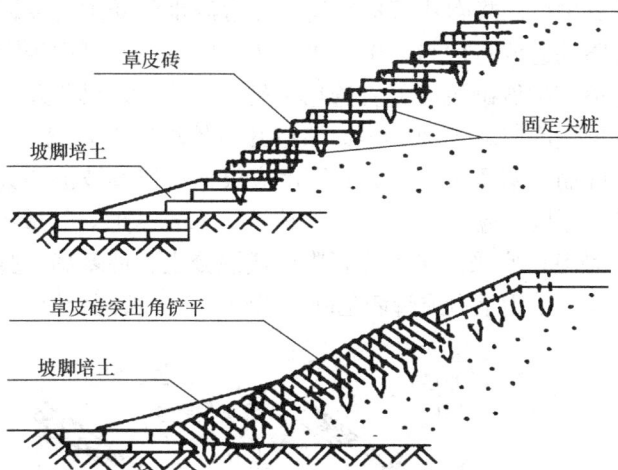

图 6-30 草皮护坡

② 抛石防护

抛石防护的应用很广，对于经常浸水且水深较大的路基边坡防护及洪水季节防洪抢险时更为常用。为了减少坡脚处的局部冲刷及增加抛石的稳定性，抛石堆的水下边坡不宜陡于 1：1.5，当水深较大且流速较大时，不宜陡于 1：1.2～1：1.3；抛石防护的顶面宽度不应小于所用最小石块尺寸的两倍。所抛石料应选用质地坚硬、耐冻且不易风化崩解的石块。在缺乏石料地段，还可以使用各种适宜形状的混凝土块体作为抛石材料。常用抛石防护断面如图 6-31 所示。

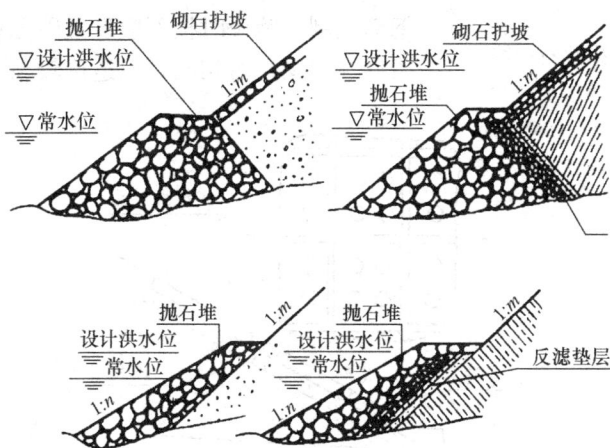

图 6-31 抛石防护

③ 片石护坡

片石护坡包括干砌片石护坡（图 6-32）和浆砌片石护坡（图 6-33）两类。干砌片石护坡用于周期性浸水的河岸或路基边坡防护，适用于洪水时水流较平顺，不受主流冲刷且流速小于 3m/s 的地段。根据护坡的厚度可分为单层或双层的干砌片石护坡。浆砌片石护坡用于经常浸水的受主流冲刷或受较强烈的波浪作用的路基边坡防护和河岸及水库边岸防护，亦可用于有流冰及封冰的河岸边坡防护。护坡砌筑石料宜选用坚硬、耐冻、未风化及遇水不易崩解的石块，其抗压强度应大于30MPa。浆砌片石护坡应设置宽2～3cm的伸缩缝，并用沥青麻筋填塞紧密。护坡的厚度应根据流速及波浪的大小等因素计算确定，其最小厚度不应小于35cm，当流速$v \geq 6$m/s时，其最小厚度宜采用50～60cm。护坡基础宜采用浆砌片石脚墙或混凝土脚墙基础，脚墙按浸水挡土墙设计。一般多采用重力式脚墙基础与浆砌片石护坡配合使用。

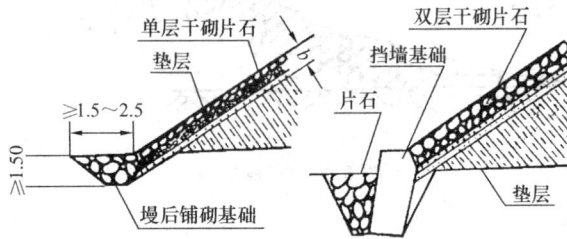

图 6-32　干砌片石护坡

④ 混凝土板及混凝土柔性块板

在冲刷防护类型中，混凝土板整体性强，能抵御强烈水流波浪或流水的作用，在缺乏石料地段，可采用边长较大的混凝土板块代替浆砌片石护坡，如图 6-34 所示。一般最小尺寸不小于1m，最小厚度不小于6cm。可设置必要的构造钢筋预制。铺设时板下应设置砂砾垫层。其适用条件与浆砌片石相同，但造价较高。

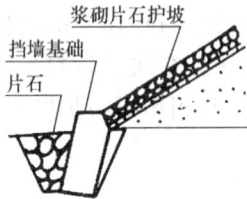

图 6-33　浆砌片石护坡

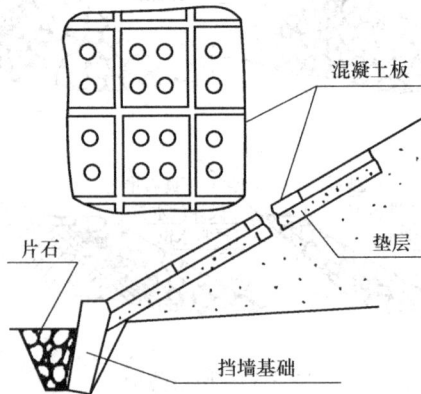

图 6-34　混凝土护板示意图

柔性混凝土块板，其板块以 0.5m×0.5m～1.0m×1.0m 为宜，铺设时拼接安装成为整体，由于具有柔性，可紧贴防护土体下沉，防止进一步淘刷，如图 6-35 所示。

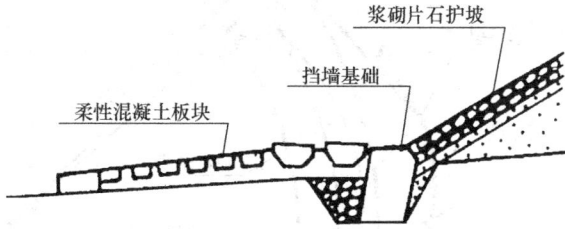

图 6-35　柔性混凝土板块防护

土工合成材料近些年来已应用于冲刷防护，土工模袋就是其中一种，它是由编织型土工织物做成可在水下灌注混凝土的许多间隔开的袋子形成。

⑤ 石笼护坡

石笼护坡属于半永久性建筑物，用以防护河岸或路基边坡的冲刷，可适应较陡的边坡。石笼护坡具有较好的强度与柔性，可用于石料缺乏地段。当水流中含有大量的泥砂时，石笼中的空隙能很快被淤满，而形成一个整体的防护层。但由于石笼笼箱材料（如铁丝网）不耐久，故使用年限一般为 8～10 年。在带有滚石的河道，滚石易将铁丝网冲破，造成笼中石块被冲走，故不宜使用。

用于防护岸坡时，一般在最底下的一层采用扁长方体石笼，在靠岸坡处宜采用长方体石笼的垒砌形式，如图 6-36 所示。

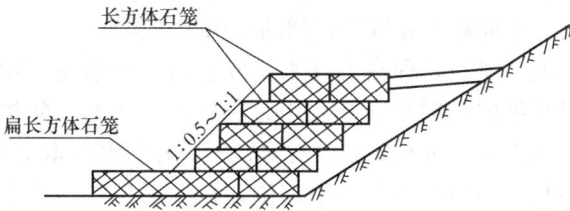

图 6-36　长方体石笼护坡

（2）间接防护

间接防护是根据防护要求和河道平面的轴线，合理确定导治线，选择导流建筑物的类型及其平面布置，然后设计导流建筑物的尺寸。间接防护的主要内容有：

1）导治线设计

导治线是计划经过导流建筑物改变水流方向后形成的新的河轴线（又称导治河轴线和新的河岸线或称导治边缘线），如图 6-37 所示。导治线应符合天然河道的特性，设计为一系列半径为 3.5～7 倍稳定河宽的圆弧形曲线，曲线之间用较短的直线作为过渡段连接。导治线的起点宜选在水流较易转向的过渡地段，或河岸河床地层比较坚实而不易被冲刷处。导治线的终点应与下游的天然河轴线平顺衔接，尽量不扰乱下游水流的性质。

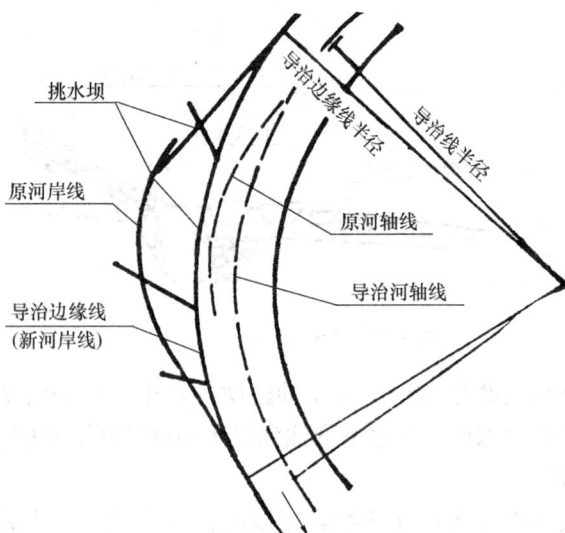

图 6-37　导治线示意图

2）导流建筑物的类型

① 按照导流建筑物的建筑高度分

导流建筑物的建筑高度的选择应根据所选择导治水位而定。在不同水位时的水流特性（流量、流速、流向等）一般有所不同，因而被防护地段所受的冲刷作用出现差异。导治水位应按最不利的冲刷情况来选择，并应结合当地水流的容许压缩高度、不同高程导流建筑物的作用及相应的冲刷防护方案比较等综合确定。不同高程导流建筑物的作用和分类如下：

（a）高水位坝：坝顶高程在设计水位以上的不漫水建筑物，可以是横向的挑水坝也可以是纵向的顺坝。其作用是导使水流离开被防护的河岸，免遭洪水的威胁；其缺点是侵占水流断面较多，不宜在狭窄河道上使用。

（b）中水位坝：坝顶高程高于中水位，在洪水位时为漫水建筑物。坝位可以是横向的也可以是纵向的，其作用是导治中水位时水流，防止被防护地段的冲刷并稳定主河槽。它可以在狭窄河道上使用，但中水位与洪水位之间的河岸或路基边坡需要补加防护。

（c）低水位坝：亦称潜坝，坝顶高程低于枯水位或中水位，最低者可与浅槽河底齐平或略高一些，因而压缩水流断面较少或很少，为经常漫水的横向建筑物。其作用是导使水流离开岸坡坡脚和减少底流流速，促进深槽淤积，可以防止建筑物基础脚下的淘刷或稳定河底纵坡。一般与顺坝或直接防护建筑物配合使用。

② 按照导流建筑物的平面布置分

（a）挑水坝：亦称丁坝，坝体伸向河心，其轴向布置与导治线的边缘线呈正交或较大角度的斜交。丁坝的作用是横向约束水流迫使水流改变方向，因其压缩水流断面较多，故能强烈地扰乱原来水流的性质。由于单个挑水坝只会引起水流情况的恶化，所以必须成群布置。在挑水坝头部附近有强烈的局部冲刷，但在坝间形成淤积，经过多次洪水后可造成新河岸。如图 6-38 所示，按与河水流向所呈角度的大小，丁坝分为垂直、下挑和上挑三种布置形式。漫水的中水位坝宜布置成垂直或上挑形式，以减低坝顶溢流速度；不漫水的高水位坝宜布置成下挑形式，以减轻水流对坝头的冲击作用。

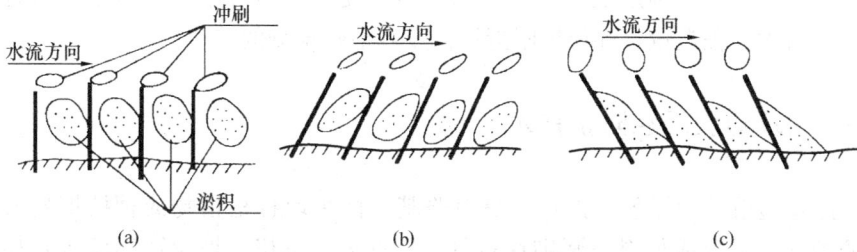

图 6-38　丁坝的三种形式
(a) 垂直布置形式；(b) 下挑布置形式；(c) 上挑布置形式

(b) 顺坝：如图 6-39 所示，顺坝的轴向大体沿导治线的边缘线布置。其作用是导使水流较均顺和缓地改变方向，偏离被防护的河岸。顺坝压缩水流断面较少，很少扰乱原来水流的性质，不致引起过大的冲刷，坝体和基础的防护均可较轻，但坝体的长度约与被防护地段的长度相等，造价较高，且改建比较困难。

根据所选导治水位，顺坝可以是不漫水的高水位坝或漫水的中水位坝；对于较长的不漫水顺坝，一般需要加设横向格坝以连接并加固坝体和河岸。第一格坝与坝头的距离可为顺坝全长的 1/4 左右。为使水流中挟带的泥砂能较多地冲击坝体以促进坝后的淤积，可在坝身部分开出若干缺口，格坝与坝身开缺口配合使用组成勾头丁坝（图 6-40）。

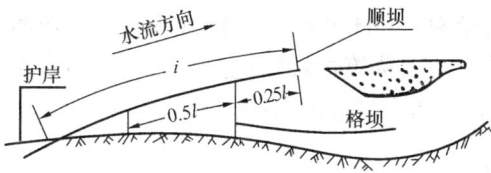

图 6-39　顺坝

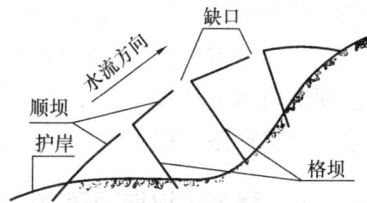

图 6-40　格坝

(c) 潜坝：潜坝的平面布置可与水流方向相互垂直或与主体防护建筑物的基础边缘轮廓线相垂直，其根部应与建筑物基础妥善衔接。

3. 改河工程

改移河道工程包括新河道的平面设计、纵断面及横断面设计等，相对于其他措施而言是一项技术复杂、工程浩大的工程。河流在其天然演变及形成发展过程中有其特殊的规律，对天然河道一般不宜轻易改移，必须改移时应因势利导、慎重从事，并切忌改移不稳定的河道。出于路基冲刷防护目的的改河工程，一般只在局部地段改动，并要求新河道能顺应河势大体，符合该河道的天然特性。根据以往的实践经验，由于改河不当而招致失败之事不少。

为了保证改河工程的成功，改河前应注意查明当地河段的流量、流速、水深、河面宽度、河槽断面形状尺寸、河床纵坡、稳定直线段的长度以及稳定河湾长度和半径等。另外，还应了解河床河岸的地层情况、冲淤情况，并结合当地的地形，确定最适宜的改河中线，使新河道尽量少占耕地，节省土石方和防护工程数量，并保证附近居民及其他建筑物的安全。

6.3　路基边坡绿色防护技术

路基边坡坡面绿色防护技术是对路基坡面采取种植植物或种植植物与工程防护（土工合成材料、浆砌片石骨架、混凝土框格、坡角矮挡墙等）相结合的边坡坡面防护措施。它是一项集岩土工程学、植物学、土壤学、肥料学、高分子化学及环境生态学于一体的综合工程技术。

长期以来，我国对铁路路基边坡坡面的稳定性比较重视，为防止坡面在自然营力作用下产生冲沟、溜坍、剥落等坡面变形，边坡坡面多采用圬工防护。对植物防护技术普遍重视不够，边坡刷坡成形后，只是撒草籽、铺草皮或种植灌木。植物防护方法单一，科技含量低，防护效果差，既不讲究科学施工，也不重视养护管理。温湿地区铁路路基边坡植物防护技术较多采用平铺草皮和撒草籽，一般与片石骨架联合使用或单独使用，而种植灌木防护技术应用较少。

随着改革开放和经济建设的发展，特别是随着"绿色通道建设"工作的推进，人们的环境保护意识普遍提高，边坡绿色防护技术已引起了工程界的普遍重视，在绿色防护技术方面开始借鉴国外的成功经验，积极引进国外先进技术，逐步从传统的边坡坡面工程防护向绿色防护方面转变。边坡坡面绿色防护的设计思想、具有铁路特色的设计体系也正在逐渐形成。液压喷播植草、植生带植草、土工合成材料综合植草、OH 液植草、行栽香根草、混凝土框格内填土植草、客土植生、岩质边坡植草等边坡绿色防护技术先后在新建、改建铁路工程中逐步得到了应用，取得了良好的防护效果。

6.3.1　路基边坡坡面植物防护技术

1. 种草防护

种草防护是一种传统的路基边坡坡面防护方法，是在土质路堑和路堤边坡坡面上人工撒播或行播草籽，进行边坡坡面防护的一种传统植物防护措施。种草防护施工简单，造价较低，但只适用于低矮缓坡，只适宜于春、秋、雨期季节施工。播撒草籽选用适合当地土质和气候条件、根系发达、茎干低矮、枝叶茂盛、生长能力强的多年生草种。若边坡土层不宜种草，可将边坡挖成台阶，再换填一层 5～10cm 厚的种植土。为使草籽播撒均匀，可将种子与砂、干土或锯末混合播种。种子埋入深度应不小于 5cm，种完后将土耙匀拍实。施工完成后在路堤的路肩和路堑的堑顶边缘埋入与坡面齐平的宽 20～30cm 的带状草皮。

由于种草施工一般都不铺盖坡面，不进行浇水、施肥等养护管理，因此，在植物长成前，遇雨边坡表土易冲刷、草籽易流失，遇干旱草种易失去活力、幼苗易干死，往往成坪时间长，植被覆盖率低，达不到预期的防护效果，导致大量修复工程。所以，该技术的应用受到了一定的限制。

种草既可单独用来防护边坡，亦可与片石骨架、土工合成材料等联合使用形成边坡综合防护。

2. 平铺草皮防护

平铺草皮防护是在土质边坡、全风化的岩质和强风化的软质岩石边坡上人工贴铺草皮，进行边坡防护的一种传统植物防护措施。平铺草皮防护施工简单，造价较低，但只适用于坡度不陡于 1：1.25 的边坡，只适宜于春夏期或雨期施工。所使用草皮应选用根系发达、茎矮叶茂的耐旱草种，通常采用当地天然草皮。《铁路工程设计技术手册》规定：草皮规格一般为宽 20cm，长 30cm，厚 5~10cm，干燥炎热地区厚度可增加到 15cm；草皮铺设前应先将坡面表土挖松整平、洒水湿润，再将草皮从一端向另一端由下向上错缝铺砌，边缘互相咬紧，并撒细土充填，然后用木槌将草皮拍紧、拍平，确保草皮与坡面密贴、接茬严密，并用木（竹）桩钉牢。

但是，在实际边坡防护施工时往往未按上述规定进行，草皮实际厚度通常只有 2~3cm，草皮铺设前坡面通常未把松整平、洒水湿润，铺设时一般没按上述规定满铺，也未在草皮缝隙间撒土充填，铺设完成后基本上没用木槌将草皮拍紧、拍平，未用木（竹）桩钉牢，难以确保草皮与坡面密贴。所铺草皮不仅会因遇干旱而导致草皮死亡，还会因植物"水土不服"和根系"向性"所限，只在表土生长、扎根不深，致使草皮难以与边坡成为一体，因此，草皮成活率往往较低，见效慢，达不到预期的防护效果，易造成坡面严重冲刷，甚至边坡溜坍，导致大量修复工程。另外，由于其施工季节受到限制，不能及时对竣工边坡进行防护。再者，由于铲用当地天然草皮对植被造成新的破坏，不利于水土保持。所以，从保护自然环境考虑，该技术的应用受到了越来越多的限制。

平铺草皮既可单独用来防护边坡，亦可与片石骨架、土工合成材料等联合使用形成边坡综合防护。

3. 液压喷播植草防护

液压喷播植草是一种现代植草新技术，适用于草坪建植和不同坡率的土质（包括碎石类土）边坡、全风化的岩质和强风化的软质岩石边坡坡面绿色防护。液压喷播植草技术是利用液态播种原理，将试验确认适用、生命力强且能满足各种绿化功能的植物种子经科学处理后与肥料、防土壤侵蚀剂、内覆纤维材料、保水剂、色素及水等按一定比例放入喷播机混料罐内，通过搅拌器将混合液搅拌至全悬浮状后，利用离心泵把混合液导入消防软管，经喷枪喷播在欲建边坡裸地，形成均匀覆盖层保护下的草种层，再铺设无纺布防护，而后进行养护，在坡面形成植被防护。

由于混合液中的纤维、防土壤侵蚀剂形成的半渗透覆盖层和表土粘合后，具有良好的固种保苗效果，加之外铺无纺布的防护作用，保证了遇刮风、降水时植物种子不会流失。同时，覆盖层大大减少了水分蒸发，给种子发芽提供了水分、养分和遮阴条件，创造了植物种子的适生初始条件，促使其生根发芽、生长发育。另外，利用植物具有的"土生土长"、"劣境锻炼则生命力强"等特性，以及向光、向水、向土、向肥四个"向性"和植物生长的连续性和长期性，并根据其生长情况进行适当浇水、施肥、除病虫等养护工作，促使植物适应各种恶劣环境而健壮生长，最终使裸地永久性的被植物所覆盖。液压喷播植草防护具有施工简单、适用性广、施工质量高、防护效果好、工程造价低等特点，近几年得到迅速推广应用。

由于限制液压喷播防护效果的最主要因素是水热条件，因此不同地区要根据水热条件选择喷播期，一般而言，雨期前和雨期是最佳喷播期，干旱季节或台风暴雨季节不宜喷播，如因业主或工期要求以及交通条件限制需要实施喷播时，需加大存放种子用量，并做好防护养护工作；最热的夏期或寒冷的冬期不应进行喷播施工。

液压喷播植草技术可以套种乔、灌木，形成边坡乔、灌、草立体复层绿色防护，还可以与浆砌片石骨架、土工合成材料联合使用，形成边坡综合绿色防护。

4. 植生带植草防护

植生带植草防护是将工厂化生产的中间均匀夹有草籽的两层无纺布构成的植生带，铺设于各种土质边坡、全风化的岩质和强风化的软质岩石边坡进行边坡防护的一种植物防护新方法。植生带防护施工操作简单，先清理坡面浮石、浮根，平整坡面，再将植生带沿等高线铺设在边坡上，用铁钉固定，然后盖上细土，并适当洒水养护，促使种子发芽、生长，对边坡形成植物防护。

植生带植草防护充分利用了植生带的固种保苗作用，以及在植物长成以前对坡面良好的防冲刷作用，避免了风、雨造成的种子流失和坡面表土流失，而且植生带重量轻，搬运施工都很方便，但是在施工过程中通常难以使植生带全部与边坡坡面密贴，往往造成部分幼苗死亡，达不到绿化防护目的。因此，近十年来，该技术多用于平地植草绿化，而在铁路边坡防护工程中未能得到大量推广采用。

5. 土工合成材料植草综合防护

土工合成材料（土工网、三维土工网垫及立体植被护坡网）植草综合防护是近十几年来开发的一项集坡面加固和植物防护于一体的综合边坡绿化防护措施。是利用土工合成材料对路基边坡进行加筋补强或防护，并结合液压喷播植草进行的一种综合防护技术，近年来在国外得到越来越广泛的应用，如：

（1）土工网垫植草护坡

土工网垫植草护坡，是国外近20年来新开发的一项集边坡加固、植草防护和绿化于一体的复合型边坡植物防护措施。施工工序是：平整边坡→铺设土工网垫→摊铺松土→人工（或机械）播种→覆盖砂土→养护。所用土工网垫是一种三维立体网，不仅具有加固边坡的功能，在播种初期还起到防止冲刷、保持土壤以利草籽发芽、生长的作用。随着植物生长，坡面逐渐被植物覆盖，植物与土工网垫共同对边坡起到长期防护、绿化作用。

（2）土工格栅与植草护坡

对填料土质不良的路堤，采用土工格栅对路堤边坡进行加筋补强，以保证路堤的稳定性，同时对坡面采用液压喷播植草，可防止雨水冲刷。

6. OH 液化学植草防护

OH 液化学植草防护是国外近 10 年来针对不同坡率的各种土质边坡、全风化的岩质和强风化的软质岩石边坡开发的一项化学植草防护新技术。OH 液植草防护是通过专用机械将化工产品 HYCEL-OH 液用水按一定比例稀释后和种子一起喷洒于平整坡面，使之在极短时间内硬化，而将边坡表土固结成弹性固体薄膜，达到植草初期边坡防护目的，3～6 个月后其弹性固体薄膜开始逐渐分解，此时草种已发芽、生长成熟，根深叶茂的植物已能独立起到边坡绿化防护作用。

OH 液化学植草防护具有施工简单、迅速，不需后期养护，边坡绿化防护效果好等特点，但是由于该技术所用的化工产品 OH 液还未实现国产化，使得其工程造价较高，故目前还难以推广应用，目前只在京九铁路等个别工点进行了试用。

7. 行栽香根草防护

香根草属禾本科多年生植物，原产于印度、泰国和马达加斯加等国。由于行栽香根草具有良好的生物特性，在水土保持、堤岸边坡防护、构筑绿篱等方面有广泛的应用，受到了世界上许多国家的重视。20 世纪 80 年代在世界银行的资助下，设立世界银行香根草基金，推广应用香根草，已推广的国家有马来西亚、泰国、澳大利亚、菲律宾和南非等国。

在我国，中国科学院南京土壤研究所香根草网络组负责组织推广。福建、广东、浙江三省应用香根草防护公路边坡较早，福建省公路局于 1998 年发文到地市级公路局，建议推广应用香根草。目前铁路系统除新长铁路有限责任公司 2001 年在新长铁路进行了香根草防护路基边坡试验外，尚无应用。

香根草（Vitiveria zizanioider）又名岩兰草，主要特性如下：

① 适应性强：易繁殖、耐旱、耐涝、耐火、耐贫瘠、耐酸碱、抗病虫。适用于土壤 pH 值 3.0～11.0，年降雨量 300～3000mm、气温 -15.9～50℃ 地区，耐水淹可达 6 个月。

② 生长快，根系发达：栽种后 3 个月长高可达 1m 以上，生物量每亩可达 25t，根系发达、粗壮，长势迅猛，下扎深度大，通常一年内可深入地下 2～3m；据马来西亚检测，香根草根直径为 0.2～2.2mm，当根径 0.7～0.8mm 时其抗拉强度达到 75MPa，约为钢材的 1/6。

③ 香根草为雌雄同体，一般大田条件下，除少数品种外开花不结籽，靠

分枝或根分蘖繁殖，其繁殖多采用分枝或压埋活茎方法。不会蔓延扩散形成杂草。

④ 香根草的缺点是不耐土壤长期冻结，不耐严重遮阴。

路基边坡行栽香根草防护充分利用了香根草的优良特性，是一种新的边坡植物防护措施。行栽香根草防护施工简单，施工时平行边坡行栽，行距视边坡坡度、高度、土质和具体防护情况而定，每行的株距一般为 15～20cm。栽植前施足基肥，栽植时将丛苗分蔸（2～3蘖），并用泥浆沾根，要防止根系上翘，定植后要踩实并浇定根水。为提高成活率，促使幼苗生长，栽植后应适当进行浇水、施肥等养护管理。香根草最好在春秋栽植，应避免酷暑和严冬季节种植。

8. 混凝土框格内填土植草综合防护

混凝土框格内填土植草综合防护是一项类似于干砌片石护坡的边坡植草防护措施，先在修整好的边坡坡面上拼铺正六边形混凝土预制框砖（外接圆直径一般为 35～50cm，高度一般为 5～10cm），形成蜂巢状框格，再在框格内铺填种植土并植草的一项边坡综合防护新技术。该技术所用框砖可在预制厂批量生产，拼铺在坡面上能有效地分散坡面雨水径流，减缓径流速度，防止坡面冲刷，保护植物生长。

混凝土框格内填土植草综合防护施工简单，外观齐整，造型美观大方，边坡绿化防护效果好，工程造价适中，与浆砌片石骨架护坡相当，多用于填方边坡的防护。

9. 客土植生防护

客土植生防护是对不适宜植物生长的土质边坡，先将坡面开挖成台阶状，再换填一定厚度适宜植物生长的种植土，然后在坡面建植草、灌植物，进行边坡防护。该技术一般适用于路堑边坡，换填方式可选择采用人工铺设或采用泥浆机喷射，换填材料可选用种植壤土或混合材料，换填厚度通常为 5～10cm，植物建植方式可选用液压喷播植草、人工种草或贴铺草皮等。

客土植生防护适用于土质（如：过酸土、过碱土等）不适宜植物生长的各种土质边坡、全风化的岩质和强风化的软质岩石边坡。

10. 岩质边坡喷混植生防护

喷混植生是近年来从国外引进的一种适用于岩质边坡坡面植草的绿色防护技术，是将种子、肥料、粘结剂、土壤改良剂、种植土、保水剂和水等材料按一定比例搅拌均匀后，利用强力压缩机喷射于岩石边坡坡面作为植生基材层，再铺设无纺布覆盖，然后依靠基材层使植物生长发育，形成坡面植物防护的措施。对于植生基材层厚度小于 3cm 且边坡坡率缓于 1:1 的可直接进行植生防护；在其他条件下，应先在边坡上施工短锚杆、铺设一层机编镀锌铁丝网，再进行植生防护，其植生基材层厚度一般为 5～10cm。

该技术所建成的植生基材层有下述特性：①由于植生基材层的材料组成中包含粘结剂，因此具有自身稳定性，不易被雨水冲刷；②由于植生基材层的材料组成中包含肥料、土壤改良剂、种植土、保水剂等材料，因此植生基材层适合植物生长发育。所以，植生基材层组成材料的合理配比是实施该技术成败的关键。

由于该技术具有边坡防护、绿化双重作用，一般条件下可以取代传统的边坡喷锚防护、片石护坡防护等圬工措施。最近几年来在铁路边坡防护工程中应用较多。该技术还可与混凝土框格联合使用。

6.3.2 路基边坡绿色防护设计

1. 土质路基边坡

（1）一般地区

指年平均降水量大于600mm，最冷月月平均气温不低于−5℃的温暖、湿润地区。

① 路堤

土质路堤边坡绿色防护宜选用多年生草本植物或灌木，在不影响铁路行车和设备安全的条件下，路堤坡脚可选用种植中、小乔木。

路堤边坡高度等于或小于8m，边坡坡面可单独采用植物防护。

路堤边坡高度大于8m，或填料为膨胀土、粉土、粉砂土、砂类土、砾石类土、碎石类土和易风化的软块石的路堤边坡，宜采用土工网、三维土工网垫、多边形立体植物护体网、浆砌片石骨架、混凝土框格与植草相结合的防护措施。

短时间浸水的路堤边坡，当流速小于1.8m/s时，宜选用根茎性、缠绕性和耐湿耐水淹的草种进行绿色防护。沿河路堤的下部边坡或坡脚一定范围内，可采用栽植乔木、灌木的冲刷防护措施。

土壤贫瘠的路堤边坡，可采用在坡面上开挖水平横沟或挖坑，沟内放置植生带，坑内放入肥料等方法，为植物提供生长基质。

② 路堑

土质路堑边坡绿色防护宜选用多年生草本植物或矮灌木，不宜采用乔木。

单独采用植物防护的土质边坡高度不宜大于10m。

边坡高度大于10m的土质边坡；或边坡为膨胀土、粉土、砂类土和碎石类土等土质边坡；坡面受雨水冲刷严重或潮湿，边坡坡面绿色防护宜采用土工网、三维土工网垫、多边形立体植被护坡网、浆砌片石骨架、混凝土框格等与植草、栽植灌木相结合的防护措施。必要时采用设置坡脚矮挡墙、边坡支撑渗沟等工程措施。

砂类土、碎石类土等土质贫瘠的边坡，可在坡面上开挖行距20～40cm，深度不小于20cm的水平横沟，沟内回填种植土，然后采用液压喷播植草。必要时，可采用客土植生、喷混植生等措施。

边坡坡面较光滑植物种子着落困难时，应采取措施增加坡面表面面积和粗糙度，必要时可在坡面上开挖凹槽、植沟或蜂窝状浅坑。

当土壤5.0＜pH＜8.5时，应进行土壤酸碱度改良。对pH小于5的酸性土可掺入细石灰粉或草木灰；对pH大于8.5的碱性土可掺入过磷酸钙或硫酸亚铁。改良材料的掺入量应通过试验确定。

（2）寒冷地区

指最冷月月平均气温低于-5℃的地区。

① 路堤

边坡高度小于等于6m时，可采用单纯的绿色植物防护。

边坡高度大于6m时，可采用斜铺固土网垫、平铺土工格栅或骨架护坡结合植物防护。

② 路堑

边坡高度小于6m时，可采用单纯的植物防护。

边坡高度大于等于6m时，可采用铺固土网垫或骨架结合植物防护。

（3）干旱地区

指年平均降水量小于600mm的地区。

① 路堤

边坡高度小于6m时，可采用撒播灌木（草籽）、穴植、穴植容器苗、保水型植生带防护，也可采用液压喷播植草防护。

边坡高度大于6m时，可采用坡面铺设土工网或土工网垫结合液压喷播植草防护。

沙漠路堤边坡可采用土工网垫液压喷播植草、土工格室植草防护。

② 路堑

坡率不陡于1∶1的边坡，当边坡高度小于10m时，可采用液压喷播植草、铺土工网垫液压喷播植草、穴植或穴植容器苗防护；边坡高度大于10m时，宜采用骨架内液压喷播植草或穴植容器苗防护。穴植容器苗的间距为0.3~0.6m。

坡率陡于1∶1的边坡，可采用挂网喷混植生防护。

沙漠地区路堑边坡，可采用土工网垫液压喷播植草、土工格室植草防护。

2. 石质路基边坡

（1）一般地区

石质路堑边坡应根据当地气候、水文条件、结合地层岩性、风化程度、边坡坡度、高度以及周围环境对绿化、美化的要求，进行绿色防护设计。

全风化的硬质岩和全风化、强风化的软质岩边坡，可参照土质边坡进行绿色防护设计进行土质改良，增加植生层肥力和保水、养护等措施。

非全风化的硬质岩和非全风化、强风化的软质岩边坡，应根据地层岩性、风化程度、边坡坡度、高度等因素，采用挖坑栽种低矮灌木结合丛间液压喷播植草、挖沟填种植土后液压喷播植草、铺设土工网垫人工草皮卷、骨（框）架内填充种植土后液压喷播或土工网垫植草、土工格室植草等绿化措施。当边坡陡于1∶0.75时，宜采用挂网喷混植生护坡，路堑边坡中部和底部平台可设置绿化槽，槽内栽植灌、藤本植物。

填充于骨（框）架、土工格室内的种植基土宜过筛，最大粒径不大于30mm，必须含有植物生长所必需的平衡养分和矿物元素。

（2）寒冷地区

① 路堤

石质路堤边坡当采用绿色防护时须对边坡面进行处理，使之具备植物生长的条件。边坡处理的方法可采用挖沟穴换土、帮填土、喷混凝土植生等。

石质路堤边坡的绿色防护也可采用坡脚处种植藤本植物的方法。

② 路堑

全风化、强风化的软质岩和全风化的硬质岩路堑边坡，其绿色防护设计可参照土质路堑。其他石质路堑边坡可采用喷混植生进行绿色防护。喷混植生的绿化基材喷射厚度，应根据施工地点的气候、水文、地质条件、堑坡坡度等综合确定。石质路堑边坡可在坡脚或坡脚和边坡平台上种植藤本植物或灌木进行绿色防护。

思考题

1. 路基排水的重要性是什么？
2. 路基地面排水的作用及主要措施有哪些？
3. 路基地下排水的作用及主要措施有哪些？
4. 路基防护的主要内容是什么？
5. 试述路基坡面防护的目的及主要方法。
6. 试述路基冲刷防护的目的及主要方法。
7. 简述路基边坡坡面绿色防护的意义。
8. 现有路基边坡坡面绿色防护技术有哪些？

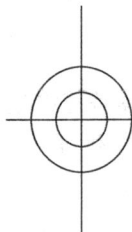

第7章
路基边坡稳定性分析

本章知识点

【知识点】本章主要介绍直线滑面、圆弧滑面及折线滑面路基边坡
　　　　　稳定性分析
【重　点】本章重点是圆弧、折线滑面条件下路基边坡下滑力的计
　　　　　算，安全系数的计算步骤
【难　点】本章难点在于理解瑞典条分法与Bishop条分法的区别

边坡稳定问题是路基工程建设中经常遇到的问题，例如铁路路堤、路堑边坡等，都涉及稳定性问题。边坡的失稳，主要是由于各种自然因素或人为因素的作用破坏了边坡土体的力学平衡，土体就会沿着其中某一滑面产生滑动的趋势，当滑面上的土体剪应力达到了土的抗剪强度，就会沿滑面滑动，发生剪切破坏。土坡的稳定分析，即为采用土力学的理论来研究土体发生滑动破坏时滑动面可能的位置和几何形状、滑动面上的剪应力和抗剪强度的大小，进行滑动土体的力学平衡分析，以估计土坡是否安全，检验设计的路基边坡坡度是否符合稳定标准。

边坡稳定分析是确定边坡是否处于稳定状态，是否需要对其进行加固与治理，防止其发生破坏的重要参考依据。边坡发生失稳破坏是一种复杂的地质灾害过程，由于边坡内部结构的复杂性和组成边坡的物质不同，造成边坡破坏具有不同形式，因此，应采用不同的分析方法及理论计算来分析其稳定状态。目前边坡稳定分析的方法大体分为：

（1）定性分析方法：①工程类比法；②图解法（赤平极射投影、实体比例投影、摩擦圆法）。

（2）定量分析方法：①极限平衡法；②极限分析法（有限元法、边界元法、离散元法）；③可靠度分析法（蒙特卡罗法、随机有限元法）。

（3）其他分析方法：①模糊数学分析法；②灰色理论分析法；③神经网络分析法。

在以上分析方法中，极限平衡法是根据边坡上的滑体或滑体分块的静力学平衡原理分析边坡各种破坏模式下的受力状态，以及边坡滑体上的抗滑力和下滑力之间的关系，对边坡的稳定性进行评价。它是边坡稳定分析计算的主要方法，也是工程实践中应用最多的一种方法。

7.1 路基边坡的破坏形式

路基工程中存在高路堤（边坡高度大于 20m）、深路堑（边坡高度大于 20m）、陡坡路堤（地面横坡大于 1：2.5）以及软土地基上填筑路堤等多种不利于路基稳定的情况，以上情况通常需要进行路基稳定性分析，进行个别路基设计。

对路基边坡的实际调查表明，通常情况下路基边坡破坏模式存在直线滑面、圆弧滑面和折线滑面三种。粗粒土路基产生滑坡时的滑动面深度浅并且接近于平面，横断面上呈现为直线（图 7-1a）。黏性土路基中的滑坡则深入土坡体内，若黏性土为匀质土体，其滑动面接近于圆柱面，横断面上近似为圆弧（7-1b）。另外，当路堤修建于陡坡上时，填方沿着与地基接触面滑动破坏成为主要破坏形式之一，此时，破坏面的形式通常取决于接触面的形态，往往出现折线形的滑裂面，如图 7-1（c）所示。

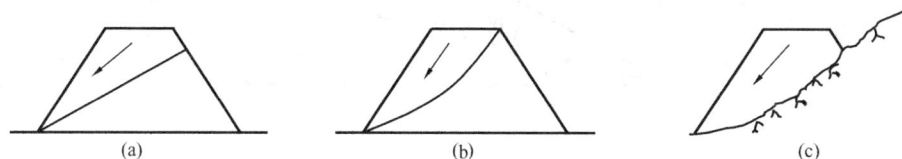

图 7-1 滑面形式
（a）平面滑面；（b）圆弧面滑面；（c）折线形滑面

在边坡稳定分析中，目前工程实践中基本上都是采用极限平衡法。极限平衡法的一般步骤是先假定破坏沿土体内某一确定的滑裂面滑动。根据滑裂土体的静力平衡条件和摩尔-库仑破坏准则可以计算沿该滑裂面滑动的可能性，即安全系数的大小，或破坏概率的高低，然后系统选取多个可能的滑动面，用同样方法计算稳定安全系数 K。安全系数最低的滑裂面就是可能性最大的滑动面。为了使路基具有足够的稳定性且经济合理，最小稳定安全系数 K_{min} 应大于1，《铁路路基设计规范》 TB10001—2005 规定了路基边坡稳定性分析计算中的最小稳定安全系数应不低于 1.15～1.25。

路基是一纵向延长的线形结构物，在长度方向可近似认为土体内的应力、应变保持不变，所以边坡的稳定检算可按平面问题来处理。

7.2 直线滑面的边坡稳定性分析

7.2.1 直线滑面的边坡稳定分析方法

对于以砂石料等无黏性土筑成的路堤，其滑动破坏面常接近于平面，在横断面上则为一条直线。而对于某些虽具有一定的黏聚力，但其抗剪强度主要是由摩擦力组成的黏性土，皆可采用直线滑面法进行分析。

　　如图 7-2（a）所示，在路堤横断面图中，拟定假想滑裂面，则按路堤的设计横断面图，通过几何计算得出滑裂面以上滑动土体的断面积每延米路堤的体积与重量 W，如果滑裂面 AD 在列车与轨道的换算土柱荷载 P 之外侧，则作用在滑裂面 AD 上的重力 W' 为滑动土体重 W（$ABCD$ 面积乘以单位长度面乘以填土重度）和列车与轨道荷载 P 之和；如果 D 点在列车与轨道的换算土柱范围内，则应取滑裂面以内所包含的部分土柱荷载值（图 7-2b）。设 α 为滑面的倾角，滑面 AD 的长度为 l，路堤填料的内摩擦角为 φ，黏聚力 c，则沿滑面向下的滑动力为 W' 在滑面方向的切向分力 $T=W'\sin\alpha$；阻止土体下滑的力（亦称为抗滑力）为滑面上的摩擦力（W' 在滑面上的法向分力 $N=W'\cos\alpha$ 引起）与黏聚力之和，即 $T'=W'\cos\alpha\tan\varphi+cl$，如图 7-3 所示。以抗滑力与滑动力两者的比值来估算路基的稳定性，则滑裂面上土体的稳定系数为：

$$K=\frac{T'}{T}=\frac{W'\cdot\cos\alpha\cdot\tan\varphi+c\cdot l}{W'\cdot\sin\alpha} \tag{7-1}$$

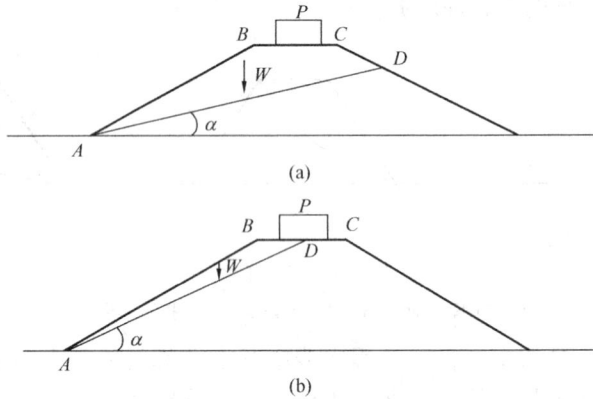

图 7-2　直线滑面法计算图示

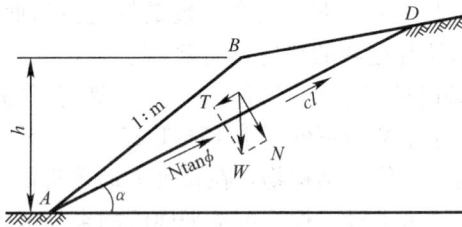

图 7-3　直线滑裂面计算简图

7.2.2　直线滑面的边坡稳定分析方法在路基工程中的应用

1. 试算法

　　由式（7-1）可见，稳定系数 K 将随着滑面倾角 α 的变化而改变。为求出最小的稳定系数 K_{min}，现假定滑裂面为任意位置 AD_1、AD_2、AD_3⋯时，计算各滑裂面倾角 α 及相应的稳定系数 K（图 7-4a）。现分别以 K、α 为纵、横坐标轴，绘制 $K—\alpha$ 曲线，如图 7-4（b）所示。然后作水平线与曲线相切，切点所对应的纵、横坐标就是设计边坡的最小稳定系数 K_{min} 和该滑裂面倾角 α。在边坡稳定性检算中，常将最小稳定系数 K_{min} 所对的滑裂面称为危险滑裂面。

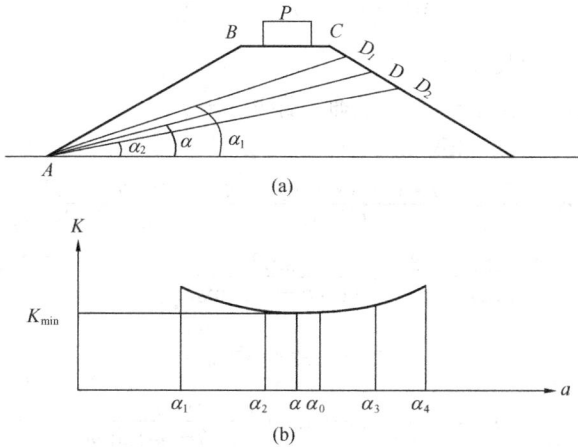

(a)

(b)

图 7-4　K_{min} 的确定方法

如图 7-5 所示，当路堤以不同的砂、石填料或透水土体分层填筑时，土体产生滑动破坏时的滑面亦常接近于平面，故仍可采用上述直线滑裂面法进行检算。因在滑裂面上各层填料的计算指标

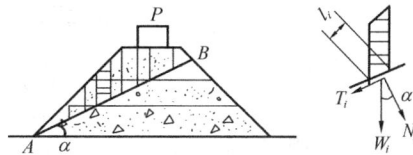

图 7-5　分层填料路堤的计算图式

不同，所以在检算时当滑裂面确定以后，应按滑裂面和各层面的交点，以垂直线将滑动土体分块，计算每一分块的填料重 W_i 和外荷载 P_i（如果存在），由此可得各分块的总重力 $W'_i = W_i + P_i$，及其在滑裂面上各分段上的法向分力 $N_i = W'_i \cdot \cos\alpha$ 和切向分力 $T_i = W'_i \cdot \sin\alpha$；因而可得各分段的抗滑力 $W'_i \cdot \cos\alpha_i \cdot \tan\varphi_i + c_i l_i$。以各分段的抗滑力之和与各分段的下滑力之和的比值求该滑裂面上土体的稳定系数 K，则

$$K = \frac{\sum_1^n W'_i \cdot \cos\alpha \cdot \tan\varphi_i + \sum_1^n c_i \cdot l_i}{\sum_1^n W'_i \cdot \sin\alpha}$$

（7-2）

当分层中存在强度较低的厚层填土时，应在该层内增加滑裂面的检算数量，以免漏失危险滑裂面及真正的稳定安全系数的最小值 K_{min}。

2. 解析法

由式（7-1）可以看得出来，稳定安全系数 K 是滑裂面倾角 α 的一元函数关系，要想求得稳定安全系数的最小值 K_{min}，只需通过式（7-1）对滑裂面倾角 α 求一阶导数，可以求得安全系数的最小值 K_{min}。

139

如图 7-5 所示，土楔 $ABCD$ 沿假设滑动面 AD 滑动，单位长度滑动土体重力 G 为：

$$G = \frac{1}{2} Lh\gamma \tag{7-3}$$

$$h = AB\sin(\theta - \omega) = \frac{\sin(\theta - \omega)}{\sin\theta} H \tag{7-4}$$

式中　L——滑动面长度（m）；

　　　H——滑动面至土楔 B 点的垂直距离（m）；

　　　γ——土体重度（kN/m³）。

$$K = \frac{F}{T} = \frac{G \cdot \cos\omega \cdot \tan\phi + cL}{G\sin\omega} = \frac{\tan\phi}{\tan\omega} + \frac{cL}{G\sin\omega}$$

$$= \frac{\tan\phi}{\tan\omega} + \frac{2c}{\gamma H} \cdot \frac{\sin\theta}{\sin(\theta - \omega)\sin\omega} \tag{7-5}$$

令　　　　　　　　$f = \tan\varphi, a_0 = \frac{2c}{\gamma H}$

则　　　　　　　　$K = f \cdot \cot\omega + a_0 \cdot \frac{\sin\theta}{\sin(\theta - \omega)\sin\omega}$

其中　　$\dfrac{\sin\theta}{\sin(\theta - \omega)\sin\omega} = \dfrac{\sin[(\theta - \omega) + \omega]}{\sin(\theta - \omega)\sin\omega}$

$$= \frac{\sin(\theta - \omega)\cos\omega + \cos(\theta - \omega)\sin\omega}{\sin(\theta - \omega)\sin\omega}$$

$$= \frac{\cos\omega}{\sin\omega} + \frac{\cos(\theta - \omega)}{\sin(\theta - \omega)}$$

$$= \cot\omega + \cot(\theta - \omega)$$

$$K = f \cdot \cot\omega + a_0 \cdot [\cot\omega + \cot(\theta - \omega)]$$

$$= (f + a_0) \cdot \cot\omega + a_0 \cdot \cot(\theta - \omega) \tag{7-6}$$

欲求稳定安全系数的最小值 $K_{\min}$，只需利用式（7-6），求

$$\frac{\mathrm{d}K}{\mathrm{d}\omega} = 0 \tag{7-7}$$

通过求解方程式（7-7），得

$$K_{\min} = (f + 2a_0)m + 2\sqrt{a_0(f + a_0)(m^2 + 1)} \tag{7-8}$$

式中　f——滑动土楔的内摩擦系数，$f = \tan\varphi$；

　　　a_0——参数，$a_0 = \dfrac{2c}{\gamma H}$；

　　　m——边坡坡率；

c、φ、γ——分别为土体的黏聚力（kN）、内摩擦角（°）和重度（kN/m³）；

　　　H——边坡的竖向高度（m）。

利用式（7-7）可求路堑边坡的最小稳定性系数；可在其他条件固定时反求稳定的边坡角（即确定边坡）；也可在其他条件固定时计算路堑边坡的限制高度。

【例 7-1】 某砂类土挖方边坡土体的内摩擦角 $\varphi = 25°$，黏聚力 $c = 14.70\mathrm{kPa}$，重度 $\gamma = 16.90\mathrm{kN/m^3}$，边坡高度 $H = 6.50\mathrm{m}$，采用边坡 1：0.5。

假定 $[K_c]=1.25$，求①验算边坡的稳定性；②当 $[K_c]=1.25$ 时，求允许边坡坡度；③当 $[K_c]=1.25$ 时，求边坡允许最大高度。

【解】 根据题意，砂类土挖方边坡适用于直线滑动面解析法计算公式求算。

$$f=\tan 25°=0.4663$$

$$a_0=\frac{2c}{\gamma H}=\frac{2\times 14.70}{16.90\times 6.50}=0.2676,\quad m=\cot\alpha=0.5$$

① 求边坡最小稳定性系数 K_{min}。

由式（7-8）得：

$$\begin{aligned}K_{min}&=(f+2a_0)m+2\sqrt{a_0(f+a_0)(m^2+1)}\\&=(0.4663+2\times 0.2676)\times 0.5+2\\&\quad\times\sqrt{0.2676\times(0.4663+0.2676)\times(0.5^2+1)}\\&=1.49>[K_c]=1.25\end{aligned}$$

因此，该边坡稳定。

② 当 $[K_c]=1.25$ 时，求允许边坡坡度。

由式（7-8）得：

$$K_{min}=(f+2a_0)m+2\sqrt{a_0(f+a_0)(m^2+1)}$$

$$\begin{aligned}1.25&=(0.4663+2\times 0.2676)m+2\\&\quad\times\sqrt{0.2676\times(0.4663+0.2676)\times(m^2+1)}\end{aligned}$$

经整理得：

$$0.2174m^2-2.003m-0.777=0$$

解得 $m=0.4058$，取 $m=0.41$。

因此，当 $[K_c]=1.25$ 时，允许边坡坡度 $m=0.41$。

③ 当 $[K_c]=1.25$ 时，求边坡允许最大高度。

$$K_{min}=(f+2a_0)m+2\sqrt{a_0(f+a_0)(m^2+1)}$$

$$1.25=(0.4663+a_0)0.5+2\sqrt{a_0(0.4663+a_0)(0.5^2+1)}$$

经整理得：

$$4a_0^2+4.3655a_0-1.034=0$$

解得 $a_0=0.2002$，由 $a_0=\frac{2c}{\gamma H}$ 得：

$$H=\frac{2c}{\gamma a_0}=\frac{2\times 14.70}{16.90\times 0.2002}=8.7\text{m}$$

因此，当 $[K_c]=1.25$ 时，边坡允许最大高度 H 为 8.7m。

7.3　圆弧滑面的边坡稳定性分析

7.3.1　圆弧滑面的边坡稳定分析方法

大量现场观察和调查资料表明，黏性土土坡失稳时，其滑裂面接近于一个圆柱面。工程计算中常将它假设为圆弧形滑动面的平面应变问题。

用圆弧形滑面进行土坡稳定分析的方法很多。常用的有瑞典条分法（W. Fellenius，1963）、毕肖普法（A. W. Bishop，1955）和稳定参数图解法等。

1. 瑞典条分法

瑞典条分法是土坡稳定分析中的一种基本方法。它不但可以用来检算简单土坡，也可以用来检算各种复杂情况的土坡，如不均匀土土坡、分层填筑的土坡、存在渗流场的土坡、坡顶有荷载作用的土坡等，瑞典条分法在工程中广为应用。

该方法假定土坡稳定分析是一个平面应变问题，滑裂面成圆弧形。图 7-6 为圆弧形滑面滑坡的示意图，其中 $ABCD$ 为滑动土体，CD 为圆弧形滑面。路堤土体失稳时，滑动土体 $ABCD$ 同时整体地沿 CD 弧向下滑动。对圆心 O 来说，相当于整个滑动土体沿 CD 弧绕圆心 O 点转动。

在具体计算中，将滑动土体 $ABCD$ 分成 n 个土条，为保证计算的精确度，土条的宽度一般取 2~4m。如用 i 表示土条的编号，则作用在第 i 土条上的力如图 7-6 (b) 所示。从图中可见，作用于各土条上的下滑力和圆弧面上各点的抗滑力均相切于圆弧面，为了便于检算滑裂面上滑动土体的稳定性，稳定系数 K 以滑动面上各点对圆心 O 点的抗滑力矩之和 M_r 与各土条的下滑力矩之和 M_s 的比值来表示。具体分析如下：

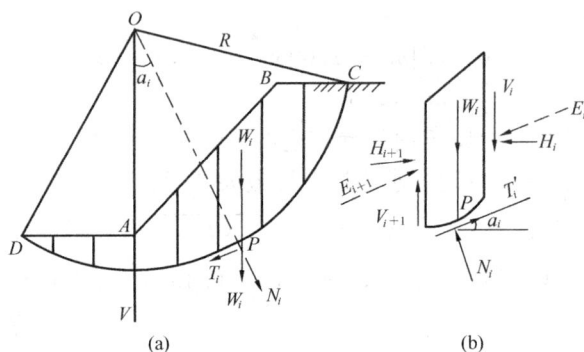

图 7-6　瑞典圆弧滑面法计算图式

（1）土条的下滑力 T_i

在滑动体各分块土条的面积确定以后，便可按各分条的断面积，以纵向延长为 1m 求体积，并据土的已知重度求各分条的重力 W_i（若分条上存在列车与轨道的换算土柱，仍应包括换算土柱的荷载重），通过重心作垂线与滑裂面相交于 P 点，则交点切线与水平面的夹角为 α_i，如图 7-6 (b) 所示，土条自重在与滑面交点 P 上的法向分力为 N_i 和切向分力 T_i。其中法向分力 N_i 通过滑面的圆心 O 点（图 7-6a），对土坡不起滑动作用，但却是影响滑面摩擦力大小的重要因素；切向分力 T_i 为分条土体的下滑力，与滑裂面相切。

值得注意的是，如以图 7-6 (a) 中通过圆心的垂线 OV 为界，则 OV 线右侧各土条的切向分力 T_i 对滑动土体起下滑的作用，构成了滑动土体的下滑力，计算时取正号；OV 线左侧各土条的切向分力 T_i 对整个滑动土体起到抗滑和稳定作用，计算时应视为抗滑力，并取负号。

（2）滑面上的抗滑力 T_i'

第 i 土条所处滑面上的抗滑力 T_i' 作用于滑面上的 P 点并与滑面相切，其方向与滑动的方向相反。若第 i 土条在滑面上的弧长为 l_i，土条的内摩擦角与黏聚力分别为 φ_i、c_i，则抗滑力 $T_i' = N_i \tan\varphi_i + c_i l_i = W_i \cos\alpha_i \tan\varphi_i + c_i l_i$。

（3）土条间的作用力 H_i、V_i、H_{i+1}、V_{i+1}

如图 7-6（b）所示，条间力 H_i、V_i、H_{i+1}、V_{i+1} 作用在土条两侧的内切面上。它们每侧的合力为图中的 E_i 和 E_{i+1}，瑞典条分法假定 E_i 和 E_{i+1} 大小相等、方向相反、作用在同一条直线上，因而在土体的稳定分析中不予考虑。

（4）稳定系数 K

将各土条圆弧面上土的抗滑力与下滑力乘以对滑动圆心的力臂 R，就可得到抗滑力矩 $M_r = R\left(\sum\limits_1^n W_i \cdot \cos\alpha_i \cdot \tan\varphi_i + c_i l_i\right)$，滑动力矩 $M_s = R\sum\limits_1^n W_i \cdot \cos\alpha_i$，以抗滑力矩 M_r 与滑动力矩 M_s 的比值表示稳定系数 K，并消去分式中分子分母的半径 R，则

$$K = \frac{\sum\limits_1^n W_i \cdot \cos\alpha_i \cdot \tan\varphi_i + \sum\limits_1^n c_i \cdot l_i}{\sum\limits_1^n W_i \cdot \sin\alpha_i} \tag{7-9a}$$

式（7-9a）便是瑞典条分法计算路堤土坡稳定系数的基本检算式。当通过圆心的铅垂线将滑动土体分为左右两部分时，左侧部分 $1 \sim m$（$m < n$）条土条重力的切向分力与半径相乘形成的力矩，因切向分力的作用方向与滑动方向相反而成为抗滑力矩，此时式（7-9a）应改写成下列式子：

$$K = \frac{\sum\limits_1^n W_i \cdot \cos\alpha_i \cdot \tan\varphi_i + \sum\limits_1^n c_i \cdot l_i + \sum\limits_1^m W_i \cdot \sin\alpha_i}{\sum\limits_{m+1}^n W_i \cdot \sin\alpha_i} \tag{7-9b}$$

以上公式可以计算某个位置已经确定的滑动面的稳定安全系数，但这一安全系数并不代表边坡的真正稳定性，因为滑动面是任意取的。稳定分析必须找出最危险滑面的位置，也就是安全系数 K 值最小的滑裂面位置。最危险滑裂面的位置与路堤填料的性质、边坡形式和坡度、地基土质条件有很大关系；在稳定分析过程中要假设一系列的滑面进行试算，因而找出最危险滑裂面圆心的位置需要做大量的计算工作。在工程实践中存在一些经验方法，对于较快地确定最危险滑裂面很有帮助。

工程实践表明，当地基的承载力低，或地基土的强度低于路堤填料的强度时，路堤的危险滑面常常切入地基内，可能在坡脚和坡脚外出现，如图 7-7（a）所示。所以在地基稳固、边坡坡度为 1：1.5 或更缓的条件下，试算圆弧

滑动面的下端可定在坡脚并向坡脚外移动。而当边坡较陡或填料强度较低以及边坡高度较高时，滑裂面的下端可能出现在边坡面上（图 7-7b）；故在圆弧滑动面检算时，可将圆弧滑面的下端定在坡脚而向边坡方向试算。圆弧滑动面的上端，对于单线路堤，常以换算土柱的外侧边线与路基面交点为端点，危险圆弧的上端点可能向换算土柱内移动，也可向外侧路肩移动，直至路肩边缘点，它与填料的性质和堤身高度有关。双线路堤的危险滑面上端点在填料强度较高时会向两线的中部移动；但当填料强度较低时，仍然可能出现在与单线路堤相似的部位。

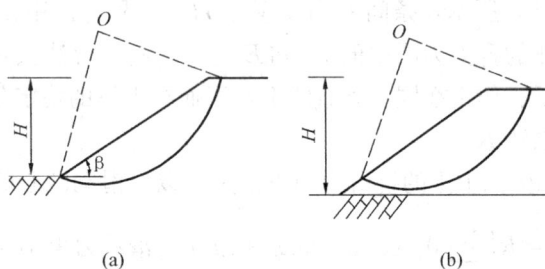

图 7-7　可能的滑面位置

2. 毕肖普法

毕肖普法（A. N. Bishop）也是将滑动土体进行分条的土坡稳定检算方法之一。但它考虑条块间的侧向作用力，在理论上相对于瑞典条分法更为完善。图 7-8（a）为从圆弧滑动体中取出土条 i 进行分析。作用在条块 i 上的力有重力 W_i（若存在外荷载也应计入），滑动面上的反力 N_i 和抗滑力 T_i，条块的两侧面上的竖向力 V_i、V_{i+1} 和横向力 H_i、H_{i+1}，如图 7-8（b）所示。

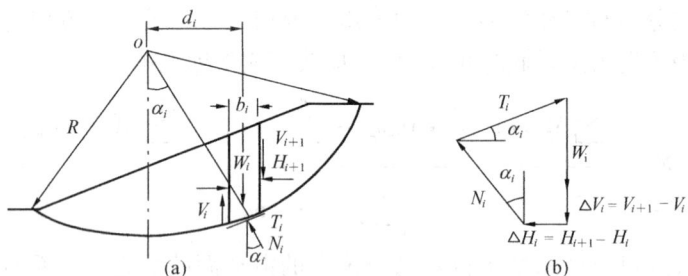

图 7-8　毕肖普法计算图式

若土条处于静力平衡状态，根据竖向力的平衡条件 $\sum Y = 0$ 得：

$$W_i + V_{i+1} - V_i - T_i \cdot \sin\alpha_i - N_i \cdot \cos\alpha_i = 0$$

即

$$N_i \cdot \cos\alpha_i = W_i + V_{i+1} - V_i - T_i \cdot \sin\alpha_i \tag{7-10}$$

考虑到边坡土体处于稳定状态时的安全储备 K（$K > 1$），也就是滑动面上的抗滑力缩小 K 倍，即

$$T_i = \frac{1}{K}(N_i \cdot \tan\varphi_i + c_i \cdot l_i) \tag{7-11}$$

将式（7-11）代入式（7-10）并整理得：

$$N_i = \frac{1}{m_{\alpha_i}}\left(W_i + V_{i+1} - V_i - \frac{c_i \cdot l_i \cdot \sin\alpha_i}{K}\right) \tag{7-12}$$

$$m_{\alpha_i} = \cos\alpha_i + \frac{\tan\varphi_i \cdot \sin\alpha_i}{K} \tag{7-13}$$

当整个滑动土体处于整体平衡状态时，各土条所受的力对滑面圆心力矩之和为零。这时条间作用力 H_i、V_i、H_{i+1}、V_{i+1} 作为内力，其力矩将出现正负各一次而相互抵消。滑动面上的反力 N_i 通过圆心，也不产生力矩。只有重力 W_i 和抗滑力 T_i 对圆心产生力矩，即

$$\sum W_i \cdot R \cdot \sin\alpha_i - \sum T_i \cdot R = 0$$

将式（7-11）代入上式得：

$$\sum W_i \cdot R \cdot \sin\alpha_i = \sum \frac{1}{K}(N_i \cdot \tan\varphi_i + c_i \cdot l_i) \cdot R$$

将式（7-12）代入上式，简化后得：

$$K = \frac{\sum \dfrac{1}{m_{\alpha_i}}\left[c_i l_i \cos\alpha_i + (W_i + V_{i+1} - V_i)\tan\varphi_i\right]}{\sum W_i \sin\alpha_i} \tag{7-14}$$

以上公式就是毕肖普法的土坡稳定一般计算公式。但由于条间力 $V_{i+1} - V_i$ 为未知量，式（7-14）仍然不能求解。考虑到 $(V_{i+1} - V_i)\tan\varphi_i$ 项一般较小，毕肖普进一步假定 $V_{i+1} - V_i = 0$，于是式（7-14）进一步简化为：

$$K = \frac{\sum \dfrac{1}{m_{\alpha_i}}\left[c_i l_i \cos\alpha_i + W_i \tan\varphi_i\right]}{\sum W_i \sin\alpha_i} \tag{7-15}$$

以上公式称为简化的毕肖普公式。式中参数 m_{α_i} 包含有安全系数 K，因而不能直接由式（7-15）求出稳定安全系数，而需要采用试算的办法迭代计算 K 值。为减少计算工作量，便于计算，工程中已预先编制出 m_{α_i}—α_i 关系曲线，如图 7-9 所示。

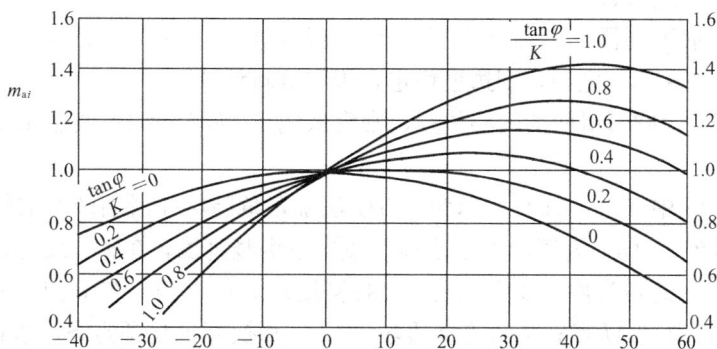

图 7-9 m_{α_i}—α_i 曲线

试算时，一般先假定一个 K 值（可先假定 $K = 1.0$），由图 7-9 查出各土条滑面倾角 α_i 所对应的 m_{α_i} 值，代入式（7-15）求 K 值，若计算的新 K 值与

前面假设的 K 值之差大于规定的误差，则用新 K 值查取 m_{α_i} 值，重新计算 K，如此反复迭代计算，直至前后两次计算的安全系数非常接近，满足规定的精度要求为止。通常迭代总是收敛的，据经验一般迭代 3～5 次即可满足精度的要求。

应该指出的是对于 α_i 为负值的那些土条，要注意是否使 m_{α_i} 值趋于零的问题（图 7-9）。如果出现这种情况，式（7-15）将失去意义。根据研究结果，当任一土条的 $m_{\alpha_i} \leqslant 0.2$ 时，导致计算的 K 值出现较大的误差，此时应考虑采用其他的稳定性分析方法。

与瑞典条分法相比，简化毕肖普法是在不考虑条块间竖向力的前提下，满足力多边形的闭合条件，但隐含着条块间有水平力的作用，虽然在公式中水平作用力并未出现，由于考虑了条块间水平力的作用，得到的安全系数较瑞典条分法略高一些。很多工程计算表明，毕肖普法与严格的极限平衡分析法相比，结果很接近。由于计算不很复杂，精确度较高，所以是目前工程中很常用的方法。

7.3.2　圆弧滑面的边坡稳定分析方法在路基工程中的应用

以上两种方法在路基工程稳定分析中经常用到，但是上述方法是在滑动面位置确定的情况下，计算确定的滑动面的稳定系数，因此在应用该类方法时重要的是确定最不利圆心位置和其对应半径大小，通常的计算步骤为：

1. 按比例画出所求边坡的几何形态；
2. 确定圆心位置；
3. 过边坡脚取圆弧，划分一定宽度的垂直土条。一般取宽度 2～4m；
4. 计算每条土重，并进行分解；
5. 计算每一小段滑动面上的抗滑力矩和滑动力矩；
6. 计算总的抗滑力矩和滑动力矩；
7. 求稳定系数；
8. 选取不同圆心位置和不同半径进行计算，求最小的安全系数，如果 $K_{\min} = 1.25～1.50$ 之间，则边坡稳定，否则重新计算。

至于危险圆弧滑面的圆心位置，常常采用 $4.5H$ 法或 $36°$ 线法来确定圆心轨迹线。

图 7-10 中（a）、（b）所示为 $4.5H$ 法确定危险圆弧滑面圆心的辅助线位置。以图 7-10（a）为例，先由坡脚 E 点向下引竖直线，在竖直线上截取高度 $H = h + h_0$（边坡高度 h 及荷载换算土柱高度 h_0）得 F 点，自 F 点向右引水平线至 $4.5H$ 处得 M 点；然后连接边坡坡脚 E 和换算土柱顶点 S，求得 ES 线的坡度，据此值查表 7-1 得 β_1 和 β_2 值。再从 E、S 点分别引直线 EI（与 ES 线成 β_1 角）、SI（与水平线成 β_2 角）相交于 I 点，则 IM 连线就是危险滑裂面圆心轨迹线。若不考虑荷载换算土柱高度 h_0，则方法可以简化（图 7-10b），即 $H = h$（路堤高度），边坡坡度取坡脚和坡顶的连线 EB 的坡度值。β_1 和 β_2 值仍按表 7-1 查取。

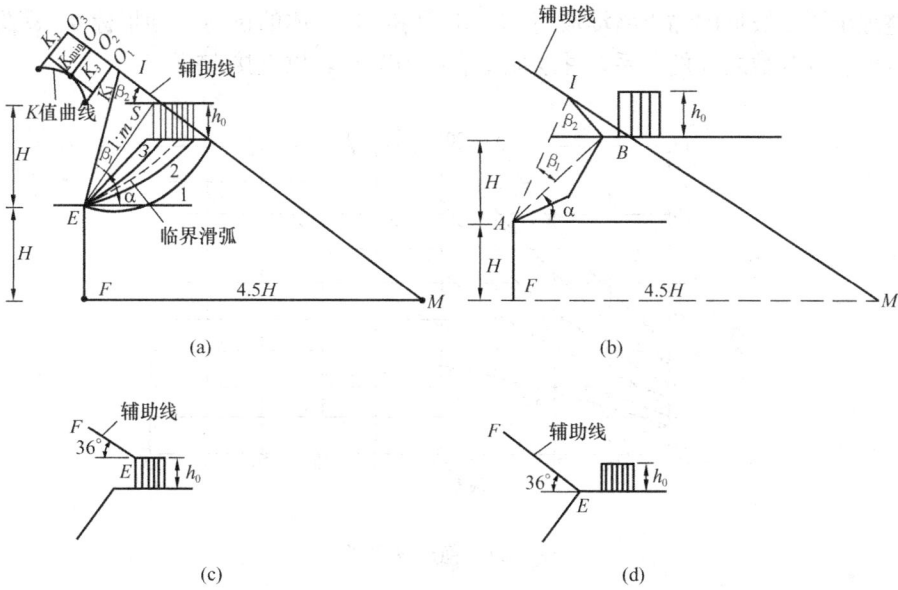

图 7-10 危险圆弧滑面的圆心辅助线

确定黏性土坡危险滑面圆心的 β_1 和 β_2 角   表 7-1

土坡坡度	β_1	β_2	土坡坡度	β_1	β_2
1:0.75	29°	39°	1:2	25°	35°
1:1	28°	27°	1:2.5	25°	35°
1:1.25	27°	35°30′	1:3	25°	35°
1:1.5	26°	35°	1:4	25°	36°
1:1.75	25°	35°	1:5	25°	37°

36°线法确定危险滑弧的圆心轨迹线如图 7-10（c）、（d）所示。可由荷载换算土柱顶点（或路肩边缘点）E 作与水平线成 36°角的引线 EF，即得圆心辅助线。

上面所述方法的计算结果相差不大，均可采用。36°线法比较简便，4.5H 法则比较精确，且求出的稳定系数 K 值最小，故常用于路堤边坡的稳定性分析。

根据上述理论，瑞典条分法在进行土坡稳定性分析时，忽略了条块间的相互作用力，它只满足滑动土体的整体力矩平衡条件而不满足各条块的静力平衡条件，原则上不是很完善；但此法的应用时间很长，积累了丰富的工程实践经验，且计算的安全系数偏低，偏于安全，故仍然是工程上常用的方法。

7.3.3 稳定参数图解法

1. 稳定参数图解法简介

前面介绍的滑动土体稳定分析方法，都需要大量的计算工作，以找出最危险的滑动面位置。为简化计算工作量，工程中根据大量的设计计算资料，整理出了单坡形的黏土路堤坡高 H、坡角 β，与土体的抗剪强度指标 c、φ 及重度 γ 等参数之间的关系，并绘成图表如图 7-11，供直接查阅。

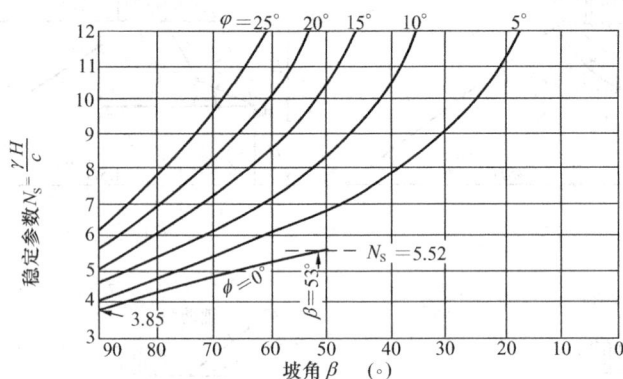

图 7-11 稳定参数图

图 7-11 中的 $N_s=\dfrac{\gamma H}{c}$ 称为稳定参数，它综合反映了土坡体维持稳定的能力，其中 c 为黏聚力，以 "kPa" 计，γ 为土的重度，以 "kN/m³" 计，H 为土坡高度，以 "m" 计。

2. 稳定参数图解法在路基工程中的应用

利用该图表可以解决下列两大主要土坡体稳定问题：

（1）已知坡角 β、土体的抗剪强度指标 c、φ 及重度 γ，求土坡的允许高度；

（2）已知坡高 H、土体的性质指标 c、φ 及 γ，求许可的坡角 β。

应该指出，图 7-11 常用于初步设计阶段，判断路堤允许高度及边坡坡角选择，不能代替施工图设计阶段的具体设计工作。

【例 7-2】 一简单土坡 $\varphi=15°$，$c=12.0$kPa，$\gamma=17.8$kN/m³，①若坡高为 5m。试确定安全系数为 1.2 时的稳定坡角；②若坡角为 60°，试确定安全系数为 1.5 时的最大坡高。

【解】 ① 在稳定坡角时的临界高度：

$$H_{cr}=KH=1.2\times5=6\text{m}$$

稳定参数：$N_s=\dfrac{\gamma H_{cr}}{c}=\dfrac{17.8\times6}{12.0}=8.9$

由 $\varphi=15°$，$N_s=8.9$ 查图得稳定坡角 $\beta=57°$。

② 由 $\beta=60°$，$\varphi=15°$ 查图得稳定参数 N_s 为 8.6。

稳定参数：$N_s=\dfrac{\gamma H_{cr}}{c}=\dfrac{17.8\times H_{cr}}{12.0}=8.6$

求得坡高 $H_{cr}=7.80$m，稳定安全系数为 1.5 时的最大坡高 H_{max} 为：

$$H_{max}=\dfrac{5.80}{1.5}=3.87\text{m}$$

7.4 任意形状滑面的边坡稳定性分析——传递系数法

7.4.1 传递系数法简介

传递系数法广泛应用于铁路工程及建筑行业中滑坡推力的分析计算。该方法适用于任意形状滑面的土坡稳定分析。

假定滑坡处主轴横断面及其下的滑动面如图 7-12 所示。设在条分法第 i 个条块上，每侧壁上的条间力的作用方向平行于该条块下的滑动面，即图 7-12（b）中 E_i 的偏角为 α_i，E_{i-1} 的偏角为 α_{i-1}。此时作用于条块上的基本力系有：

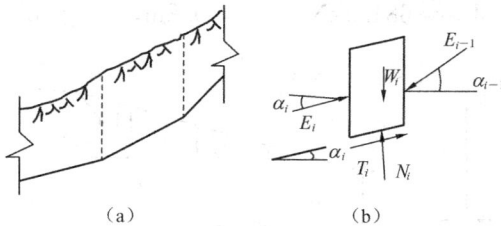

（a）　　　　　　　　　（b）

图 7-12　传递系数法计算图式

W_i——第 i 条块上的重力（kN/m）；

E_i——第 i 条块的下滑力（kN/m）；

E_{i-1}——第 $i-1$ 条块传来的剩余下滑力（kN/m）；

N_i——第 i 条块滑动面上的法向反力（kN/m）；

T_i——第 i 条块滑动面上的切向抗滑力（kN/m）。

现将第 i 条块的所有作用力投影到滑面反力 N_i 和 T_i 的方向上，即将坐标轴顺时针转动 α_i 角，根据力的平衡条件 $\sum X = 0$ 及 $\sum Y = 0$，可以得到第 i 条块侧面滑坡推力为：

$$E_i = KW_i \sin\alpha_i + \psi_i E_{i-1} - W_i \cos\alpha_i \tan\varphi_i - c_i l_i \qquad (7\text{-}16)$$

式中　K——安全系数（视工程的重要性、外界条件对滑坡的影响、滑坡的性质和规模、滑动的后果及整治的难易等因素综合考虑），《铁路路基支挡结构设计规范》TB 10025—2006 建议采用 1.05~1.25；

ψ_i——传递系数，其值等于 $\cos(\alpha_{i-1} - \alpha_i) - \sin(\alpha_{i-1} - \alpha_i)\tan\varphi_i$；

α_i、α_{i-1}——分别为第 i 条块、第 $i-1$ 条块所在滑动面的倾角（°）；

φ_i——第 i 条块所在滑动面上的内摩擦角（°）；

c_i——第 i 条块所在滑动面上的黏聚力（kPa）；

l_i——第 i 条块所在滑动面的长度（m）。

在计算时要先假定 K，然后从第一条块开始逐条向下推求，直至求出最后一条块的推力 E_n。E_n 必须接近于零，否则要重新假设 K 再进行试算。整个计算工作可利用计算机编制程序进行分析。

由于土条之间不能承受张力，所以任何土条的推力 E_i 若计算为负值时，该 E_i 值就不能再向下传递，此时应该取下一土条的 $E_{i+1}=0$。

7.4.2　传递系数法在路基工程中的应用

借用实例阐述传递系数法在路基工程中的应用。

【例 7-3】　根据图 7-13 求整个路堑边坡的剩余下滑力，滑动土体的重度 $\gamma=18.0\text{kN/m}^3$，内摩擦角 $\varphi=12°$，黏聚力 $c=4\text{kPa}$，安全系数 $K=1.05$，滑块分块重量 W、滑块滑面长度 L 和倾角 α 如下：

$$W_1 = 112.4\text{kN}, \quad l_1 = 7.6\text{m}, \quad \alpha_1 = 45°$$
$$W_2 = 690.0\text{kN}, \quad l_2 = 9.0\text{m}, \quad \alpha_2 = 30°$$
$$W_3 = 685.3\text{kN}, \quad l_3 = 8.2\text{m}, \quad \alpha_3 = 10°$$
$$W_4 = 684.5\text{kN}, \quad l_4 = 9.2\text{m}, \quad \alpha_4 = 8°$$

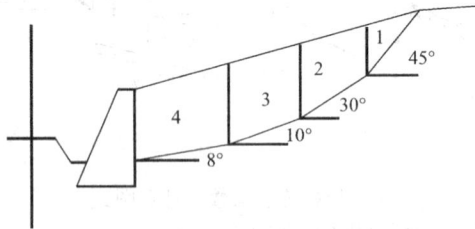

图 7-13　某路堑边坡稳定分析示意图

【解】　计算方法及步骤：

（1）将实际分析的边坡，结合勘察资料，按一定的比例尺绘出计算横断面及折线滑动面，并按照折线段划分为若干垂直土块。

（2）自上而下分别计算每土块本身的力系（取一延米计算）。

自重：$W_i = A_i\gamma_i \cdot 1$；切向分力：$T_i = W_i\sin\alpha_i$；法向分力：$N_i = W_i\cos\alpha_i$；凝聚力：$c_i L_i$。

（3）按力的传递法则，自上而下逐块分析其稳定性。

$$\text{第 } i \text{ 块：} E_i = KT_i - N_i\tan\varphi_i - c_i l_i + \Psi E_{i-1} \tag{7-17}$$

式中　$\Psi = \cos(\alpha_{i-1}-\alpha_i) - \sin(\alpha_{i-1}-\alpha_i)\tan\varphi$

Ψ 为传递系数。

如 E_i 小于等于零，则表示本块自身稳定，无剩余下滑力；如 E_i 大于零，则表示本块自身不能稳定，传给下一块的下滑力为 E_i，方向平行于本块滑面。

（4）按式（7-17）自上而下逐块计算，用最后一块的 E_i 确定边坡稳定性，即 $E_n \leqslant 0$ 时，稳定，$E_n > 0$ 时，不稳定。

以上计算过程通常用 Excel 等数据处理表格计算，本例计算结果见表 7-2。

第四块的剩余下滑力为 67.94kN/m，大于零，故此判定该边坡不稳定。

表 7-3

例题 7-3 计算数据和结论

滑块号	单宽重加附加荷载 W_i (kN/m)	滑动面黏聚力 c_i	滑动面内摩擦角 φ_i	滑动面倾角 α_i	滑面长 l_i (m)	传递系数 $\psi_i = \cos(\alpha_{i-1} - \alpha_i) - \sin(\alpha_{i-1} - \alpha_i)\tan\varphi_i$	正压力 $N_i = W_i \cdot \cos\alpha_i - N_{wi}$ (kN/m)	下滑分力 $T_i = W_i \cdot \sin\alpha_i$ (kN/m)	安全系数 K_s 1.05	$K_s T_i$ ①	$\psi_i E_{i-1}$ (kN/m) ②	$N_i \tan\varphi_i$ ③	$c_i l_i$ ④	剩余下滑力 E_i (kN/m) $E_i = ①+②-③-④$
1	112.4	4	12	45	7.60	0.000	79.48	79.48	1.05	83.45	0.00	16.89	30.40	36.16
2	690.0	4	12	30	9.00	0.911	597.56	345.00	1.05	362.25	32.94	127.01	36.00	232.17
3	685.3	4	12	10	8.20	0.867	674.89	119.00	1.05	124.95	201.29	143.45	32.80	149.99
4	684.5	4	12	8	9.20	0.992	677.84	95.26	1.05	100.03	148.79	144.08	36.80	67.94

7.4　任意形状滑面的边坡稳定性分析——传递系数法

思考题

1. 土坡稳定有何实际意义？影响土坡稳定的因素有哪些？

2. 试述条分法分析土坡稳定的一般计算步骤；分条时应注意什么？瑞典条分法与毕肖普法的主要差别是什么？

3. 已知土坡高 $H=13.5\text{m}$，坡度为 $1:2.0$，土的重度 $\gamma=18.5\text{kN/m}^3$，内摩擦角 $\varphi=12°$，黏聚力 $c=20\text{kPa}$，试采用瑞典条分法估算临界滑裂面的位置，并计算其稳定系数。

4. 已知某均匀土坡，坡角 $\beta=30°$，土的物理力学性质为重度 $\gamma=16.5\text{kN/m}^3$，内摩擦角 $\varphi=20°$，黏聚力 $c=5\text{kPa}$，试计算此边坡的安全高度。

5. 已知某路基填筑高度 $H=12\text{m}$，填土重度 $\gamma=18\text{kN/m}^3$，内摩擦角 $\varphi=20°$，黏聚力 $c=25\text{kPa}$，求此路基的稳定坡角。

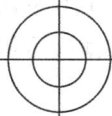

第8章
路基支挡结构设计

本章知识点

【知识点】本章主要介绍路基工程中挡土墙特点及使用条件，不同条件下的挡土墙土压力计算，以及重力式挡墙、轻型挡墙、加筋土挡墙及锚固式挡墙的结构设计。

【重　点】掌握不同条件下挡土墙土压力计算方法、各类挡土墙的结构设计方法。

【难　点】不同条件下挡土墙土压力计算及轻型挡墙、加筋土挡墙的结构设计计算。

8.1　概述

路基支挡结构（也称为挡土墙）是用来支撑天然山坡或填土路基边坡以防止山体或土坡坍滑，保持土体稳定的建筑物。支挡结构广泛应用于铁路、公路、矿山、水利、航运及建筑行业等，在铁道工程中主要用于支撑路堤或路堑边坡、隧道洞口以及桥梁与路堤连接处。设置在隧道或明洞口的挡土墙，可以缩短隧道或明洞长度，降低工程造价；设置在桥梁端部的挡土墙，作为翼墙或桥台，起着护坡和连接路堤的作用。支挡建筑物还常可和其他功用的结构物结合使用，如在路堑边坡中常见的支撑渗沟，在滨河及水库地段设置挡土墙，可防止水流对路基的冲刷和侵蚀，并不失为减少压缩河床或少占库容的有效措施。而抗滑挡土墙常用于整治崩塌、滑坡等路基病害。

8.1.1　挡土墙结构的分类

挡土墙结构类型的分类方法很多，包括所使用的材料类型、修筑的位置和用途、所处的环境条件以及结构形式等。

1. 按所用材料分类

挡土墙墙身可采用石砌体、片石混凝土、素混凝土和钢筋混凝土挡土墙等。

2. 按修筑的位置分类

如图 8-1 所示，一般分为路肩式、路堤式和路堑式挡土墙等。路肩式或路堤式挡土墙（图 8-1a、b）设置在高填路堤或陡坡路堤的下方，防止路基边坡或基底滑动，确保路基稳定，同时可收缩填土坡脚，减少填方数量，减少拆迁和占地面积，保护临近线路的既有重要建筑物。路堑式挡土墙（图 8-1c）设置在靠山侧的堑坡底部，主要用于支撑开挖后不能自行稳定的山坡，同时减少刷坡数量，降低路堑高度。

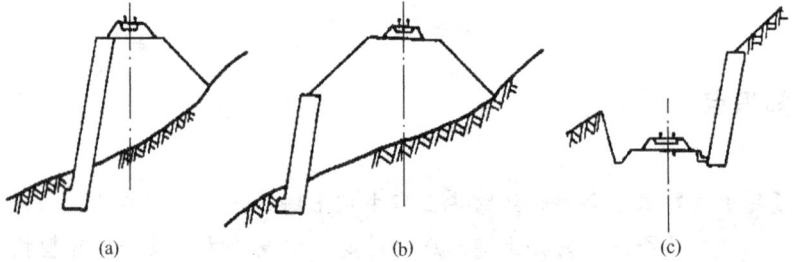

图 8-1　路肩式、路堤式和路堑式挡土墙
(a) 路肩式；(b) 路堤式；(c) 路堑式

3. 按所处的环境条件分类

可以分为一般地区、浸水地区和地震地区挡土墙等。

4. 按结构形式分类

通常包括重力式挡土墙和轻型挡土墙。其中重力式挡土墙主要依靠墙体自重抵抗土压力、维持路基稳定的挡土结构。随着支挡结构技术的不断发展，逐步形成了薄壁式（包括悬臂式和扶壁式）、加筋土式和土钉式、锚杆式和锚定板式、板桩式和抗滑桩、预应力锚索等轻型支挡结构。

8.1.2　挡土墙的设置

支挡结构的采用一般都是根据工程的需要而设置的，路基在遇到下列情况时可考虑修建挡土墙：

(1) 陡坡路堑边坡薄层开挖、路堤边坡薄层填方地段或为加强路堤本体稳定地段；

(2) 避免大量挖方及降低高边坡和加强边坡稳定性的路堑地段；

(3) 不良地质条件下，为加固地基、边坡、山体、危岩或拦挡落石地段；

(4) 水流冲刷严重或长期受水浸泡的沿河、滨海路堤地段；

(5) 为节约用地、减少拆迁或少占农田的地段；

(6) 为保护重要的既有建筑物、生态环境或其他特殊需要的地段。

在选择挡土墙设计方案时，应与其他方案进行技术经济比较。如采用路堑或山坡挡土墙，常须与隧道、明洞或刷缓边坡方案作比较；采用路堤或山坡挡土墙，须与栈桥或陡坡填方等相比较，以获得既经济又合理的工程设计方案。

8.1.3　挡土墙的一般设计原则与要求

挡土墙是用于支挡不稳定的路基两侧山坡或路基土体，因而要承受较大的土压力，为了避免挡土墙遭受各种形式的破坏，必须保证挡土墙在设计荷载的作用下，具有足够的整体稳定性和结构强度。

1. 一般设计原则

目前在铁路路基工程中，挡土墙结构的设计计算方法常采用容许应力法。但新颁发的《铁路路基支挡结构设计规范》TB 10025—2006 提出：悬臂式挡土墙和扶壁式挡土墙可参照现行国家标准《混凝土结构设计规范》GB 50010—2010 按极限状态法设计。

2. 一般设计要求

如图 8-2 所示为作用于挡土墙上的主要力，在进行挡土墙的设计计算时，一般应进行以下内容的检算：

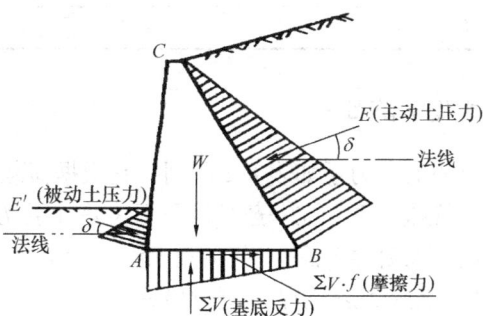

图 8-2　作用于挡土墙上的主要力

（1）墙体截面强度核算：为了防止墙身破坏，必须对墙身坡度突变处的水平截面和墙趾（墙踵）悬壁与墙身连接处的垂直截面，进行法向应力和剪切应力检算，并使其小于墙身建筑材料的容许应力。

（2）基底应力及基底合力偏心距检算：保证挡土墙的基底应力不超过地基允许承载力，避免挡土墙基础发生明显的不均匀沉降。

（3）挡土墙的稳定性检算：包括挡土墙的基底滑动稳定和绕墙趾的倾覆稳定检算；对于修建在较陡的土质斜坡上，或基础以下某一影响深度内存在有软弱土层的挡土墙，还应检算挡土墙沿穿过该软弱土层的滑移面产生整体滑动的可能性。

以上各项检算的内容应该符合表 8-1 的要求。需要说明的是：①挡土墙的高度大于 12m（一般地区的重力式路堑、路肩挡土墙，墙高大于 15m）时，应适当加大滑动稳定系数 K_c 和倾覆稳定系数 K_0。②当挡土墙按有荷、无荷计算，其基底合力的偏心距为负值时，墙踵基底压应力可超过地基容许承载力，一般地区最大不得超过 30%，浸水地区不得超过 50%，但平均压应力不得超过地基容许承载力。③对于墙身截面的材料强度检算，当主力与附加力、特殊力组合时，应将材料的容许应力（纯剪应力除外）乘以不同的提高系数。当主力加附加力组合时乘以 1.30，当主力加特殊力组合时乘以 1.40；当主力加地震力组合时，应符合现行《铁路工程抗震设计规范》GB 50111—2006 的要求。当墙身截面出现拉应力时，其值应小于所用材料的容许抗弯曲拉应力。

挡土墙稳定性和强度检算要求 表 8-1

检算项目		主要力	主要力加附加力
全墙	滑动稳定系数 K_c	$\geqslant 1.3$	$\geqslant 1.2$
	倾覆稳定系数 K_0	$\geqslant 1.6$	$\geqslant 1.4$
	偏心距 e 土质地基	$\leqslant \dfrac{B}{6}$	$\leqslant \dfrac{B}{6}$
	偏心距 e 岩石地基	$\leqslant \dfrac{B}{4}$	$\leqslant \dfrac{B}{4}$
	基底应力 σ	$\leqslant$ 容许承载力	容许承载力可提高 20%
墙身截面	压应力 σ	$\leqslant$ 容许应力	容许应力可提高 30%
	剪应力 τ	$\leqslant$ 容许应力	$\leqslant$ 容许应力
	偏心距 e	$\leqslant 0.3B'$	$\leqslant 0.35B'$

8.1.4 作用于挡土墙上的荷载

作用在挡土墙上的荷载力系如表 8-2 所列，它根据荷载发生的概率分为主要力系、附加力系和特殊力系。在一般情况下只考虑主要力的作用，如图 8-2 所示。在浸水和地震等特殊情况下，尚应考虑附加力和特殊力的作用。设计时应按表 8-2 所列的可能荷载组合情况进行检算。

单线挡土墙应按有列车荷载与无列车荷载分别进行检算；双线铁路及站场内的挡土墙，除按实际轨道均作用有列车荷载考虑外，尚应按邻近挡土墙的一线、二线有列车荷载及无列车荷载等组合进行检算。

挡土墙前的被动土压力一般不予考虑。当基础埋置较深且地层稳定，不受水流冲刷和扰动破坏时，结合墙身的位移条件，可采用 1/3 被动土压力值。

作用于挡土墙上的荷载力系 表 8-2

荷载分类	荷 载 名 称
主力	墙背岩土主动土压力 墙身重力及位于挡土墙顶面上的恒载 轨道及列车荷载产生的土压力、离心力、摇摆力 基底的法向反力及摩擦力 常水位时静水压力和浮力
附加力	设计水位的静水压力和浮力 水位涨落时的动水压力 波浪压力 冻胀力和冰压力
特殊力	地震作用 施工及临时荷载 其他特殊力

注：1. 常水位系指每年大部分时间保持的水位；
　　2. 冻胀力和冰压力不与波浪压力同时计算；
　　3. 洪水和地震不同时考虑。

8.1.5 基础设置的一般规定

挡土墙宜采用明挖基础。当基坑开挖较深且边坡稳定性较差时，应采取临时支护措施；当基底下为松软土层时，可采用加宽基础、换填土或地基处理等措施。水下挖基困难时，也可采用桩基础或沉井基础。明挖基础的基坑应及时回填夯实，顶面应设计为不小于 4% 的排水横坡。对湿陷性黄土等特殊土地基，应采取消除湿陷或防止水流下渗的措施。

基础埋置深度的确定一般应符合下列要求：

（1）一般情况下不小于 1.0m。

（2）当冻结深度小于或等于 1.0m 时，基础埋深在冻结深度线以下不小于 0.25m，同时不小于 1.0m。当冻结深度大于 1.0m 时，基础埋深不小于 1.25m，同时应将基底至冻结线下 0.25m 深度范围内的地基土换填为不冻胀土。

（3）受水流冲刷时，在冲刷线下不小于 1.0m。

（4）路堑挡土墙基底在路肩以下不小于 1.0m，并低于侧沟砌体底面不小于 0.2m。

（5）在软质岩层地基上，不小于 0.1m。

（6）膨胀土地段基础埋置深度不宜小于 1.5m。

基础在稳定斜坡地面其趾部埋入深度和距地面的水平距离，应符合表 8-3 的规定。

斜坡地面墙趾埋入最小尺寸（m）　　　　　表 8-3

地层类别	埋入深度	距斜坡地面的水平距离
硬质岩层	0.60	1.50
软质岩层	1.00	2.00
土层	≥1.00	2.50

基础位于较完整的硬质岩层构成的稳定陡坡上时，石砌体可采用台阶式基础，其最下一级台阶底宽不宜小于 1.0m。当位于纵向斜坡上时，当基底纵坡大于 5% 时，也应将基底设计为台阶式。

挡土墙受滑动稳定控制时，除浸水地区外，一般地区可采用斜坡不大于 0.2:1 的倾斜基底。挡土墙受倾覆稳定、基底偏心或基底承载力控制时，可设置墙趾台阶，台阶的连线与竖直线的夹角不应大于 45°（混凝土基础）或 35°（石砌体基础）。

8.2　挡土墙土压力计算

土压力是土体作用在支挡建筑物上的侧压力，是支挡结构设计中的主要力系。土压力的计算包括土压力的大小、方向与压力分布规律等。土压力的计算是一个十分复杂的问题，它涉及填料、墙体以及地基三者之间的共同作用问题。土压力不仅与挡土墙的高度、墙背的倾斜度、形状及粗糙度有关，还与填土的物理力学性质、填土的顶面形状及其上所受荷载有关，此外墙体的刚度和墙后填土的施工方法也会影响土压力的大小。尤其是挡土墙受力后的位移状态和位移量的大小将直接影响土压力的性质。根据土力学理论，当挡土墙向外移动时（位移或倾覆），墙后土压力随之减少，直到墙后土体沿破裂面下滑而处于主动极限平衡状态，此时作用于墙背上的土压力为主动土压力；而墙靠向土体移动时，土压力随之增大，直到土体处于被动极限应力平衡状态，沿破裂面向上滑动，此时土体对墙体的抗力称为被动土压力；当墙静止不动时，土压力介于两者之间，作用于墙背上的土压力为静止土压力。究竟采用哪种性质的土压力作为设计荷载，须根据挡土墙的具体条件而定。路基挡土墙一般都可能有向外位移或倾覆的条件，因此在设计中按主动土压力考虑，且设计时取一定的安全系数，以保证墙背土体的稳定。

挡土墙土压力的计算方法，常常采用 1733 年由法国库仑（C. A. Comlomb）提出的库仑土压力理论和 1857 年英国朗肯（W. J. M. Rankine）提出的朗肯土压力理论。这两种理论均基于土体的极限平衡条件来确定土压力，计算理论均作了一些前提假设和简化，方法较为简单，并能在一定范围内求得较为符合实际的结果，因而被广泛采用。

8.2.1 朗肯土压力和库仑土压力理论

1. 朗肯土压力理论

朗肯土压力理论假设土体为散粒介质，填土面水平，墙背为垂直、光滑的。因而与填土材料接触的墙背上没有摩擦力，类似于土体中的一个内切面，故土体的竖直面和水平面都不存在剪应力，该两面上的法向应力都为主应力。当挡土墙向前（离开土体）移动，而使土体处于主动极限应力平衡状态时，作用于墙背上的水平土压力减少到最小，即为主动土压力 p_a；水平面上的垂直应力 $p_z(=\gamma z)$ 为大主应力。根据土体的强度理论，朗肯主动土压力（图 8-3）的计算公式为：

$$p_a = \gamma z \tan^2\left(45° - \frac{\varphi}{2}\right) - 2c\tan\left(45° - \frac{\varphi}{2}\right) \tag{8-1}$$

或

$$p_a = \gamma z \lambda_a - 2c\sqrt{\lambda_a} \tag{8-2}$$

上面两式中 λ_a——朗肯主动土压力系数，$\lambda_a = \tan^2\left(45° - \frac{\varphi}{2}\right)$；

γ、c、φ——分别为墙后填土的重度（kN/m^3）、黏聚力（kPa）、内摩擦角（°）；

z——计算点距填土面的距离（m）。

作用于高度为 H 的挡土墙上的总主动土压力为：

$$E_a = \frac{1}{2}\gamma(H - z_0)^2\lambda_a \tag{8-3}$$

式中 z_0——填土顶面的裂缝深度（m），$z_0 = \dfrac{2c}{\gamma\sqrt{\lambda_a}}$。

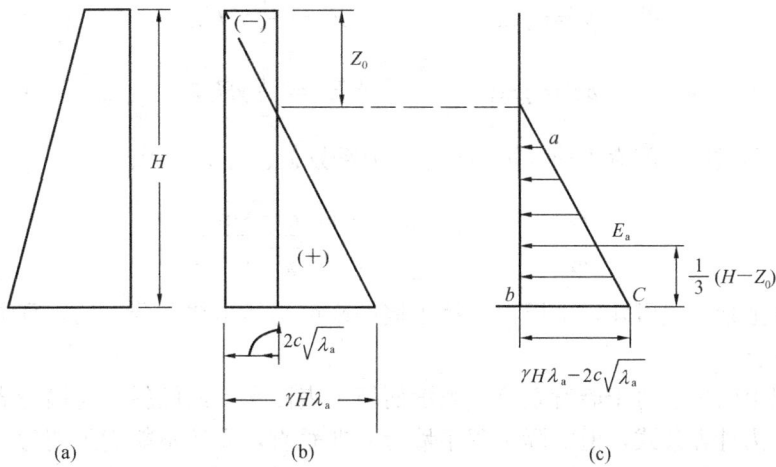

图 8-3　黏性土的朗肯主动土压力

如图 8-4 所示，当墙后填土为无黏性土时，墙背的土压力强度分布和总土压力为：

$$p_a = \gamma z \tan^2\left(45° - \frac{\varphi}{2}\right) \tag{8-4}$$

$$E_a = \frac{1}{2}\gamma H^2 \lambda_a \tag{8-5}$$

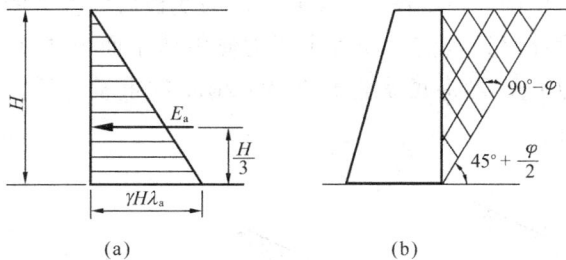

图 8-4　无黏性土的朗肯主动土压力

（a）主动土压力分布；（b）墙后破裂面形状

同理，当墙在外力作用下挤压土体时，作用在墙背上的土压力达到最大值，即被动土压力，墙背的土压力强度分布和总土压力计算式为：

$$p_p = \gamma z \tan^2\left(45° + \frac{\varphi}{2}\right) \tag{8-6}$$

$$E_p = \frac{1}{2}\gamma H^2 \lambda_p \tag{8-7}$$

式（8-7）中 λ_p 为朗肯被动土压力系数，$\lambda_p = \tan^2\left(45° + \frac{\varphi}{2}\right)$。

对于填土面倾斜时的挡土墙（图 8-5），也可以采用朗肯理论计算墙背的土压力。假定填土面倾角为 β，墙背上的土压力为：

$$p_a = \gamma z \lambda_a \qquad\qquad E_a = \frac{1}{2}\gamma H^2 \lambda_a \qquad\qquad (8\text{-}8)$$

$$p_p = \gamma z \lambda_p \qquad\qquad E_p = \frac{1}{2}\gamma H^2 \lambda_p \qquad\qquad (8\text{-}9)$$

上两式中，朗肯主动（被动）土压力系数 λ_a、λ_p 分别为：

$$\left.\begin{array}{c}\lambda_a \\ \lambda_p\end{array}\right\} = \cos\beta\,\frac{\cos\beta \mp \sqrt{\sin^2\varphi - \sin^2\beta}}{\cos\beta \pm \sqrt{\sin^2\varphi - \sin^2\beta}} \qquad (8\text{-}10)$$

从上列公式可知，土压力沿挡土墙的高度仍然是线性分布的，且方向与土面平行。

以上给出了对于墙背垂直、光滑而填土表面水平或倾斜并与墙身齐高时的土压力计算公式，但实际工程中墙背并非垂直，显然不能满足朗肯土压力理论的基本假设，但如果将问题适当简化，可近似地应用朗肯土压力公式进行计算。

在墙背倾斜的情况下采用朗肯理论时，如图 8-5 所示，如果采用计算通过墙踵或墙顶垂直切面上的土压力，有可能更接近于内切面上应力的基本假设。对于图 8-5（a）的俯斜式挡墙，验算基底压力和稳定时，土压力 E_a 可计算土中垂直切面 $A'B$ 上者，但土块 $AA'B$ 的重量须包括在力学分析中。又如图 8-5（b）为仰斜墙，这时算出的土中垂直切面 AB' 上的土压力 E_a 只有其水平分力 E_{ah} 对挡土墙产生作用，因为垂直分力连同土块 ABB' 的重量对墙是不发生作用的。再如图8-5（c）所示为底板后伸很宽的悬臂式钢筋混凝土挡土墙，设计时先按前述朗肯土压力倾斜填土面公式（8-8）算出切面 $A'B$ 上的土压力 E_a，再将底板上土块 AA_1A_2A' 的重量包括在地基压力和稳定的检算中即可。

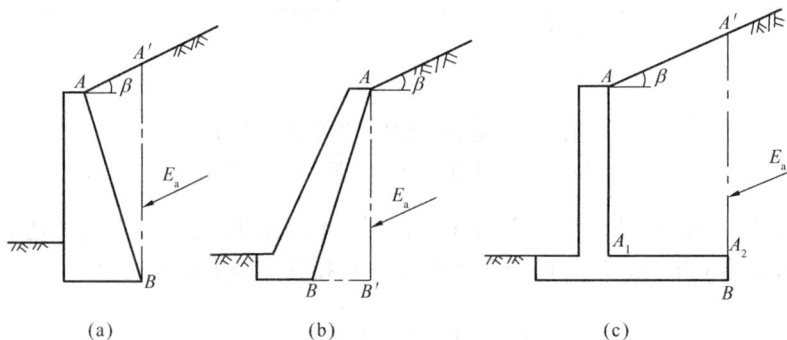

图 8-5　倾斜墙背和悬臂式挡土墙
(a) 俯斜式；(b) 仰斜式；(c) 悬臂式

2. 库仑土压力理论

库仑土压力理论是根据墙后所形成的滑动楔体处于极限状态时的静力平衡条件建立的土压力计算方法。由于它能适用于计算各种复杂情况的土压力，且计算结果比较接近实际等优点，在工程实际中仍然得到广泛应用。

（1）库仑主动土压力理论的基本计算公式

库仑土压力理论假定挡土墙为刚性体，墙后填土为无黏性散粒体，当挡土墙向前移动至土体处于主动极限状态时，墙后土体形成破裂楔体 ABC，沿着墙背 AB 和通过墙踵的破裂面 BC 向下滑动。如图 8-6 所示，假定破裂面 BC 与垂直线的夹角为 θ，破裂楔体上作用着三个力，即破裂楔体自重 G、主动土压力的反力 E_a 和破裂面上的反力 R，E_a 的方向与墙背法线成 δ 角（δ 角为墙背与填土之间的摩擦角），反力 R 与破裂面法线成 φ 角（土体的内摩擦角）。以破裂楔体 ABC 为隔离体，考虑作用楔体上的平衡力三角形 abc 可得：

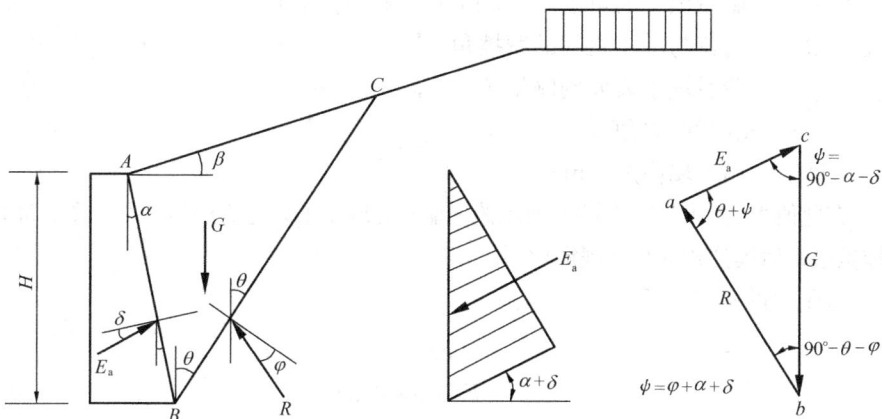

图 8-6　库仑主动土压力计算

$$E_a = \frac{\sin(90^\circ - \theta - \varphi)}{\sin(\theta + \psi)} G = \frac{\cos(\theta + \varphi)}{\sin(\theta + \psi)} G \qquad (8\text{-}11)$$

式中　$\psi = 90^\circ - \alpha - \delta$。

又有滑动楔体的重量 G 为：

$$G = \frac{1}{2} \gamma H^2 \sec^2\alpha \frac{\cos(\alpha - \beta)\sin(\theta + \alpha)}{\cos(\theta + \beta)} \qquad (8\text{-}12)$$

将式（8-12）代入式（8-11）得：

$$E_a = \frac{1}{2} \gamma H^2 \sec^2\alpha \frac{\cos(\alpha - \beta)\sin(\theta + \alpha)}{\cos(\theta + \beta)} \cdot \frac{\cos(\theta + \varphi)}{\sin(\theta + \psi)} \qquad (8\text{-}13)$$

当参数 γ（土体重度）、φ、α、δ、β 为固定值时，E_a 是破裂角 θ 的函数，若取不同的 θ 值，均有一相应的 E_a 值与其对应，将 E_a 对 θ 微分并令其等于零，即可求得主动土压力 E_a。由 $\mathrm{d}E_a / \mathrm{d}\theta = 0$ 得：

$$\frac{\mathrm{d}E_a}{\mathrm{d}\theta} = \frac{1}{2} \gamma H^2 \sec^2\alpha \cos(\alpha - \beta) \left[\frac{\cos(\theta + \varphi)}{\sin(\theta + \psi)} \cdot \frac{\cos(\theta + \beta)\cos(\theta + \alpha) + \sin(\theta + \beta)\sin(\theta + \alpha)}{\cos^2(\theta + \beta)} \right.$$

$$\left. - \frac{\sin(\theta + \alpha)}{\cos(\theta + \beta)} \cdot \frac{\sin(\theta + \varphi)\sin(\theta + \psi) + \cos(\theta + \varphi)\cos(\theta + \varphi)}{\sin^2(\theta + \varphi)} \right] = 0$$

经整理化简后得：

$$\tan(\theta + \beta) = -\tan(\psi - \beta) \pm \sqrt{[\tan(\psi - \beta) + \cot(\varphi - \beta)][\tan(\psi - \beta) + \tan(\beta - \alpha)]}$$

$$(8\text{-}14)$$

将式（8-14）求得的 θ 值代入式（8-13），即可求得最大（实际的）主动土压力 E_a 值。也就是

$$E_a = \frac{1}{2}\gamma H^2 \lambda_a$$

$$= \frac{1}{2}\gamma H^2 \frac{\cos^2(\varphi - \alpha)}{\cos^2\alpha\cos(\alpha + \delta)\left[1 + \sqrt{\dfrac{\sin(\varphi + \delta)\sin(\varphi - \beta)}{\cos(\alpha + \delta)\cos(\alpha - \beta)}}\right]^2} \quad (8\text{-}15)$$

式中　λ_a——库仑主动土压力系数；

　　　γ、φ——墙后填土的重度（kN/m³）、内摩擦角（°）；

　　　δ——墙背与填土之间的摩擦角（°）；

　　　β——墙后填土表面的倾斜角（°）；

　　　α——墙背倾斜角（°）；

　　　H——挡土墙高度（m）。

在此值得注意的是，图 8-6 所示俯斜墙背 α 取正值，若为仰斜墙背（图 8-5b），α 取负值；后续公式都与此规定相同。

土压力的水平和垂直分力为：

$$E_{ax} = E_a\cos(\alpha + \delta)$$
$$E_{ay} = E_a\sin(\alpha + \delta) \quad (8\text{-}16)$$

当挡土墙背垂直、光滑，墙后填土面水平，即 $\alpha = \beta = \delta = 0$ 时，库仑主动土压力系数与朗肯主动土压力系数相等，可见朗肯土压力理论为库仑理论的一种特殊情况。

（2）各种边界条件下的库仑主动土压力计算

在路基工程中，因路基的形式不同，以及挡土墙的设计位置和路基面上的荷载作用形式的差异，土压力的计算存在多种计算图式和实用公式，可根据具体情况查阅有关的计算手册。这里以图 8-7 所示的俯斜式路堤挡土墙为例，按破裂面交于路基面的不同位置，即破裂面交于作用荷载的内侧、中间和外侧等，分别介绍库仑土压力计算方法的具体应用。

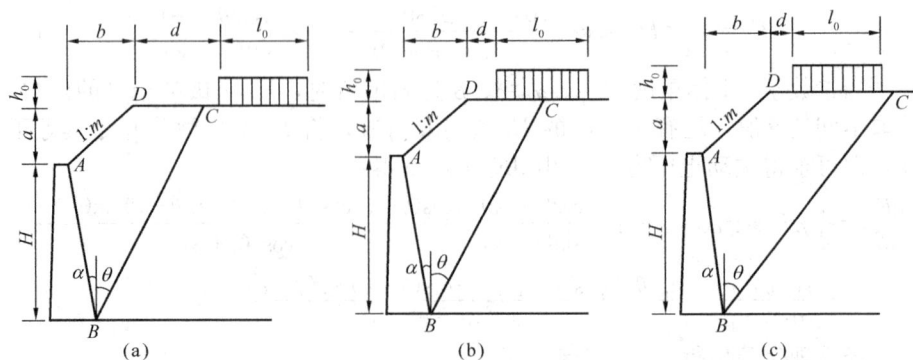

图 8-7　破裂面的各种位置

（a）于荷载内侧；（b）于荷载中间；（c）于荷载外侧

① 破裂面交于荷载的中间

当破裂面交于路基面时，破裂棱体 $ABCD$ 的面积随着挡土墙及破裂面的位置而变化，如图 8-7（b）所示，当破裂面交于荷载中间时，破裂棱体的断面面积 S（包括破裂棱体范围内荷载的换算土柱面积）为：

$$S = \frac{1}{2}(a+H)^2(\tan\theta + \tan\alpha) - \frac{1}{2}(b+a\tan\alpha)a$$
$$+ [(a+H)\tan\theta + H\tan\alpha - b - d]h_0$$
$$= \frac{1}{2}(a+H+2h_0)(a+H)\tan\theta - \frac{1}{2}ab - (b+d)h_0$$
$$+ \frac{1}{2}H(H+2a+2h_0)\tan\alpha \tag{8-17}$$

令
$$\begin{cases} A_0 = \frac{1}{2}(a+H+2h_0)(a+H) \\ B_0 = \frac{1}{2}ab + (b+d)h_0 - \frac{1}{2}H(H+2a+2h_0)\tan\alpha \end{cases} \tag{8-18}$$

则
$$S = A_0\tan\theta - B_0 \tag{8-19}$$

因此破裂棱体的重量为：
$$G = \gamma(A_0\tan\theta - B_0)$$

将上式代入式（8-11）得
$$E_a = \gamma(A_0\tan\theta - B_0)\frac{\cos(\theta+\varphi)}{\sin(\theta+\psi)} \tag{8-20}$$

式中 $\psi = \varphi + \alpha + \delta$。

由 $\mathrm{d}E_a/\mathrm{d}\theta = 0$ 得

$$\gamma\Bigg[(A_0\tan\theta - B_0)\frac{-\sin(\theta+\psi)\sin(\theta+\varphi) - \cos(\theta+\varphi)\cos(\theta+\psi)}{\sin^2(\theta+\psi)}$$
$$+ A_0\frac{\cos(\theta+\varphi)}{\sin(\theta+\psi)\cos^2\theta}\Bigg] = 0$$

经整理化简后得：

$$\tan^2\theta + 2\tan\psi\tan\theta - \cot\psi\tan\varphi - \frac{B_0}{A_0}(\cot\varphi + \tan\psi) = 0$$

即
$$\tan\theta = -\tan\psi \pm \sqrt{(\tan\psi + \cot\varphi)\left(\tan\psi + \frac{B_0}{A_0}\right)} \tag{8-21}$$

将上式求得的 θ 值代入式（8-20），即可求得主动土压力 E_a。

必须指出，式（8-18）和式（8-19）具有普遍意义，无论破裂面交于荷载内侧、中间或外侧，破裂棱体的断面面积 S 都可以归纳为下列表达式：

$$S = A_0\tan\theta - B_0 \tag{8-22}$$

$$\begin{cases} A_0 = f(H, a, h_0) \\ B_0 = f(H, a, b, h_0, d, l_0, \alpha) \end{cases} \tag{8-23}$$

式中，A_0、B_0 为边界条件系数，当边界条件已定时，A_0、B_0 为常数，并可以从破裂棱体的几何关系中求得，从而可求得与之相应的破裂角和主动土压力。

② 破裂面交于荷载的内侧

如图 8-7（a）所示，当破裂面交于荷载的内侧时，在式（8-17）、式（8-18）中，令 $h_0 = 0$，则

$$S = \frac{1}{2}(a+H)^2(\tan\theta + \tan\alpha) - \frac{1}{2}(b + a\tan\alpha)a$$

$$= \frac{1}{2}(a+H)^2\tan\theta - \frac{1}{2}ab + \frac{1}{2}H(H+2a)\tan\alpha \tag{8-24}$$

则

$$S = A_0\tan\theta - B_0$$

其中

$$\begin{cases} A_0 = \frac{1}{2}(a+H)^2 \\ B_0 = \frac{1}{2}ab - \frac{1}{2}H(H+2a)\tan\alpha \end{cases} \tag{8-25}$$

③ 破裂面交于荷载的外侧

如图 8-7（c）所示，破裂棱体 $ABCD$ 的断面面积 S（包括破裂棱体范围内荷载的换算土柱面积）为：

$$S = \frac{1}{2}(a+H)^2(\tan\theta + \tan\alpha) - \frac{1}{2}(b + a\tan\alpha)a + l_0 h_0$$

$$= \frac{1}{2}(a+H)^2\tan\theta - \frac{1}{2}ab + l_0 h_0 + \frac{1}{2}H(H+2a)\tan\alpha \tag{8-26}$$

其中

$$\begin{cases} A_0 = \frac{1}{2}(a+H)^2 \\ B_0 = \frac{1}{2}ab - l_0 h_0 - \frac{1}{2}H(H+2a)\tan\alpha \end{cases} \tag{8-27}$$

为了确定土压力作用点的位置和挡土墙某一截面以上的土压力，须求得土压力沿墙高的分布图形，即土压力分布图。定义土压力强度为：

$$\sigma_a = \gamma \cdot h \cdot \lambda_a$$

$$\lambda_a = \frac{\sigma_a}{\gamma \cdot h} \tag{8-28}$$

式中　γ——墙后填土重度（kN/m³）；

h——所求点与墙顶的垂直距离（m）；

λ_a——主动土压力系数。

当 $h = H$ 时，

$$\lambda_a = \frac{\sigma_a}{\gamma \cdot H} \tag{8-29}$$

例如，当墙高为 H 的挡土墙墙背俯斜，填土面水平情况下的主动土压力系数 λ_a 可通过下列方法求出。如图 8-8 所示的破裂棱体的重量为：

$$G = \frac{1}{2}\gamma H^2(\tan\theta + \tan\alpha)$$

代入式（8-11）得：

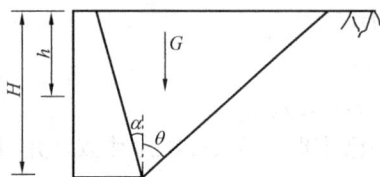

图 8-8　λ_a 的确定方法

$$E_a = \frac{1}{2}\gamma H^2(\tan\theta + \tan\alpha) \cdot \frac{\cos(\theta + \varphi)}{\sin(\theta + \psi)}$$

$$\sigma_a = \frac{\mathrm{d}E_a}{\mathrm{d}H} = \gamma H(\tan\theta + \tan\alpha) \cdot \frac{\cos(\theta + \varphi)}{\sin(\theta + \psi)}$$

将上式代入式（8-29），得：

$$\lambda_a = (\tan\theta + \tan\alpha) \cdot \frac{\cos(\theta + \varphi)}{\sin(\theta + \psi)} \qquad (8\text{-}30)$$

式（8-30）对水平的填土面具有普遍意义，当填土表面有局部荷载也可适用；除以上情况外，其他各种边界条件下的主动土压力计算可参阅相应的计算手册，在此不再一一详述。

【例 8-1】 有一路肩挡土墙，墙高 $H = 5$m，墙后填土 $\gamma = 17$kN/m³，$\varphi = 35°$，墙背与填土之间的摩擦角 $\delta = \frac{2}{3}\varphi$。墙身及路基断面尺寸如图 8-9 所示，试计算该挡土墙所受主动土压力。

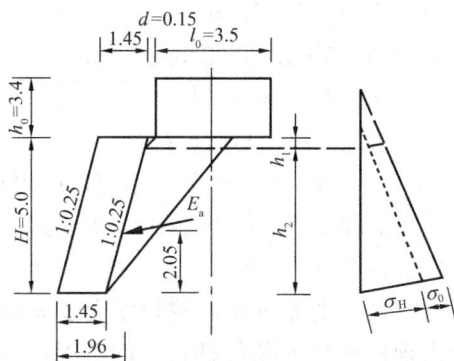

图 8-9 例 8-1 图

【解】（1）求破裂角 θ

根据已知条件得：

$$\alpha = \arctan 0.25 = 14°02'$$

$$\psi = \varphi + \delta - \alpha = 35° + 23°20' - 14°02' = 44°18'（因为仰斜墙背，故 \alpha 取负值）$$

假设破裂面交于荷载分布范围以外，按公式（8-21）、式（8-27）计算得：

$$A_0 = \frac{1}{2}H^2 = \frac{1}{2} \times 5^2 = 12.5$$

$$B_0 = \frac{1}{2}H^2\tan\alpha - l_0 h_0$$

$$= \frac{1}{2} \times 5^2 \times 0.25 - 3.5 \times 3.4 = -8.775$$

$$\tan\theta = -\tan\psi \pm \sqrt{(\tan\psi + \cot\varphi)(\tan\psi + B_0/A_0)}$$

$$= -0.9759 \pm \sqrt{(0.9759 + 1.4281)\left(0.9759 + \frac{-8.775}{12.5}\right)}$$

$$= -0.9759 + 0.8115 = -0.1644$$

则
$$\theta = -9°20'$$

计算结果显然与原假设不符合。故重新假定破裂面交于荷载分布范围内，按公式 (8-18) 和式 (8-21) 计算，得：

$$A_0 = \frac{1}{2} H(H + 2h_0) = \frac{1}{2} \times 5 \times (5 + 2 \times 3.4) = 29.5$$

$$B_0 = \frac{1}{2} H(H + 2h_0) \tan\alpha + dh_0$$

$$= \frac{1}{2} \times 5 \times (5 + 2 \times 3.4) \times 0.25 + 0.15 \times 3.4 = 7.885$$

$$\tan\theta = -\tan\psi \pm \sqrt{(\tan\varphi + \cot\varphi)(\tan\psi + B_0/A_0)}$$

$$= -0.9759 \pm \sqrt{(0.9759 + 1.4281)\left(0.9759 + \frac{7.885}{29.5}\right)}$$

$$= 0.7529$$

$$\therefore \theta = 36°58'$$

校核假定：$H \cdot \tan\theta = 5 \times 0.7529 = 3.76\text{m}$

$H \cdot \tan\alpha + d = 5 \times 0.25 + 0.15 = 1.4\text{m}$

$H \cdot \tan\alpha + d + l_0 = 5 \times 0.25 + 0.15 + 3.5 = 4.9\text{m}$

$H \cdot \tan\alpha + d < H \cdot \tan\theta < H \cdot \tan\alpha + d + l_0$

故破裂面交于荷载分布范围内，与假设符合。

若 $H\tan\theta < H\tan\alpha + d$，则破裂面交于路肩，应再按公式 (8-21)、式 (8-25)，且令 $h_0 = 0$ 计算出破裂角；若 $H\tan\theta > H\tan\alpha + d + l_0$，则破裂面交于荷载分布宽度外，应再按公式 (8-21)、式 (8-27) 计算破裂角。有时在上述试算过程中结果均不符合，则此时应按破裂面交于荷载内缘点或外缘点计算破裂角。有时也会出现两种边界条件都符合的情况，即出现双解区，此时应分别计算两种情况的土压力，然后按大者进行设计。

(2) 求土压力系数 λ_a、土压力 E_a (E_{ax}，E_{ay}) 及土压力作用点 Z_x，Z_y

$$\lambda_a = (\tan\theta - \tan\alpha) \frac{\cos(\theta + \varphi)}{\sin(\theta + \psi)}$$

$$= (0.7529 - 0.25) \frac{\cos(36°58' + 35°)}{\sin(36°58' + 44°18')}$$

$$= 0.1575$$

式中，λ_a 计算使用的 $\tan\theta$ 值是通过前面试算后确定的。

$$E_a = \gamma(A_0 \tan\theta - B_0) \frac{\cos(\theta + \varphi)}{\sin(\theta + \psi)}$$

$$= 17 \times (29.5 \times 0.7529 - 7.885) \frac{0.3096}{0.9884}$$

$$= 76.28\text{kN/m}$$

$$E_x = E_a \cos(\delta - \alpha)$$

$$= 76.28 \times \cos(23°20' - 14°02') = 75.28\text{kN/m}$$

$$E_y = E_a \sin(\delta - \alpha)$$

$$= 76.28 \times \sin(23°20' - 14°02') = 12.33\text{kN/m}$$

$$h_1 = \frac{d}{\tan\theta - \tan\alpha} = \frac{0.15}{0.7529 - 0.25} = 0.30\text{m}$$

$$h_2 = H - h_1 = 5 - 0.30 = 4.70\text{m}$$

$$Z_x = \frac{H^3 + 3h_0 h_2^2}{3(H^2 + 2h_0 h_2)}$$

$$= \frac{5^3 + 3 \times 3.4 \times 4.70^2}{3 \times (5^2 + 2 \times 3.4 \times 4.7)} = 2.05\text{m}$$

$$Z_y = B + Z_x \tan\alpha = 1.45 + 2.05 \times 0.25 = 1.96\text{m}$$

（3）如需绘制应力图形求土压力时应计算

$$\sigma_0 = \gamma h_0 \lambda_a = 17 \times 3.4 \times 0.1575 = 9.10\text{kPa}$$

$$\sigma_H = \gamma H \lambda_a = 17 \times 5 \times 0.1575 = 13.39\text{kPa}$$

$$E_a = \sigma_0 h_2 + \frac{1}{2}\sigma_H H = 9.1 \times 4.7 + \frac{1}{2} \times 13.39 \times 5 = 76.25\text{kN/m}$$

8.2.2 第二破裂面的土压力计算

在挡土墙设计中，往往会遇到俯斜墙背的倾角 α 很大的情况，如折线形挡土墙的上墙墙背，当墙后的土体达到主动极限平衡状态时，破裂棱体并不沿墙背或假想墙背 AC 滑动，而是沿着土体中的另一破裂面 DC 滑动，DC 称为第二破裂面，而破裂面 CF 称为第一破裂面。第二破裂面 DC 与墙背之间夹有部分土体，如图 8-10（a）所示，此时挡土墙背承受的土压力则为作用在第二破裂面上的主动土压力和三角棱体 ACD 重量的矢量和。

对于平缓俯斜墙背，首先应该检查第二破裂面是否产生，如果产生，则应按第二破裂面计算作用在挡土墙上的土压力。出现第二破裂面的条件是：

（1）墙背或假想墙背的倾角 α 必须大于第二破裂面的倾角 α_i，即墙背或假想墙背不妨碍第二破裂面的出现；

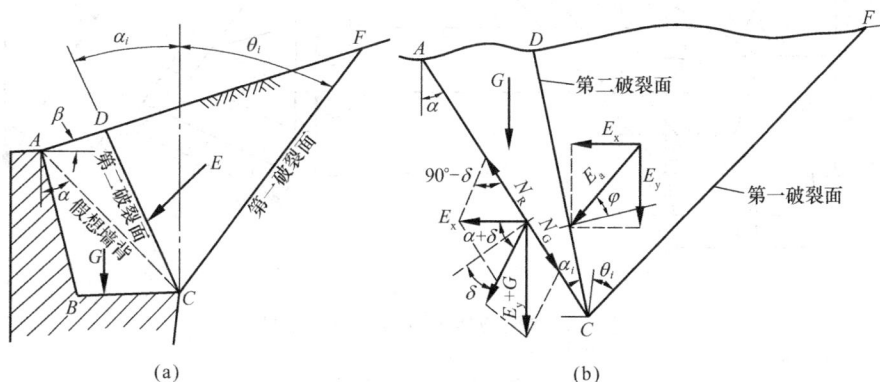

图 8-10　出现第二破裂面的条件

（2）墙背或假想墙背上产生的抗滑力必须大于其下滑力，即 $N_R > N_G$，或 $E_x \tan(\alpha + \delta) > E_y + G$。

当第二破裂面出现时，由于土体中存在两个破裂面倾角 α_i、θ_i，主动土压

力是 α_i 和 θ_i 的函数，即 $E_a = f(\alpha_i, \theta_i)$，为了确定最不利的破裂角（$\alpha_i$、$\theta_i$）及其相应的土压力，可通过下列偏微分方程组求解：

$$\left.\begin{array}{l} \dfrac{\partial E_x}{\partial \alpha_i} = 0 \\[3mm] \dfrac{\partial E_x}{\partial \theta_i} = 0 \end{array}\right\} \tag{8-31}$$

并满足下列条件：

$$\left.\begin{array}{l} \dfrac{\partial^2 E_x}{\partial \alpha_i^2} < 0 \\[3mm] \dfrac{\partial^2 E_x}{\partial \theta_i^2} < 0 \\[3mm] \dfrac{\partial^2 E_x}{\partial \alpha_i^2} \cdot \dfrac{\partial^2 E_x}{\partial \theta_i^2} - \left(\dfrac{\partial^2 E_x}{\partial \alpha_i \partial \theta_i}\right)^2 > 0 \end{array}\right\} \tag{8-32}$$

式（8-32）中 E_x 为 E_a 的水平分力。

在公式的推导过程中，采用同前面相似的方法，根据极限平衡的滑动棱体的力多边形，先求 E_a 的水平分力 E_x，再通过矢量方法求 E_y 和 E_a。土压力作用点由第二破裂面上应力分布图确定，而应力分布图根据土压力系数 λ_a 计算出各点的应力值绘制而成。

现以衡重式路堤墙墙后土体第一破裂面交于荷载内，第二破裂面交于边坡的情况为例（图 8-11）说明公式的推导过程。

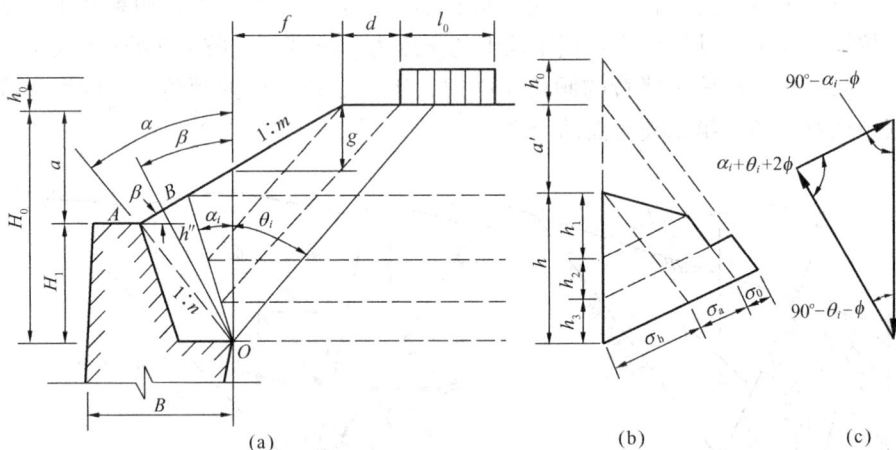

图 8-11 第二破裂面土压力公式推导

（1）根据边界条件，计算破裂棱体（包括棱体上的荷载）的重量 G

自衡重台后缘 A 点作填土表面坡线的垂线 OB，设其长度为 h''，则

$$h'' = H_1 \sec\alpha \cos(\alpha - \beta) = (m+n)H_1 \sin\beta$$

$$g = H_0 - h''/\cos\beta$$

$$f = g \cdot \cot\beta = H_0 \cot\beta - h''/\sin\beta$$

$$G = \frac{1}{2}\gamma h''^2 \left[\tan(\alpha_i - \beta) + \frac{H_0^2}{h''^2} \left(1 + \frac{2h_0}{H_0}\right) \tan\theta_i + \tan\beta - \frac{fg + 2(f + d)h_0}{h''^2} \right]$$

$$(8\text{-}33)$$

将包含变量 α_i 和 β 的两函数表示为：

$$x = \tan(\alpha_i - \beta)$$

$$y = \tan\theta_i$$

将各项常数项表示为：

$$a = \tan(\varphi + \beta)$$

$$b = \tan\varphi$$

$$A = \frac{1}{2}\gamma h''^2$$

$$c = \frac{H_0^2}{h''^2} \left(1 + \frac{2h_0}{H_0}\right)$$

$$s = \tan\beta - \frac{fg + 2(f + d)h_0}{h''^2}$$

则
$$G = A\ (x + cy + s) \qquad\qquad (8\text{-}34)$$

（2）从力三角形求 E_x

$$E_a = G\ \frac{\cos(\theta_i + \varphi)}{\sin[(\alpha_i + \varphi) + (\theta_i + \varphi)]}$$

$$E_x = E_a\cos(\alpha_i + \varphi) = \frac{G}{\tan(\alpha_i + \varphi) + \tan(\theta_i + \varphi)} \qquad (8\text{-}35)$$

$$\tan(\alpha_i + \varphi) = \tan[(\alpha_i - \varphi) + (\varphi + \beta)] = \frac{x + a}{1 - ax}$$

因
$$\tan\ (\theta_i + \varphi)\ = \frac{y + b}{1 - by}$$

将以上两式及式（8-34）代入式（8-35），则

$$E_x = A\ \frac{(x + cy + s)(1 - ax)(1 - by)}{(x + a)(1 - by) + (y + b)(1 - ax)} \qquad (8\text{-}36)$$

（3）求 E_x 的最大值及相应的破裂角 α_i 和 θ_i

令 $\dfrac{\partial E_x}{\partial x} = 0$，经整理后简化后得：

$$\frac{(x + a)(1 - by) + (y + b)(1 - ax)}{x + cy + s} = \frac{(1 - by)(1 + a^2)}{1 - ax} \qquad (8\text{-}37)$$

令 $\dfrac{\partial E_x}{\partial y} = 0$，经整理后简化后得：

$$\frac{(x + a)(1 - by) + (y + b)(1 - ax)}{x + cy + s} = \frac{(1 - ax)(1 + b^2)}{c(1 - by)} \qquad (8\text{-}38)$$

解联立方程式（8-37）、式（8-38）得：

$$\frac{1 - ax}{1 - by} = \pm\sqrt{\frac{c(1 + a^2)}{1 + b^2}} = \pm e \qquad (8\text{-}39)$$

式（8-39）中的 e 取正号还是负号，要根据 E_x 是否出现最大值，即按式

(8-32) 的二阶偏微商小于零而定。计算结果为 e 取正号，则式 (8-39) 可写成：

$$x = \frac{1 - e(1 - by)}{a} \qquad (8\text{-}40)$$

将上式代入式 (8-37)，经整理化简后得：

$$y^2 + 2\left[\frac{1 + a^2}{e(a+b)} - \frac{1 - ab}{a+b}\right]y + \frac{1 - ab}{b(a+b)} + \frac{1 + a^2}{be^2(a+b)}(1 + as - 2e) = 0$$

$$(8\text{-}41)$$

式 (8-41) 为 $y = \tan\theta_i$ 的一元二次方程式，求解得：

$$\tan\theta_i = -Q \pm \sqrt{Q^2 - R} \qquad (8\text{-}42)$$

式中

$$Q = \frac{1}{\sqrt{1 + \dfrac{2h_0}{H_0}}}\csc(2\varphi + \beta)\frac{h''}{H_0} - \cot(2\varphi + \beta)$$

$$R = \cot\varphi\cot(2\varphi + \beta) + \frac{1}{1 + \dfrac{2h_0}{H_0}}\frac{\cos(\varphi + \beta)}{\sin\varphi\sin(2\varphi + \beta)}\left\{\frac{h''^2}{H_0^2}\right.$$

$$+ \tan(\varphi + \beta)\left[\frac{2}{\sin\beta}\frac{h''}{H_0} - \cot\beta\left(1 + \frac{h''^2}{H_0^2}\right) - \frac{2h_0}{H_0}\left(\cot\beta - \frac{1}{\sin\beta}\frac{h''}{H_0} + \frac{d}{H_0}\right)\right]$$

$$\left. - \frac{2h''}{H_0}\sqrt{1 + \frac{2h_0}{H_0}}\frac{\cos\varphi}{\cos(\varphi + \beta)}\right\}$$

公式 (8-42) 中 $\tan\theta$ 可得两个根，有效根可取其正值中较小的一个。

将求得的第一破裂角 θ_i 代入式 (8-39)，其中 $x = \tan(\alpha_i - \beta)$，可得：

$$\tan(\alpha_i - \beta) = \cot(\varphi + \beta) - \frac{\cos\varphi}{\sin(\varphi + \beta)}\frac{H_0}{h''}\sqrt{1 + \frac{2h_0}{H_0}}(1 - \tan\varphi\tan\theta_i)$$

由式 (8-36) 和式 (8-37) 或式 (8-38) 可得

$$E_x = A\frac{(1 - ax)^2}{1 + a^2} = \frac{1}{2}\gamma h''^2\left[1 - \tan(\varphi + \beta)\tan(\alpha - \beta)\right]^2\cos^2(\varphi + \beta)$$

$$(8\text{-}43)$$

或

$$E_x = \frac{Ac(1 - by)^2}{1 + b^2} = \frac{1}{2}\gamma H_0^2\left(1 + \frac{2h_0}{H_0}\right)(1 - \tan\varphi\tan\theta_i)^2\cos^2\varphi$$

$$(8\text{-}44)$$

$$E_y = E_x\tan(\alpha_i + \varphi) \qquad (8\text{-}45)$$

$$E_a = E_x\sec(\alpha_i + \varphi) \qquad (8\text{-}46)$$

(4) 求主动土压力 E_a 的作用点

绘土压应力分布图，如图 8-11 (b) 所示，图中

$$h = h''\sec(\beta - \alpha_i)\cos\alpha_i$$

$$a' = H_0 - h, \quad b' = a'\cot\beta$$

$$h_1 = \frac{b' - a'\tan\theta_i}{\tan\alpha_i + \tan\beta_i}, \quad h_2 = \frac{d}{\tan\alpha_i + \tan\beta_i}, \quad h_3 = h - h_1 - h_2$$

$$\sigma_0 = \gamma h_0 \lambda_a$$

$$\sigma_a = \gamma a' \lambda_a$$

$$\sigma_h = \gamma h \lambda_a$$

$$Z_x = \frac{\int_0^h \sigma y \, dy}{\int_0^h \sigma \, dy} = \frac{h^3 + a'(3h^2 - 3h_1 h + h_1^2) + 3h_0 h_3^2}{3(h^2 + 2a'h - a'h_1 + 2h_0 h_3)} \qquad (8\text{-}47)$$

$$Z_y = B - Z_x \tan\alpha_i \qquad (8\text{-}48)$$

其他各种边界条件下出现第二破裂面时的库仑土压力数解公式详见有关设计手册，表 8-4 为其中的两个公式。

【例 8-2】 衡重式路肩挡土墙高 $H_1 = 3.2\text{m}$，墙后填土的 $\varphi = 40°$，$\gamma = 19\text{kN/m}^3$，列车荷载及墙身断面如图 8-12 所示，求土压力及其作用点。

【解】（1）假定破裂角

α_i 交于荷载内边缘，β_i 交于荷载内，由表 8-4 中顺号 1 横栏内的公式可知：

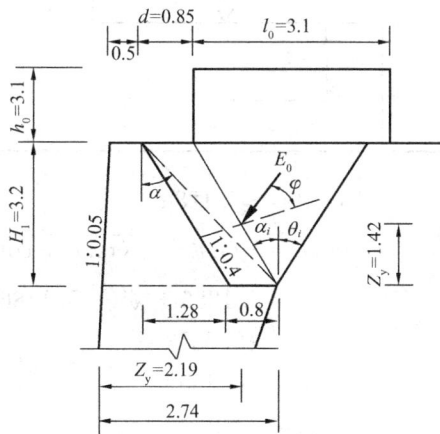

图 8-12　例 8-2 图

$$\tan\alpha = \frac{1.28 + 0.8}{3.2} = 6.5$$

$$\tan\alpha_i = \tan\alpha - \frac{d}{H_1} = 0.65 - \frac{0.85}{3.20} = 0.3844$$

$$\alpha_i = 21°02'$$

由 $\psi = 2\varphi + \alpha_i = 2 \times 40° + 21°02' = 101°02'$

出现第二破裂面时的主动土压力计算公式　　　　　　表 8-4

顺号	计 算 草 图	公　　式
1		$\tan\alpha_i = \tan\alpha - \dfrac{d}{H_1}$ $\tan\theta_i = -\tan\psi \pm \sqrt{(\tan\psi + \cot\varphi)(\tan\psi - \tan\alpha_i)}$ $\psi = 2\varphi + \alpha_i$ $A_0 = \dfrac{1}{2}H_1(H_1 + 2h_0), \quad B_0 = -A_0 \tan\alpha_i$ $E_a = \gamma(A_0 \tan\theta_i - B_0)\dfrac{\cos(\theta_i + \varphi)}{\sin(2\varphi + \alpha_i + \theta_i)},$ $E_x = E_a \cos(\varphi + \alpha_i), \quad E_y = E_a \sin(\varphi + \alpha_i)$ $Z_x = \dfrac{H_1}{3}\left(1 + \dfrac{h_0}{H_1 + 2h_0}\right), \quad Z_y = B - Z_x \tan\alpha_i$ $\lambda_a = \dfrac{(\tan\alpha_i + \tan\theta_i)\cos(\theta_i + \varphi)}{\sin(2\varphi + \alpha_i + \theta_i)}.$ $\sigma_0 = \gamma h_0 \lambda_a \cdot \sigma_{H1} = \gamma H_1 \lambda_a$

171

顺号	计算草图	公　式
2		$\tan\alpha_i = \tan\alpha - \dfrac{d}{H_1}$ $\tan\theta_i = \dfrac{d+l_0}{H_1} - \tan\alpha$ $E_a = \dfrac{1}{2}\gamma H_1(H_1+2h_0)\lambda_a$ $E_x = E_a\cos(\varphi+\alpha_i),\ E_y = E_a\sin(\varphi+\alpha_i)$ $Z_x = \dfrac{H_1}{3}\left(1+\dfrac{h_0}{H_1+2h_0}\right),\ Z_y = B - Z_x\tan\alpha_i$ $\lambda_a = \dfrac{(\tan\alpha_i+\tan\theta_i)\cos(\theta_i+\varphi)}{\sin(2\varphi+\alpha_i+\theta_i)},$ $\sigma_0 = \gamma h_0\lambda_a,\ \sigma_{H_1} = \gamma H_1\lambda_a$

$$\tan\psi = -5.1286$$

$$\tan\theta_i = -\tan\psi \pm \sqrt{(\tan\psi + \cot\varphi)(\tan\psi - \tan\alpha_i)}$$

$$= 5.1286 \pm \sqrt{(-5.1286+1.1918)(-5.1286-0.3844)}$$

$$= \begin{cases} 9.7873 \\ 0.4699 \end{cases} \quad (舍去大值)$$

$$\theta_i = 25°10'$$

验证：$H_1(\tan\alpha_i + \tan\beta_i) = 3.20\ (0.3844+0.4699) = 2.73\text{m}$

$2.73\text{m} < 3.1\text{m}$，所用公式符合假定。

(2) 计算土压力及其作用点

$$A_0 = \frac{1}{2}H_1(H_1+2h_0) = \frac{1}{2} \times 3.2 \times (3.2+2\times3.1) = 15.04$$

$$B_0 = -A_0\tan\alpha_i = -15.04 \times 0.3844 = -5.7814$$

$$E_a = \gamma(A_0\tan\theta_i - B_0)\frac{\cos(\theta_i+\varphi)}{\sin(2\varphi+\alpha_i+\theta_i)}$$

$$= 19 \times (15.04 \times 0.4699 + 5.7814) \times \frac{0.42}{0.807} = 127.04\text{kN/m}$$

$$E_x = E_a\cos(\varphi+\alpha_i) = 127.04 \times \cos61°02' = 61.54\text{kN/m}$$

$$E_y = E_a\sin(\varphi+\alpha_i) = 127.04 \times \sin61°02' = 111.13\text{kN/m}$$

$$Z_x = \frac{H_1}{3}\left(1+\frac{h_0}{H_1+2h_0}\right)$$

$$= \frac{3.2}{3} \times \left(1+\frac{3.1}{3.2+2\times3.1}\right) = 1.42\text{m}$$

$$Z_y = B - Z_x\tan\alpha_i = 2.74 - 1.42 \times 0.3844 = 2.19\text{m}$$

8.2.3 折线形墙背的土压力计算

对于折线形墙背挡土墙，如衡重式和凸形墙背挡土墙，通常是以墙背转折点为界，将全墙分为上墙和下墙，分别计算上墙和下墙各直线段墙背上的土压力，然后取上、下墙土压力的矢量和作为全墙的土压力。

计算上墙土压力时，衡重式挡土墙按假想墙背（墙顶内缘和衡重台后缘的连线为假想墙背）、凸形墙按实际墙背采用库仑直线墙背公式计算土压力；若墙背较缓，出现第二破裂面时，应按第二破裂面的库仑主动土压力计算。

下墙土压力的计算比较复杂，目前在路基工程中普遍采用的简化方法有延长墙背法和力多边形法。

1. 延长墙背法

如图 8-13 所示，在上墙土压力算出后，延长下墙墙背交于填土表面 C，以 $B'C$ 为假想墙背，根据延长墙背的边界条件，用相应的库仑公式计算土压力，并绘出墙背土压力分布图，从中截取下墙 BB' 部分的应力图作为下墙的土压力。将上下墙两部分应力图叠加，即为全墙土压力。

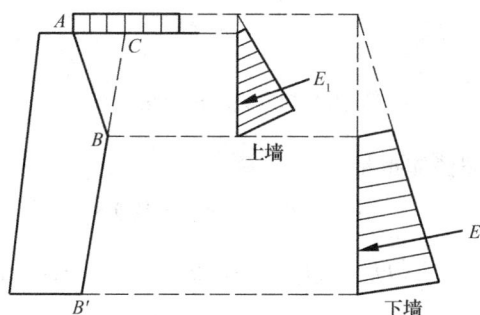

图 8-13 延长墙背法

这种方法存在着一定误差。第一，忽略了延长墙背与实际墙背之间的土楔及荷载重，但考虑了在延长墙背和实际墙背上土压力方向不同而引起的垂直分力差，虽然两者能相互补偿，但未必能相互抵消。第二，绘制土压应力图形时，假定上墙破裂面与下墙破裂面平行，但大多数情况下两者是不平行的，由此存在计算下墙土压力所引起的误差。以上误差一般偏于安全，并且由于此法计算简便，至今仍被广泛采用。

2. 力多边形法

在墙背土体处于极限平衡条件下，作用于破裂棱体上的诸力，应构成矢量闭合的力多边形。在算得上墙土压力 E_1 后，就可绘出下墙任一破裂面力多边形。利用力多边形来推求下墙土压力，这种方法叫力多边形法。

现以路堤挡土墙下墙破裂面交于荷载范围内的情况（图 8-14）为例说明下墙土压力的推导过程。在极限平衡的条件下，破裂棱体 $AOB'CD$（图 8-14a）的力平衡多边形为 $abed$（图 8-14b），其中 abc 为上墙破裂棱体 $AOC'D$ 的力平衡三角形，$bedc$ 为下墙破裂棱体 $C'OB'C$ 的力平衡多边形。图中 $eg//bc$，$cf//be$，$gf=\Delta E$。在 $\triangle cfd$ 中，由正弦定律可得

$$E_2 = G_2 \frac{\cos(\theta_2 + \varphi)}{\sin(\theta_2 + \psi)} - \Delta E \tag{8-49}$$

$$\psi = \varphi + \delta_2 - \alpha_2$$

〈173〉

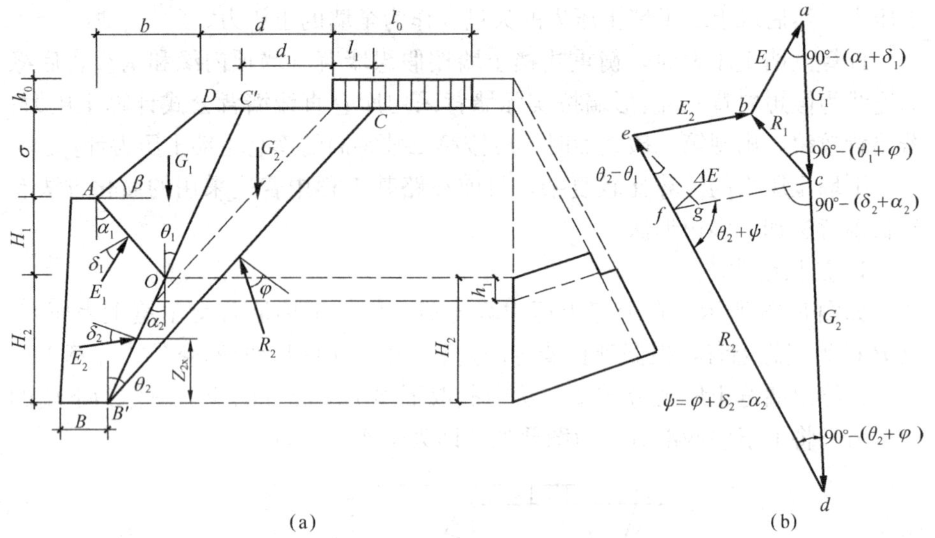

图 8-14 力多边形法

挡土墙下部破裂棱体重量

$$G_2 = \gamma(A_0 \tan\theta_2 - B_0) \tag{8-50}$$

式中

$$A_0 = \frac{1}{2}(H_2 + H_1 + a + 2h_0)(H_2 + H_1 + a)$$

$$B_0 = \frac{1}{2}(H_2 + 2H_1 + 2a + 2h_0)H_2\tan\alpha_2 + \frac{1}{2}(a + H_1)^2\tan\theta_1$$

$$+ (d + b - H_1\tan\alpha_1)h_0$$

在 $\triangle efg$ 中,有 $\Delta E = R_1\dfrac{\sin(\theta_2 - \theta_1)}{\sin[180° - (\theta_2 + \psi)]}$

$$= R_1\frac{\sin(\theta_2 - \theta_1)}{\sin(\theta_2 + \psi)} \tag{8-51}$$

在 $\triangle abc$ 中,上墙土压力 E_1 已求出,则

$$R_1 = E_1\frac{\sin[90° - (\alpha_1 + \delta_1)]}{\sin[90° - (\theta_1 + \varphi)]} = E_1\frac{\cos(\alpha_1 + \delta_1)}{\cos(\theta_1 + \varphi)} \tag{8-52}$$

将 G_2 及 ΔE 代入式(8-49),得

$$E_2 = \gamma(A_0\tan\theta_2 - B_0)\frac{\cos(\theta_2 + \varphi)}{\sin(\theta_2 + \psi)} - R_1\frac{\sin(\theta_2 - \theta_1)}{\sin(\theta_2 + \psi)} \tag{8-53}$$

由上式可知,下墙土压力 E_2 计算值是试算破裂角 θ_2 的函数。为求 E_2 的最大值,可令 $\dfrac{\mathrm{d}E_2}{\mathrm{d}\theta_2} = 0$,得

$$\tan\theta_2 = -\tan\psi \pm \sqrt{(\tan\psi + \cot\varphi)\left(\tan\psi + \frac{B_0}{A_0}\right) - \frac{R_1\sin(\psi + \theta_1)}{A_0\gamma\sin\varphi\cos\psi}} \tag{8-54}$$

将求得的破裂角 θ_2 代入式(8-53),可求得下墙土压力 E_2。

图 8-14 中作用于下墙的土压力图形,可近似假定

$$\frac{h_1}{H_2} = \frac{d_1}{l_1 + d_1}$$

则
$$h_1 = \frac{H_2}{l_1 + d_1}d_1 = \frac{H_2[d + b - H_1\tan\alpha_1 - (H_1 + a)\tan\theta_1]}{(H_2 + H_1 + a)\tan\theta_2 - H_2\tan\alpha_2 - (H_1 + a)\tan\theta_1}$$

土压力作用点

$$Z_{2x} = \frac{H_2^3 + 3H_2^2(H_1 + a + h_0) - 3h_0h_1(2H_1 - h_1)}{3[H_2^2 + 2H_2(H_1 + a) + 2h_0(H_2 - h_1)]} \quad (8\text{-}55)$$

$$Z_{2y} = B + Z_{2x}\tan\alpha_2 \quad (8\text{-}56)$$

各种边界条件下折线墙背下墙土压力的力多边形法计算公式，见有关设计手册。

8.2.4 地震和浸水条件下的土压力

1. 地震条件下的土压力

国内外地震区的实地调查和理论研究表明：地震时建筑物的破坏，主要来自地震水平惯性力，故在分析土压力时，通常只考虑地震水平加速度的影响，而对地震引起的竖向运动分量和转动分量，则常常不予考虑。在计算地震区的土压力时，目前常规的做法是先采用惯性力法（也称为静力法）计算地震力，即将地震发生时的地面设计地震动峰值加速度 A_g 所产生的惯性力 $A_g \cdot m$ 作为一个静力，水平施加于滑动土楔上，然后再按照库仑土压力理论计算作用于挡土墙上的土压力。具体计算方法如下：

由于地震引起的水平地震力作用在破裂棱体的重心处，其大小由下式确定：

$$P_x = \eta_C \cdot A_g \cdot m \quad (8\text{-}57)$$

式中 P_x——水平地震力（kN）；

η_C——综合影响系数，采用 0.25；

A_g——设计地震动峰值加速度 A_g(m/s^2)；相应于抗震设防烈度的设计地震动峰值加速度 A_g 见可参考第 9 章表 9-1 中的规定；

m——第 i 条块土的质量（t）。

水平方向的地震力如图 8-15 所示，地震力 P_x 与破裂棱体的重力 G 的合力 G_1 为：

$$G_1 = \frac{G}{\cos\eta} \quad (8\text{-}58)$$

式中 η——地震角，合力 G_1 偏离竖直线的角度，其值可参考表 8-5。

地 震 角　　　　　　　　　　表 8-5

地震角	A_g (m/s^2)	0.1~0.15g	0.2g	0.3g	0.4g
η	水上	1°30′	3°	4°30′	6°
	水下	2°30′	5°	7°30′	10°

与非地震区的库伦土压力计算图 8-16 相比较，图 8-16 所示破裂棱体的平衡力系中，E_a、R 的方向仍保持不变，只是合力 G_1 与 E_a 的夹角变为 $90°-\alpha-\delta-\eta$，与 R 的夹角变为 $90°-\theta-\varphi+\eta$，因此采用库仑土压力理论计算 E_a 时，只要将土的内摩擦角 φ、墙背摩擦角 δ、土的重度 γ 分别按下列公式进行修正：

$$\left.\begin{aligned}\varphi_E &= \varphi - \eta \\ \delta_E &= \delta + \eta \\ \gamma_E &= \gamma/\cos\eta\end{aligned}\right\} \tag{8-59}$$

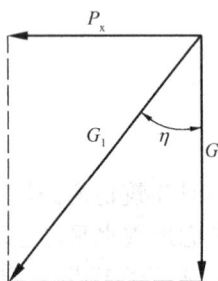

图 8-15　水平地震力
与地震角

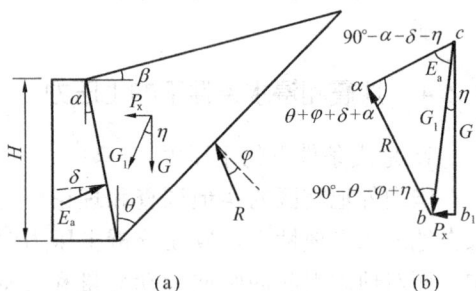

图 8-16　地震作用下
的主动土压力

代替原公式中的 γ、δ、φ 值，则可用一般库仑土压力公式（8-15）计算地震时的主动土压力。如图 8-16 所示，当填土表面倾角为 β 时的地震主动土压力为：

$$E_a = \frac{1}{2}\gamma_E H^2 \lambda_{aE}$$

$$= \frac{1}{2}\gamma_E H^2 \frac{\cos^2(\varphi_E - \alpha)}{\cos^2\alpha\cos(\alpha+\delta_E)\left[1+\sqrt{\dfrac{\sin(\varphi_E+\delta_E)\sin(\varphi_E-\beta)}{\cos(\alpha+\delta_E)\cos(\alpha-\beta)}}\right]^2}$$

$$\tag{8-60}$$

各种边界条件下的地震土压力均可用 γ_E、δ_E、φ_E 取代 γ、δ、φ 而按一般土压力公式求解。应该指出，经上述替代后所求得的地震主动土压力的方向，仍为实际墙背的内摩擦角 δ。

2. 浸水条件下的土压力

当挡土墙后土体浸水后，墙后土体若为砂性土，则将会受到水的浮力作用，其重度减少，其内摩擦角受水的影响较小可以认为不变；而黏性土的抗剪强度将会降低；当墙前水位骤然降落，或墙后暴雨下渗在土体内出现渗流时，墙体会受到动水压力的作用，此时应考虑动水压力对土压力的影响。

（1）当填土为砂性土时

如图 8-17 所示的墙后填土面水平并作用着满布荷载情况，当墙后填土的浸水深度为 H_b 时，墙背土压力 E_b 可采用不浸水时的土压力 E_a 扣除水位以下

因浮力影响而减少的土压力 ΔE_b，即

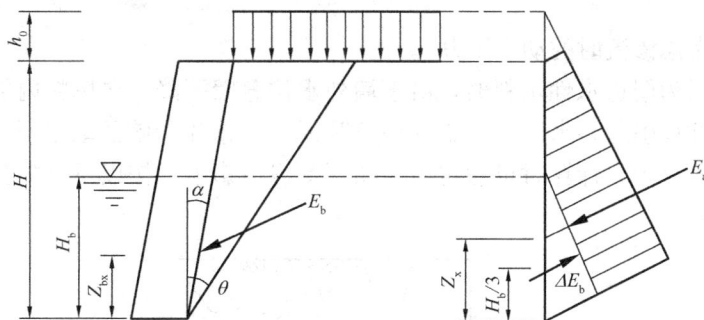

图 8-17　浸水砂性土的主动土压力

$$E_b = E_a - \Delta E_b \tag{8-61}$$

$$\Delta E_b = \frac{1}{2}(\gamma - \gamma_b) H_b^2 \lambda_a \tag{8-62}$$

式中　γ——水位以上土体的天然重度（kN/m³）；

　　　γ_b——水位以下土体的浮重度（kN/m³）；

　　　λ_a——主动土压力系数。

此时土压力作用点的位置为：

$$Z_{bx} = \frac{E_a Z_x - \Delta E_b \cdot \dfrac{H_b}{3}}{E_a - \Delta E_b} \tag{8-63}$$

对于其他边界条件下的浸水土压力计算可参阅相应的设计计算手册。

（2）填土为黏性土时

考虑黏性土浸水后的内摩擦角 φ 值显著降低，故将填土中计算水位上下两部分视为不同性质的土层，分别计算土压力。

如图 8-18 所示，先求出计算水位以上填土的土压力 E_{a1}；然后再将上层填土重量作为荷载，计算浸水部分的土压力 E_{a2}，E_{a1} 与 E_{a2} 的矢量和即为全墙土压力。

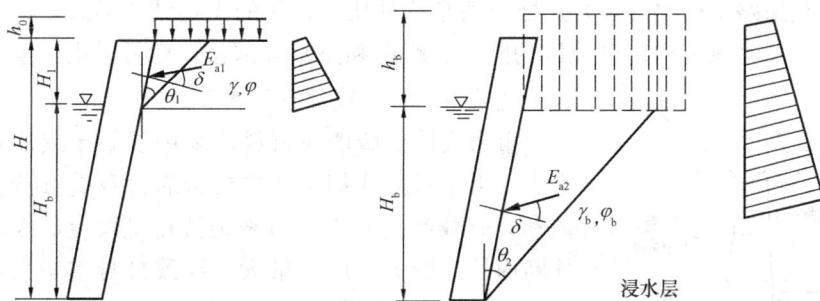

图 8-18　浸水黏性土的主动土压力

在计算浸水部分的土压力 E_{a2} 时，将上部土层及其上超载换算为与下部土层性质相同的土层，土层厚度 h_b 为：

$$h_b = \frac{\gamma(h_0 + H_1)}{\gamma_b} \tag{8-64}$$

（3）考虑渗流时的动水压力

当墙后为弱透水性填料时，由于墙外水位急骤下降，在填料内部将产生渗流，由此而引起动水压力，如图 8-19 所示。受渗流影响的动水压力计算方法目前尚不完善，计算时可假定破裂角不受渗流影响，按以下近似公式计算动水压力：

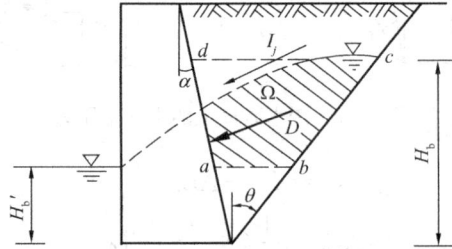

图 8-19　渗流时的动水压力

$$D = \gamma_w I_j \Omega \tag{8-65}$$

式中　γ_w——水的重度；

　　　I_j——渗流降落曲线的平均坡度；

　　　Ω——破裂棱体的浸水面积，即图中的阴影部分，可近似地取梯形 abcd 的面积，其值可按下列式计算：

$$\Omega = \frac{1}{2}(H_b^2 - H_b'^2)(\tan\theta + \tan\alpha) \tag{8-66}$$

动水压力 D 的作用点通过破裂棱体浸水面积 Ω 的重心，其作用方向平行于 I_j。

至于透水性填料，动水压力一般很小，可略而不计。

8.3　重力式挡土墙设计

在道路工程中，重力式挡土墙是一种比较常用的支挡结构形式，在一般地区、浸水地区和地震地区的路肩、路堤和路堑等部位，均可采用。重力式挡土墙墙身的各组成部分见图 8-20。

重力式挡土墙墙身材料应采用混凝土或片石混凝土。由于重力式挡土墙主要依靠自身重量抵抗土体和外荷载产生的土压力来维持自身稳定，因此墙体断面尺寸较大，圬工量大，导致自身重量大，在软弱地基上修建时会因承载力不够而受到限制。

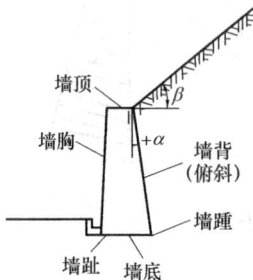

图 8-20　重力式挡土墙各部分名称

8.3.1　重力式挡土墙的构造

重力式挡土墙主要依靠自身重量抵抗土体和外

荷载产生的土压力，因而其构造必须具有足够的整体稳定性和结构强度。在设计中，不但要求结构合理、断面经济外，还应考虑当地材料来源、施工养护方便与安全等因素。

1. 墙身构造

重力式挡土墙的断面形式如图 8-21 所示，墙胸一般均为平面，而墙背主要根据地形条件及挡土墙所设位置，可做成仰斜、垂直、俯斜、凸形折线和衡重式等形式。断面形式的选择主要从结构经济、开挖回填量少以及稳定性好等方面考虑。如在其他条件相同的情况下，仰斜墙背所受的土压力较俯斜墙背小，断面较经济；且仰斜墙背的倾斜方向与开挖、回填边坡方向一致，开挖回填量较小。若当地面横坡较陡时，采用仰斜墙背将使墙高增大，断面尺寸加大，如图 8-22 所示，此时宜采用俯斜墙背，利用垂直的墙面，以减少墙高。但其所承受的土压力较仰斜墙背大，故俯斜墙背可设计成台阶形，以增加墙背与填料之间的摩擦力，提高墙体的整体稳定性。

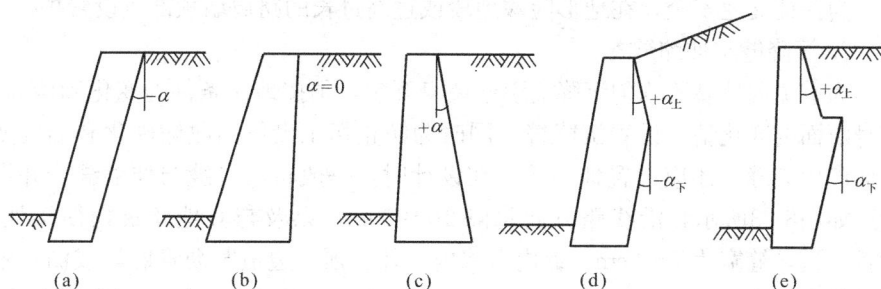

图 8-21　重力式挡土墙的断面形式

(a) 仰斜；(b) 垂直；(c) 俯斜；(d) 凸形折线；(e) 衡重式

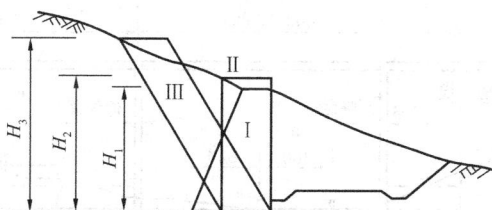

图 8-22　墙背形式与墙高的关系

垂直墙背的特点介于仰斜与俯斜墙背之间。

凸形墙背系将仰斜式挡土墙的上部墙背改为俯斜，以减少上部断面尺寸，多用于路堑墙，也可用于路肩墙。

衡重式墙在上下墙背间设置衡重台，利用衡重台上填土的重量增加墙体的稳定性。因采用陡直的墙面可减少墙身高度，多用于山区地形陡峻段的路肩墙和路堤墙，也可用于路堑墙。

重力式挡土墙的墙胸坡度应与墙背坡度相协调，同时还应考虑墙址处的地面横坡。墙胸坡度将直接影响墙体高度，地面横坡较陡时，墙面坡度一般采用1:0.05～1:0.20，也可保持直立，以利于争取高度；在地面横坡平缓地带，一般采用1:0.2～1:0.3，最缓不宜低于1:0.4，衡重式墙一般采用陡直的墙胸。

至于墙背坡度，俯斜墙背坡度常采用1:0.25～1:0.4；仰斜墙背坡度不宜缓于1:0.35。衡重式挡土墙的上墙墙背坡度一般取1:0.25～1:0.4；下墙背一般为1:0.25左右。上、下墙高度之比，多采用2:3较为合理。应该注意的是，在同一地段，挡土墙断面形式不宜太多以免造成施工困难，并影响外观。

重力式挡土墙的顶面宽度一般设计为 $H/12$ 左右（H 为挡土墙的垂直墙高），采用混凝土整体灌注时，顶宽不应小于0.4m；采用砌体时，墙顶宽度不应小于0.5m；采用钢筋混凝土材料时，顶宽不应小于0.2m。路肩挡土墙墙顶应设置帽石，其材料可采用C15混凝土或粗石料，厚度不小于0.4m，宽度不小于0.6m，突出墙身的飞檐宽应为0.1m。

为保证交通安全，在地形险峻地段或过高过长的路肩墙顶部应设置护栏。

2. 沉降缝与伸缩缝

为避免因地基不均匀沉降而引起墙身开裂，须按地质条件的变化和墙高、墙身断面的变化情况设置沉降缝。同时为防止圬工砌体因收缩硬化和温度变化而产生裂缝，还应设置伸缩缝。在设计时，一般将沉降缝与伸缩缝合并设置，如图8-23所示，沿线路方向每隔10～20m，以及与其他建筑物衔接处，设置一道，缝宽为2～3cm，缝内沿墙内、外、顶三边填塞沥青麻筋或沥青木板，填塞深度不小于0.2m。对于岩石路堑挡土墙或填石路堤，可设置空缝。路肩、路堤挡土墙两端应设置锥体护坡。

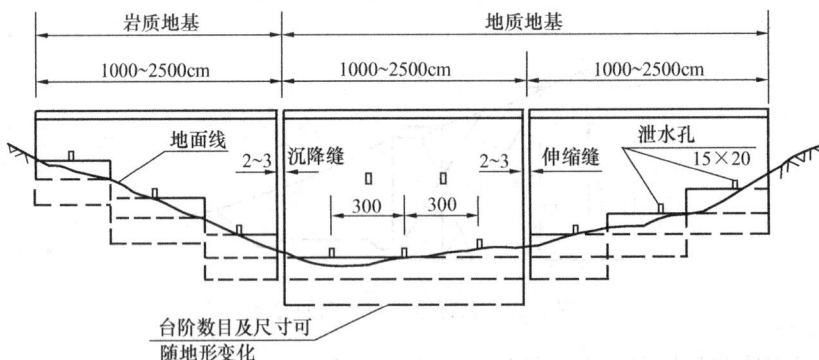

图8-23 沉降缝与伸缩缝设置

3. 排水设施

为疏干墙后土体，防止地表水下渗而导致墙后积水形成静水压力，或减少寒冷地区回填土的冻胀压力等，重力式挡土墙应设置排水措施，通常由地面排水和墙身排水两部分组成。地面排水措施主要是防止地表水渗入墙后土体或地基；墙身的排水措施主要是为了疏排墙后积水。

地面排水措施主要包括：①设置地面排水沟，引排地面水；②夯实回填土顶面和地面松土，防止雨水及地面水下渗，必要时可加设铺砌；③对路堑挡墙墙趾前的侧沟应予以铺砌加固，以防侧沟水渗入基础。

墙身的排水措施通常是在墙身的适当高度处布置一排或多排向墙外坡度不应小于4％的泄水孔（图8-23），一般采用孔口尺寸为5cm×10cm、10cm×10cm、15cm×20cm的方孔，或直径为5～10cm的圆孔。孔眼间距为2～3m左右，呈梅花形交错布置。最下一排泄水孔应高出地面或侧沟水位（路堑墙）0.3m，浸水挡土墙的泄水孔应高出常水位0.3m。为防止水分渗入地基，最下排泄水孔的进口侧下部应铺设隔水层。

为防止泄水孔淤塞，应在泄水孔进口侧设置厚度不小于0.3m的粗粒料反滤层（如粗砂、卵石、碎石等），如图8-24所示。当墙背回填土渗水性不良或可能发生冻胀时，应在最低一排泄水孔至墙顶以下0.5m的范围内，填筑厚度不小于0.3m的砂卵石层（图8-24c）。

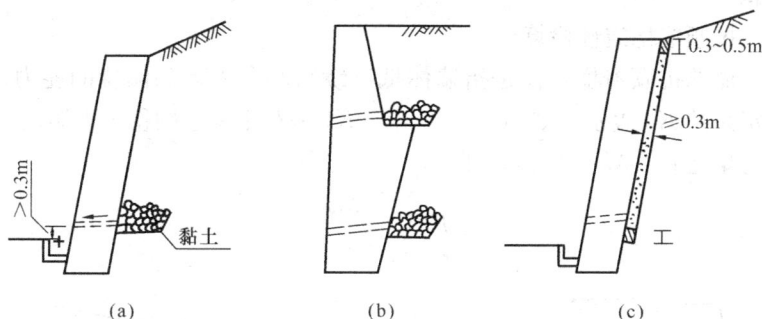

图8-24 排水设施

8.3.2 重力式挡土墙的设计计算

重力式挡土墙的设计主要包括以下内容：①应根据现场的实际情况，进行挡土墙的墙体材料、墙体形式和基础埋置深度的选择，然后初步拟定墙身各部位的结构尺寸（可参考重力式挡土墙的构造）；②根据本章8.2节内容计算作用于挡土墙的荷载，其中包括土压力的计算；③检算在各种荷载的组合力系作用下，挡土墙沿基底的滑动稳定性、绕基础趾部转动的倾覆稳定性和基底的压应力及墙身截面强度检算。当基底以下存在软弱土层时，尚应检算该土层的滑动稳定性。在地基承载力小于挡土墙基底压应力的情况下，应采取工程措施，对挡土墙基础或地基进行处理，以满足全墙的稳定性要求。

以上第①、②项的设计内容已在本章第8.1、8.2节做了详细描述，这里仅介绍第③项的设计内容。

1. 挡土墙的稳定性检算

当挡土墙设置位置的地基条件比较好时，墙的整体稳定性常为控制因素。挡土墙的稳定性包括抗滑稳定和抗倾覆稳定两方面。

（1）抗滑稳定性检算

挡土墙的抗滑稳定性是指在土压力和其他外力作用下，基底摩擦阻力抵抗墙体滑移的能力，用抗滑稳定系数 K_c 表示。即作用于挡土墙的最大可能抗滑力与实际下滑力之比如图 8-25 所示。

位于一般地区且底面水平的挡土墙，可按下式计算：

$$K_c = \frac{(G + E_y)f + E_p}{E_x} \tag{8-67}$$

式中　G——墙身自重（kN/m）；

E_x、E_y——墙后土压力的水平、竖向分力（kN/m）；

E_p——可能考虑的墙前被动土压力（kN/m），如不存在被动土压力时，$E_p = 0$；

f——基底摩擦系数。

为增加挡土墙的抗滑稳定性，挡土墙基底可设置成倾斜基底，也可做成凸榫基础，即在挡土墙底部设防滑键，设置方法及有关尺寸计算可参考8.4.3 节。

（2）抗倾覆稳定性检算

挡土墙的抗倾覆稳定性是指墙体抵抗绕墙趾向外转动倾覆的能力，用抗倾覆稳定系数 K_0 表示。如图 8-26 所示，K_0 是对于墙趾的稳定力矩之和 $\sum M_y$ 与倾覆力矩之和 $\sum M_0$ 的比值，即

$$K_0 = \frac{\sum M_y}{\sum M_0}$$

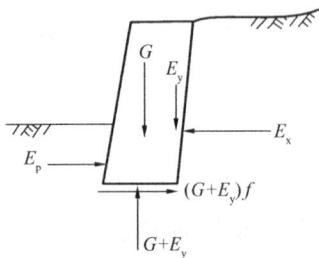

图 8-25　滑动稳定性检算　　图 8-26　倾覆稳定性检算

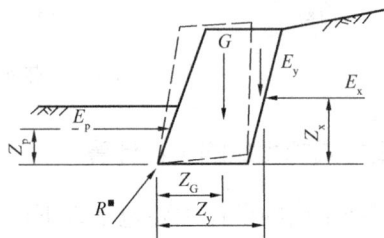

对于一般地区挡土墙可按下式计算：

$$K_0 = \frac{GZ_G + E_y Z_y + E_p Z_p}{E_x Z_x} \tag{8-68}$$

式中　Z_G、Z_x、Z_y、Z_p——分别为 G、E_x、E_y、E_p 对墙趾的力臂（m）；

其他符号意义同前。

为改善挡土墙抗倾覆稳定性，可以采取如下措施：

① 改变墙身胸坡或背坡。当横向断面净空不受限制，地面较平缓，可放缓胸坡使墙体重心后移，增大抗倾力臂。也可变竖直墙背为仰斜墙背，可减小土压力。

② 改变墙身断面类型。当横向坡度较陡，净空受限制时，可采用衡重台或卸荷板等减小土压力，增大稳定力矩，如图 8-27（a）、（b）所示为具有卸荷平台或卸荷板的挡土墙。

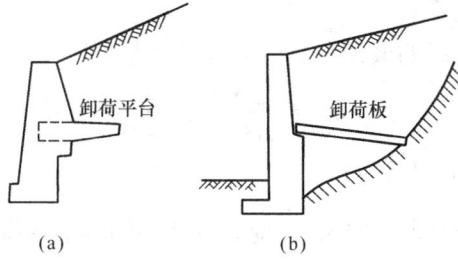

图 8-27　卸荷挡土墙

③ 展宽墙趾。增设襟边或展宽已有扩大基础，直接增大稳定力矩，这是常用方法，展宽的宽度应满足刚性角要求，如图 8-28 所示。$\sum N$ 为作用于基底的法向力之和，则展宽尺寸 Δb 按下式求算：

由

$$[K_0] = \frac{[\sum M_y]}{\sum M_0} = \frac{\sum M_y + \sum N \Delta b}{\sum M_0}$$

得：

$$\Delta b = \frac{[K_0] \sum M_0 - \sum M_y}{\sum N} \tag{8-69}$$

式中　$[K_0]$——要求达到的抗倾覆系数。

当展宽较大时，可采用钢筋混凝土基础板或分级加宽。

2. 挡土墙基底合力偏心距及基底应力检算

进行基底应力检算，是为保证挡土墙的基底应力不超过地基允许承载力，控制作用于挡土墙基底的合力偏心距，以避免挡土墙基础发生明显的不均匀沉降。

如图 8-29 所示，设作用于基底的合力法向分力为 $\sum N$，其对墙趾的力臂为 Z_N，则合力偏心距 e 应为：

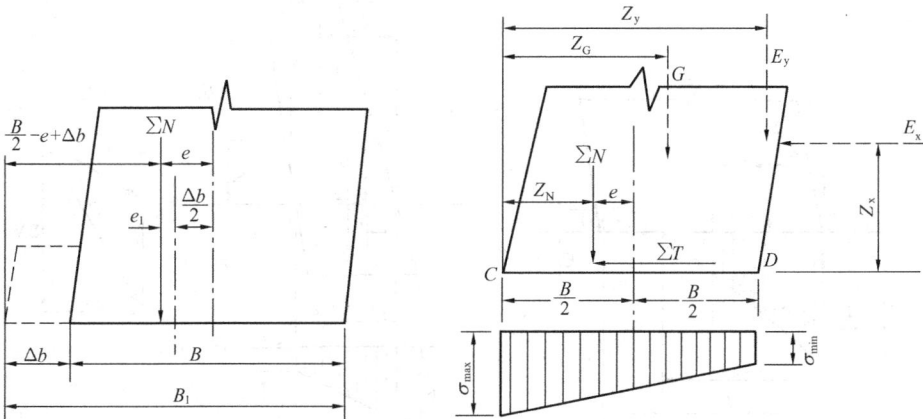

图 8-28　展宽墙趾

图 8-29　基底合力偏心

$$e = \frac{B}{2} - Z_N \tag{8-70}$$

式中

$$Z_N = \frac{\sum M_y - \sum M_0}{\sum N} = \frac{G Z_G + E_y Z_y - E_x Z_x}{G + E_y} \tag{8-71}$$

所求 e 值应满足要求。

此时，基底两边缘的最大和最小法向应力为：

$$\sigma_{\min}^{\max}=\frac{\sum N}{B}\left(1\pm\frac{6e}{B}\right) \qquad (8\text{-}72)$$

式中　B——基础底面宽度（m）。

当偏心 e 值大于要求，即 $e>\dfrac{B}{6}$ 时，基底一侧将出现拉应力，而基础和地基之间不能承受拉力，将会出现应力重分布，此时最大压应力计算如图 8-30 所示。重分布基底应力图形由虚线变为实线三角图形，三角形的形心在 $\sum N$ 作用线上，底边长为 $3Z_N$，可得：

$$\sum N=\frac{1}{2}\sigma_{\max}\cdot 3Z_N$$

$$\sigma_{\max}=\frac{2\sum N}{3Z_N} \qquad (8\text{-}73)$$

此时，计算所得 e 值和 $\sigma_{\max}$ 值仍应满足规定要求。

3. 墙身截面强度检算

墙身截面强度检算是为了保证墙身具有足够的强度。对于一般挡土墙，可取一二个控制截面进行检算。当墙身截面变化不大时，可取墙高 1/2 处截面进行。截面强度检算包括法向应力检算和剪应力检算两个方面。

（1）法向应力检算

如图 8-31 所示，要检算截面Ⅰ-Ⅰ的强度，首先要计算出截面以上墙背所受的主动土压力 E_a 值和墙身自重 G，若 E_a 与 G 二向量和为 P，则 P 的竖向分力为 $\sum N$，水平分力为 $\sum T$，则在截面两边缘的法向应力为：

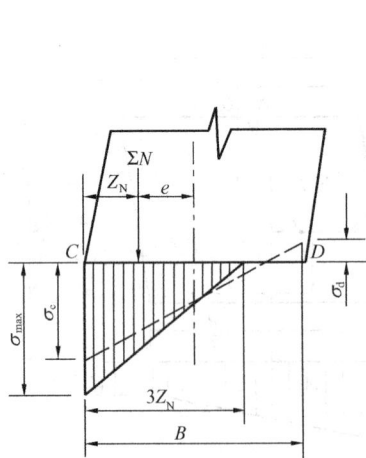

图 8-30　基底应力重分布　　　　　图 8-31　截面法向应力检算

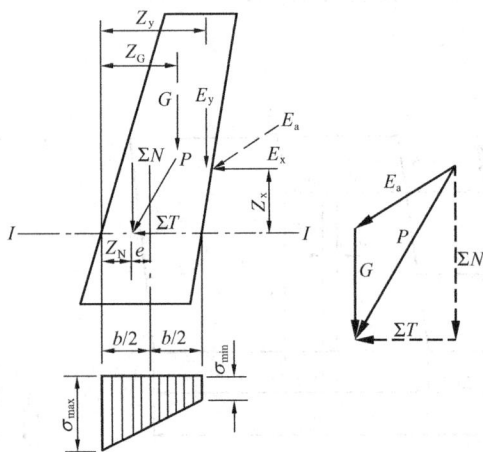

$$\sigma_{\min}^{\max}=\frac{\sum N}{A}\pm\frac{\sum M}{W}=\frac{\sum N}{b}\left(1\pm\frac{6e}{b}\right) \qquad (8\text{-}74)$$

$$e=\frac{b}{2}-Z_N=\frac{b}{2}-\frac{GZ_G+E_yZ_y-E_xZ_x}{G+E_y} \qquad (8\text{-}75)$$

式中 b——截面宽度（m）；

A——单位墙长的水平横截面面积 $A=b$（m^2）；

e——截面法向合力偏心距（m），见式（8-75）；

$\sum M$——外力对截面中心的力矩之和（kN·m），$\sum M = e\sum N$。

当法向应力出现应力重分布时，因截面出现裂缝，受剪面积减小，按下式计算：

$$b' = b - \Delta b \tag{8-76}$$

$$\Delta b = \frac{b^2(\sigma_L - [\sigma_L])}{2(b\sigma_L + \sum N)} \tag{8-77}$$

式中 σ_L——截面上的拉应力（kPa）；

$[\sigma_L]$——截面抗拉强度（kPa）。

（2）剪应力检算

一般情况下，重力式挡土墙墙身截面的剪应力远小于容许值，通常可以不检算，但当出现应力重分布和截面突变及有薄弱截面时应检算。

剪应力检算又分为平剪检算和斜剪检算两种。对于一般矩形、梯形断面的重力式挡土墙只进行平剪检算，而对于衡重式挡土墙的上下墙变截面处的截面，则应进行平剪和斜剪检算。平剪检算方法，如图8-31所示。

$$\tau = \frac{\sum T}{b} = \frac{E_x}{b} \leqslant [\tau]$$

式中 $[\tau]$——圬工容许剪应力（kPa）。

【例8-3】 如例8-1中图8-9所示，路肩式挡土墙墙身为M7.5浆砌片石圬工，墙与地基土之间的摩擦系数为 $f=0.4$，地基为黏性土，容许承载力 $[\sigma]_\pm = 200$kPa，墙身圬工重度 $\gamma_\text{圬} = 22$ kN/m^3，墙后填土 $\gamma_\pm = 17$ kN/m^3，$\varphi = 35°$，墙背摩擦角 $\delta = \frac{2}{3}\varphi$，墙高 $H = 5$m，在例8-1土压力作用下，试确定该墙尺寸。（墙身截面 $[\sigma]_\text{圬} = 1300$kPa，$[\tau]_\text{圬} = 210$kPa）

【解】 如图8-32所示，墙重 G 为：

$$G = 1.45 \times 5 \times 22 = 159.5\text{kN/m}$$

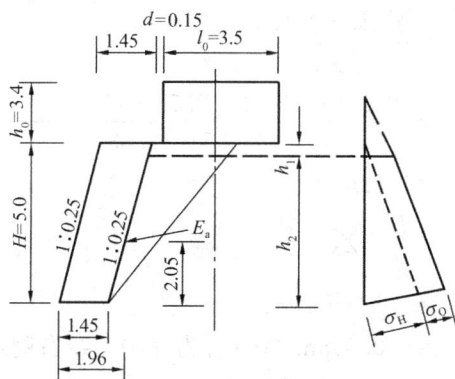

图8-32 例8-3图一

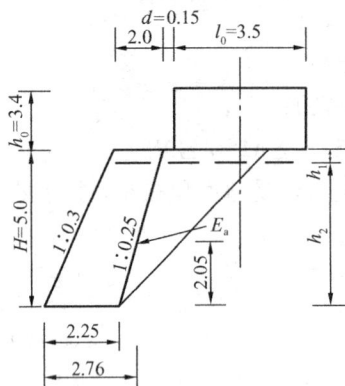

图 8-33　例 8-3 图二

先进行抗滑稳定检算，由公式（8-67）得：

$$K_c = \frac{(G+E_y)f}{E_x}$$

$$= \frac{(159.5+12.33) \times 0.4}{75.28}$$

$$= 0.913 < 1.3$$

所以不能满足抗滑要求，需重新拟定挡土墙尺寸。取墙顶宽为 2m，胸坡坡度为 1：0.3，墙背坡度为 1：0.25，则墙底宽为 2.25m，墙高不变，如图 8-33 所示。

检算内容如下：

（1）抗滑稳定检算

$$G = (2.0+2.25) \times \frac{5}{2} \times 22 = 233.75\text{kN/m}$$

$$K_c = \frac{(233.75+12.33) \times 0.4}{75.28} = 1.308 > 1.3 \quad（满足）$$

（2）抗倾覆稳定检算

根据公式（8-68），其中

$$GZ_G = 22\left[\frac{1}{2} \times 5 \times 1.5 \times \frac{2}{3} \times 1.5 + 5 \times 0.75(1.5+0.375)\right.$$

$$\left. + \frac{1}{2} \times 1.25 \times 5\left(2.25+\frac{1.25}{3}\right)\right]$$

$$= 420.52\text{kN} \cdot \text{m/m}$$

$$K_0 = \frac{G \cdot Z_G + E_y \cdot Z_y + E_P \cdot Z_P}{E_X \cdot Z_X}$$

$$= \frac{420.52+12.33 \times 2.76}{75.28 \times 2.05} = 2.95 > 1.5（满足）$$

（3）合力偏心距检算

$$Z_N = \frac{\sum M_y - \sum M_0}{\sum N}$$

$$= \frac{420.52+12.33 \times 2.76 - 75.28 \times 2.05}{233.75+12.33}$$

$$= 1.22\text{m}$$

$$e = \frac{B}{2} - Z_N$$

$$= 1.125 - 1.22$$

$$= -0.095\text{m} < 0 \quad（合力在中心线右侧）$$

$$|e| = 0.095\text{m} < \frac{B}{6} = 0.375\text{m} \quad（满足）$$

$$\sigma_{\min}^{\max}=\frac{\sum N}{B}\left(1\pm\frac{6e}{B}\right)$$

$$=\frac{246.08}{2.25}\times\left(1\pm\frac{6\times0.095}{2.25}\right)$$

$$=\frac{137.04}{81.70}\text{kPa}<[\sigma]_\pm=200\text{ kPa}$$

（4）挡土墙墙身 $H/2$ 截面强度检算

如图 8-34 所示，取 $H/2$ 截面，其宽度为 B'。

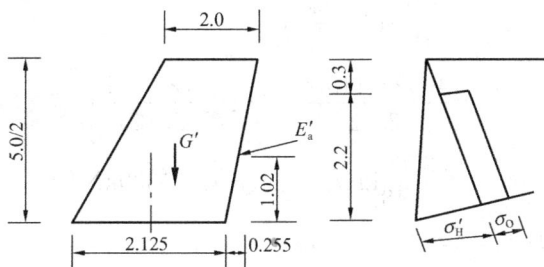

图 8-34　例 8-3 图三

① 法向应力为：

$$B'=\frac{1}{2}(2.0+2.25)$$

$$=2.125\text{m}$$

$$\sigma_H'=\frac{\sigma_H}{2}=\frac{13.39}{2}=6.7\text{kPa}$$

$$E_a'=\left(h_2-\frac{H}{2}\right)\sigma_0+\frac{1}{2}\sigma_H'\frac{H}{2}$$

$$=20.02+8.38=28.40\text{kN/m}$$

$$E_x'=E_a'\cos(\delta-\alpha)=28.40\times\cos(23°20'-14°02')$$

$$=28.03\text{kN/m}$$

$$E_y'=E_a'\sin(\delta-\alpha)$$

$$=28.40\times\sin(23°20'-14°02')$$

$$=4.59\text{kN/m}$$

$$Z_x'=\frac{20.02\times\frac{2.2}{2}+8.38\times\frac{2.5}{3}}{28.40}=1.02\text{m}$$

$$Z_y'=2.125+Z_x'\tan\alpha=2.38\text{m}$$

$$G'=\frac{2.125+2.0}{2}\times2.5\times2.2=113.44\text{kN/m}$$

$$G'Z_G'=\left[0.5\times(2.125-2)\times2.5\times0.252+2\times2.5\right.$$

$$\left.\times\left(0.125+1.0+\frac{2.5}{2}\times0.25\right)\right]\times22$$

$$= 159.13\text{kN} \cdot \text{m/m}$$

$$Z_N' = \frac{G'Z_G' + E_y'Z_y' - E_x'Z_x'}{G' + E_y'}$$

$$= \frac{159.13 + 4.59 \times 2.38 - 28.03 \times 1.02}{113.44 + 4.59} = 1.20\text{m}$$

$$e' = \frac{B'}{2} - Z_N' = \frac{2.125}{2} - 1.20 = -0.14\text{m} < 0(\text{合力在中心线右侧})$$

$$|e'| = 0.14\text{m} < 0.3B' = 0.638\text{m}（满足）$$

$$\sigma_{\min}^{\max} = \frac{\sum N'}{B'}\left(1 \pm \frac{6e'}{B'}\right)$$

$$= \frac{4.59 + 113.44}{2.125} \times \left(1 \pm \frac{6 \times 0.14}{2.125}\right)$$

$$= \frac{33.60}{77.48}\text{kN/m}^2 < [\sigma]_{坊} = 1300\text{kN/m}^2$$

② 剪应力为：

$$\tau = \frac{\sum T'}{B'} = \frac{\sum E_x'}{B'} = \frac{28.03}{2.125}$$

$$= 13.19\text{kN/m}^2 < [\tau]_{坊} = 210\text{kN/m}^2 （满足）$$

因此，所拟定的挡土墙尺寸满足稳定要求。

8.3.3　重力式挡土墙常用设计参数

挡土墙墙背后填料的物理力学指标，最好根据试验确定。无试验指标时，可参照表 8-6 的数据选用。

墙背填料的物理力学指标　　　　　　　　　　表 8-6

填料种类		综合内摩擦角 φ_0	内摩擦角 φ	重度（kN/m³）
细粒土 （有机土除外）	墙高 $H \leq 6\text{m}$	35°	—	18、19
	6m<墙高 $H \leq 12\text{m}$	30°~35°		
砂类土		—	35°	19、20
碎石类、砾石类土		—	40°	20、21
不易风化的块石类土		—	45°	21、22

注：1. 计算水位以下的填料重度采用浮重度；
　　2. 填料的重度可根据填料性质和压实等情况，作适当修正；
　　3. 全风化岩石、特殊土的 φ 值宜根据试验资料确定。

路堑挡土墙墙背地层的物理力学指标，在无不良地质情况下，可参考路堑边坡设计数据综合确定。

1. 土与墙背的摩擦角 δ

土与墙背的摩擦角 δ 应根据墙背的粗糙程度、土质和排水条件确定，也可按表 8-7 所列数值采用。

2. 基底与地基间的摩擦系数

基底与地基间的摩擦系数，根据基底粗糙程度、排水条件和土质而定，无试验资料时，可采用表 8-8 所列数值。

土与墙背间的摩擦角 δ 表 8-7

墙身材料 \ 墙背	巨粒土及粗粒土	细粒土（有机土除外）
混凝土或片石混凝土	$1/2\varphi$	$1/2\varphi_0$
第二破裂面或假想墙背土体	φ	φ_0

注：1. φ 为土的内摩擦角，φ_0 为土的综合内摩擦角；
　　2. 计算墙背摩擦角 $\delta > 30°$ 时仍采用 $30°$。

基底与地基间的摩擦系数 f 表 8-8

地 基 类 别	f
硬塑黏土	0.25～0.30
粉质黏土、粉土、半干硬的黏土	0.30～0.40
砂类土	0.30～0.45
碎石类土	0.40～0.50
软质岩	0.40～0.60
硬质岩	0.60～0.70

3. 建筑材料的强度等级及容许应力

重力式挡土墙墙身材料一般采用混凝土或片石混凝土，其强度等级及适用范围按表 8-9 采用。混凝土、片石混凝土的容许应力应按表 8-10 采用。

重力式挡土墙墙身材料强度等级及适用范围 表 8-9

材料种类	重度 (kN/m³)	材料强度等级		适用范围
		水泥砂浆	混凝土	
混凝土或 片石混凝土	23	—	C15	$t \geqslant -15℃$ 地区
		—	C20	浸水及 $t < -15℃$ 地区

注：表中 t 系最冷月平均气温。

混凝土的容许应力（MPa） 表 8-10

应力种类	符号	混凝土强度等级			
		C30	C25	C20	C15
中心受压	$[\sigma_c]$	9.0	7.6	6.1	4.6
弯曲受压及偏心受压	$[\sigma_b]$	11.2	9.5	7.8	6.1
弯曲拉应力	$[\sigma_{bl}]$	0.55	0.50	0.43	0.36
纯剪应力	$[\tau_c]$	1.10	0.99	0.86	0.71
局部承压应力	$[\sigma_{c-l}]$	$6.4 \times \sqrt{\dfrac{A}{A_c}}$	$5.4 \times \sqrt{\dfrac{A}{A_c}}$	$4.4 \times \sqrt{\dfrac{A}{A_c}}$	$3.4 \times \sqrt{\dfrac{A}{A_c}}$

注：1. 片石混凝土的容许压应力同混凝土，片石掺用量不应大于总体积的 20%；
　　2. A 为计算底面积，A_c 为局部承压面积。

189

8.4　悬臂式和扶壁式挡土墙

悬臂式挡土墙和扶壁式挡土墙都属于钢筋混凝土薄壁式结构，如图 8-35、8-36 所示。它们依靠墙身自重和墙底板以上填筑土体的重量（包括列车荷载）维持挡土墙的稳定。规范规定当挡土墙的高度不超过 6m 时，可选用悬臂式挡土墙；否则应采用扶壁式挡土墙形式，且高度不宜超过 10m。装配式的扶壁式挡土墙不宜在不良地质地段或地震动峰值加速度为 0.2g（即地震设防烈度八度）及以上采用。

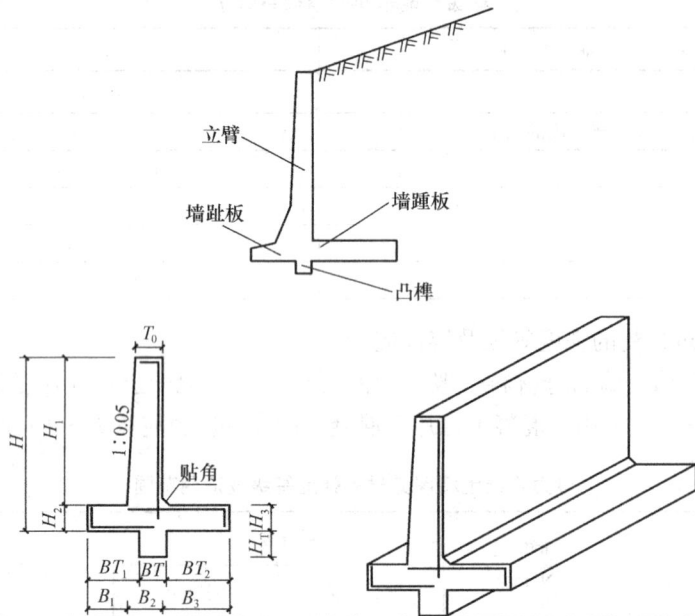

图 8-35　悬臂式挡土墙

与重力式挡土墙类似，悬臂式和扶壁式挡土墙的设计首先应根据现场的实际情况，进行挡土墙的墙体材料、墙体形式和基础埋置深度的选择，然后根据构造要求初步拟定墙身各部位的结构尺寸；计算作用于挡土墙的荷载，检算在各种荷载的组合力系作用下挡土墙的稳定性，另外还有墙身的截面强度检算和基底的压应力检算等。

8.4.1　构造要求

1. 悬臂式挡土墙的墙身构造

悬臂式挡土墙是由悬臂（亦称立臂板）和墙底板组成，如图 8-35 所示。墙高一般不大于 6m，当墙高大于 4m 时，宜在墙面板前加贴角。

立臂为锚固于墙底板上的悬臂板。背坡一般为竖直，胸坡应根据强度和刚度要求确定，一般为 1：0.02～1：0.05。墙顶宽度不应小于 0.2m；当立臂较高时，宜在下部将截面加厚（图 8-35）。

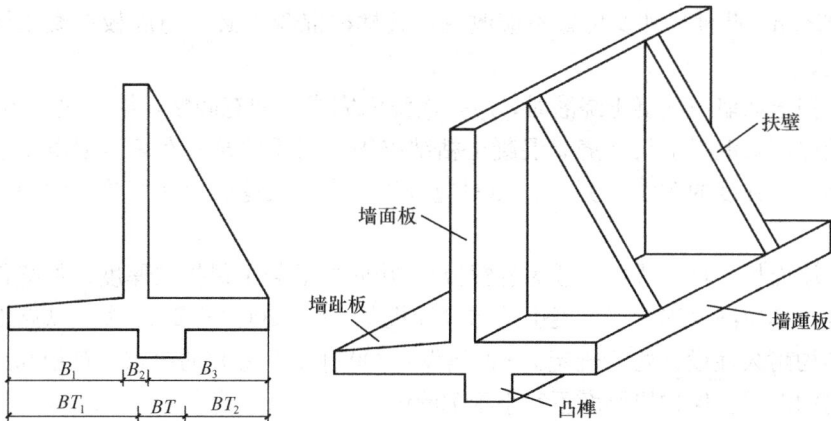

图 8-36　扶壁式挡土墙

墙底板一般设置为水平。若墙身受抗滑稳定控制时，多采用凸榫基础。底板由墙踵板和墙趾板两部分组成。踵板顶面水平，宽度由全墙的抗滑稳定检算确定，并要求具有一定的刚度，常为墙高的 $\frac{1}{12} \sim \frac{1}{10}$，且不小于 30cm。趾板与立臂衔接处的厚度与踵板相同，向前一般设置向下倾斜的坡度，趾端最小厚度为 30cm。

为增加抗滑稳定，减少踵板的宽度，常在墙的下部设置凸榫（即防滑键），其高度应保证键前土体不被挤出，厚度应满足键的直剪强度，但不应小于 0.3m。

2. 扶壁式挡土墙的墙身构造

如图 8-36 所示的扶壁式挡土墙由墙面板、墙趾板、墙踵板和扶壁组成，通常设置凸榫，墙高一般不大于 10m，墙顶宽度不宜小于 0.3m。

与悬臂式挡土墙的构造相比，主要的差别是扶壁的设置；如图 8-36 所示，扶壁为固定于墙踵板的 T 形变截面悬臂梁，每节（两伸缩缝之间的长度）扶壁式挡土墙可设三个（或以上）的扶壁，包括 2～3 个中间和两端的悬臂跨，扶壁的间距 l 一般为墙高的 1/3～1/2，如图 8-37 所示，其厚度一般为两扶壁间距的 1/8～1/6，但不得小于 30cm。扶壁两端墙面板悬出端的长度，应根据悬臂端固端弯矩与中间跨固端弯矩相等的原则确定，通常采用两扶壁间净距的 0.41。其他各部分的尺寸构造要求同悬臂式挡土墙。

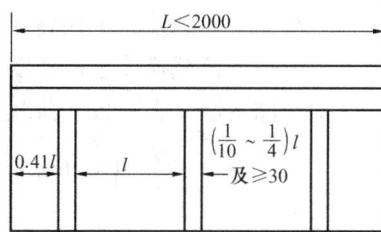

图 8-37　扶壁式挡土墙平面构造图

3. 其他构造要求

伸缩缝的设置间距不应大于 20m。沉降缝、泄水孔的设置同重力式挡土墙的有关规定。

一般情况下，墙身混凝土强度等级不宜低于 C30；受力钢筋直径不应小于 12mm。凸榫尺寸及位置不应改变，其榫槽混凝土必须与底板混凝土同时灌注。

挡土墙墙身混凝土浇灌时，应一次浇灌完成。如有间断，第二次浇灌时，必须保证新混凝土与已浇灌混凝土粘结牢固。墙后填筑应在墙身混凝土强度达到设计强度的 70% 时进行。填料应分层夯实，反滤层应在填筑过程中及时施工。

墙面板（悬臂式挡土墙为悬臂板）、扶肋的混凝土保护层厚度及裂缝最大宽度验算应满足现行《混凝土结构设计规范》GB 50010—2010 和《铁路混凝土结构耐久性设计暂行规定》（铁建设〔2005〕157 号）的要求。趾板和踵板钢筋的混凝土保护层厚度不宜小于 70mm。

8.4.2　设计荷载及土压力计算

为简化计算，将列车荷载按均匀分布于路基面上考虑；新规范指出：轨道及列车荷载在路肩悬臂式挡土墙和扶壁式挡土墙背上引起的侧向土压力及在踵板上产生的竖向土压力可按弹性理论计算；轨道及列车荷载在悬臂或扶壁上产生的侧向土压力及在踵板上产生的竖向土压力可按弹性理论条形匀布荷载作用下的土中应力公式计算。

荷载产生的水平土压应力应按下列公式计算：

$$\sigma_{hi} = \frac{\gamma h_0}{\pi} \left[\frac{bh_i}{b^2 + h_i^2} - \frac{h_i(b+l_0)}{h_i^2 + (b+l_0)^2} + \arctan\frac{b+l_0}{h_i} - \arctan\frac{b}{h_i} \right]$$

$$(8\text{-}78)$$

式中　σ_{hi}——荷载产生的水平土压应力（kPa）；

b——荷载内边缘至面板的距离（m）；

h_i——计算点距路肩的垂直距离（m）；

h_0——荷载换算土柱高度（m）；

l_0——荷载换算土柱宽度（m）。

对于路肩墙，在踵板上荷载产生的竖向土压力应按下列各式计算：

$$\sigma_v = \frac{\gamma h_0}{\pi} \left(\arctan X_1 - \arctan X_2 + \frac{X_1}{1+X_1^2} - \frac{X_2}{1+X_2^2} \right) \quad (8\text{-}79)$$

$$X_1 = \frac{2x+l_0}{2H_1}, \quad X_2 = \frac{2x-l_0}{2H_1} \quad (8\text{-}80)$$

式中　σ_v——荷载在踵板上产生的垂直压应力（kPa）；

x——计算点至荷载中线的距离（m）；

H_1——悬臂板的高度（m）。

土压力按第二破裂面法计算。当不能形成第二破裂面时，可将墙顶内缘与墙踵下缘的连线视为假想墙背（如图 8-38），可按库仑土压力公式计算。计算挡土墙实际墙背和墙踵板的土压力时，可不计填料与板的摩擦力；计算挡土墙整体稳定性和墙面板的内力时，可不计墙前土的作用；计算墙趾板内力时，应计算底板以上的填土重力。土压力计算时墙背填料的物理力学指标可按重力式挡土墙的有关规定采用。

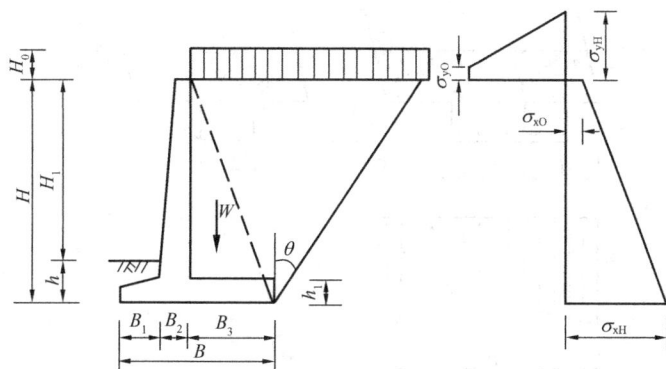

图 8-38 悬臂式和扶壁式挡土墙土压力计算

8.4.3 悬臂式和扶壁式挡土墙的设计计算

新规范指出：悬臂式和扶壁式挡土墙的设计计算可参照现行国家标准《混凝土结构设计规范》GB 50010—2010，按极限状态法设计，必要时采用容许应力法进行验证。按极限状态法设计时，荷载分项系数可采用 1.65。

1. 踵板和趾板宽度的确定

（1）踵板宽度按下列条件确定

一般情况下：
$$K_C = f \cdot \sum N / E_x \geqslant 1.3 \tag{8-81}$$

底板设凸榫时：
$$K_C = f \cdot \sum N / E_x \geqslant 1.0 \tag{8-82}$$

式中 K_C、f、E_x——同前述公式；

$\sum N$——墙身自重、墙踵板以上第二破裂面（或假想墙背）与墙背之间的土体重量（包括列车荷载）和土压力的竖直分量之和，趾板以上的土体重量通常忽略不计。

（2）趾板宽度按下列条件确定

全墙倾覆稳定系数 $K_0 \geqslant 1.6$，基底合力偏心距 $e \leqslant B/6$，和基底应力 $\sigma \leqslant [\sigma]$ 等要求确定。当地基承载力很低，致使计算的趾板过宽，则应适当增加墙踵板宽度，重新进行计算。

2. 凸榫的设计

为使凸榫前的土体产生最大的被动土压力，墙后主动土压力不致因设置凸榫而增加，常将凸榫置于通过墙趾与水平线呈 $45° - \varphi/2$ 夹角的直线和通过墙踵与水平线呈 φ 角的直线范围内，如图 8-39 所示。凸榫位置、高度和宽度必须符合下列要求：

$$B_{T_1} \geqslant h_T \tan(45° + \varphi/2) \tag{8-83}$$

$$B_{T_2} = B - B_{T_1} - B_T \geqslant h_T \cot \varphi \tag{8-84}$$

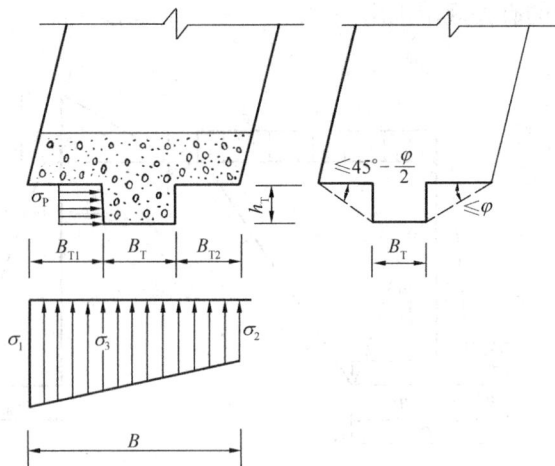

图 8-39　凸榫设计

凸榫前侧距墙踵的最小距离 $B_{T_{2min}}$：

$$B_{T_{2min}} = B - \sqrt{B\left\{B - \dfrac{2K_C E_x - Bf\sigma_1}{\sigma_1\left[\cot\left(45° + \dfrac{\varphi}{2}\right) - f\right]}\right\}} \qquad (8\text{-}85)$$

凸榫的高度 h_T：

$$h_T = \dfrac{K_C E_x - 0.5(B - B_{T_1})(\sigma_3 + \sigma_2)f}{\sigma_p} \qquad (8\text{-}86)$$

凸榫宽度 B_T 按容许应力法计算时：

满足剪应力要求为：

$$B_T = \dfrac{K_C E_x - 0.5(B - B_{T_1})(\sigma_3 + \sigma_2)f}{[\tau]} \qquad (8\text{-}87)$$

满足弯矩要求为：

$$B_T = \sqrt{\dfrac{6M_T}{[\sigma_l]}} \qquad (8\text{-}88)$$

$$\sigma_p = 0.5(\sigma_1 + \sigma_2)\tan^2\left(45° + \dfrac{\varphi}{2}\right)$$

$$M_T = \dfrac{h_T}{2}\left[K_C E_x - \dfrac{1}{2}(B - B_{T_1})(\sigma_3 + \sigma_2)f\right]$$

上列各式中　E_x——墙身承受土压力的水平分力；

B——基底宽；

f——基底与地基之间的摩擦系数；

K_C——要求的滑动稳定系数；

σ_p——凸榫前的被动土压力（kPa）；

σ_1、σ_2、σ_3——墙趾、墙踵及凸榫前缘处基底的压应力（kPa）；

$[\sigma_l]$——材料容许拉应力（kPa）；

$[\tau]$——材料容许剪应力（kPa）；

M_T——凸榫所承受的总弯矩（kN·m）。

3. 悬臂式挡土墙结构计算

悬臂式挡土墙计算时一般沿墙的走向取一延米为计算单元。悬臂式挡土墙各部分均按悬臂梁进行内力计算和配筋，具体计算可参照现行国家标准《混凝土结构设计规范》GB 50010—2010 中的有关规定。

4. 扶壁式挡土墙的设计计算

扶壁式挡土墙的计算单元通常取一节（两伸缩缝之间的长度）进行设计。

（1）墙面板

将墙面板视为固结于扶壁及底板上的三向固结板，在计算时通常将墙面板沿墙高和墙长方向划分为若干个单位宽度的水平和竖直板条，分别计算两个方向的弯矩和剪力。

① 墙面板上的计算荷载

墙面板上的荷载仅考虑墙后主动土压力的水平分力，同时，为了简化计算，对墙面板上的水平向压力图采用近似的梯形压力图做替代荷载，如图 8-40 中实线所示，即

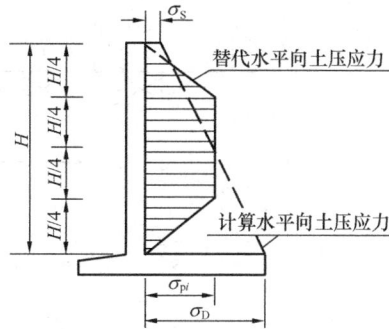

图 8-40　墙面板的水平土压力

$$\sigma_{pi} = (\sigma_s + \sigma_D)/2 \tag{8-89}$$

式中　σ_{pi}——替代水平向土压力（kPa）；

　　　σ_s——墙顶附加荷载引起的水平向土压应力计算值（kPa）；

　　　σ_D——墙底处水平向土压应力（包括附加荷载和填料引起的）计算值（kPa）。

② 墙面板的水平内力

将墙面板沿墙高方向分成若干单宽的水平条板，假定每一板条为支承在扶壁上的连续梁（图 8-41a），荷载 σ_Z 沿板条均匀分布，其大小等于该板条所在深度的水平向土压应力，如图 8-41（b）所示。

水平板条的计算公式：

跨中正弯矩　　　　　　$M_{中} = \sigma_Z l^2 / 24$　　　　　　　（8-90）

支点（扶壁两端）负弯矩　$M_{支} = \sigma_Z l^2 / 12$　　　　　　（8-91）

支点剪力　　　　　　　$Q = \sigma_Z l / 2$　　　　　　　　　（8-92）

式中　$M_{中}$、$M_{支}$——跨中、支点处的弯矩（kN·m）；

　　　l——扶壁之间的净距（m）；

　　　σ_Z——深度 Z 处板条相应的水平向土压应力（kPa）；

　　　Q——支点剪力（kN）。

③ 墙面板的竖向弯矩

将墙面板沿墙长方向分成若干单宽的竖直条板，墙面板的竖直弯矩沿墙高的分布如图 8-42（a）所示。负弯矩使墙面板靠填土一侧受拉，发生在墙面板底部 $H/4$ 范围内，最大负弯矩位于墙面的底端，其值按下述经验公式计算：

$$-M_{max} = M_D = -0.03\sigma_D lH \qquad (8\text{-}93)$$

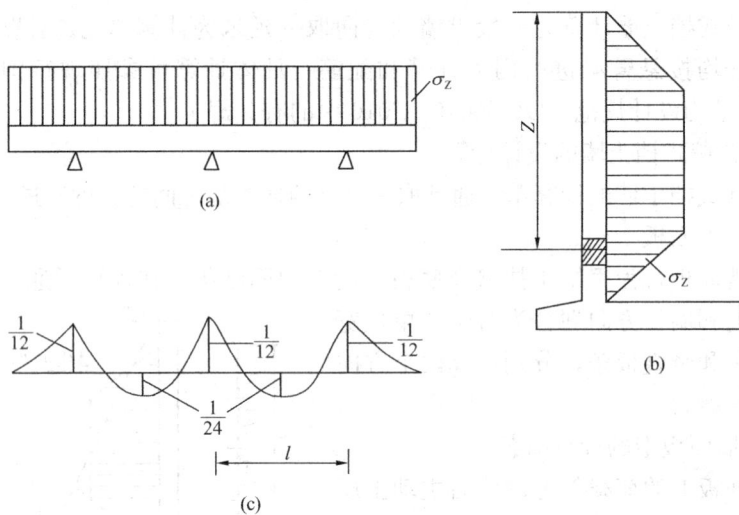

图 8-41　墙面板的水平内力

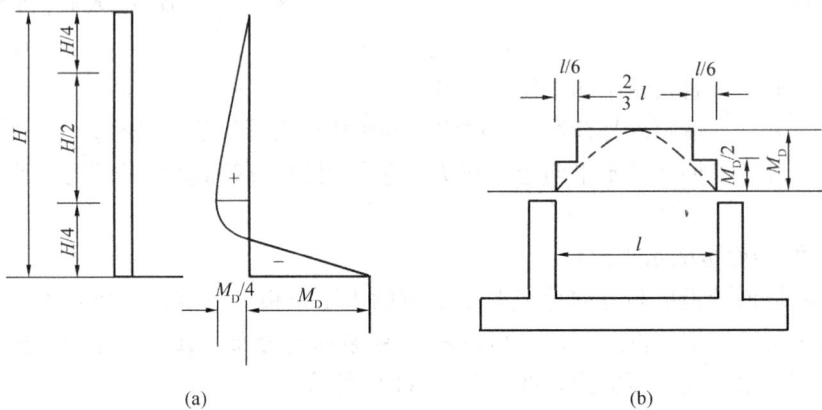

图 8-42　墙面板的竖向弯矩

最大正弯矩位于墙面板的下 $H/4$ 分点附近，其值等于最大竖直负弯矩的 $1/4$。

$$+M_{max} = M_D/4 \qquad (8\text{-}94)$$

墙面板竖直弯矩沿墙长方向呈抛物线分布，如图 8-42（b）所示。设计时可采用中部 $2l/3$ 范围内的竖直弯矩不变，两端各 $l/6$ 范围内的竖直弯矩较跨中减少一半的简化办法。

（2）墙踵板、墙趾板及扶壁的内力计算

墙踵板纵向可视为扶壁支承的连续梁，不计墙面板对底板的约束；作用在墙踵板的荷载除计算板上的土压力及基底反力外，尚应计算由于墙趾板弯矩作用在墙踵板上产生的等代荷载；墙踵板横向荷载可不检算。墙趾板可按悬臂梁计算。而扶壁应按悬臂的 T 形梁计算，如图 8-43 所示，将墙面板视为梁的翼缘，扶壁视为梁的腹板。

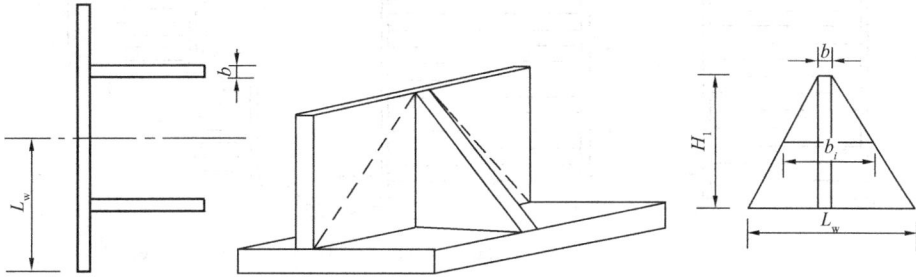

图 8-43　扶壁计算简化图式
L_w—扶壁计算单元长度；b—扶壁厚度；H_1—立壁板高度；
b_i—扶壁按悬臂的 T 形梁计算时的翼缘板长度

8.5　加筋土挡土墙

加筋土挡土墙是 20 世纪 60 年代起源于法国的一种轻型支挡结构，由于其造价低廉、施工简便、占地面积少、工期短和造型美观等优势，在国内公路、铁路、煤矿以及水利等部门得到广泛采用。铁路加筋土挡土墙可设置于Ⅰ、Ⅱ级铁路一般地区、地震地区的路肩地段和路堤地段；加筋土挡土墙的单级墙高不宜超过 10m，墙高大于 10m 时应做特殊设计。加筋土挡土墙必须做好地基处理，以保证基础稳定。

8.5.1　加筋土挡土墙的分类

如图 8-44 所示，加筋土挡土墙按其断面外轮廓形式，一般分为单面式加筋土挡土墙、双面式加筋土挡土墙和台阶式加筋土挡土墙等。其中单面式加筋土挡土墙又分为路堤式和路肩式（图 8-44a、b），对于高度较大的加筋土挡土墙，可采取台阶式的分布形式（图 8-44e）。双面式加筋土挡土墙分为双面交错式和双面分离式（图 8-44c、d）。

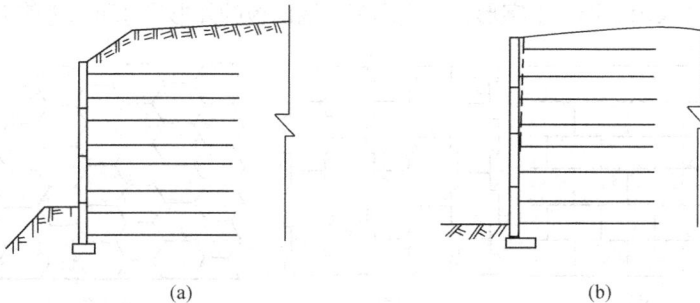

(a)

(b)

图 8-44　加筋土挡土墙形式（一）

197

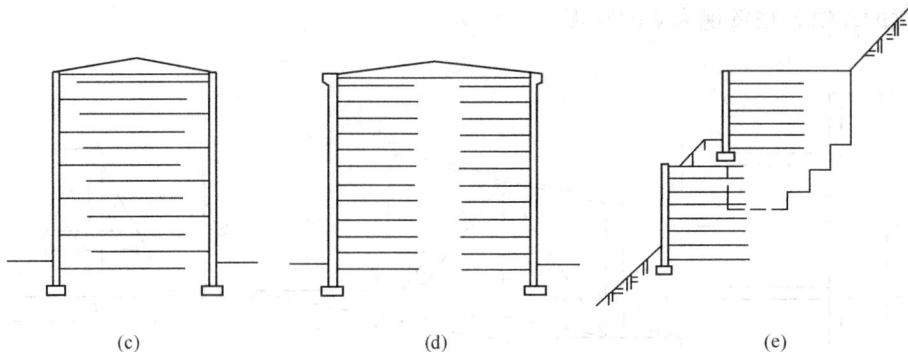

(c)   (d)   (e)

图 8-44 加筋土挡土墙形式（二）

8.5.2 加筋土挡土墙的组成与构造要求

加筋土挡土墙主要由墙面板、拉筋、拉接件、填料、基础和帽石等组成，如图 8-45 所示。

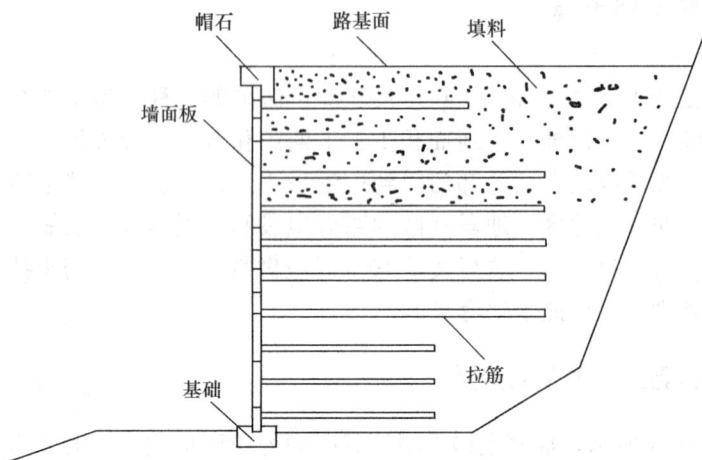

图 8-45 加筋土挡土墙结构图

1. 墙面板

墙面板的作用是阻挡拉筋间填料从侧向挤出，并保证拉筋、填料、墙面板构成具有一定形状的整体。面板的材料宜采用钢筋混凝土面板，面板的形状如图 8-46 所示，常采用矩形、十字形、六边形等。墙面板的外形尺寸可参考表 8-11。

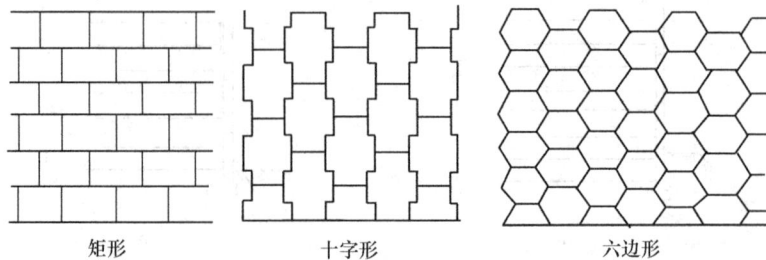

矩形   十字形   六边形

图 8-46 墙面板形状图

拉筋根数	高（cm）	宽（cm）	厚（cm）	材料
一　根	50～75	50～100	8～15	
两　根	50～75	75～150	10～25	钢筋混凝土
四　根	100～150	100～150	15～26	

墙面板的板边一般设有楔口或连接件与周边墙面板相互密贴而形成面板整体。墙面板与拉筋的连接根据选择拉筋的不同而各异，但一般是在墙面板中预埋连接件，如预留钢板锚头、钢筋拉环等。包裹式挡土墙墙面板宜采用在加筋体中预埋构造钢筋与墙面板进行连接，钢筋埋入加筋体中的锚固长度不宜小于 3.0m，钢筋直径一般为 16～22mm。与钢筋混凝土板条拉筋之间采用电焊等强度连接。墙面板可设泄水孔，当墙后填筑细粒土时，应设置反滤层。沿墙长方向在地层变化点或每隔 20～30m 设置 2cm 的沉降缝，并在面板内侧沿整个墙高设置宽 20cm 的渗滤布。

2. 拉筋

拉筋的作用是通过拉筋与填料之间的摩阻作用而达到外部稳定。因此拉筋必须具有：①足够的抗拉强度，拉伸变形和蠕变量小，不易产生脆性破坏；②与填料之间具有足够的摩擦力；③有一定的柔性，便于制作，接长简单；④具有良好的耐腐蚀性和耐久性。

拉筋的材料宜选用钢筋混凝土板条、复合土工带或土工格栅。筋材之间连接或筋材与墙面板连接时，连接强度不得低于设计强度。墙面板与土工格栅及复合土工带拉筋之间应采用连接棒或其他连接方式等强度连接；墙面板与钢筋混凝土板条拉筋之间，以及钢筋混凝土板条拉筋段之间应采用电焊等强度连接。拉筋的竖向间距不宜大于 1.0m，采用复合土工带或钢筋混凝土板条作拉筋时，其水平向间距不宜大于 1.0m；采用土工格栅时，其层间距离不宜大于 1.0m。拉筋的长度在满足稳定条件下，尚应按下列原则进行：

(1) 土工格栅的拉筋长度不应小于 0.6 倍墙高，且不应小于 4.0m；钢筋混凝土板条拉筋长度不应小于 0.8 倍墙高，且不应小于 5.0m；墙高低于 3m 时，拉筋长度不应小于 4m，且应采用等长拉筋；

(2) 当采用不等长拉筋时，同长度拉筋的墙段高度不应小于 3m，且同长度拉筋的截面也应相同；相邻不等长拉筋的长度差不宜小于 1m；

(3) 当采用钢筋混凝土板条拉筋时，拉筋的分节长度不宜大于 2m。

3. 填料

加筋土挡土墙的填料应采用砂类土（粉砂、黏砂土除外）、砾石类土、碎石类土。也可选用 C 组细粒土填料，不得采用块石类土。填料的物理力学指标，应根据试验确定。当缺少试验数据时，可参考表 8-6 所列数据。填料与筋带直接接触部分不应含有尖锐棱角的块体，填料中最大粒径不应大于 10cm，且不宜大于单层填料压实厚度的 1/3。填料必须分层压实，压实标准必须符合现行的路基规范要求。

199

4. 基础及帽石

加筋土挡土墙的墙面板下应设置厚度不小于 0.4m 的 C15 混凝土条形基础，对土质地基和风化层较厚且难以全部清除的岩石地基，基础的埋置深度不应小于 0.6m。除满足基础的一般要求外，墙前应设置 4% 的横向排水坡，在无法横向排水地段应设纵向排水沟，基础底面应设置于外侧排水沟底以下。

加筋土挡土墙的帽石起固定和约束墙面板的作用，应采用 C15 混凝土现场灌注，分段长度可取 2~4 块墙面板宽度，且不大于 4m，断面尺寸宜采用 0.4m(宽)×0.5m（高），嵌入墙面板内侧的帽石不应小于 10cm，当设栏杆时应在帽石内预埋 U 形螺栓。

8.5.3　加筋土挡土墙的基本工作原理

加筋土是在填土中设置适量具有一定强度的带状拉筋，经分层填筑压实而成的一种复合材料，这种复合材料使原有填料的性质获得显著改善。在土重和外荷作用下，未加筋的土体将产生竖向沉降和侧向变形，当土体中埋设有拉筋时，通过土和拉筋的摩擦作用，把土体的侧向膨胀力传递给拉筋承受，从而限制了土层的侧向位移，如同给土层施加了一个水平约束力。当垂直压力增加时，水平约束力也相应增加，这样既提高了填土的整体性，又提高了土体的承载能力，保证了结构的稳定。只有当拉筋被拔出或筋条断裂，土体才会失稳而破坏，这种受力情况，如图 8-47 所示。取拉筋

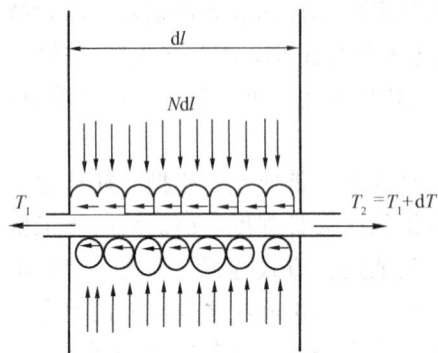

图 8-47　拉筋受力分析

中的微段 dl，dl 上的拉力变化为：dT＝T_2－T_1，式中的 T_1、T_2 分别为 dl 两端的拉力，则拉筋不被拔出时所需拉筋与土之间的摩擦力及摩擦系数有：

$$dT < 2N \cdot b_l \cdot dl \cdot f^* \tag{8-95}$$

$$\frac{dT}{2N \cdot b_l \cdot dl} < f^* \tag{8-96}$$

式中　f^*——土与拉筋之间的摩擦系数；

b_l——拉筋宽度；

N——竖向压力。

8.5.4　加筋土挡土墙的设计计算

加筋土挡土墙的设计计算主要包括：①墙面板的设计、拉筋的长度和截面尺寸及布置间隔等设计；②内部稳定检算，包括加筋的材料抗拉强度和抗拔稳定计算；③外部稳定（全墙的整体稳定）检算，主要有倾覆稳定、滑走稳定、基底合力偏心距和地基承载力等。若为软弱地基尚应进行整体滑动稳

定性及地基沉降计算。

1. 加筋土挡墙计算时的基本假定

(1) 加筋土挡墙面板后的填土分为非锚固（滑动）区与锚固（稳定）区，这两个区的分界面为土体的破裂面，如图 8-48 所示。根据国内外实测资料表明，可近似采用 0.3H 折线法确定破裂面的形状，其中 H 为加筋土挡墙高度，对于路肩式加筋土挡墙，加筋体上填土厚度计入挡墙高度（图 8-48a）。靠近墙面板的非锚固区内拉筋长度 L_a 为无效长度，锚固区内的拉筋长度为有效长度 L_b。

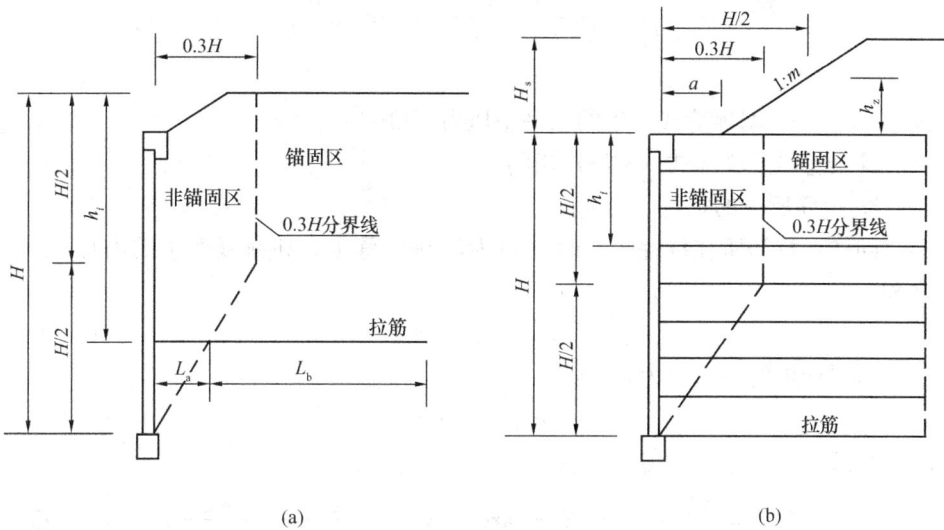

(a)   (b)

图 8-48　拉筋非锚固区与锚固区

(2) 墙面板承受着位于主动区的填料产生的主动土压力，每块面板所承受的土压力将由稳定区内拉筋与填料之间的摩阻力（抗拔力）来平衡。

(3) 考虑填料及墙顶面以上荷载在拉筋有效段所产生的有效摩阻力，不考虑在拉筋无效段产生的摩阻力。

(4) 拉筋与填料之间的摩擦系数，在拉筋的全长范围内相同。

2. 作用于墙背上的水平土压力

作用于加筋土挡土墙背（即墙面板）上的水平土压力 σ_{hi}，应包含墙后填料和填料以上荷载所产生的土压力之和为：

$$\sigma_{hi} = \sigma_{h1i} + \sigma_{h2i} \tag{8-97}$$

(1) 墙后填料产生的水平土压力 σ_{h1i}

$$\sigma_{h1i} = \lambda_i \gamma h_i \tag{8-98}$$

当 $h_i \leqslant 6\mathrm{m}$ 时，$\lambda_i = \lambda_0(1 - h_i/6) + \lambda_a h_i/6$

其中 $\lambda_0 = 1 - \sin\varphi_0$，$\lambda_a = \tan^2(45° - \varphi_0/2)$

当 $h_i > 6\mathrm{m}$ 时，$\lambda_i = \lambda_a$

式中　σ_{h1i}——填料产生的水平土压力（kPa）；

γ——填料重度（kN/m³）；

h_i——墙顶（路肩墙包括墙顶以上填土高度，图 8-48a 所示）距第 i 层墙面板中心的高度（m）；

λ_i——加筋土挡墙内 h_i 深度处的水平土压力系数；

λ_0、λ_a——分别为静止土压力系数、主动土压力系数；

φ_0——填料综合内摩擦角（°）。

（2）墙顶荷载产生的水平土压力 σ_{h2i}

根据附加应力的扩散规律，由外荷载产生的水平土压力 σ_{h2i}，应按弹性理论条形荷载采用下列公式计算：

$$\sigma_{h2i} = \frac{\gamma h_0}{\pi} \left[\frac{bh_i}{b^2 + h_i^2} - \frac{h_i(b + l_0)}{h_i^2 + (b + l_0)^2} + \arctan\frac{b + l_0}{h_i} - \arctan\frac{b}{h_i} \right]$$

$$(8\text{-}99)$$

式中　σ_{h2i}——墙顶荷载产生的水平土压力（kPa）；

其余符号意义与式（8-78）相同。

3. 拉筋所受的垂直压力 σ_{vi}

同样，拉筋所在位置的垂直压力为填料自重压力和荷载产生的附加压力之和。

$$\sigma_{vi} = \sigma_{v1i} + \sigma_{v2i} \tag{8-100}$$

填料产生的竖直压力 σ_{v1i} 为：

$$\sigma_{v1i} = \gamma \cdot h_i \tag{8-101}$$

荷载产生的竖直压力 σ_{v2i} 为：

$$\sigma_{v2i} = \frac{\gamma h_0}{\pi} \left(\arctan X_1 - \arctan X_2 + \frac{X_1}{1 + X_1^2} - \frac{X_2}{1 + X_2^2} \right) \tag{8-102}$$

式中　σ_{v2i}——墙顶荷载在第 i 层墙面板所对应的拉筋上产生的垂直压力（kPa）；

其余符号意义与式（8-80）相同。

4. 墙面板与拉筋的结构设计

（1）墙面板

墙面板一般采用钢筋混凝土预制构件。作用于板上的水平土压力视为均匀分布，其内力计算应沿水平方向和垂直方向分别进行；配筋应根据《铁路桥涵钢筋混凝土和预应力混凝土结构设计规范》TB 10002.3—2005 按双向悬臂梁进行单面配筋设计，并且墙面板与拉筋连接部分的配筋应适当加强。

（2）拉筋

① 拉筋拉力为：

$$T_i = K \cdot \sigma_{hi} \cdot S_x \cdot S_y \tag{8-103}$$

式中　T_i——第 i 层墙面板所对应拉筋的计算拉力（kN）；

K——拉筋拉力峰值附加系数，可采用 1.5～2.0；

S_x、S_y——拉筋之间的水平和垂直间距（m），采用土工格栅拉筋时只有垂直间距 S_y。

② 拉筋的长度计算：拉筋长度应保证在设计拉力作用下不被拉出，如图 8-48 所示，拉筋长度 L 由非锚固段长度（即无效长度 L_a）和锚固段长度（即有效长度 L_b）组成。

第 i 层拉筋的无效长度 L_{ai} 按 $0.3H$ 折线法确定：

当 $h_i \leqslant H/2$ 时， $\qquad L_{ai} = 0.3H$ $\qquad$ (8-104a)

当 $h_i > H/2$ 时， $\qquad L_{ai} = 0.6(H - h_i)$ $\qquad$ (8-104b)

式中 L_{ai}——拉筋计算无效长度（m）；

$\qquad H$——挡墙高度（m）。

第 i 层拉筋的有效长度 L_{bi}，根据垂直压力在拉筋上产生的有效摩阻力，与相应的拉筋计算拉力平衡而求出，计算式为：

$$L_{bi} = \frac{T_i}{2 \cdot f \cdot b_l \cdot \sigma_{vi}} \qquad (8\text{-}105)$$

式 (8-104)、式 (8-105) 中

$\qquad L_{ai}$、L_{bi}——分别为拉筋计算无效长度、有效长度（m）；

$\qquad f$——拉筋与填料间的摩擦系数，根据抗拔试验确定，无试验数据时，可采用 $0.3 \sim 0.4$；

$\qquad b_l$——拉筋宽度（m）；

$\qquad \sigma_{vi}$——拉筋所在位置的垂直压力（kPa）；为填料自重压力和荷载产生的附加压力之和。

对于土工格栅包裹式加筋土挡土墙，其筋材回折包裹长度应按下式计算：

$$L_0 = \frac{S_y \sigma_h}{2(c + \gamma h \tan\delta)} \qquad (8\text{-}106)$$

式中 L_0——计算拉筋层的水平回折包裹长度，为水平投影长度（m）；

$\qquad S_y$——拉筋的上、下层间距（m）；

$\qquad \sigma_h$——作用在墙面上的水平土压应力（kPa）；

$\qquad c$——拉筋与填料之间的黏聚力（kPa）；

$\qquad \gamma$——填料重度（kN/m³）；

$\qquad h$——拉筋距墙顶的深度（m）；

$\qquad \delta$——拉筋与填料之间的摩擦角（°）。

③ 拉筋的截面积计算：

拉筋的截面面积应保证其所受最大拉力不超过拉筋材料的容许抗拉强度 T_a：

当采用土工合成材料时： $\qquad T_a = T/F_i$ $\qquad$ (8-107a)

当采用钢筋混凝土板条时： $T_a = [\sigma] A'_j$ $\qquad$ (8-107b)

式中 T——由加筋材料拉伸试验测得的极限抗拉强度（kN）；

$\qquad F_i$——考虑拉筋铺设时机械损伤、材料蠕变、化学及生物破坏等因素时的影响系数，应按实际经验确定，无经验时可采用 $2.5 \sim 5.0$，当施工条件差、材料蠕变性大时，取大值；

$\qquad [\sigma]$——拉筋容许拉应力（kPa）；

A'_j——扣除预留锈蚀量后拉筋截面面积（m^2）。

土工格栅拉筋可取单位宽度进行应力检算，土工合成材料拉筋的容许抗拉强度应按现行《铁路路基土工合成材料应用技术规范》TB 10118—99 确定，其金属连接件应检算拉应力和剪应力。

5. 全墙的内部整体稳定性检算

全墙的内部整体稳定性检算主要是检算拉筋的抗拔稳定性，检算时拉筋的非锚固区与锚固区的分界线仍可采用 $0.3H$ 法（图 8-48）（路肩墙加筋体上填土厚度计入墙高内）。锚固端的锚固力可根据拉筋有效长度上下两面所产生的摩擦力，采用下式计算：

$$S_{fi} = 2\sigma_{vi}b_i L_{bi}f \qquad (8\text{-}108)$$

式中　　　　　S_{fi}——拉筋锚固力（kN）；

σ_{vi}、L_{bi}、b_i、f——同式（8-105）。

检算拉筋的抗拔稳定性时，应包括有荷载和无荷载两种情况。内部稳定计算时应将路堤墙加筋体上填土 H_s 换算成等代均布填土荷载 h_z 计算（图 8-48b），荷载土柱高 h_z 应按下式计算：

$$h_z = \frac{1}{m}\left(\frac{H}{2} - a\right) \qquad (8\text{-}109)$$

式中　h_z——路堤墙上填土换算荷载土柱高（m），当 $h_z > H_s$ 时，取 $h_z = H_s$；

m——填土边坡坡率；

H——加筋土挡墙墙高（m）；

a——墙顶以上路堤坡脚至加筋面板的水平距离（m）。

全墙的抗拔稳定和单板的抗拔稳定按下列公式分别进行检算：

（1）全墙的抗拔稳定系数不应小于 2.0，即：

$$K_s = \frac{\sum S_{fi}}{\sum E_{xi}} \geqslant 2.0 \qquad (8\text{-}110)$$

式中　$\sum S_{fi}$——全墙各层拉筋锚固力（摩擦力）的总和（kN）；

$\sum E_{xi}$——全墙各层拉筋承受的水平土压力的总和（kN）。

（2）单板抗拔稳定系数不宜小于 2.0，条件困难时可适当减少，但不得小于 1.5。

6. 全墙的外部整体稳定性检算

加筋土挡土墙的整体稳定性（包括滑走稳定和倾覆稳定）检算、基底合力偏心距检算及基底应力检算时，应将其视为实体墙，按一般重力式挡土墙的方法和要求，检算各项内容。当进行外部稳定检算时，加筋挡土墙墙顶以上填土荷载应按填土几何尺寸计算。

加筋土挡土墙基底压应力可按下式计算：

$$\sigma = \frac{\sum N}{B - 2e} \qquad (8\text{-}111)$$

式中　$\sum N$——作用于基底上的总垂直力（kN）；

B——加筋体基底宽度（m）；

e——基底合力的偏心距（m），不应大于 $B/6$，当 $e<0$, 时，取 $e=0$。

软弱地基上加筋土挡土墙的整体滑动稳定或沉降检算应按《铁路特殊路基设计规范》TB 10035—2006 中软土地基路堤的有关要求进行。软弱地基的地基承载力、整体滑动稳定性或工后沉降不满足要求时，可采取加长拉筋或地基处理措施。

8.6 锚固式挡土墙

锚固式挡土墙包括锚杆式挡土墙、锚定板式挡土墙和土钉墙等，它们都是通过锚固在稳定土体中的拉杆维持墙体或土坡的稳定，但它们的工作原理在一定程度上各有所差别。

8.6.1 锚杆式挡土墙

锚杆挡土墙是由钢筋混凝土肋柱、墙面板和锚杆组成的支挡建筑物，它依靠锚固在稳定地层内锚杆的抗拔力维持挡土墙的稳定，适用于一般地区岩质路堑地段。

锚杆挡土墙的结构形式主要有肋柱式、板肋式、无肋柱式或格构式等结构形式。一般肋柱式锚杆挡土墙采用灌浆锚杆，具有较大的抗拔力，可用做路堑挡土墙，也可用于陡坡地段；无肋柱式锚杆挡土墙，一般由钢筋混凝土板和楔缝式锚杆组成，多用于岩石边坡的防护加固。

1. 肋柱式锚杆挡土墙的构造

如图 8-49 所示，肋柱式锚杆挡土墙由肋柱、挡土板和灌浆锚杆组成，可以采用分段拼装或就地灌注。为便于施工，一般采用直立式，根据地形地质条件，可设计为单级或多级，每级墙的高度不宜大于 8m；总高度不宜大于 18m。多级墙上、下两级之间应设置平台，平台的宽度不应小于 2m，平台顶面宜用 C15 混凝土封闭，其厚度为 5cm，并设 2% 横向向外排水坡。一般情况下，肋柱和墙面板的混凝土强度等级宜为 C30。肋柱和墙面板中钢筋的混凝土保护层厚度及裂缝最大宽度的验算应满足《混凝土结构设计规范》GB 50010—2010 和《铁路混凝土结构耐久性设计暂行规定》（铁建设［2005］157号）的要求。肋柱的基础应采用 C20 混凝土。

（1）肋柱

肋柱可采用预制单根整柱，也可采用分段拼装或就地灌注，拼接时肋柱接头宜为榫接。肋柱式锚杆挡土墙的肋柱间距宜为 2～3m，板肋式肋柱的间距一般为 3～6m，格构式的肋柱间距一般为 3～5m。肋柱截面可采用矩形或 T 形，截面宽度不得小于 30cm。

（2）锚杆

锚杆采用钻机钻孔，一般水平向下倾斜 15°～25°，但不宜大于 45°，每级肋柱上的锚杆可设计为单层或多层。锚杆可按弯矩相等或支点反力相等

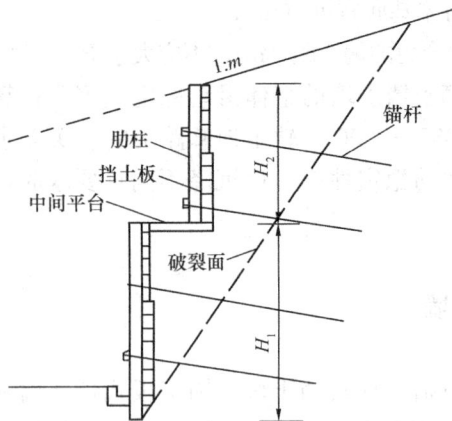

图 8-49　锚杆挡土墙结构图

的原则布置，间距不小于 2m。锚孔直径应根据锚杆的布置、灌浆管的尺寸及钢筋支架的位置确定。锚杆钢筋宜选用带肋钢筋或高强精轧螺纹钢筋，不宜采用镀锌钢材，其直径为 18～32mm。钢筋每孔不宜多于 3 根。锚杆未锚入地层部分，必须做好防锈处理。腐蚀环境下可采用钢筋表面环氧涂层等。

锚孔注浆材料一般采用水泥砂浆，其强度等级不应低于 M30。注浆采用孔底注浆法。

（3）墙面板

装配式墙面板可采用钢筋混凝土槽形板、空心板和矩形板，矩形板厚度不宜小于 15cm，墙面板与肋柱的搭接长度不应小于 10cm。墙面板应留有泄水孔，并在板后设置反滤层以利排水。

（4）锚杆与肋柱的连接

锚杆与肋柱的连接可根据肋柱的施工方法而定。当肋柱就地灌注时，锚杆钢筋伸入肋柱的锚固长度必须满足有关规范的规定。当采用拼装时，可用螺栓连接或焊短钢筋和设置弯钩的连接方法，但肋柱上锚杆端外露部分必须用砂浆包裹，防止锈蚀。

2. 肋柱式锚杆挡土墙的设计

肋柱式锚杆挡土墙设计的主要内容有：墙背土压力计算，肋柱、锚杆和墙面板的设计计算，肋柱底端支撑应力的检算，柱、板的配筋，灌浆锚杆的设计等。

（1）墙背土压力计算

作用于锚杆挡土墙墙背上的荷载组合应按重力式挡土墙有关规定计算。墙背主动土压力可按库仑理论计算其水平分力。墙背摩擦角应符合表 8-7 的规定。锚杆挡土墙为多级时，应

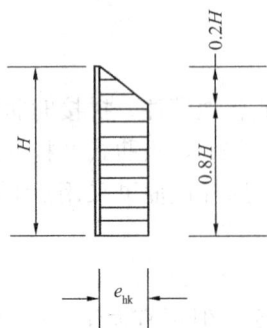

图 8-50　岩质边坡土压力分布

分别计算其墙背土压力。

对岩质边坡以及密实、中密砂土类边坡，当采用逆作法施工柔性结构的多层锚杆挡土墙时，土压力分布可按图 8-50 确定，图中的 e_{hk} 按下式计算：

$$e_{hk} = \frac{E_{hk}}{0.9H} \tag{8-112}$$

式中 e_{hk}——侧向岩土压力水平分力的应力分布标准值（kPa）；

       E_{hk}——根据库仑理论计算的侧向岩土压力合力的水平分力（kN）；

       H——挡土墙高度（m）。

（2）肋柱的设计计算

作用于肋柱的荷载应按两肋柱中心至中心的距离计算。肋柱的锚杆拉力、肋柱的弯矩和剪力，应根据锚杆层数、柱底与基础的连接形式，按简支梁或连续梁计算。肋柱结构应按现行国家标准《混凝土结构设计规范》GB 50010—2010 计算，荷载分项系数可采用 1.6。

设计装配式肋柱时，应考虑肋柱在搬运、吊装及施工过程中受力不均匀等情况，在肋柱的内外两侧配置通长的受力钢筋。

（3）墙面板

墙面板可按以肋柱为支点的简支板计算，其计算跨度为墙面板两端支座中心（净跨加板的两端搭接长度）的距离，计算荷载取墙面板所在位置的土压力最大值。墙面板可按以肋柱为支点的简支板计算，其计算跨度为净跨加板的两端搭接长度。

墙面板的计算荷载应为：沿板的宽度采用与其相应土压应力图示中的最大值，按均布荷载计算。板结构设计应符合现行国家标准《混凝土结构设计规范》GB 50010—2010 的规定。板结构的荷载分项系数为 1.35。

现场灌注的无肋柱式锚杆挡土墙，其墙面板的内力可分别沿竖直方向和水平方向取单位宽度按连续梁计算。计算荷载在竖直方向应取墙面板的土压应力，在水平方向应取墙面板所在位置土压应力的平均值。

（4）灌浆锚杆的设计

1）锚杆的拉力计算

如图 8-51 所示，锚杆为中心受拉构件，截取肋柱的任意支点 n，R_n 为肋柱支点反力，锚杆的轴向拉力为 N_n，则：

$$N_n = \frac{R_n}{\cos(\beta - \alpha)} \tag{8-113}$$

式中 α——肋柱相对于铅垂线的倾角（°）；

       β——锚杆对水平方向的倾角（°）。

2）锚杆的截面设计

锚杆的截面设计需要决定每层锚杆所用钢筋的根数和直径，并根据钢筋和灌浆管的尺寸决定钻孔的直径。锚杆应按中心

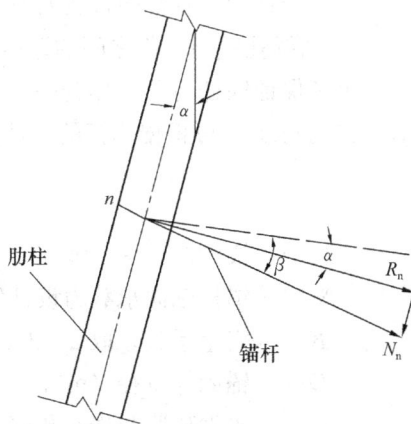

图 8-51　锚杆拉力与支点反力的关系

受拉构件设计，所需钢筋面积按下式计算：

$$A_s = K \cdot N_n / f_y \tag{8-114}$$

式中　A_s——钢筋的截面面积（mm^2）；

　　　N_n——锚杆轴向拉力（N）；

　　　K——荷载安全系数，可采用 $2.0 \sim 2.2$；

　　　f_y——钢筋的抗拉设计强度（N/mm^2）。

考虑锈蚀，每根钢筋的直径需增加 2mm 作为保护层。若有侵蚀性地下水时，应设置 3mm 的保护层。为了保证钢筋有足够的砂浆保护层，每隔 $1.5 \sim 2.0m$，在钢筋的下方焊一钢筋或钢板船形支架。钻孔直径必须大于灌注管、钢筋及支架高度总和。

3）确定锚杆长度

锚杆的长度包括非锚固段长度和有效锚固段长度两部分，如图 8-52 所示。非锚固段长度 l_f 是根据肋柱与主动破裂面或滑动面的实际距离来确定的。而锚杆的有效长度 l_a 则是根据锚杆锚固端的抗拔力来确定的。影响锚杆抗拔力的因素很多，如孔壁土层的强度、砂浆与孔壁的粘结强度、砂浆对锚杆钢筋的握裹力、地层厚度等，因此最好进行现场拉拔试验，以确定锚杆的极限抗拔力。

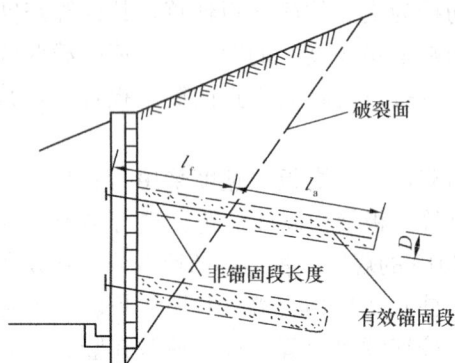

图 8-52　锚杆的有效长度

确定锚杆的有效锚固长度 l_a 应从以下两方面考虑：

① 由锚孔壁与砂浆之间的摩擦确定锚杆的有效锚固长度 l_a

为了保证锚杆与砂浆作为一个整体不会从与孔壁的接触面滑出，锚杆的有效锚固长度 l_a 可根据锚杆的设计拉力由下式计算确定：

$$L_a = \frac{KN_t}{\pi D f_{rb}} \tag{8-115}$$

式中　L_a——锚固段长度（m）；

　　　N_t——锚杆轴向承载力设计值（kN）；

　　　K——安全系数，取 $2 \sim 2.5$；

　　　D——锚固体直径（m）；

　　　f_{rb}——水泥砂浆与岩石孔壁间的黏结强度设计值（kN/m^2），一般由现场拉拔试验确定，无试验资料时可参考《铁路路基支挡结构设计规范》TB 10025—2006 附录 C 中有关规定。

② 按锚杆与砂浆之间的容许粘结力对锚杆的有效锚固长度进行检算

$$L_a = \frac{KN_t}{n\pi d\xi f_b} \tag{8-116}$$

式中　　n——钢筋根数；

　　　　d——单根钢筋直径（m）；

　　　　f_b——水泥砂浆与钢筋间的粘结强度设计值（kPa）；一般由现场拉拔试验确定，无试验资料时可参考《铁路路基支挡结构设计规范》TB 10025—2006 附录 C 中有关规定；

　　　　ξ——采用两根或两根以上钢筋时，界面粘结强度降低系数，取 0.60～0.85；

　K、N_t——同式（8-115）。

为了安全和稳定的要求，锚杆的有效长度不但应满足以上公式的要求，还应保证在岩层中一般不宜小于 4.0m，但也不宜大于 10m。

8.6.2　锚定板挡土墙

1. 概述

锚定板挡土墙系由钢筋混凝土肋柱、墙面板、拉杆和锚定板组成，如图 8-53 所示。锚定板挡土墙的结构形式基本上与锚杆式挡土墙相同，其区别仅仅在拉杆末端增设了一块锚定板，即用锚定板的抗拔力来代替锚杆与稳定地层之间的固结力或水泥砂浆与锚杆之间的握裹力，因此锚定板挡土墙的优点基本上与锚杆挡土墙相同，在设计上也存在许多相似之处。锚定板挡土墙可用于一般地区墙高不大于 10m 的路肩墙或路堤墙，同时还可以根据周围环境及地质情况，与锚杆挡土墙联合使用，共同发挥优势；如图 8-53（b）所

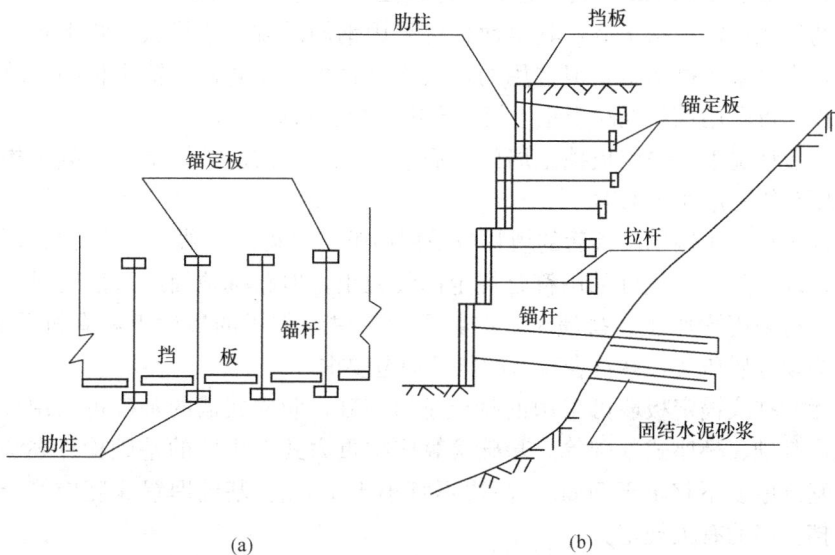

(a)　　　　　　　　　　　(b)

图 8-53　锚定板挡土墙

(a) 平面图；(b) 剖面图

示，上层为锚定板挡土墙，设置于填土中，下层锚杆挡土墙中的锚杆采用水泥砂浆固定在原有边坡内，这样可充分利用原有边坡的稳定和锚固作用。

2. 一般规定

锚定板挡土墙结构形式可采用肋柱式和无肋柱式两种，如图 8-54 所示。设计锚定板挡土墙时，可根据地形采用单级或双级形式，单级墙的高度不宜大于 6m，双级墙的总高度不宜大于 10m。上、下两级墙之间应设置平台，平台的宽度不应小于 2m（图 8-54a）。

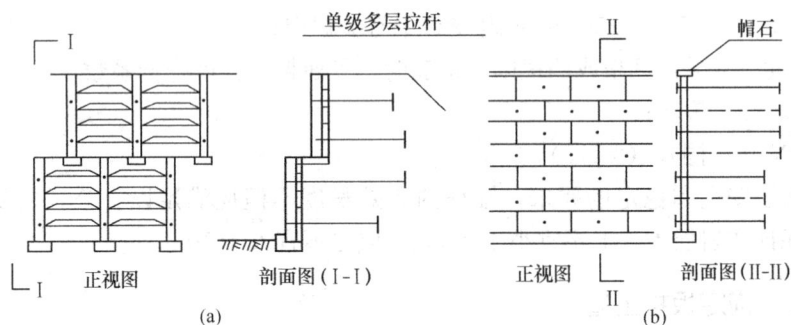

图 8-54　锚定板挡土墙类型示意图
(a) 肋柱式锚定板挡土墙；(b) 无肋柱式锚定板挡土墙

肋柱式锚定板其上下级墙的肋柱应沿线路方向相互错开。肋柱间距宜为 2～2.5m；肋柱截面多为矩形，也可采用方形或 T 形，截面宽度不宜小于 30cm。每级肋柱上拉杆层数可设计为双层或多层，必要时也可设计为单层。肋柱可为整柱，也可分段拼接，拼接时肋柱接头宜为榫接。

锚定板可采用钢筋混凝土板，截面形式可采用方形或矩形；肋柱式锚定板面积不应小于 $0.5m^2$，无肋柱式锚定板面积不应小于 $0.2m^2$。

肋柱式锚定板挡土墙，其墙面板可采用钢筋混凝土槽形板、矩形板、空心板，也可采用拱形板，但选用的形式不宜过多。无肋柱式锚定板挡土墙的墙面板，可采用钢筋混凝土矩形板、十字形板、六边形板。

一般情况下，锚定板挡土墙的墙面板、肋柱及锚定板等钢筋混凝土构件的强度等级不应小于 C30。

锚定板挡土墙墙面板后的填料应采用砂类土（粉砂、黏砂土除外）、砾石类土、碎石类土，也可采用符合规定的细粒土，但路基顶面应采取防排水措施；不得采用膨胀土、盐渍土，严禁采用有腐蚀作用的酸性土和有机质土。填料必须分层压实，并符合现行的路基规范要求。

无肋柱式锚定板墙可采用混凝土条形基础；肋柱式墙的基础可采用混凝土条形基础、杯座式基础等。基础检算应按重力式挡土墙的基础检算办法办理。基础厚度不宜小于 50cm，襟边不宜小于 15cm。基础埋置深度应符合重力式挡土墙的有关规定。

3. 设计荷载及土压力计算

锚定板挡土墙墙面板所受的土压力系由墙后填料及外荷载引起。由于挡土板、拉杆、锚定板及填料的相互作用，影响土压力的因素很多；通过大量的现场实测及模型试验表明，墙面板所承受的土压力大于库仑主动土压力公式的计算值，因此如何确定作用于挡土墙的土压力，是一个需要进一步解决的课题。规范指出墙面板所受土压力可参考重力式挡墙。但其中轨道及列车荷载产生的土压力可不乘增大系数；填料产生的土压力应按图 8-55 所示分布，并按下列公式计算土压力：

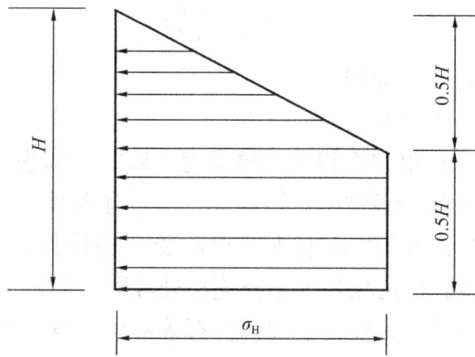

图 8-55　填料产生的土压力分布图

$$\sigma_H = \frac{1.33 E_x}{H} \cdot \beta \qquad (8-117)$$

式中　σ_H——水平主动土压力（kPa）；

E_x——主动土压力的水平分力（kN）；

H——墙高（m），当为分级墙时，取上、下级墙之和；

β——土压力增大系数，一般采用 1.2～1.4。

4. 拉杆的设计及结构整体稳定性检算

（1）拉杆长度应满足墙的整体稳定性要求，最上一排拉杆至填土顶面的距离不得小于 1.0m，且最下一排拉杆的长度应置于主动土压力破裂面以外不小于 3.5 倍锚定板高度。路肩墙最上一排拉杆长度，应大于另一侧轨枕端头。

（2）拉杆、螺丝端杆宜选用可焊性和延伸性良好的钢材，也可采用 45SiMnV 精轧螺纹钢材作为拉杆。拉杆直径应根据拉杆设计拉力及所选用钢材的容许应力，按下列公式计算，且不宜小于 22mm。

$$d = 2 \times \sqrt{\frac{R \times 10^4}{\pi [\sigma_s]}} + 0.2 \qquad (8-118)$$

式中　d——拉杆直径（cm）；

R——拉杆的设计拉力（kN）；

$[\sigma_s]$——拉杆钢材的容许拉应力（kPa）；

另外公式中的系数 0.2 为考虑钢材锈蚀增加的安全储备量（cm）。

（3）锚定板挡土墙的整体稳定性，可采用折线裂面方法或整体土墙方法计算，且整体稳定系数不应小于 1.8。计算锚定板墙整体稳定性应包括墙顶有荷载与无荷载两种情况。对双线铁路尚应考虑 I 线有荷载、II 线无荷载和

211

Ⅰ线无荷载、Ⅱ线有荷载等多种组合，取其不利者控制。

折线裂面方法应对上述各种荷载下墙面板所受土压力，按乘与不乘土压力增大系数分别计算，取其不利者控制。

5. 锚定板的设计计算

（1）锚定板的面积应根据拉杆设计拉力及锚定板容许抗拔力，按下列公式确定：

$$F_A = \frac{R}{[P]} \tag{8-119}$$

式中　F_A——锚定板的面积（m²）；

　　　　R——拉杆设计拉力（kN）；

　　　$[P]$——锚定板单位面积容许抗拔力（kPa）；应根据现场拉拔试验确定。当无试验条件时，可根据工点具体条件，参照经验数据确定。

（2）锚定板内力可按中心有支点单向受弯构件计算，但锚定板应双向布筋。此外，尚应检算锚定板与钢垫板连接处混凝土局部承压与冲切强度。

其他有关墙面板、肋柱、基础、帽石等部位的设计可参考锚杆挡土墙。

8.6.3　土钉墙

土钉墙是由土钉群、被加固土体、喷射混凝土与钢筋网面层组成的一个类似于加筋式挡土墙的结构，如图 8-56 所示。它通过土钉群将被加固的区域形成一个整体，充分利用了土体本身的强度，大大降低了支挡工程的造价。同时由于土钉墙一般采用短锚杆，施工只需小型机具，施工方便、灵活。土钉墙可用于一般地区土质及破碎软弱岩质路堑地段，在膨胀土地段及地下水较发育或边坡土质松散时不宜采用。

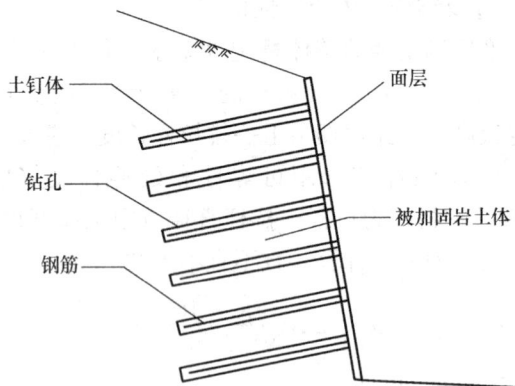

图 8-56　土钉墙示意图

1. 一般规定

土钉墙高度宜控制在 20m 以内。墙胸坡度宜为 1∶0.1～1∶0.4，边坡较高时宜设多级，上、下两级墙之间应设置平台，平台的宽度不应小于 2m，每级墙高不宜大于 10m。单级土钉墙墙高宜控制在 12m 以内。

土钉的长度应为墙高的 0.4～0.6 倍，间距宜为 0.75～2m，与水平面的夹角宜为 5°～20°。土钉钉材宜采用 HRB335、HRB400 钢筋，钢筋直径宜为 16～32mm，钻孔直径宜为 70～130mm。土钉钢筋应设定位支架。腐蚀环境下可采用钢筋表面环氧涂层等措施。钉孔注浆材料宜采用水泥浆或水泥砂浆，其强度不宜低于 20MPa，一般宜采用 M30 水泥砂浆。边坡渗水较严重时，宜添加膨胀剂。注浆采用孔底注浆法，注浆压力宜为 0.2MPa。

土钉面层由喷射混凝土和钢筋组成。喷射混凝土面层厚度不应小于 80mm，一般采用 120～200mm，喷射混凝土强度等级不宜低于 C20。喷射混凝土面层应配置钢筋网，钢筋直径为 6～10mm，间距为 150～300mm，钢筋网搭接宜采用焊接。

面层应设泄水孔，泄水孔后应设土工合成材料、无砂混凝土板反滤层。边坡渗水严重时应设置仰斜 5°～10°的排水孔，排水孔长度较土钉略长，孔内应设置透水管或凿孔的聚乙烯管，并充填粗砂。

2. 土钉墙的设计计算

土钉墙设计应遵循"保住中部、稳定坡脚"的原则，边坡中部的土钉宜适当加密、加长，坡脚用混凝土脚墙加固，并使之与土钉墙连成一个整体。

（1）作用于面层上的土压力计算

作用于土钉墙面层上的土压力按梯形分布考虑（图 8-57），沿墙高的土压力可按下列公式计算：

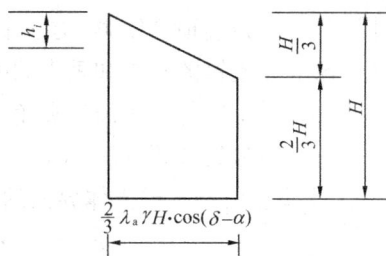

图 8-57 土钉墙墙背土压力分布

$$h_i \leqslant \frac{1}{3}H, \quad \sigma_i = 2\lambda_a \gamma h_i \cos(\delta - \alpha) \atop h_i > \frac{1}{3}H, \quad \sigma_i = \frac{2}{3}\lambda_a \gamma H \cos(\delta - \alpha) \right\} \tag{8-120}$$

式中 σ_i——水平土压力（kPa）；

γ——边坡岩土体重度（kN/m³）；

λ_a——库仑主动土压力系数；

H——土钉墙高度（m）；

h_i——第 i 层土钉距墙顶的高度（m）；

α——墙背与竖直面的夹角（°）；

δ——墙背摩擦角（°）。

（2）土钉的长度

土钉的长度包括非锚固长度和有效锚固长度，非锚固长度应根据墙面与土钉潜在破裂面的实际距离确定；而有效锚固长度则由土钉墙的内部稳定检算确定。

1）土钉的非锚固长度 l_a

与锚杆挡土墙类似，土钉的长度根据潜在的破裂面也分为非锚固区和有

213

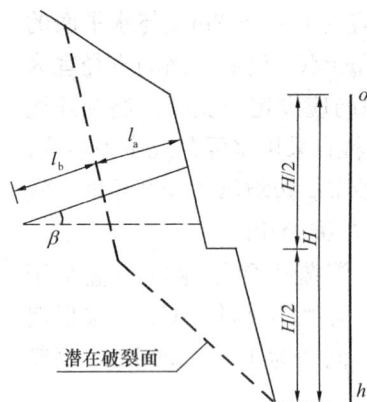

图 8-58 土钉锚固区和非锚固区分界面

效锚固区，如图 8-58 所示。其分界面距墙面的距离（也即土钉的非锚固长度 l_a）可按照下列公式计算：

$$\left. \begin{array}{l} h_i \leqslant \dfrac{1}{2}H, \quad l_a = (0.3 \sim 0.35)H \\[2mm] h_i > \dfrac{1}{2}H, \quad l_a = (0.6 \sim 0.7)(H - h_i) \end{array} \right\} \tag{8-121}$$

2）土钉的有效锚固长度 l_b

土钉的有效锚固长度 l_b 应根据土钉与土体界面的抗剪强度以及钢筋与砂浆间的粘结强度确定。

① 土钉的拉力可按下式计算：

$$E_i = \sigma_i S_x S_y / \cos\beta \tag{8-122}$$

式中　E_i——距墙顶高度第 i 层土钉的计算拉力（kN）；

S_x、S_y——土钉的水平和垂直间距（m）；

β——土钉与水平面的夹角（°）；

σ_i——参见公式（8-120）。

② 根据土钉与孔壁土体界面的岩土抗剪强度 τ 确定有效锚固长度 l_b：

$$F_{i1} = \pi \cdot d_h \cdot l_b \cdot \tau \geqslant E_i \tag{8-123}$$

式中　d_h——钻孔直径（m）；

τ——锚孔壁对砂浆的极限剪应力（kPa）。

③ 根据钉材与砂浆界面间的粘结强度 τ_g 确定有效锚固长度 l_b：

$$F_{i2} = \pi \cdot d_b \cdot l_b \cdot \tau_g \geqslant E_i \tag{8-124}$$

式中　d_b——钉材直径（m）；

τ_g——钉材与砂浆间的粘结力（kPa），按砂浆标准抗压强度 f_{ck} 的 10%取值。

土钉的有效锚固长度 l_b 应根据式（8-123）、式（8-124）取大值。

（3）土钉的强度检算

土钉应根据其所受的拉力进行抗拉断强度检算，具体可按下列公式检算：

$$\frac{T_i}{E_i} = \frac{\dfrac{1}{4}\pi \cdot d_b^2 \cdot f_y}{E_i} \geqslant K_1 \tag{8-125}$$

式中　f_y——钉材抗拉强度设计值；

K_1——土钉抗拉断安全系数，取 1.8。

（4）土钉的抗拔稳定检算

$$\frac{F_i}{E_i} \geqslant K_2 \tag{8-126}$$

式中　F_i——土钉抗拔力（kN），取式（8-123）、式（8-124）中的较大值；

K_2——土钉抗拔安全系数，取 1.8。

（5）土钉墙内部整体稳定性检算

土钉墙内部整体稳定检算时应考虑施工过程中每一分层开挖完毕未设置土钉时施工阶段及施工完毕使用阶段两种情况，根据潜在破裂面进行分条分块，计算稳定系数。

$$K = \frac{\sum c_i L_i S_x + \sum W_i \cos\alpha_i \tan\varphi_i S_i + \sum_{i=1}^{n} P_i \cos\beta_i + \sum_{i=1}^{n} P_i \sin\beta_i \tan\varphi_i}{\sum W_i \sin\alpha_i S_x}$$

(8-127)

式中　c_i——岩土的黏聚力（kPa）；

φ_i——岩土的内摩擦角（°）；

L_i——分条（块）的潜在破裂面长度（m）；

W_i——分条（块）重力（kN/m）；

α_i——破裂面与水平面的夹角（°）；

β_i——土钉轴线与破裂面的夹角（°）；

P_i——土钉的抗拔能力，取 F_i 与 T_i 中的小值（kN）；

n——实设土钉排数；

S_x——土钉水平间距（m）；

K——施工阶段及使用阶段整体稳定系数，施工阶段 $K \geqslant 1.3$，使用阶段 $K \geqslant 1.5$。

（6）土钉墙外部整体稳定性检算

可将土钉及其加固体视为重力式挡土墙，按照重力式挡土墙的稳定性检算方法，进行抗倾覆、抗滑动及基底承载力检算。

对于土质边坡、碎石土状软岩边坡，还应按公式（8-127）进行圆弧稳定性检算。最危险圆弧应通过土钉墙墙底，在多数土钉以外。稳定系数不应小于1.3。

思考题

1. 挡土墙有哪些类型？各有何特点？各自的适用条件是什么？

2. 分析加筋土挡土墙、锚杆挡土墙和锚定板挡土墙土压力计算的异同点。加筋土挡土墙、锚杆挡土墙和锚定板挡土墙的有效锚固长度和无效锚固长度是如何划分的？

3. 试以加筋土挡土墙为例，简述轻型支挡结构的主要设计内容与步骤。

4. 有哪些措施可提高重力式挡土墙的滑动稳定性和倾覆稳定性？

5. 如图8-59所示路肩挡土墙，其高度 $H=8m$，墙后填土重度 $\gamma=18kN/m^3$，内摩擦角 $\varphi=26°$，墙背与填土间的摩擦角 $\delta=12°$，试求作用在墙背上的主动土压力大小、方向及作用点位置，并绘出土压力分布图。

6. 某重力式挡土墙高度 $H=8m$，墙背与填土间的摩擦角 $\delta=5°$，墙后填土面倾角 $\beta=15°$，墙后填土性质如图8-60所示，试计算作用在挡土墙的主动土压力，假设该挡土墙处于八度地震设防区。

7. 某地区修建一挡土墙，高度 $H=5.0\text{m}$，墙的顶宽 $b=1.5\text{m}$，墙底宽度 $B=2.5\text{m}$，墙面倾斜，墙背竖直，墙体材料为 C20 混凝土，材料重度 $\gamma=22\text{kN/m}^3$，墙背摩擦角 $\delta=25°$；墙后填土表面倾角 $\beta=10°$，填土重度 $\gamma=17\text{kN/m}^3$，内摩擦角 $\varphi=30°$；若墙底摩擦系数 $\mu=0.4$，验算此挡土墙是否满足设计要求。

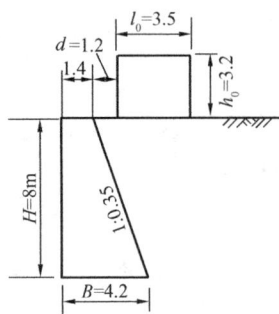

图 8-59　思考题 8-5 图　　　　图 8-60　思考题 8-6 图

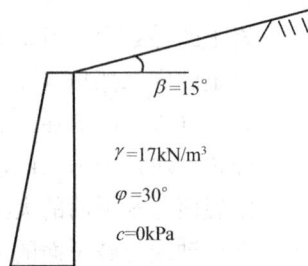

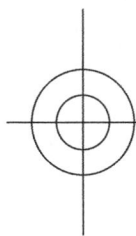

第9章
复杂地带路基

本章知识点

> 【知识点】本章主要介绍浸水路基、滑坡地段路基、地震地区路
> 基、风沙地区路基及危岩、落石和崩塌等特殊条件下
> 路基常用结构形式及常用支挡措施。
>
> 【重　点】浸水路基和滑坡地段路基的稳定性分析及常用支挡措施
> 设计。
>
> 【难　点】滑坡地段路基设计。

9.1　浸水路基

浸水路基泛指河滩、滨河滨湖和滨海路基以及穿越积水洼地、池塘等地段的路堤,一般常年或周期性处于设计水位以下而受水浸泡。滨河路堤沿河岸修筑,靠河一侧边坡浸水并经常受水流作用。河滩路堤大致与水流方向垂直或斜交,如桥头路堤等,两侧边坡均受水浸泡和水流与波浪的冲刷作用,当路堤两侧存在水位差或水位陡降,土体中将会产生渗流现象,路堤还会受动水压力作用,降低边坡的安全系数,导致管涌或流土破坏。由于浸水路基的特殊性,因而在设计和施工中应作特殊的分析。

9.1.1　浸水路堤的稳定性分析

一般认为若浸水路基为密实的黏性土,渗透性很低($K < 1 \times 10^{-6}$ cm/s)或不透水,外界水流的涨落不引起土体内的渗透力,可不考虑渗流的影响。若为抛石路堤或为粗粒料填方,具有中等以上透水性时($K > 1 \times 10^{-3}$ cm/s),则堤内渗流几乎和水位同涨落,动水压力很小可忽略不计。若浸水路基为细砂、粉土、黏质粉土等土质,其渗透系数在 1×10^{-4} cm/s 数量级附近,则退水时的渗透力可能造成坡脚圆破坏,如图 9-1 所示。

其边坡稳定采用圆弧法,稳定系数 K 一般采用 1.25。其计算公式如下:

$$K = \frac{\sum(W_i + W_i')\cos\alpha_i \tan\varphi_i + c_i l_i + c_i l_i'}{\sum(W_i + W_i')\sin\alpha_i + \gamma_w i_w A} \tag{9-1}$$

式中　W_i (W_i')——浸润线上(下)条块重力(kN),浸润线以上采用天然重度计算,浸润线以下常水位以上采用饱和重度计算,常水位以下采用浮重度计算；

l_i (l_i')——浸润线上（下）滑弧长（m）；

A——图中浸水面积（阴影面积）（m²）；

i_w——滑动面所截取的渗流降落曲线段的平均坡降；

α_i——第 i 条块所在滑动面的倾角（°）；

φ_i——第 i 条块所在滑动面上的内摩擦角（°）；

c_i——第 i 条块所在滑动面上的黏聚力（kPa）。

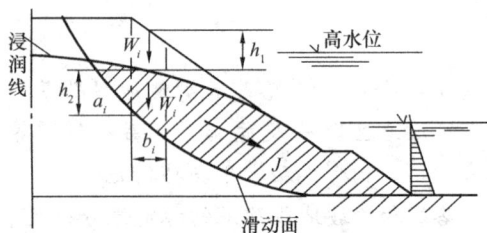

图 9-1　浸水边坡稳定检算

9.1.2　浸水路堤的设计

1. 断面形式

浸水路堤的断面形式根据浸水情况、填料性质等因素分别采用下列形式：

（1）单一填料断面形式

当路堤为单一填料时，防护高程以上不浸水部分采用标准断面形式，防护高程以下应视浸水深度、填料性质及基底地质条件等因素采用放缓边坡或增设护道的断面形式（图 9-2）。

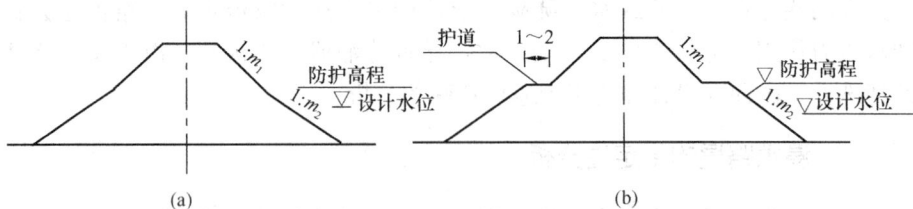

图 9-2　单一填料形式（单位：m）

(a) 放缓边坡；(b) 设置护道

（2）不同填料断面形式

1）不同填料断面形式之一

若当地水稳性很高的填料来源不足，可在防护高程以上填细粒土，防护高程以下填 A 组粗粒土或岩块，并应在土层分界处设置不小于 0.5m 宽的平台，以免土粒散落，致使上部路堤失稳。当需要设置护道时，则由护道代替平台。若上下土层的粒径相差过大，如下层为块石或碎石土，上层细粒土易落入下层土的空隙时，在土层分界面上应铺设隔离垫层，其厚度为 0.3～0.5m（图 9-3）。

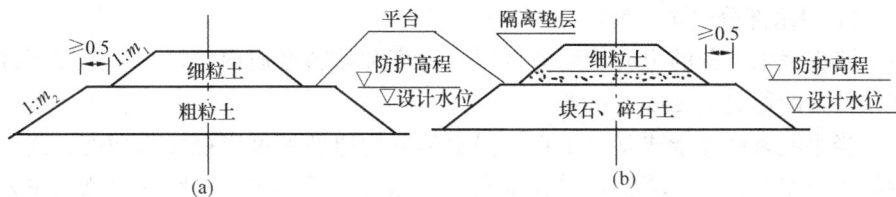

图 9-3 不同填料断面形式之一（单位：m）

(a) 无隔离垫层；(b) 有隔离垫层

2）不同填料断面形式之二

当路堤基底平常有水且 A 组粗粒土或块石、碎石土极缺，需要远运时，可仅在常水位以下填 A 组粗粒土或块石、碎石土并高出常水位 0.2～0.5m，以满足施工要求为原则。若水下填料为块石、碎石土时，应在土层分界面上设置反滤层。对于常水位以上，防护高程以下的细粒土部分应做好防护（图 9-4）。

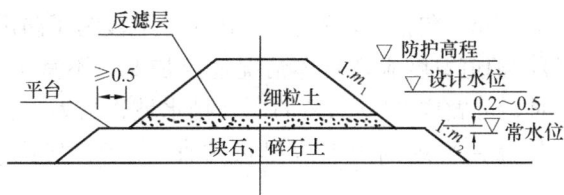

图 9-4 不同填料断面形式之二（单位：m）

3）包填断面形式

若当地填料为水稳性很差的砂粉土和粉土或中砂以下的粗粒土，且水稳性较高的粗粒土来源困难时，或为水下填筑及需收坡时，可选用图 9-5 所示的包填形式。包填体的顶宽一般为 1～2m，视浸水深度而定。若包填料为块石、碎石类土时，尚应在两种土的接触面上设置反滤层。

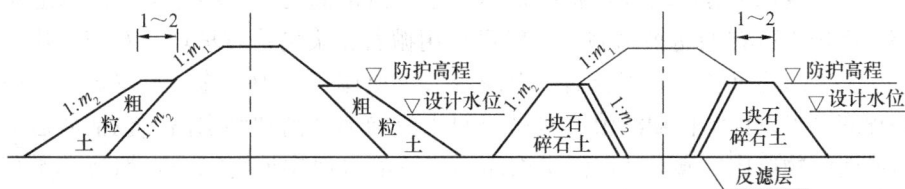

图 9-5 包填断面形式之一（单位：m）

为了使包填体与路堤核心填土紧密结合，增强整体性，包填体可做成锯齿结构形式（图 9-6）。

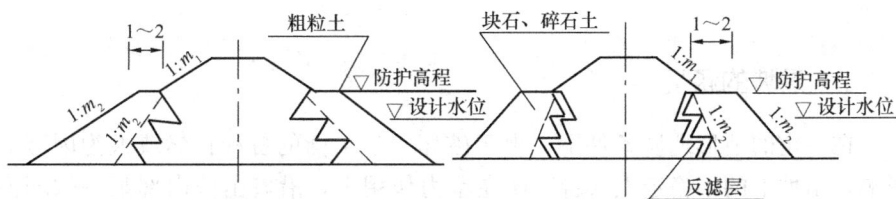

图 9-6 包填断面形式之二（单位：m）

2. 浸水部分的边坡坡度

路堤浸水部分的边坡坡度应视浸水深度和填料性质而定，一般可按不浸水条件下的稳定坡度放缓一级。

当水流条件复杂或基底不良，浸水部分的边坡坡度应视浸水深度、路堤两侧水位差的大小、填料性质和基底土性综合分析确定。当路堤两侧水位差较小时，除黏性土必要时需通过稳定检算确定外，对粗砂以上的 A 组粗粒土和块石、碎石类土可放缓一级边坡。当两侧水位差较大、渗流贯穿路堤时，不论何种填料均应通过稳定检算确定。若当地有可靠经验时，也可按当地的经验数据设计。但是，在任何情况下，水下边坡坡度均不得陡于无水条件的稳定坡度。

3. 护道

当浸水较深、流速较大或浸水时间较长，为了加强路基的稳定性及抗冲刷能力，或因养护要求，可在一侧或两侧设置护道。护道宽度根据稳定检算确定，一般采用 1～2m（包括护坡宽度）。在险工地段为了防洪抢险需要（堆料、站人及走车），护道宽度应视具体情况适当加宽，不宜小于 2m。护道顶面，当为细粒土时，可做成 2%～4% 的向外排水坡；当为粗粒土时，可做成平坡。护道顶面外缘在平纵剖面上应尽量顺直，避免凹凸不平而出现阻水现象。

4. 压实密度

为了提高浸水后土体的抗剪强度，路堤浸水部分的压实密度应大于非浸水的一般路堤要求，对于细粒土的压实系数 $K=0.9$，对于粗粒土，压实后的相对密度 D_r 为 0.7；对于粉细砂，除分别满足 $K=0.9$ 及 $D_r=0.7$ 的要求外，尚应满足列车振动液化的要求。

5. 坡面防护

路堤浸水部分的坡面应根据流速大小、波浪高度、填料种类及河床地层等因素选用适宜的防护措施；一般可采用抛石、浆砌片石护坡、石笼、片石垛、土工织物沉枕、土工模袋、混凝土人工块体等防护措施。边坡防护顶面高程应高出设计水位加波浪侵袭高或斜水流局部冲高加壅水高（包括河道卡口或建筑物造成的壅水、河湾水面超高、桥前水面拱坡附加高）加河道淤积影响高度加不小于 0.5m 的安全高度。当路堤边坡或基底可能产生管涌时，可采用具有良好反滤的护坡、滤水趾或护底等措施。

9.2　滑坡地段路基

9.2.1　滑坡的涵义

在一定的地形地质条件下，由于破坏力学平衡的各种自然或人为因素的影响，山坡上的不稳定土（岩）体在重力作用下，沿着山坡内部某一软弱面（带）作整体地、缓慢地、间歇性地滑动的变形现象称为"滑坡"。有些滑坡的滑动初期较缓慢，但到后期其运动速度突然变大，表现为急剧的山坡变形，滑体内有部分岩土形成翻倾，而其大部分则仍作整体位移，这种先缓后急的滑动现象称为"崩塌性滑坡"。

一个发育完全的滑坡，一般具有：环状的滑坡壁，与滑坡形状相适应的封闭洼地，微向后倾的滑坡台阶，垄状前缘和鼓起的隆丘，分布于滑坡周界及滑体上部的拉张裂缝，滑体下部的挤压鼓张裂缝及前缘舌部的扇形放射状裂缝，滑体中部两侧的剪切裂缝和伴随的羽毛状裂缝，以及为新生沟谷所环绕等外貌，如图 9-7 所示。

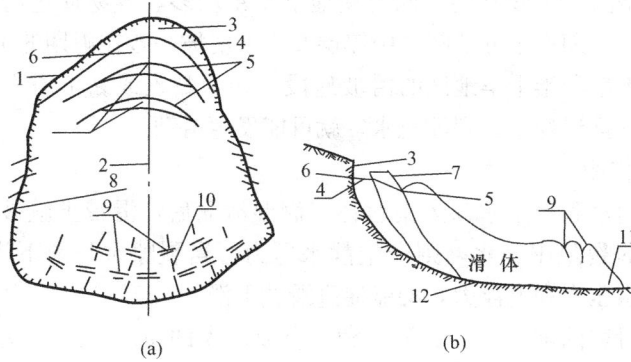

图 9-7　典型滑坡示意图
(a) 平面；(b) 主轴纵断面

1—滑坡周界；2—滑坡主轴；3—滑坡壁；4—主裂缝；5—拉张裂缝；6—封闭洼地；7—滑坡台阶；
8—剪切及羽毛状裂缝；9—鼓张裂缝；10—放射状裂缝；11—滑坡舌；12—滑坡床

对于某一个具体的滑坡，因其所处的发育期不同，往往不一定能观察到其全部外貌，但根据部分已出现的迹象，辅以必要的勘查手段，便可以判别出滑坡及其性质和规模。

9.2.2　滑坡发生和发展的条件

滑坡发生和发展的条件及主要影响因素错综复杂，并且不断变化。但在其发生和发展的每一阶段，必有少数几个起主导作用的条件和因素存在。形成滑坡的条件和主要影响因素如下：

1. 地形条件

(1) 容易汇集地面水和地下水的周围为高山的山间缓坡地段。

(2) 易受水流冲刷和淘蚀的山区河流凹岸地段。

(3) 黄土地区高阶地前缘斜坡的坡脚，易受水浸湿、土的强度被降低的地段。

2. 地质和水文地质条件

(1) 山坡地层的岩、土具有能渗水和聚水的结构，例如节理发育的破碎岩层，结构松散的残积、坡积和洪积土层，湿胀干裂的黏土层等。

(2) 山坡地层内有倾向于临空面的软弱层面（带）。例如堆积层下伏泥质基岩顶面的风化层，沉积土层或软质岩层内的层理面或软弱土夹层，硬质岩层与下伏软质岩层的接触面，各类岩层中的贯通断裂构造面和裂隙面等。这些倾斜软弱层面及其组合的产状愈有利于向下滑动，则发生滑坡的可能性愈大。

若上述各种软弱层面（带）容易聚水，而山坡的上方和旁侧又有丰富的地下水补给，则更能促进滑坡的形成和发展。

3. 气候条件

（1）在降水量较多，雨期持续时间较长地区的滑坡地段，山坡土体潮湿软化，重度增大，强度减弱，同时使地下水量增多，容易促进滑坡活动。浅层滑坡往往在雨期中十分活跃，中厚层及大型滑坡一般在雨期的中后期活动。

（2）在干旱和半干旱地区的滑坡地段，如为黏土或黏土质岩石地层容易风化干裂，一旦遇暴雨，裂隙充水，就可能发生滑动。

4. 水的作用

（1）地面水和地下水渗入滑坡体，润湿滑面后，滑带土就被软化。若在土体或岩体的裂隙中充水，则产生静水压力，当裂隙水与地下渗流连通时，又将产生动水压力和上浮力，均能促进滑坡下滑。

（2）当滑坡的前缘为江、河、湖、海或水库的岸坡，经常受水流的冲刷和波浪的侵袭，切割滑坡前缘，削弱了滑体前部的支撑部分，易引起滑动。

（3）地下水的水量增多流速增大时，即加剧对滑带岩土的潜蚀作用，水质变化可能会降低滑带岩土的力学性能，助长滑体下滑。

5. 人为活动的作用及其他

（1）在滑体的上、中部主滑部分增加荷载，或在滑体的下部抗滑部分刷坡，都能促进滑坡下滑。

（2）破坏山坡地表覆盖层及其天然植被，促使滑坡体加速风化，地面水易于渗入，或不适当的向滑体渗水，都可能促进滑坡活动。

（3）地震动作用使山坡岩土的结构松散，黏结强度降低，震波的水平加速度又可增大滑坡推力，往往易于发生崩塌性滑坡。

9.2.3　滑坡的分类

滑坡的分类，最好能从地质成因、发生和发展的条件以及不同的特征出发，以便于评价其稳定程度和采取适宜的防治措施。

大多数滑坡体内都有一相对软弱的带（面），其强度比在它之上的滑体和在它之下滑床的岩土强度小，滑坡就是滑体沿该软弱带（面）由剪切破坏发展而产生的。该软弱带可以是地质时代早已存在的构造带（面），也可以是地质环境不断变化作用下逐渐形成的；它可能是一个滑动带（面），也可以是大致平行的多个滑动带（面）；其厚度可以薄至数厘米，也可厚至数米或几十米等。对于滑坡而言，一般都具有中部主滑段、后缘牵引段和前部抗滑段三个部分。只有当滑坡前缘剪出口出现时整个滑坡才算形成，从此滑坡进入整体移动阶段。

一般滑坡变形始于体内中部主滑带，且多数在水的作用下发生剪切破坏，或是前部抗滑体的支撑能力遭到削弱或切断，也有在后部和中部加载作用下产生滑动的。

根据国内多年来治理滑坡的实践，认为下列的分类是比较合适的。

1. 按组成滑体的物质分类

（1）黏性土滑坡；

（2）黄土滑坡；

（3）堆填土滑坡；

（4）堆积土滑坡；

（5）破碎岩石滑坡；

（6）岩石滑坡。

2. 按主滑面成因类型分类

（1）层面滑坡；

（2）构造面滑坡；

（3）接触面滑坡；

（4）同生面滑坡。

3. 按滑体规模和厚度分类

（1）特大型滑坡（巨厚层滑坡）：厚度大于 50m；

（2）大型滑坡（厚层滑坡）：厚度为 20～50m；

（3）中型滑坡（中厚层滑坡）：厚度为 6～20m；

（4）小型滑坡（浅层滑坡）：厚度小于 6m。

9.2.4 滑坡稳定性分析及推力计算

正确判断滑坡的稳定性，是找出切合实际的、经济合理的防治方案的前提。一般堆积土和岩石滑坡，首先可通过野外调查滑坡外貌上的滑动变形迹象来粗略地判断其稳定性，滑坡的变形一般可划分为以下 7 个发展阶段。

（1）蠕动阶段：斜坡的滑动与滑带（或面）尚未分开，仅滑体中后部有微动，后缘地表出现一些不连续的隐约可见的微裂缝。由蠕动向挤压阶段过渡时，后缘开始有明显裂缝且裂缝间有错距，但未贯通。

（2）挤压阶段：除抗滑地段外，斜坡的滑带已形成，并有小量位移；斜坡后缘裂缝已贯通并错开；滑体中前部被挤紧，两侧羽毛状裂缝陆续出现但未贯通和撕开。由挤压阶段向滑动阶段过渡时，两侧羽毛状裂缝已贯通但仍未撕开，前缘出现 X 形微裂缝，有时在滑坡出口附近渗水潮湿呈带状分布。

（3）滑动阶段：整个斜坡的全部滑带已形成，整个滑体沿滑带（或面）作缓慢移动；两侧羽毛状裂缝撕开，前沿出现断续的隆起裂缝和不连续的放射状裂隙；前缘和两侧的斜坡不断坍塌；滑坡出口也已形成。由滑动阶段向急剧变形阶段过渡时，前缘隆起裂缝贯通，放射状裂缝形成张开，滑坡舌部凸出且变形速度不断增大；后缘裂缝急剧张开并下错；前缘或两侧的斜坡有大量的坍塌，有的滑体上出现几条裂缝且彼此间有错距；少量滑坡因滑带上含有大量岩块而发出微小的岩石碎裂的声音。

（4）急剧变形阶段：滑体急剧滑动，滑带不断遭到严重破坏，有的滑体已分成几块而有显著的不均匀变动，彼此间的错距很大，滑动速度有增有减，有的在前缘出现气浪并有巨大的音响，有的随滑舌前移而带出大量泥水。

（5）滑带固结阶段：滑带土在压密作用下排出水分而逐渐固结增大强度，整个滑体在自重作用下固结，基本上以垂直压密变形为主而水平位移很小。滑体上各分块由后向前逐渐挤紧作横向挤压，地表裂缝逐渐消失，有的出现因垂直压密而产生的沉降性裂缝。

（6）暂时稳定阶段：滑体表层岩土已挤压密实，外貌平顺，地表裂缝完全消失或极不明显，两侧及前缘的斜坡基本无坍滑现象，滑带土已固结，滑坡出口附近已无带状湿地，只有渗水现象或有成线点分布的清澈水泉，用仪器观测不出移动现象。

（7）消亡阶段：地表已完全夷平，滑坡外貌完全消失。

对滑坡的稳定性分析，除了现场调查外还必须运用工程地质的各种手段，通过调查、测绘、勘探和观测，通过对滑坡地带的地貌形态演变、地质条件的对比、滑坡因素变动的研究分析，再辅以力学平衡检算，才能做出较为正确的判断。下面介绍几种判断滑坡稳定性中所用的力学平衡检算方法。

1. 恢复山体极限平衡状态的核算

对于新近发生的滑坡，将山坡轮廓恢复至开始滑动瞬间的形状，认为此时山坡处于极限平衡状态，即其稳定系数 $K_0 = 1$；按测定的滑面形状反求滑面（或带）上的综合抗剪强度值，然后将此值用于目前滑动后的山坡状态的稳定计算，得出相应的 K 值。再根据今后可能出现的最不利状态与极限平衡状态的对比，判断 K 应为何值时滑坡才能稳定；或者反算所得的抗剪强度指标除以所要求的稳定系数后用于目前山坡状态的稳定性计算，以判断其稳定性。此法因将全部滑带土强度指标按平均值考虑，故其精度较差。

图 9-8 为常见的圆弧滑面和折线形滑面核算示意图。根据滑土带的组成成分的不同又分为三种方法：

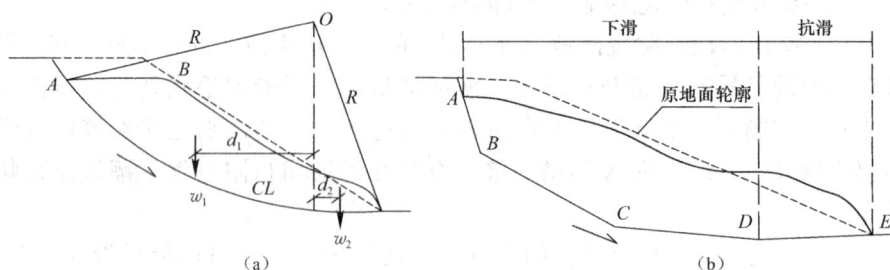

图 9-8 圆弧滑面和折线形滑面核算示意图

(a) 圆弧滑面；(b) 折线形滑面

（1）综合 C 法

适用于滑土带的组成成分以黏性土为主且土质较均匀、滑带饱水且在滑动中排水困难的情况，亦即 $\varphi \approx 0$。

对于圆弧滑面，稳定系数 K 的计算公式为：

$$K = \frac{W_2 d_2 + cLR}{W_1 d_1} \qquad (9\text{-}2)$$

式中　W_1——滑体下滑部分的重量（kN/m）；

d_1——W_1 对于通过滑动圆弧中心的铅垂线的力臂（m）；

W_2——滑体阻滑部分的重量（kN/m）；

d_2——W_2 对于通过滑动圆弧中心的铅垂线的力臂（m）；

L——滑动圆弧的全长（m）；

R——滑动圆弧的半径（m）；

c——滑动圆弧面上的综合单位黏聚力（kPa）；

对于折线形滑动面，按折线段将滑体分为若干条块进行计算，其稳定系数为：

$$K = \frac{\sum W_{2j} \sin\alpha_j \cos\alpha_j + \sum c \, (l_i \cos\alpha_i + l_j \cos\alpha_j)}{\sum W_{1i} \sin\alpha_i \cos\alpha_i} \qquad (9\text{-}3)$$

式中　W_{1i}——滑体下滑部分第 i 个条块的重量（kN/m）；

W_{2j}——滑体阻滑部分第 j 个条块的重量（kN/m）；

α_i——滑体下滑部分第 i 个条块所在的折线段滑面的倾角；

α_j——滑体阻滑部分第 j 个条块所在的折线段滑面的倾角；

l_i——滑体下滑部分第 i 个条块所在的折线段滑面的长度（m）；

l_j——滑体阻滑部分第 j 个条块所在的折线段滑面的长度（m）；

c——折线形滑面上的综合单位黏聚力（kPa）；

（2）综合 φ 法

适用于滑带土的组成成分以粗粒岩屑或残积物为主且在滑动中可排出滑带水的情形，即考虑 $c \approx 0$。一般是折线形的滑动面，其稳定系数为：

$$K = \frac{\sum W_{2j} \sin\alpha_j \cos\alpha_j + (\sum W_{2j} \cos^2\alpha_j + \sum W_{1i} \cos^2\alpha_i) \tan\varphi}{\sum W_{1i} \sin\alpha_i \cos\alpha_i} \qquad (9\text{-}4)$$

式中　φ——折线滑动面上的综合内摩擦角；

其余符号同前。

（3）兼有 c 和 φ 法。

适用于滑带土的组成成分为含量相接近的黏性土和岩屑碎粒时的情况，可利用当地两个不同断面的核算解联立方程式以反求 c 和 φ。一般是折线形滑动面，其稳定系数为：

$$K = \frac{\sum W_{2j} \sin\alpha_j \cos\alpha_j + [\sum W_{2j} \cos^2\alpha_j + \sum W_{1i} \cos^2\alpha_i] \tan\varphi + \sum C \, (l_i \cos\alpha_i + l_j \cos\alpha_j)}{\sum W_{1i} \sin\alpha_i \cos\alpha_i}$$

$$(9\text{-}5)$$

式中符号意义同前。

从以上所算得的稳定系数值，可以分析判断该滑坡是否处于稳定状态，从而确定是否需要进一步进行治理以增强其稳定性。在分析中应注意到滑坡原始滑动时的外界条件与今后工程使用期内的最不利外界条件有何不同。例如，当时滑动瞬间的降雨量与历年最大降雨量有何差别；如滑动与水流冲刷有关，当时的洪水频率与工程设计的洪水频率有何差别；如滑动与地震有关，当时滑动瞬间的地震烈度与可能发生的最大地震烈度有何差别，等等。由此来权衡必要的稳定系数值，作为要不要治理的根据。一般当 K 值在 $1.5\sim3.0$ 之间时，可认为是稳定的。

2. 斜坡当前稳定程度核算

如对于老滑坡的滑动历史条件已不易查清，恢复其开始滑动瞬间的极限状态很困难时，只能根据当前所处的状态，利用量测、试验等方法取得需要的计算指标，并考虑今后可能发生的变化与最不利的影响因素的组合条件，加以分析调整，作为稳定性计算用，从而判断滑坡的稳定性。

因为滑带岩土的强度指标是一个很重要的参数，且滑带岩土的强度指标因所在部位的不同及滑坡所处发展阶段的不同而有差别，故滑带的各部分岩土的强度指标应根据岩土的特性和含水条件加以细分，慎重对待。因篇幅关系这里不详细叙述，具体可参考相关资料。

3. 坡脚应力与坡脚岩土强度的对比

由相对较坚实的岩土所组成的山坡，当其下伏地层为软弱土层或较松散的岩层时，易于产生深层滑坡。这类滑坡的滑带（或面）位置是在下伏松散地层中，当松散软弱地层受到上层山坡的荷载后，产生塑性变形区，区内土体的剪应力增大到超过其抗剪强度时，就连贯成一破裂面，从而导致滑体由此破裂面滑出。

由破碎岩层组成的高陡山坡，也常易产生深层滑坡。判断其稳定性一般可采用如下方法：首先求出坡脚的垂直压应力，与坡脚岩土强度进行对比，估计出山坡变形的可能性；然后将坡脚附近部分土体视为"挡土墙"，检算其在上部山坡推力作用下的稳定性。

4. 滑坡推力计算

在滑坡推力计算时，力的传递系数法是最常用的方法之一，关于力的传递系数法计算公式可以参考本书第 7 章中的相关内容。在采用该方法时，首先将滑动方向和速度大体一致的滑体视为一个计算单元，在顺滑动主轴方向的地质纵断面图上按滑面（或带）的形状和岩石性质划分为若干垂直条块，由后向前计算各条块分界面上的剩余下滑力即是该部位的滑坡推力。该方法在计算时进行了如下基本假设：

（1）每段滑体的下滑力方向与其所在条块的滑面（或带）平行；

（2）横向按每米宽计算，略去两侧的摩擦阻力不计；

（3）视滑体为连续而无压缩的介质，由后向前传递下滑力作整体滑动，不计滑体内部的局部应力作用；

（4）作用在任一分界面上的推力分布图形，在一般情况下滑体上层和下层的滑动速度一致时，可假定为矩形；对于软塑体或塑流滑坡，底部滑速往往大于其表层，其推力分布图形为三角形，推力的合力作用点在滑体厚的 1/3 处；介于上述两种情形之间者，推力分布图形可假定为梯形。

在采用传递系数法计算滑坡推力时，还应注意以下事项：

（1）各段滑面（或带）的位置应有可靠的依据，还应检查每段滑床和滑体在最不利条件下能否形成新的滑面而需要另作计算。

（2）选取各段滑面（或带）岩土的强度指标，应以切合实际的试验资料与反算结果互相核对后的数值为准，并应考虑到日后可能出现的含水条件与岩土性质的变化。滑坡的主滑地段、抗滑地段和被牵引地段的滑带岩土强度指标，一般是有区别的，注意起决定作用的是主滑地段，其次为抗滑地段。

（3）按滑坡性质与防治目的的不同，计算上宜有不同的考虑。例如对于牵引式的多级滑坡，若系临时应急工程，可只按前级滑坡的推力进行力学平衡计算，而不计后级滑坡对它的作用，即只考虑恢复初次滑动时失去支撑的力即可；若系永久治理工程，则应充分估计在工程使用年限内可能出现的各种不利因素的影响，查明有几级滑坡的推力能传递到前级滑坡并列入计算。对于推动式的多级滑坡，应查明滑床形态和形状以及后级滑坡的前缘与前级滑坡的后缘连接地段的滑体岩土性质，以确定后级滑坡作用于前级滑坡的推力。

（4）特殊作用力，即在可能条件下出现的静水压力或动水压力、地震作用等特殊力。

9.2.5 滑坡地带路基设计原则

滑坡属于严重不良地质现象，对线路威胁较大，勘查工作繁重，防治工程艰巨，选线时应慎重对待。对巨型、大型和性质复杂的滑坡地段或滑坡群应予绕避。对中、小型滑坡，当线路绕避困难或技术经济上显著的不合理时，应根据滑坡规模的大小、修建铁路对滑坡稳定的影响程度、防治费用的多少、在线路通过部位、采取何种工程措施等方面，进行具体方案比选，应以力求有利于滑坡稳定和保证线路安全为原则，一般可按下述情况选择：

（1）当线路高程与滑体舌部的顶面高程接近或较高时，宜在滑坡前缘的抗滑部分作适当高度的路堤通过，以增强抗滑作用，但不可堵塞地下水的出路。若滑坡前缘濒临狭河道的凹岸路堤不宜侵占河道或防护困难时，则可采用旱桥通过。

（2）当线路高程与滑坡前缘处滑床面的高程接近时，线路可在滑体前缘以低路堤或浅路堑通过，并在山坡下侧设置抗滑支挡工程。

（3）当线路高程低于滑体上部的滑坡台阶时，线路可在滑体上部或中后部以半路堑形式通过，作为起减载作用的措施。但应注意滑体后缘的稳定以及路堑下部滑体的稳定，必要时应采取适当的工程措施。

（4）当路堑的路基面高程低于滑床面的高程较多时，可在滑床面以下作明洞通过；若滑面易于改变且滑坡推力不太大时，则可采用加强边墙及拱圈结构的明洞方案。

9.2.6 滑坡防治

1. 滑坡防治原则

应以及早治理，一次根治，不留后患为原则。对于性质较简单、规模较小的中小型滑坡，无论勘查、设计和施工，一般都比较简易，务必做到彻底防治。对于性质较复杂、规模较大，但不致发生急剧变形而产生灾害性危害的滑坡，可在滑坡定性后作出妥善的防治规划，进行分期治理，并注意观测每期工程的效果，作为下一步处理办法的根据。对于施工和运营中新发现的滑坡，应在查明原因和掌握充分资料的基础上，作出绕避、治理方案或局部移动线路与防治措施相结合的方案等全面比较后决定取舍，在取舍中要注意尽量利用既有的工程建筑物，不可轻易废弃。

对于运营线路上可能发生急剧变形的滑坡，将使铁路行车受到严重威胁时，应迅速采取便于快速施工的有效措施，预防其造成灾害。

2. 防治措施

针对不同的具体情况，可选择使用下列常用的防治措施或采用综合治理的办法：

(1) 消除水的有害作用

1) 在滑坡区域外的上方和侧方截断流向滑体的地面水。

2) 在滑坡区域内整顺夯实地表，夯填裂缝，修整好地面排水系统，使之畅通并隔渗，以防地面水的积聚或下渗。

3) 在滑体上的积水洼地和泉水露头处，设置引水渗沟或槽沟等将水排入地面排水系统内，以排除浅层地下水和疏干附近土体。

4) 在易发生浅层滑坡的自然山坡或人工边坡上设置边坡渗沟群；在常有潜水活动的滑体舌部设置支撑渗沟群，以疏干土体并兼起支撑作用。

5) 当滑坡的滑动面（带）附近有地下水聚积或活动时，应在掌握准确的和足够的工程地质和水文地质资料并经详尽分析后，按照地层地质条件及对滑坡活动的影响，采用渗沟截断地下水，或采用渗沟、隧洞、仰斜钻孔引排及疏干被封闭的积水，或采用渗井或渗管、垂直钻孔群降低地下水位等措施，以增加滑带土的强度。

(2) 采取减载和反压措施，增强稳定因素

1) 在滑体的中上部主滑部分及其后部被牵引部分减重以减少下滑力。如滑体的下部和前缘为抗滑部分，可在抗滑部分采取填土反压以增强抗滑力。这对于崩塌性滑坡及正在发展中的滑坡，常是防止滑坡活动收效较快的有力措施。但填土反压应防止堵塞滑坡前缘地下水渗出通道，并且要考虑基底的稳定性，必要时应作地基处理。

2) 对于规模较小且确有把握在清除后不致向后部及两侧牵引发展的滑坡，当弃方可以被利用或有适宜的堆置地点时，可将滑体全部清除以绝后患。但应注意采取适当措施防止地面水对清除后坡面的冲刷，以避免可能发生的

流泥危害。

（3）修建支挡建筑物，防止滑动

1）在滑体舌部或前缘设置支撑渗沟及抗滑挡墙或抗滑桩群等，以抵抗整个滑体的滑动。

2）对于多级的滑坡，可在每分级的出口处设置适当的支撑建筑物以抵抗各级滑体的下滑力；对于规模较大、纵轴较长的滑坡也可根据具体情况在滑体下部和中部的适宜部位设置抗滑挡墙或抗滑桩群，分别抵抗各部分的下滑力。

所有上述支挡建筑物均应根据滑体的滑动方向及滑坡推力进行布置和设计。支挡建筑物必须具有足够的强度并不允许由于滑面出口位置的改变而越顶滑出或自基础以下整个滑移。

（4）改善滑带土的性质，提高力学强度

1）钻孔爆破。当滑带下有渗水的地层，采用钻孔爆破，可使滑带下岩土增加裂隙，便于滑带水渗入下部地层排走。爆破后，于钻孔内滑带附近灌注混凝土，以增强其抗滑能力。

2）焙烧。对于均质黏性土滑动带布置导洞进行焙烧，温度一般达到500～800℃以上，可使滑带土具有一定的抗水性和较高的抗剪强度，也可用硅化或灌注水泥浆等方法来提高滑带土的强度。

9.2.7 滑坡动态观测

为了更能确切了解滑坡的内在联系和定量及其发展趋势，可建立一些观测网，取得有关滑坡动态的数据以供分析之用。

1. 滑坡位移观测

对运动中的滑坡的地面及深部进行位移观测，不仅可以直接了解滑体移动速度、方向和现行滑面位置，而且将整理后的观测成果与其他勘查结果综合起来分析，还可以得出有关滑坡特性和防治滑坡的重要资料。滑坡位移观测一般分为简易观测和建网观测两种，具体观测方法可参考有关铁路工程地质手册。

2. 建筑物变形观测

位于滑坡体上的建筑物如房屋、桥涵、挡土墙、沟渠、隧洞等，对于滑坡变形一般是反应敏感且表现很清楚的，对建筑物各部位的开裂、沉陷、位移或倾斜作详细的观测和描述，常可帮助分析滑坡的性质、规模和滑坡的稳定程度及其发展趋势，为防治措施提供较确切的参考数据。

观测内容包括：变形发生的时间、部位、产状、性质、破坏范围和程度、动态过程及加固维修的历史等。

建筑物变形观测资料可在滑坡地质平面图上绘出，与滑坡位移观测资料结合起来分析。

3. 地下水动态观测

在滑坡区域对地下水动态进行长期观测，可以了解地下水与滑坡活动的关系和排水工程设施的效果。通过观测往往可以预报滑坡活动情况。一般与位移观测同时进行。观测项目包括水位、涌水量、水温、气温及水化学成分等。观测点有钻孔、泉、试坑、隧洞、平孔及天然水沟等。观测时间至少一年。观测结果应绘制成曲线图，进行综合分析并与降水量、滑坡位移量比较，从中找出其关系和规律。

4. 滑坡压力观测

目前一般用压力盒安装在抗滑建筑物上施测，以测定滑坡推力分布及建筑物的受力状态。压力盒的布置间距以 0.5m 为宜，以免个别压力盒可能由于失效而导致观测资料的欠缺。观测时间一般每隔 2～3 月一次，但雨期前后必须观测压力的变化情况。由观测资料绘出滑坡推力分布图，供分析使用。

9.3　地震地区路基

地震是由于地球某有限区域能量的突然释放而引起地球表层振动的一种地质现象。地震力由震源向四周传播并逐渐衰减，对路基的影响虽不如暴雨，但地震力是瞬间的动荷载，来势凶猛具有很大的破坏作用。地震对路基的损害主要表现在：

（1）地震力造成的反复振动，可使深路堑或陡山坡坍滑落石，河滩路堤或陡坡路堤产生沉陷和边坡坍滑，挡土墙墙身开裂、倾斜、滑移，严重者墙体倒塌。

（2）随着断裂面错动，破碎岩层沿着层面或软弱面滑动，或松散坡积（残积）层沿着下卧基岩面滑动，滑坡是山区地区地震时容易产生的一种不良地质震害类型。

（3）滨河粉、细砂地基和地下水位较高的粉土地基发生液化、喷浆冒泥，地基强度降低造成路堤下沉；由于水平地震力的反复剪切，软土层强度降低发生震陷；而岩石和密实土地基，则震害较轻。

破坏性地震的震源一般发生在地下 5～25km，绝大多数位于某些地质构造带上，特别是在大断裂带和板块边缘上。震源对应地面处称为震中，震中至受震区的距离称为震中距。震中距小于 60km 者称为浅震，约占全球有记录地震的 3/4。地震引起的震动以水平方向为主，并视为路基和地基的整体运动。

震级 M 表示地震释放能量大小的尺度，中等地震或强震 $M＝5～7$ 级，大地震 $M＞7$ 级，8 级以上的地震称为特大地震。而地震烈度是指地震时人的感觉，自然环境的变化和地面上各种建筑物遭受破坏的强烈程度。震级愈大震源愈浅，地形地质条件愈差、距震中愈近则烈度愈大。我国地震烈度分为 12 度，铁路通过地震烈度或基本烈度不小于 7 度的地区，结构物设计就要考虑地震的影响。

9.3.1 地震地区路基的设计原则

位于地震区的路基设计，除遵照《铁路路基设计规范》TB 10001—2005 的要求外，尚应根据《铁路工程抗震设计规范》GB 50111—2006（2009 年版）中的有关规定进行。

按照抗震设计的基本要求，修复困难的陡坡、深挖、高填路基、高速铁路及客运专线（含城际铁路）应按 C 类工程进行抗震设防，其他按 D 类工程开展抗震设计。铁路路基的抗震设计主要原则有：

（1）线路应选择在工程地质条件良好、地形开阔平坦或缓坡地段通过。并宜绕避近期活动的断层破碎带、易液化砂土、粉土及软土等地基、较厚的松散山坡堆积层、严重的泥石流发育地区以及不稳定的悬崖深谷、严重的山坡变形和易塌陷的地下空洞等对抗震不利的地段。

（2）线路应避开抗震设防烈度为 8、9 度的地震区的主要活动断裂带。难以避开时，应选择在其较窄处通过；线路选择时应综合考虑地震次生灾害的影响。

（3）当通过可液化土和软土等松软地区，线路宜选择在地表有较厚非液化土层或硬壳层处并宜设置低路堤。

（4）土质松软或岩层破碎、地质构造不利地段的线路不应作深长路堑。线路难以避开不稳定的悬崖陡壁地段时，应采用隧道。

（5）路基工程所在地区的地震作用，应按相应于抗震设防烈度的设计地震动峰值加速度（A_g）来表征，如表 9-1 所列。设计地震动峰值加速度为 $0.15g$ 和 $0.30g$ 地区内的路基工程，应分别按抗震设防烈度 7 度和 8 度的要求进行抗震设计。

抗震设防烈度和设计地震动峰值加速度（A_g）对应表　　　　表 9-1

抗震设防烈度	6	7	8	9
设计地震动峰值加速度	$0.05g$	$0.10 (0.15)g$	$0.20 (0.30)g$	$0.4g$

注：g 为重力加速度。

（6）验算路基抗震稳定性时，应按设计地震进行验算。荷载包括恒载、活载和水平地震力作用。

浸水挡土墙和水库地区浸水路堤，以及滨河地区浸水路堤，尚应计常水位的静水压力和浮力。

9.3.2 路基抗震稳定性分析

1. 路基抗震稳定性验算范围和要求

路基抗震设计应首先采取抗震措施，再进行抗震稳定性验算，其验算范围和要求参见表 9-2 的规定。表 9-2 是根据地震区路基震害调查，结合抗震稳定验算资料的综合分析得出的。由于地震作用是一种特殊荷载，发生强震的概率很小，本着抗震以预防为主、保证重点的原则，考虑铁路等级、建筑物的重要性及修复的难易程度等因素，采取区别对待的方法。表 9-2 以外的路基项目，应视具体情况而定。

231

路基抗震稳定性的验算范围　　　　　　　　　　表 9-2

路基类型	路基填料			抗震设防类别	C 类工程				D 类工程			
				A_g	$0.1g$ $0.15g$	$0.2g$	$0.3g$	$0.4g$	$0.1g$ $0.15g$	$0.2g$	$0.3g$	$0.4g$
路堤	岩石及非液化土、非软土地基上的路堤	非浸水	用不易风化的块石土及 C 组细粒土填筑		$H{\geqslant}12$ 验算	$H{\geqslant}10$ 验算	$H{>}8$ 验算	$H{>}6$ 验算	不验算	$H{\geqslant}15$ 验算	$H{>}12$ 验算	$H{>}10$ 验算
			用巨粒土（不易风化的块石土除外）、粗粒土（粉砂、细砂除外）填筑		$H{\geqslant}8$ 验算	$H{\geqslant}6$ 验算	$H{>}5$ 验算	$H{>}3$ 验算	不验算	$H{>}10$ 验算	$H{>}7$ 验算	$H{>}5$ 验算
		浸水	用渗水土（粉砂、细砂、中砂除外）填筑		验算	验算	验算	验算	不验算	$H_w{>}3$ 验算	$H_w{>}2.5$ 验算	$H_w{>}2$ 验算
			粉砂、细砂填筑或地面横坡大于 1:5 的路堤		验算	验算	验算	验算	不验算	验算	验算	验算
	液化土及软土地基上的路堤				验算	验算	验算	验算	验算	验算	验算	验算
路堑	粉土、黏性土、黄土、碎石类土				$H{\geqslant}12$ 验算	$H{\geqslant}10$ 验算	$H{>}8$ 验算	$H{>}6$ 验算	一般不验算	$H{>}15$ 验算	$H{>}12$ 验算	$H{>}10$ 验算
	砂类土、膨胀土等				验算	验算	验算	验算	验算	验算	验算	验算

注：1. 表中 H 为路基边坡高度（m）；H_w 为路堤浸水常水位的深度（m）。
　　2. 表中填料应符合现行行业标准《铁路路基设计规范》TB 10001 的有关要求。
　　3. 表中铁路工程抗震设防类别的划分应符合本规范表 3.0.1-1 的有关规定。

　　2. 水平地震力的计算

　　地震力的计算方法主要有静力法和动力法两种。静力法是将建筑物视为刚性体，各点的水平地震加速度与地面相同，不考虑建筑物的自振特性和地震竖向分量和转动分量的影响。动力法是考虑地震加速度的特性和结构的（自振周期、阻尼比等）自振特性，采用弹性反应谱理论计算建筑物的地震效应。在路基工程中主要是采用静力法计算。参阅第 8 章 8.2 节公式（8-57）采用计算式如下：

$$F_{ihE} = \eta_C \cdot A_g \cdot m_i \tag{9-6}$$

式中　F_{ihE}——水平地震力（kN）；

　　　η_C——综合影响系数，采用 0.25；

　　　A_g——设计地震动峰值加速度 A_g（m/s²），可参考表 9-1；

　　　m_i——第 i 条块土的质量（t）。

　　3. 路基稳定计算

　　地震地区路基稳定性检算方法仍然采用圆弧滑动面条分法，与一般地区路基稳定性检算的主要区别是地震力的影响（图 9-9）。按地震地区路基稳定性验算范围和地震力计算的规定，可按下列公式进行路基稳定性的验算：

$$K = \frac{(\sum W_i \cos\alpha_i - \sum F_{ihE}\sin\alpha_i) \cdot \tan\varphi_i + \sum c_i \cdot l_i}{\sum W_i \sin\alpha_i + \sum F_{ihE}\cos\alpha_i} \tag{9-7}$$

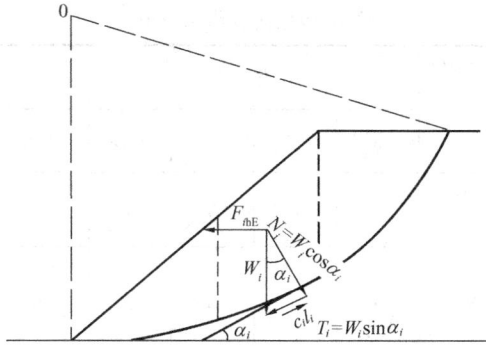

图 9-9　地震地区路基稳定性检算图式

式中　F_{ihE}——水平地震力（kN）；

W_i——第 i 土条的重量（kN）；

α_i——第 i 土条滑裂面切线与水平面的夹角（°）；

φ_i——第 i 土条滑裂面处土的固结快剪内摩擦角（°）；

c_i——第 i 土条滑裂面处土的固结快剪黏聚力（kN）；

l_i——第 i 土条滑裂面长度（m）。

地震地区路基稳定性检算系数应满足表 9-3 的规定，如果不能满足时，应采取加固地基土、加筋或反压护道等措施。

地震地区路基稳定性检算系数　　　　表 9-3

	C 类工程		D 类工程
路基稳定系数	$H \leqslant 15\mathrm{m}$	1.15	1.10
	$H > 15\mathrm{m}$	1.15	1.15

注：H 为路基边坡高度。

9.3.3　路基抗震措施

从我国近几年来发生的大地震震害情况，路堤容易产生震害的有：高路堤、液化土及软土地基上的路堤、陡坡地段路堤、用砂类土填筑的路堤。以上路堤应列为抗震设防的重点。

1. 路堤的抗震措施

（1）路堤填料应符合现行铁路设计规范的有关规定，并应选用抗震稳定性较好的土。C 类工程不宜用粉砂、细砂作填料。D 类工程当受条件限制采用上述填料时，应采取土质改良或加固措施。

（2）路堤浸水部分的填料，应选用渗水性土。C 类工程不应采用粉砂、细砂、中砂作填料，D 类工程当条件限制必须采用时应采取防液化的措施。

（3）在岩石和非液化土、非软土地基上的路堤，边坡高度大于表 9-4 规定时，可采用土工合成材料加筋等措施加固边坡；当填料及用地不受限制时，其边坡坡度应按现行《铁路路基设计规范》TB 10001—2005 规定放缓一级。

233

路基边坡高度限值（m） 表9-4

抗震设防类别 填料	C类工程				D类工程		
	0.1g、0.15g	0.2g	0.3g	0.4g	0.2g	0.3g	0.4g
用不易风化的块石土及C组细粒土填筑	10	8	6	4	12	10	8
用巨粒土（不易风化的块石土除外）、粗粒土（粉砂、细砂、中砂除外）填筑	6	4	3	2	6	4	3

（4）半填半挖路基和修筑在地面横坡大于1∶5的稳定斜坡上的路堤，原地面应挖台阶，台阶宽度不应小于2.5m，并应做好排水工程。必要时，尚应采取设置支挡建筑物等防滑措施。

（5）液化土地基上的路堤，应进行抗震稳定性检算。若稳定系数小于允许值，应采取加固地基土或设置反压护道等措施。

软土地基上路堤高度大于临界高度（临界高度的确定参阅第10章10.1节内容）时，当地基已采用砂井、碎石桩、旋喷桩、粉喷桩、石灰桩等加固时，可不再考虑地震的影响；当采用反压护道加固时，且设计烈度为8度和9度，Ⅰ、Ⅱ级铁路应将护道和堤身的边坡均按现行《铁路路基设计规范》TB 10001—2005规定放缓一级。

软土地基上路堤的基底垫层填料应采用碎石或粗砂夹碎石（卵石），不得采用细砂；9度及以上地震区路堤基底垫层不宜采用中、粗砂。

2. 路堑的抗震措施

（1）一般黏性土路堑边坡高度大于表9-5规定时，应按现行《铁路路基设计规范》TB 10001—2005规定放缓一级或采取加固措施。

黏性土路堑边坡高度限值（m） 表9-5

边坡高度（m） A_g (m/s²) 抗震设防类别	0.1g、0.15g	0.2g	0.3g	0.4g
C类工程	15	12	10	8
D类工程	—	15	12	10

（2）当设计烈度为8度和9度，土质路堑（黏性土路堑除外）边坡坡形和坡率，应根据土的密度、含水量和成因，并结合边坡高度经稳定性分析计算确定。

（3）岩石路堑，当石质破碎或有软弱夹层、山坡有危石或上部覆盖层受震易坍塌时，应采取清除、锚固、支挡等防护及加固措施或设置明洞。护坡宜采用锚杆（索）框架梁等结构类型，不宜采用挂网喷混、浆砌片石护坡等表面、浅层处理措施。

（4）岩石路堑可根据岩体结构、岩性、结构面产状，并结合施工影响范围内既有建筑物的安全性要求，宜采用光面、预裂、控制爆破，不应采用大爆破施工。

9.4 危岩、落石和崩塌与岩堆地段路基

9.4.1 概述

危岩、落石和崩塌是指陡峻斜坡上的岩（土）体，由于各种自然条件的变换或人为因素的产生，促使岩体在陡峻的斜坡上发生急剧地倾倒、崩塌、错落、翻滚和跳跃等的一种动力地质现象。规模极大的崩塌称为山崩，而仅个别落石的称为坠落。危岩、落石和崩塌对铁路行车安全威胁很大，是山区铁路常见的路基病害。

岩堆是岩石山坡经过物理、风化作用，形成的岩石碎块、碎屑等，通过重力作用或雨水搬运至山坡上或山脚下的疏松堆积体。堆体剖面多呈楔体，下伏基岩面较陡，堆体中存有不同时期崩落岩石间形成的薄弱夹层。岩堆的主要供应来源是崩塌和落石。

9.4.2 形成原因

崩塌的发生与岩堆形成的原因比较复杂，是各种因素共同作用的结果。主要原因有以下几方面：

1. 地形地貌条件

崩塌多发生在坡度大于50°以上或高度超过30m的陡峻山坡，并以在山区峡谷内居多。这些山坡受构造影响，裂隙发育风化颇重，覆盖层甚薄，细粒土多被冲走，残积层为砾石及石块，易于风化和崩塌。如峡谷内带有危石或环行凹陷的山坡，岩边或阶地上有坠落的大石块，岸边的土体堆积物等，均表示过去发生过崩塌或形成了岩堆。

2. 岩性及地质构造

一般情况下，高陡地形都是由硬质岩石如花岗岩、石灰岩、砂岩、辉长岩等组成，由于本身强度大，风化较轻，但同样受节理切割和构造破坏，若结构面不利就有可能发生崩塌。而软硬相间的岩层，往往形成凹凸不平的坡面；如泥岩、页岩等软质岩石抗风化能力差而先行脱落，形成凹槽，使硬岩处于悬岩状态易于失稳，若突出部分有结构面存在时，在重力作用下易沿这些结构面发生滑动、倾倒破坏和坠落。在黄土地区，也常有沿土的构造裂隙面发生崩塌的现象。

3. 风化及雨水作用

风化作用如风蚀、温差、冲刷和干湿变化，冻胀、裂隙水的压力和重力作用，使岩土的裂隙扩大岩块松动，易形成岩堆和崩塌。

水是引起崩塌最活跃的因素，绝大多数崩塌发生在雨期或暴雨之后。降雨、积雪融化后渗入构造裂隙，对岩（土）产生软化、润滑和动水压力作用，造成强度降低而产生崩塌。

生物风化作用如动物挖掘洞穴将岩（土）体下部淘空，植物根系深入岩

体裂隙中，扩大裂隙并导致周围岩石的破坏，形成岩堆或产生崩塌。

4. 其他因素

人为因素如水土保持和植被的损坏，不恰当的开挖、种植和超载，山上灌溉漏水、溢水，以及强烈的地震、大爆破等，破坏了山体的平衡条件而形成崩塌。

9.4.3 预防和整治

危岩、落石和崩塌与堆岩地段路基的稳定，在很大程度上取决于线路位置是否适当，故在路基设计中，应结合地区的地形、地质条件，选定适当的线路位置，以求做到防患于未然，或者尽量缩短线路通过危岩、落石和崩塌或堆岩地段的长度，为路基设计和整治创造有利的条件。

1. 设计原则

在危岩、落石和崩塌地段，路基宜选择在其影响范围小、边坡较矮缓、易于防治处理的位置，并采取遮蔽、拦截、清除、加固或综合处理等安全可靠的工程措施。在山体极不稳定，岩层非常破碎，有可能发生大范围的危岩、落石或大规模崩塌地段，线路必须设法绕避，一般可采用避开崩塌区，将线路绕到对岸，或移至较稳定的山体内以隧道通过。亦可采用清方或采用明洞、棚洞等遮挡建筑物处理，遮挡建筑物应有足够的长度，防止崩塌岩块落入路基。对中小型危岩、落石和崩塌地段，绕避困难时，应根据病害类型及危害程度等，合理地选择线路位置及防治措施，如采用清方、拦石墙、挂网锚喷、柔性防护等措施处理。

在破碎岩体或松散堆积层地段，应根据斜坡体岩性、破碎程度、密实程度等，采取刷坡、边坡防护或用挡土墙加固等措施。护坡的高度应适当，防止护坡以上的边坡产生病害，并做好坡顶的排水措施。有地下水出露时，应设置疏干土体及引排水设施。

在岩堆地段，应根据岩堆的规模和物质组成，下伏岩土的性质和坡度、地下水、地表水的活动情况等地形地质条件，分析评价岩堆的发展阶段、稳定性及其对工程的影响，合理选择线路位置和工程措施。对岩堆面积较大、堆积层松散、堆积床坡度较陡、补给来源丰富、地下水和地表水对其稳定性影响较大，可能产生滑动的大型岩堆，线路应绕避。对中小型岩堆，绕避困难时，路基宜以低填浅挖通过，并采取稳定加固措施。而对趋于稳定的岩堆，可将线路位置选择在台地或浅滩地带，并最好以低路堤通过；若受地形条件的限制，不能满足上述要求时，则宜使线路位置与山体或堆岩之间留出尽可能宽的余地，以便于设置拦截建筑物等有效的防护措施。

2. 整治措施

（1）拦截工程

当崩塌岩块较小，或崩塌数量不多时，可采取支护或设置拦截建筑物等措施。拦截建筑物的类型、结构尺寸、设置位置，应根据崩塌岩块的大小、数量、分布情况等因素确定。拦截建筑物常用的类型有：落石平台、落石槽、拦石墙、拦石堤和柔性防护系统等。如图 9-10 和图 9-11 所示，当崩落物有较大冲击力时，落石槽外侧应配合设置拦石墙。通常根据地形和落石的弹跳轨迹确定拦挡建筑物的位置和高度。根据最大的冲击动能确定拦挡建筑物的类型、大小以及防护层的厚度。稳定性按照挡土墙理论计算决定，墙背按静力荷载和冲击荷载作用两种情形进行检算。

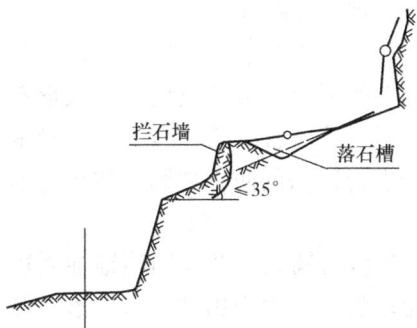

图 9-10　拦石墙

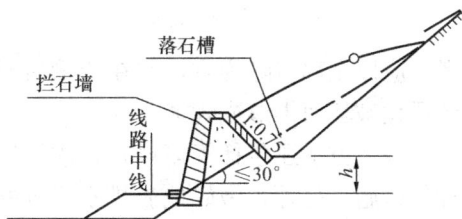

图 9-11　落石槽

拦石堤通常使用当地土筑成，一般采用梯形断面，堤顶宽 1～3m，堤高可根据调查或经验数据确定。堤顶高度应预留 1.0m 的安全高度。

其他拦截措施主要有植树防护边坡和在边坡上设置桩障，以起到减少和拦挡崩塌物和落石的作用。

（2）遮挡建筑物

当危岩落石量大，崩塌次数发生频繁，采用一般拦截建筑物有困难时，可采用框架棚洞或明洞等结构进行处理，如图 9-12 所示。在设置这些建筑物的地方，要求地基牢固。特别是明洞的外边墙受力集中，更应注意将其置于坚实、稳固的地基上。棚洞、明洞等遮挡建筑物的设计和计算，断面尺寸、材料要求等，可按隧道设计方法进行。

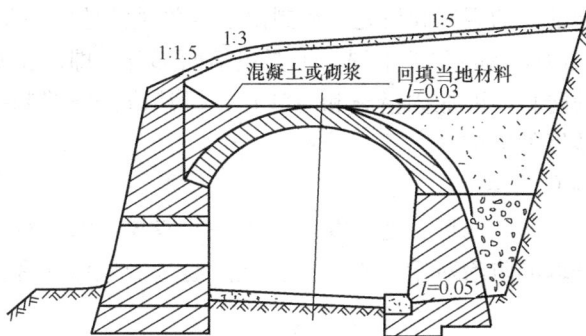

图 9-12　明洞

（3）综合治理

处理崩塌、堆岩等危岩地带的办法除采取以上措施外，还可采取下列方法：

1）托梁加固——在危岩下设钢筋混凝土托梁或过梁，以便承托上方危岩和行车；一般用于危岩较高、跨度较短、两边有较稳定的支承位置。

237

238

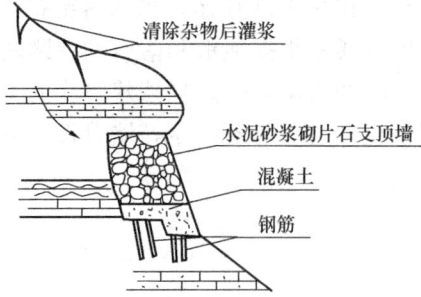

图 9-13　支顶墙加固

图中标注：
- 清除杂物后灌浆
- 水泥砂浆砌片石支顶墙
- 混凝土
- 钢筋

2）嵌补支顶——在软硬岩层互层地段，因软岩风化形成凹槽，而硬质岩层被构造面切割形成危岩，为防止危岩崩坠和软岩继续风化，可采用浆砌片石或混凝土支顶加固，或进行嵌补处理，如图 9-13 所示。

3）刷坡清方——当路基边坡顶缘以上的剩余岩堆体或危石的数量不多，而且其母岩的破碎程度不甚严重者，应以全部清除为宜，并在清除后对母岩进行适当的防护加固，防止其继续风化破坏而再形成病害。

其他方法还包括钢筋插别、锚杆串联、预应力锚索以及挂网喷锚加固边坡等措施。另外，做好地表排水系统并绿化山坡，对稳定山坡、阻挡落石等亦不失为效果好、费用省的良策。

9.5　风沙地区路基

9.5.1　概述

风沙地区路基是沙漠、大风和风沙流地区路基的总称，因为它们都和风沙有关。位于这些地区的铁路路基，容易遭受风蚀或埋沙等危害。

风沙的形成与地理位置、气候、土质和人为活动及地表植被等因素关系密切。风沙地区的气候特征主要表现为：干旱少雨、日照强烈、气候干燥、风的活动频繁。

关于风沙路基的设计，主要是经过数十年对通过风沙地区铁路筑路的工程实践和对风沙活动的观测和研究，编制出了有关风沙地区的路基设计原则，供设计应用。风沙路基的防护工程，主要包括两部分，即对路堑或路堤部分路基本体采取的防止风蚀加固措施和对沙丘或风沙流侵向路基一侧或两侧需要采取的防止沙埋的措施。

1. 风沙地区的类型

由于风况、沙源、地形、地貌及地质条件的差异，因而对铁路工程的危害程度不一，采取的防治对策也不一样。铁路通过的风沙地区按其特征可分为以下三大类：

（1）沙漠地区。沙丘覆盖的沙质荒漠带。铁路主要通过其边缘区，不得已时才穿过沙漠的局部地段。风积地貌一般有沙地（又称平沙地）、灌丛沙丘、新月形沙丘和沙丘链以及沙垄等。风蚀地貌一般有风蚀洼地、风蚀垄槽（雅丹地貌）和风蚀残丘。沙源丰富，气流含沙量大。

（2）戈壁风沙流地区。戈壁系指由砾石、碎石组成的平地。其中系残丘起伏的石质荒漠；若系洪积—冲积的山前平原，称之为砾质荒漠。但这两种荒漠，常交替存在，靠近剥蚀残丘，以石质荒漠为主；远离残丘，主要为砾质荒漠。一般石质荒漠的细颗粒土的含量少，在风的吹蚀下，气流含沙量很少，对铁路工程带来的危害也小、而砾质荒漠，经过洪水搬运，常混杂30%～40%的细颗粒；尤其是在假戈壁，表面有一层较薄的砾石，其下为沙粒或黏性土层。在风的吹蚀下，常形成风沙流。因而在树株旁有蝌蚪状积沙，在陡坎下有堆状积沙，一般没有大的沙丘。如果戈壁上无任何阻碍物，地形较平坦，这些积沙也不存在。这种风沙流一般称之为过境风沙流，风力较大，气流含沙量较少，沙粒弹跳的高度大。如果远方有沙源，对铁路工程带来的危害较大；如果远方无沙源，只要不破坏粗化地表，对铁路工程带来的危害较轻微；如果一场大的洪水，将细颗粒带至铁路附近，可以造成较大的沙害。

（3）大风区的风沙流地区。基本特征与戈壁沙流地区相似，但风力更为强劲，最大风速达 40m/s 以上，大风出现的次数多（8 级风出现日数占全年日数的 23％以上），延续时间长，一般 1～2 天，多则 4～5 天，当出现暴风时，轻则吹坏建筑物和设备，重则造成人员死亡、列车颠覆或者酿成火灾。气流除携带沙粒外还有砾石，甚至个别卵石（碎石）也能随风滚动，形成强劲的风沙砾石流，在地表常有砾浪景观。其沙量与沙源有关，如远方有沙源，一次大风，积沙埋轨高达 1m 多。

2. 风沙严重程度分类

主要根据沙源，沙丘活动程度及输沙量对风沙严重程度划分为三类：

（1）严重风沙地区

成片的活动沙丘，或分布较多的单个活动沙丘，沙丘的面积占某一范围（指有沙丘的范围，且结合地形地貌划分）面积为 20％以上，既有沙丘移动的危害，又有风沙流的危害；或者是平沙地，线路附近虽无沙丘，但地面几乎均系裸露的疏松沙地，风沙流活动很严重；或者离线路数公里范围外有大片的活动沙丘，而沙丘至线路之间的下垫面有利于沙流通过，年输沙量≥15m³/m（每延米线路的积沙方量）。

（2）一般风沙地区

线路附近为固定和半固定沙丘或沙地，只有少数活动沙丘，主要是风沙流危害，年输沙量为 5～15m³/m；或者离线路数公里范围内有较多沙源，通过线路的沙流量较大，一般为 10m³/m 左右；或者是风力较大的假戈壁地区，表层粗化层（砾石厚 5cm 左右）下为沙层，或者砾石中夹较多的（40％左右）沙粒，风力较大时（＞17m/s），产生大量沙流，严重危害铁路工程。

（3）轻微风沙地区

大部分为固定沙丘或沙地，少数为半固定沙丘；或者线路附近无沙丘，系砾石戈壁滩，远方有一些沙源，每年有少量沙流（≤5m³/m）危害铁路。

3. 铁路路基沙害

（1）沙害类型

1）风蚀

沙漠地区的路堤，一般采用当地的粉细砂填筑，易遭风蚀。风力对路基的风蚀，可分为吹蚀、磨蚀与掏蚀三种作用。吹蚀是风力直接带走填料颗粒；磨蚀是气流中挟带的沙粒冲击填料颗粒，甚至钻入孔穴内旋磨，以致使土体局部被掏空，加速风蚀程度；掏蚀是气流因遇障碍物或地面形状突变和不平整而产生涡流，卷走细小颗粒，使较大颗粒失掉稳定性而滚落于坡脚。一般迎风坡上部以吹蚀为主，路肩被吹蚀成浑圆状，坡面有吹蚀槽，在边坡下部 $1/5 \sim 1/4$ 边坡高度范围内不遭受风蚀。背风坡以掏蚀为主，从路肩开始风蚀，风蚀物大部分堆积于坡脚，少部分被风带走，边坡下部 $1/4$ 边坡高度范围内一般不遭受风蚀。风蚀常使路肩宽度不够，严重者，枕木外露，影响行车安全。

在沙丘或沙地开挖的路堑，或者含有易风蚀的土层路堑，坡面风蚀均较严重。

大风地区的风蚀现象更为严重，不仅粉细砂填筑的路堤需要进行防护，而且采用砾石土和泥岩、泥灰岩、砾岩等软质岩碎块填筑的路堤，亦需进行防护。

2）沙埋

风沙地区的道床积沙是普遍现象，轻则道砟空隙贯入沙粒，道心有少量积沙，造成道砟不洁，给铁路上部结构带来一系列危害；重则积沙掩埋轨道，当积沙超出轨顶 3cm 以上，就可能引起机车或车辆脱轨，造成停运事故，此种现象一般称为沙埋。

沙埋形态有：片状沙埋，当路堤较低或为零断面，路堤坡脚积沙高度与道床积沙高度相等，呈片状掩埋路基；舌状沙埋，当风口地段，或防沙工程局部破坏的地方，积沙呈舌状顺风向延伸，掩埋路堤；堆状沙埋，由于防护措施设置不当，形成了沙丘，或者是固定沙丘遭到破坏，致使整个沙丘移向路基，形成堆状沙埋。

(2）沙害程度

铁路沙害程度，主要根据路基和桥涵积沙给运营带来的危害大小来划分，并适当考虑对上部建筑的危害。

1）极严重危害

路基积沙超过轨面，如不立即清除，列车就有脱轨危险，常造成停车事故，或者桥与涵的净空被积沙堵死，洪水时有冲毁路基的可能。

2）严重沙害

路基积沙几乎与轨面相平，再遇大风，就有掩埋轨道的危险，对行车威胁很大，须及时清除；或者桥与涵的净空被堵塞大部分，如不清除，洪水时，桥面积水，有浸泡路基的危害。

3）一般沙害

路基积沙掩埋枕木和扣件，对线路上部建筑损坏严重，间接影响行车，应清理；或者桥与涵有一些积沙，相间一段时间应清理，免致积沙增多，堵塞桥涵。

4）轻微沙害

沙粒贯入砟内，道心和道床坡脚有一些积沙，使道床不洁，对铁路上部结构有损害。

铁路沙害程度与风沙严重程度不是完全一致的。严重风沙地区，如及时得到了治理，沙害轻微，甚至没有；轻微风沙地区，如不治理，可能造成严重沙害。通车初期，由于施工破坏部分地表粗化层和植被，一些轻微沙害或一般沙害，可在运营管理中逐步整治。风沙防止措施主要根据风沙严重程度确定。

9.5.2 风沙地区路基设计原则

线路通过风沙地区，应根据风沙范围、沙源、风况、风沙活动特征、植被、土质、降雨量、水文地质条件和建筑材料等情况，确定路基断面形式以及防止路基被风吹蚀和积沙掩埋的防护措施。

（1）在风沙地区，线路尽量选择于河岸、湖沼、潜水溢出带和固定与半固定沙丘带等易于设防护和有建筑材料的地段，其走向与主风向平行，并以路堤（堤高宜＞1m）通过为宜，避免较长（＞30m）和较深（＞6m）的路堑。

（2）在戈壁风沙流地区与大风区风沙流地区，由于气流含沙量少，沙粒跳跃的高度较高，当风向与线路的交角较大时，又系浅路堑，宜采用展开式路堑。

风沙流地区的路堑，为了防止少数越过防护工程的沙流侵入道床，以及为了防止堑坡局部风蚀物落入道床，宜于路堑坡脚设置宽度不小于2m的积沙平台。

大风区，当风力出现较大频率时才产生沙害，因而在浅路堑或半填半挖路基地段，可以采用大型积沙平台的路堑断面形式，平台宽度可按一次暴风（南疆线吐鲁番段为30年一遇的大风）带来的沙量确定，一般不宜小于3m。

（3）半干旱荒漠带和干旱与极干旱荒漠带的风沙地区，干旱少雨，路基若系粉、细沙层，具有一定的渗水性，路基一般不存在积水问题，可不设路拱。如路基面全采用卵、砾石土平铺0.2m厚，则路基宽度按渗水土路基标准；否则，按土质路基标准。

半干旱干草原带和半湿润草原带的风沙地区，降雨量较多，粉、细沙土路基可按土质路基标准。

（4）粉、细沙路堤的路肩和边坡部分，应根据当地具体情况，选用卵石、砾石、黏性土（塑性指数 I_P＞10）或其他不吹蚀材料防护。采用粉土填筑的路堤，如塑性指数 I_P＜4 时，路肩和坡面宜防护。大风区和风力较强的戈壁风沙流地区，其路肩和坡面防护根据当地风力情况适当加强。

粉、细沙路堑边坡和积沙平台均需采用不吹蚀材料防护；如边坡土层系卵砾石土夹有沙层尖灭体或砂页岩互层，在长期风蚀下，易碎落、坍塌，堆积于坡脚，形成障碍物，造成积沙条件，故对其坡面宜采取防护。

在修筑过程中，对采用粉、细沙填筑的路堤，若当地风力较强或在风季时施工，需采取临时防护措施；若永久防护材料运距远，需待通车后进行，则可采取临时防护过渡。

（5）路基两侧的防沙体系，包括设防带与植被保护带。设防带的防沙工程，应按就地取材、因地制宜、综合治理的原则，在平面和立面形成较严密的防沙系统。

1）在半湿润草原带、半干旱干草原带和年平均降雨量大于100mm，湿沙层含水量大于2%～3%的半干旱沙漠带，以及地下水埋藏较浅或附近有水源可利用的地区，应采用植物防沙。使用年限较长远，且可改变当地环境条件，遏止大气中的一些微尘，对机车车辆和通信等均有利，防沙林带宜采用草、灌、乔相结合，先锋树种与后期树种相结合，以及乡土树种与引进树种相结合的原则进行营造。

2）当地无条件营造防沙林带时，应采取工程防沙措施，或植物防沙未起作用前，亦需采取工程防沙措施过渡。风沙活动较大的地区，为了防止林带前缘积沙、林带外缘应适当配置工程防沙措施。

① 采用工程防沙措施时，应固沙与阻沙相结合。固沙工程的铺设范围和阻沙工程的设置部位与结构尺寸，应根据风沙活动特征、风况、输沙量、地形和防护材料性质等确定。一般在风沙严重地区，靠近路基100m范围内采用固沙措施，100m以外采用阻沙措施。在一般风沙地区，固沙范围可减至50m左右。如沙源很丰富，最外一道的阻沙工程宜设于路基外300～500m；否则，积沙可能形成新的沙源。

② 风向的变动性较大，即使风向较单一，仍然有一定的摆动，其摆动范围一般为15°～30°。因而防沙工程沿铁路线应采用封闭式的，将任何方向的风沙流阻挡于外，不让侵扰铁路工程。

③ 风向与铁路线的交角较小（<30°）时，防沙工程设计成为有导沙作用的结构形式，可将部分沙流输走，减少阻沙工程的积沙量，可延长其使用年限。

④ 防沙工程跨过沟谷或漫流地区，应注意暴雨时冲毁防沙工程。必要时，增加导流设备，将洪水引走。

⑤ 采用草类等易燃的防护材料时，应预防火灾，宜于路基坡脚外5m范围内，选用卵石土、砾石土或黏性土（塑性指数$I_P>10$）铺设防火带。

3）植被保护带宽度主要根据风沙严重程度和当地人为活动情况确定。在人类活动频繁地区，植被保护带不易保持，必须请当地政府或厂矿企业协助保护，但仍然遭到一些破坏，只有加强设防带，在设防带组成一个较完整的防沙体系。

（6）弃土堆和取土坑应设在背风侧。取土坑距路堤坡脚不小于5m，弃土堆距路堑顶边不小于10m。取土坑和弃土堆必要时应采取防护措施。

线路两侧各500m范围内的地表原有植被和地表硬壳均不得破坏。

（7）输沙与导沙工程，目前还处在试验研究阶段，而且只适用于风向单一的风沙流活动地区，故设计时，需慎重对待。

9.5.3 路基本体及其防护的设计

1. 路基本体设计

（1）路堤

采用卵、砾石或碎石等材料全部（包括路基面）包坡的路堤，其路基面宽度可按渗水土路堤标准选用。如用上述材料只防护路肩和坡面，或用黏性土等非渗水材料做防护层的路堤，路基面宽度按一般黏性土路堤标准。粉、细沙填筑的路堤边坡坡率一般采用1:1.75～1:2，一坡到底。

路堤本体的防护范围、布置形式、常用防护材料及尺寸详见图9-14。

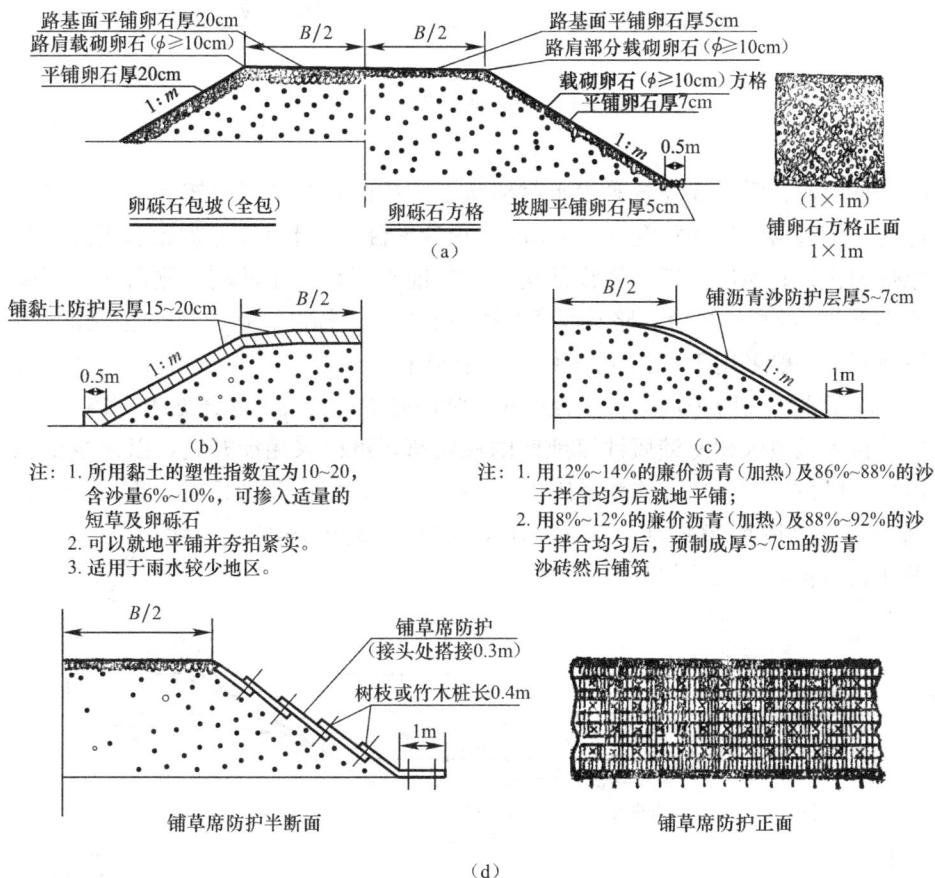

注: 1. 所用黏土的塑性指数宜为10～20，含沙量6%～10%，可掺入适量的短草及卵砾石。
　　2. 可以就地平铺并夯拍紧实。
　　3. 适用于雨水较少地区。

注: 1. 用12%～14%的廉价沥青(加热)及86%～88%的沙子拌合均匀后就地平铺。
　　2. 用8%～12%的廉价沥青(加热)及88%～92%的沙子拌合均匀后，预制成厚5～7cm的沥青沙砖然后铺筑

图 9-14　风沙地区路堤断面及防护形式参考图
(a) 填沙路堤铺栽卵石防护；(b) 填沙路堤铺黏土防护；
(c) 填沙路堤铺沥青沙防护；(d) 填沙路堤铺草席临时防护

大风地区，风力强劲，采用砾石土将路肩加宽0.3m，路基高5m，可使用6～7年；采用泥岩碎块，路基高6m，可使用2～3年；采用砾岩碎块。

路基高12m，可使用1～2年；采用泥灰岩碎块，路基高6m，使用期约1年。故防护加固时，宜采用抗风蚀较强的卵石和片石。卵石宜采用1×1m的方格形式，栽砌的卵石直径大于10cm，方格内采用小卵石平铺。片石可采用干砌。当路堤边坡高大于6m，防护范围按$3H/4$考虑；路堤边坡高小于6m应全坡面防护。在多风向地区也应两侧防护；在单风向地区，只防护一侧。见图9-15，图中m_2比m_1放缓1级。

(2) 路堑

半干旱荒漠带和干旱荒漠带的粉、细砂地层路堑，可不设侧沟和不做路

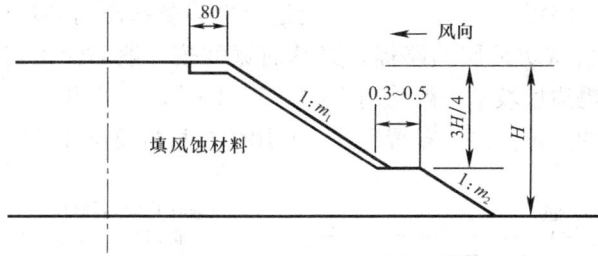

图 9-15　大风区路堤防护范围图（单位：m）

拱，采用卵、砾石或碎石等渗水材料全部防护时，路基宽度按渗水土路路堑标准，路堑两侧另加宽度不小于 2m 的积沙平台。半干旱干草原带和半湿润草原带的粉细砂地层路堑，需设侧沟，并加铺砌工程防止冲刷，侧沟外设宽度不小于 2m 的积沙平台。路基面宽度按一般黏性土标准。粉、细沙地层路堑边坡坡率，一般采用 1∶1.75～1∶2，一坡到底。

路堑本体的防护范围、布置形式，常用防护材料及尺寸详见图 9-15。

在大风地区和戈壁风沙流地区的浅路堑，可以采用展开式，以便减少积沙量。以往经验：边坡坡率采用 1∶2～1∶3.5，堑内积沙仍然严重。试验观测证明：边坡坡率缓于 1∶4，且堑顶 20m 范围内平整，无阻碍物（见图 9-16），输沙效果才较显著。

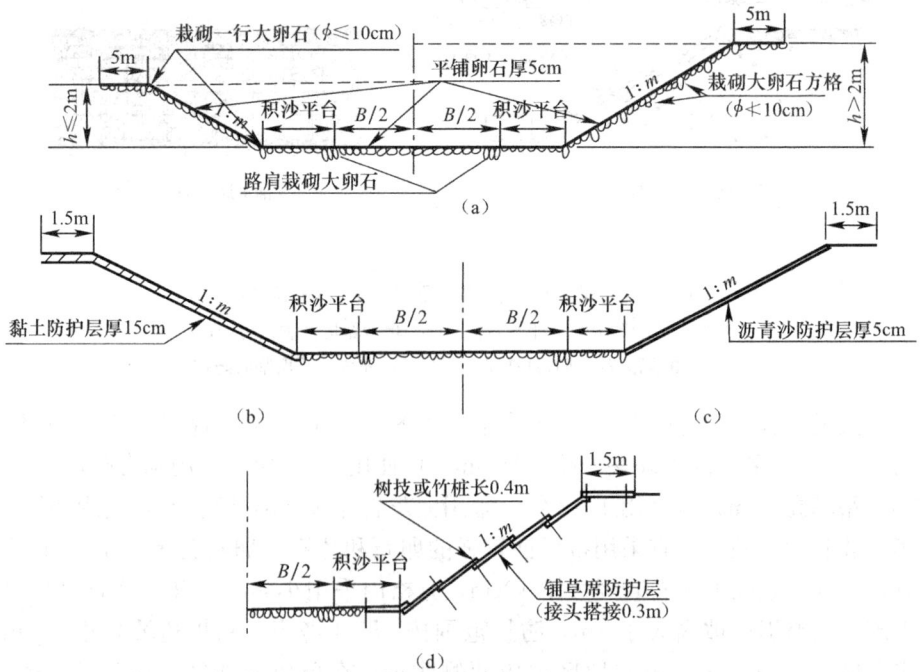

图 9-16　风沙地区路堑断面及防护形式参考图

（a）沙层内路堑铺、栽卵石防护；（b）沙层内路堑铺黏土防护；
（c）沙层内路堑铺沥青沙防护；（d）沙层内路堑铺草席临时防护

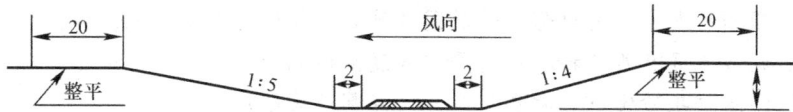

图 9-17　展开式路堑断面图（单位：m）

2. 路基两侧防沙工程设计

线路中心线两侧各一定宽度内为路基施工范围，视路基的填高或挖深而定，一般每侧宽度不宜小于 25m。在此范围内，由于施工破坏的地表应大致整平，浮沙采用不吹蚀材料覆盖。

防沙体系包括设防带和植被保护带（图 9-18）。设防带是采用工程防沙或植物防沙布防的地段，一般采用两种以上的防沙措施。靠近铁路是加强防护区，决不允许沙流越过该区而掩埋铁路工程；远离铁路，可允许少量沙流侵入加强设防区的外缘。当靠近路基采用易燃烧的防沙材料时，在路基坡脚外 5m 范围内采用卵、砾石或黏性土铺设防火带；否则，可以不铺设。植被保护区，禁止樵采和放牧牲畜。让其在自然条件下逐步恢复植被，减少沙流量。一般按风沙严重程度确定防沙体系宽度见表 9-6。

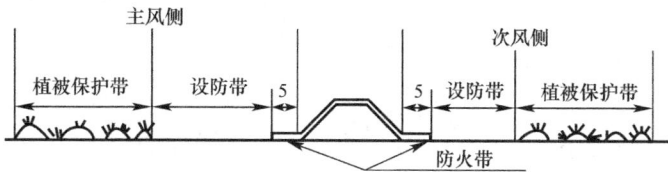

图 9-18　路基两侧防护体系（单位：m）

防沙体系设置宽度　　　　　　　　　　　　表 9-6

风沙严重程度	设置位置	防护带宽度（m）	
		设防带	植被保护带
严重风沙地区	主风侧	300～400	400～600
	次风侧	100～200	200～300
一般风沙地区	主风侧	200～300	300～400
	次风侧	50～100	100～200
轻微风沙地区	主风侧	100～200	200～300
	次风侧	50 左右	50～100

思考题

1. 简述浸水路堤的设计原则。

2. 简述滑坡形成的条件及影响因素；滑坡稳定性分析的常用方法有哪些？各有什么不同？

3. 滑坡地带路基设计一般遵循什么原则？常用的滑坡防治措施有哪些？

4. 地震对路基的损害主要表现哪些方面？路基抗震措施有哪些？

5. 崩塌的发生与岩堆形成的原因是什么？简述其整治措施。

6. 风沙地区有哪些特征？其严重程度如何划分？

7. 铁路路基沙害有哪些类型？如何评判沙害程度？

8. 风沙地区路基本体设计的主要内容有哪些？路基两侧防沙工程的设计要点是什么？

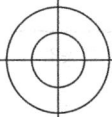

第10章
特殊土地区路基

本章知识点

【知识点】本章主要介绍软土、膨胀土、黄土、盐渍土冻土地区
及粉土地区各种土质工程特性、路基常见病害及工程
处理措施。

【重　点】软土地区路基设计及常用工程处理措施。

【难　点】正确理解软土、膨胀土、黄土、盐渍土及冻土地区的路
基病害的原因。

10.1　软土地区路基

软土是指在滨海、湖泊、谷地、河滩上沉积的天然含水量高、孔隙比大、渗透性差、压缩性高、抗剪强度和承载力低的软塑到流塑状态的细粒土，如淤泥和淤泥质土。而天然含水量较大、压缩性较高、强度较低、呈软塑状态的黏性土，承载力较低、易产生振动液化的饱和的粉土、粉砂、细砂等，工程中称为松软土。对于铁路路基而言，规范和技术手册多以下列物理力学指标作为软土的判定标准（表10-1）。

软土的特征指标　　　　　　　　　　表 10-1

天然含水量	$w \geqslant w_L$	压缩系数	$a_{0.1 \sim 0.2} \geqslant 0.5 \text{MPa}^{-1}$
天然孔隙比	$e > 1.0$	强度	$P_s s < 0.8 \text{MPa}$

软土地区近代地貌多为宽阔的平原，已不再为地表水所浸漫。表层因水分蒸发，常常形成强度稍高的硬壳层，厚度一般不大于 3m。其下部有流动性的淤泥，地下水位接近地表，沉积厚度一般较深。

10.1.1　软土的成因及分类

软土在我国滨海平原、河口三角洲、湖盆地周围及山涧谷地均有广泛分布。我国软土的成因类型大致可分为海洋沿岸沉积、河滩沉积和内陆湖盆谷地沉积三大类，见表10-2。

软土的类型　　　　　　　　　　表 10-2

类型		厚度	特征
滨海沉积	泻湖相沉积	2~25m 可达 60m	颗粒细，孔隙比大，强度低，常夹有薄层泥炭
	溺谷相沉积		孔隙比大，结构疏松，含水量高，分布范围窄
	滨海相沉积	大于 60m 可达 200m	面积广，厚度大，夹有粉砂薄透镜体，孔隙比大
	三角洲相沉积		分选性差，结构不稳定，粉砂薄层多，有交错层理，不规则尖灭层及透镜体夹层，结构疏松
内陆湖盆谷地沉积	湖相沉积	小于 20m	粉土颗粒成分高，呈放射状分布，层理均匀清晰，表层多具有硬壳
	丘陵谷地相沉积	7~10m	呈片状、带状分布，靠山边浅、谷中心深，具有较大的横向坡，颗粒由山前到谷中心逐渐变细
河滩沉积	河漫滩相沉积 牛轭湖相沉积	小于 20m	成层情况较不均一，以淤泥与软黏土为主，含中细砂交错层，呈透镜体分布

由表 10-2 可知，泻湖相和溺谷相沉积的软土，因是在海浪岸流及潮汐动水作用较弱地区，水中悬浮的细颗粒土逐渐沉积而形成，所以，其厚度常可从几米至几十米不等，性质特征如表 10-1；在表层，软土因水分蒸发，常可形成一强度稍高的土层，称为硬壳，厚度一般不大于 3m。滨海相和三角洲相沉积的软土来自河流水流挟带的悬浮颗粒，在出海口因物理和化学环境变化而沉积所形成。由于河流挟带物与上游冲刷和河流搬运条件有关，所以常夹有薄层粉砂，形成尖灭层或透镜体。滨海相软土层厚度可达几百米，表层多无明显硬壳。三角洲相软土表层常有硬壳。因土交错成层，故在自重作用下，软土的强度随深度增加而提高较明显。以上在海水中沉积的软土，土粒间有易溶盐胶结，所以具有一定的灵敏度，即扰动后土的强度低于原状土。

内陆湖盆地沉积的软土，其物质为附近小河川挟带输入的沿河表土，由于在静水中沉积，结构疏松，强度较低，有倾向湖心或谷地中心的不规则层理，水面以上软土也可形成硬壳。

河滩沉积软土的物质成分较复杂，软土中夹有中、细砂交错层，厚度小于 20m，表层硬壳厚度常在 5m 以内。

各种成因类型的软土分布与沉积期的地貌相关，所以常可由区域的地貌变化规律和已有地质资料得出其成因类型和特征。

10.1.2　软土的力学性质

因为软土是在水下沉积中形成的，所以，除了形成后因水位下降而使表土干硬成硬壳外，水位以下的软土则常处于饱和状态，此时软土为土颗粒和孔隙水组成的两相介质。因此，在软土地基上修筑建筑物时，外荷载在土中产生的附加应力由土颗粒和孔隙水共同承担。由土颗粒承受的附加应力可在土体发生剪切变形中起抗剪作用，所以称为有效应力 $\bar{\sigma}$；而孔隙水承受的应力（称为超静水压力 u），仅使孔隙水压力升高，而并不能改善土体的抗剪强度。根据有效应力原理，外荷载在土中产生的总附加应力等于有效应力 $\bar{\sigma}$ 与超静水压力 u 之和，可知饱和土在外荷载作用下的有效应力 $\bar{\sigma}$ 为：

$$\bar{\sigma} = \sigma - u \tag{10-1}$$

式中 σ——建筑物荷载产生的总附加应力。

建筑物施工完成一段时间以后，在建筑物荷载的持续作用下，土体中的孔隙水逐渐排出，使孔隙水量减少，土的密实度提高，土体中原有孔隙水承受的超静压力逐渐转移为由土颗粒承担，使有效应力增大，这一现象称为固结。由土颗粒承受的有效应力变化可以用它与总应力的比值来表示，比值 U 称为固结度，其值为：

$$U = \frac{\bar{\sigma}}{\sigma} = \frac{\sigma - u}{\sigma} \tag{10-2}$$

于是，在荷载作用下，地基土的抗剪强度 S_t 可以用下式表示：

$$S_t = S_u + S'_t \tag{10-3}$$

$$S_u = \sigma_0 \cdot \tan\varphi_u + c_u \tag{10-4}$$

$$S'_t = \bar{\sigma} \cdot \tan\varphi_{cu} = U \cdot \sigma \cdot \tan\varphi_{cu} \tag{10-5}$$

式中 S_u——地基土在自重作用下已处于正常固结状态时的抗剪强度：

σ_0——地基土的自重应力；

φ_u、c_u——由地基土不固结不排水剪切试验得出；

S'_t——在软土地基上加载后由土颗粒承受的附加有效应力形成的强度；

φ_{cu}——土的固结不排水剪切试验值。

上述按土在荷载作用下的固结度来计算强度增量的方法，称为固结有效应力法。在软土路堤稳定分析中，它可较好地得出路堤填筑过程中地基的稳定性和路堤荷载在土中的有效应力变化的相关关系。

对于自然沉积的地基，大多数的软土地基已经在自重下固结，其抗剪强度可由式（10-4）确定；只有新近填筑的软土路基（包括地基）内才会出现欠固结状态，此时式（10-4）的 σ_0 应该写为 $U'\sigma_0$，U' 为欠固结的固结度。式（10-3）表示的软土地基在加荷中的强度增长，如图10-1所示。

以上为软土路基在外加荷载作用下，其抗剪强度随时间的增长过程。当软土地基在正常固结下，土的强度随深度而有规律地增长时（如图10-2），其抗剪强度 S_u 也可表示为：

$$S_u = S_0 + \lambda \cdot h \tag{10-6}$$

式中 λ——软土强度随深度变化的递增率（kPa/m）；

h——计算点深度（m）；

S_0——地基各点强度连线在地面上的截距（kPa）。

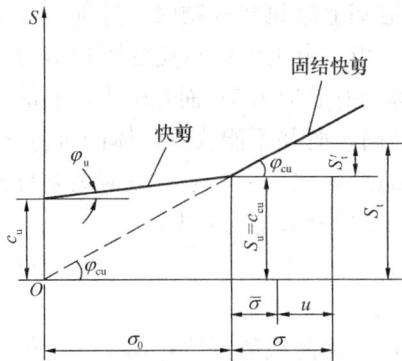

图 10-1　正常固结软土在加
荷中的强度变化

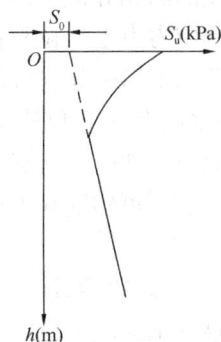

图 10-2　正常固结软土强度
随深度增长的规律

10.1.3　软土地区路基设计

在软土地基上，路基宜为路堤形式，其高度不宜小于基床厚度。在深厚层软土地区，应根据软土类型及厚度，地基加固工程难易程度及路基工后沉降控制等因素，严格控制路堤高度。

1. 软土地区路基的临界高度

软土路堤的临界高度分为填筑临界高度和设计临界高度。填筑临界高度是按地基土仅承受快速施工中形成的路堤荷载得出。在路堤竣工后需立即铺轨并通行工程列车时，则软土地基除承受快速施工中形成路堤荷载外，还应加上列车和轨道荷载，由此计算而得出的路堤临界高度即为设计临界高度。由于软土路堤在竣工后常需立即铺轨和行驶工程列车，所以，线路纵断面设计中常取设计临界高度。设计临界高度和填筑临界高度的高差是由列车与轨道荷载引起的，其值约在 2m 左右。

临界高度的大小取决于软土的性质和成层情况，软土表层硬壳的厚度与性质、填料的情况等等。路堤填筑临界高度宜根据填土荷载由稳定检算确定，也可用经验公式计算确定。

(1) 均质厚层软土地基上路堤的填筑临界高度

均质厚层软土地基上路堤的填筑临界高度可按下述两种方法计算：

1) 理论估算公式

$$H_c = 5.52 \frac{c_u}{\gamma} \tag{10-7}$$

式中　c_u——地基土快剪测得的单位黏聚力（kPa）；

　　　γ——填土重度（kN/m³）。

2) 近似公式

$$H_c = 0.3 c_u \tag{10-8}$$

式中符号意义同前。

(2) 均质薄层软土地基上路堤的填筑临界高度

均质薄层软土地基的路堤填筑临界高度采用下式计算（图 10-3）：

$$H_c = N_s \frac{c_u}{\gamma} \qquad\qquad (10\text{-}9)$$

式中　N_s——稳定数，与边坡角 β、深度因数 $\eta_D\left(\eta_D=\dfrac{D+H}{H}\right)$ 有关，可由

图 10-4 中查得。

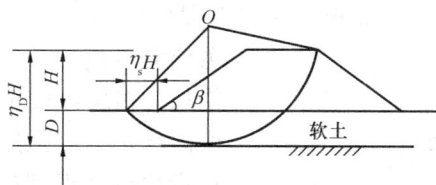

图 10-3　均质薄层软基路堤的极限高度

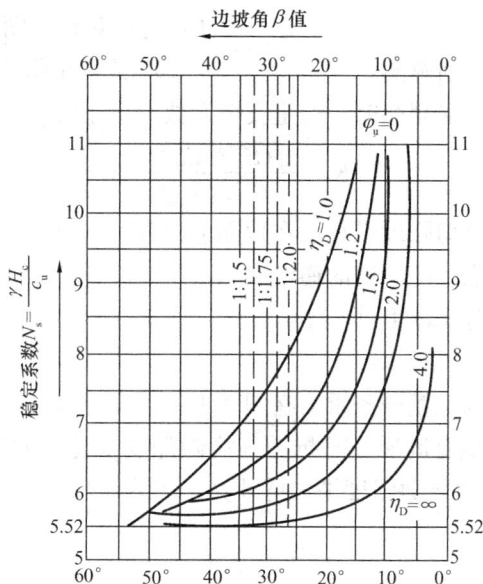

图 10-4　稳定数与边坡角、深度因数关系曲线

计算时首先假定一个路堤高 H，计算深度因数 η_D，根据 η_D 和边坡角 β，由图 7-11 查得稳定数 N_s，再根据式（10-9）计算填筑临界高度 H_c，如所得的 H_c 与假定的 H 十分接近，即为所求之值。否则重新假设堤高 H 计算，直至 H 与 H_c 接近为止。

当软土下卧硬层顶面有较大横向坡度时，实际的填筑临界高度将比计算所得值偏小一些。

（3）非均质软土地基路堤的填筑临界高度

非均质软土地基，因土层性质各不相同，无法估算，只能按圆弧法进行稳定性检算确定路堤填筑临界高度。检算时地基的强度指标采用快剪法测定。

2. 软土地区路基稳定性检算

由于软土地基松软，在软土地区修筑路堤，可能产生各种破坏失稳现象，如

施工期发生路堤开裂、坍滑；施工及运营期出现长期不断的路堤下沉，或突然的大量下沉、滑移等现象。这些现象中最严重的是路堤整体坍滑，滑弧切入地基软弱土层之中。因此，软土地基路堤的稳定分析是设计工作中的一项重要内容。

决定软土地基稳定的因素是多方面的，它不仅取决于路堤的断面形式、填土高度、加荷速率、地基土性质，而且也与软土成因类型、地层成层情况、地层应力历史等有关。例如地层倾斜能促使滑动面产生；又如加荷速率快，剪应力迅速增长，在施工期更易产生滑动；相反，填土速率慢，地基土发生固结，土的强度得以提高，路堤的稳定性也会得到提高。软土地基稳定分析的方法较多，由于均质软土地基的滑动多呈弧形滑面，一般多采用圆弧法进行检算，如图 10-5 所示。

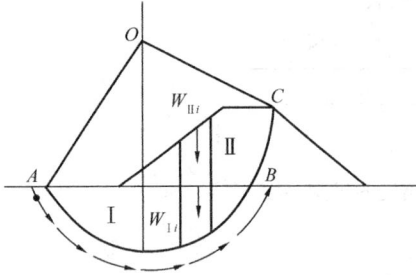

图 10-5 稳定分析圆弧法

（1）当软土沉积较厚，土的抗剪强度随深度变化有明显规律时，稳定安全系数 K 可按下式计算：

$$K = \frac{\sum (S_0 + \lambda h_i) l_i}{\sum T_i} \tag{10-10}$$

式中 S_0——地基抗剪强度增长线在地面上的截距（kPa）；

λ——抗剪强度随深度的递增率（kPa/m）；

h_i——地基分条深度（m）；

l_i——分条的弧长（m）；

T_i——荷载与地基分条重力在圆弧上的切向分力（kN/m）。

（2）当软土沉积有间断，其抗剪强度随深度变化无明显规律时，稳定安全系数 K 可根据分层抗剪强度平均值计算：

$$K = \frac{\sum S_{ui} l_i}{\sum T_i} \tag{10-11}$$

式中 S_{ui}——第 i 层地基土平均抗剪强度（kPa）。

其余各符号意义同式（10-10）。

若其中有较厚层，其抗剪强度随深度变化又有明显规律时，可采用式（10-10）和式（10-11）综合计算。

（3）当考虑地基固结时：

$$K = \frac{\sum (S_0 + \lambda h_i) l_i + \sum \overline{U} N_{\text{II}i} \tan \varphi_{cui}}{\sum T_i} \tag{10-12}$$

或

$$K = \frac{\sum S_{ui} l_i + \sum \overline{U} N_{\text{II}i} \tan \varphi_{cui}}{\sum T_i} \tag{10-13}$$

式中 $\overline{U}$——地基平均固结度；

$N_{\text{II}i}$——填土重力和上部荷载在圆弧上的法向分力（kN/m）；

φ_{cui}——第 i 层地基土固结不排水剪切的内摩擦角（°）。

其余各符号意义同式（10-10）。软土地基上路堤的稳定安全系数应符合表 10-3 的要求。

路堤的稳定安全系数　　　　　　　　　表 10-3

铁路等级	旅客列车设计行车速度（km/h）	安全系数	
		不考虑轨道及列车荷载	考虑轨道及列车荷载
Ⅰ级铁路	120～160	≥1.20	≥1.15
Ⅱ级铁路	<120	≥1.20	≥1.10

3. 软土地基上路堤沉降计算

软土地区路堤的沉降主要是因地基沉降形成。软土地基的总沉降量 S 是指地基从受到荷载应力作用起到固结沉降终止的总沉降量。软土地基的总沉降量（S），可按瞬时沉降（S_d）与主固结沉降（S_c）之和计算。对泥炭土、富含有机质黏土或高塑性黏土地层，可根据情况考虑次固结沉降（S_s）。

有关固结沉降的计算参考第 4 章。

4. 路堤在施工期内由于基底沉降而增加的土方量计算

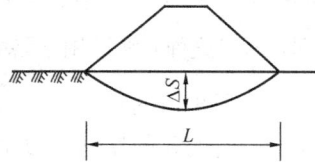

图 10-6　路堤底面沉降形状

路堤施工时，因填土加荷地基沉降，所以需增加部分土方。路堤基底沉降的形状近似为抛物线，如图 10-6 所示，在施工期间，每延米路堤由于基底沉降需增加的土方量 ΔV 为：

$$\Delta S = U \cdot S_c + S_d \qquad (10\text{-}14)$$

$$\Delta V = \frac{2}{3} \cdot \Delta S \cdot L \qquad (10\text{-}15)$$

式中　ΔS——地基在施工期间的沉降量（m）；

　　　U——施工期地基所完成的固结度；

　　　ΔV——每延米施工期间增加的土方量（m³）；

　　　L——路堤底宽（m）。

5. 路堤顶面预留加宽的计算

软土路堤修建完成后，在运营期间由于列车的动力荷载作用，堤身仍会

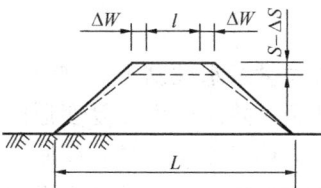

图 10-7　软土路堤顶面预留宽度

下沉，导致原有轨顶高程不断地降低，因而必须在运营期间加厚道床来抬高轨面，为使道床抬高后仍能维持原有的路肩宽度，在设计软土路堤的顶面宽度时，每侧必须预留加宽值，如图 10-7 所示。路堤顶面加宽值 ΔW 按下列公式计算：

$$\Delta W = m(S - \Delta S) \qquad (10\text{-}16)$$

式中　S——地基总沉降量（m）；

　　　m——道床边坡坡率。

由于软土地基的沉降速率很缓慢，有时甚至达数十年之久，没有必要将最终沉降加宽值全部提前预留。因此一般将计算的 ΔW 乘以折减系数 0.5～

0.6，即路堤一侧的顶面实际加宽设计值为：

$$\Delta W = (0.5 \sim 0.6) \times m(S - \Delta S) \tag{10-17}$$

10.1.4 软土地区地基的加固及处理措施

有关软土的地基处理，在本书第 4 章中做过详细介绍，这里仅介绍反压护道法。

反压护道系在路堤两侧填筑一定宽度和高度的护道，使路堤下地基土不被挤出和隆起，以保证路堤的稳定。

这种方法施工简便，不需要控制填土速率，但土方量大，占地面积广，仅适用于非耕作区和取土不困难的地区。后期沉降大，需经常抬道，给养护遗留困难。

反压护道本身的高度和边坡必须处于稳定状态，因此，它的高度不能超过天然地基的填筑临界高度。反压护道的高度以采用路堤高度的 1/3～1/2 较为经济合理，所以这种方法适用于路堤高度不大于填筑临界高度的 $1\frac{2}{3} \sim 2$ 倍的情况。

反压护道的宽度，一般采用圆弧法检算决定，当软土层较薄且其下卧岩层面具有明显的横向坡度时，路堤两侧应采用不同宽度的反压护道，横坡下方的护道应较横坡上方的护道宽些，如图 10-8 所示。

反压护道一般采用单级式，多级式护道增加稳定力矩较小，作用不大，仅在软土分布范围较为狭窄时适用，如图 10-9 所示。

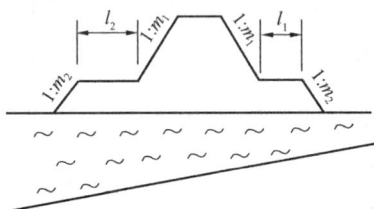

图 10-8 两侧不同宽度的反压护道   图 10-9 多级式反压护道

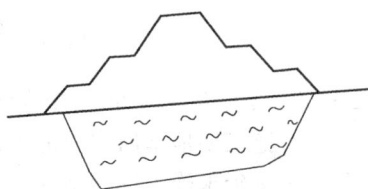

10.2 膨胀土地区路基

膨胀土（又名裂隙黏土，简称裂土）是一种由大量亲水性黏土矿物组成的，具有吸水膨胀、软化、崩解和失水急剧收缩开裂，并能产生往复变形的黏性土。含有大量亲水矿物，含水率变化时产生较大体积变化，具有膨胀土特征的岩石，应判定为膨胀岩。膨胀土具有明显的胀缩性、超固结性和多裂隙性，对工程建筑物的稳定性影响很大，因此应予以足够的重视。

10.2.1 膨胀土的工程特性

1. 胀缩性

任何黏性土由于其黏土颗粒的亲水性，与水相互作用时都会发生体积的增大，失水时产生收缩。膨胀土主要是由亲水性的黏土矿物组成，因而表现出胀缩特性。

膨胀土产生膨胀的强弱与黏土颗粒含量、黏粒的矿物成分以及晶体结构单元的差异有很大关系。

膨胀土的颗粒成分以黏粒（粒径小于 0.005mm）为主，粉粒（粒径处于 0.005~0.05mm 之间）次之，二者含量约占 90%，粒径大于 0.05mm 的砂粒含量较少。膨胀土中的细小黏土颗粒愈多，比表面积越大，可吸附在黏粒周围的结合水膜越厚，从而使含水量增多，土中孔隙体积增大，而失水时体积收缩。因此膨胀土的塑性指数 I_P（>17）和液限 w_L（>40%）一般都较高。

在膨胀土中，黏粒的吸水特性与其矿物成分和晶架结构是密切相关的。分布于我国的膨胀土的主要矿物成分为蒙脱石、伊利石和高岭石等。这些黏土矿物的共同特点是结晶度低、晶粒细小、胶体特性典型。但因彼此的化学成分不同，这些黏土矿物晶格构造存在差异。蒙脱石是一种鳞状矿物，具有强烈的结构膨胀性；伊利石的晶格构造和蒙脱石类似，但结晶格架活动能力比蒙脱石低，仅具有中等膨胀性；高岭石的晶体结构比较稳固，而且比表面积小，同水溶液相互作用的能力弱，当高岭石含量较多时，则属于低膨胀性土。

另外，膨胀土的微观结构也是决定胀缩性的重要因素。研究分析表明，膨胀土的微观结构与其成因类型、黏土矿物的种类、形状和迭堆情况等有关。坡积残积型的黏土矿物成分主要为高岭石，颗粒间多为面边接触，结构较为松散，胀缩性较低。河湖相沉积型的黏土矿物以蒙脱石、伊利石为主，黏土矿物颗粒为细小的鳞状矿物经水流搬运而沉积在一起，多为面面接触，随着上部沉积物的加厚而产生固结压密，因而具有较强的胀缩性。

2. 多裂隙性

普遍发育各种形态的裂隙是膨胀土的另一显著特征。膨胀土裂隙成因复杂，形状各异，大小不一，但在土体中广泛分布。膨胀土裂隙的形成与其成土过程、胀缩效应、风化作用等许多因素有关。

按照膨胀土裂隙的成因，可划分为原生裂隙和次生裂隙。原生裂隙是在膨胀土形成过程中由于温度、湿度、固结及卸载和物理化学作用与胀缩效应形成的。地表以下 3m 的土体很少受气候变化的影响，可称为原生裂隙。次生裂隙一般由原生裂隙发育成形，多分布于地表 3m 以内，呈张开开展状态，用肉眼很容易观察到，因此在工程中，应特别注意临空面与某方向高密度裂隙一致的可能性。此时土体稳定性差，易造成坍塌。

膨胀土的裂隙面大多有次生的灰白膨胀土充填，充填物具蜡状光泽，可见镜面擦痕。充填物多由蒙脱石矿物组成，具强亲水性，当水浸入后，很容易使裂隙面高度软化，抗剪强度降低。

3. 超固结性

由于膨胀土大都是在更新世以前沉积的土层，在历史上曾经受过超压密的作用，处于超固结状态。因此，膨胀土具有原始密度高、天然孔隙比小、粒间连接紧密、水平应力大的特点，随着土体的开挖，将产生明显的卸荷膨胀，使土体内积聚的能量逐渐释放，原有的较大的水平应力完全由路堑坡体

255

相应水平面上的剪应力承受并在坡脚处产生较大的应力集中，极易出现坍塌。

4. 崩解性

膨胀土浸水后体积膨胀，发生崩解，强膨胀土浸水后几分钟即完全崩解；弱膨胀土浸水后崩解缓慢且不完全。

5. 强度衰减性

土的强度是影响路基边坡稳定的重要参数。试验研究表明，膨胀土的抗剪强度除表现出一般黏性土的共性外，还表现出典型的"变动强度"特征，即土体的强度随时间而变化。新开挖的边坡土体，处于天然含水量的原始结构状态，其抗剪强度较高。随着时间的推移，暴露于大气中的边坡土体，一方面由于膨胀土的超固结性而使土体产生卸载膨胀，强度将有所降低；另一方面受温度和水等外交因素的影响，土体经过反复的胀缩作用，原始结构遭受破坏，原始裂隙张开扩大，新生裂隙不断产生，应力集中现象愈来愈严重，形成局部破坏区，土体强度将显著降低；同时，随着裂隙的发展，土中吸入水分的增加，土粒周围的结合水膜增厚，土体将发生膨胀，强度也将显著降低。

10.2.2 膨胀土的判别标准与分类指标

目前，国内外存在多种膨胀土的判别与分类方法，但并无统一标准。所有的这些方法和标准都是着重反映膨胀土的某些方面的工程特性，并结合不同类型的工程建设对土质的不同要求，建立相应的评判标准。

一般膨胀土的判断标准和分类指标都采用综合判定的方法，即根据现场的工程地质特征、自由膨胀率和建筑物的破坏程度三部分来综合确定。其中工程地质特征和自由膨胀率是判别膨胀土的主要依据（初判），详判则是在初判的基础上根据自由膨胀率、蒙脱石含量、阳离子交换量 3 项指标进行。

《铁路工程特殊岩土勘察规程》TB 10038—2012 关于膨胀土的判别由初判与详判两个阶段完成。初判是根据膨胀土的野外特征及自由膨胀率进行综合判别，当符合表 10-4 的规定，且自由膨胀率 $F_s \geq 40\%$ 的土，应初步判定为膨胀土。

膨胀土的初判标准 表 10-4

地貌	山前丘陵、盆地边缘的堆积、残积地貌，常呈垄岗与沟谷相间景观；地形平缓开阔，无自然陡坎，坡面沟槽发育
颜色	多呈棕、黄、褐色，间夹灰白、灰绿色条带或薄膜；灰白、灰绿色多呈透镜体或夹层出现
结构	具多裂隙结构，方向不规则。裂面光滑，可见擦痕。裂隙中常充填灰白、灰绿色黏土条带或薄膜
土质情况	土质细腻，具滑感，土中常含有钙质或铁锰质结核或豆石，局部可富集成层
自然地质现象	坡面常见浅层溜坍、滑坡、地面裂缝。当坡面有数层土时，其中膨胀土层往往形成凹形坡。新开挖的坑壁易发生坍塌
自由膨胀率 F_s	$F_s \geq 40\%$

详判应根据自由膨胀率、蒙脱石含量、阳离子交换量 3 项指标进行。当土质符合表 10-5 中任意 2 项以上指标时，应判定为膨胀土。

膨胀土的详判指标　　　　　　　表 10-5

名　　称	判定指标
自由膨胀率 F_s（%）	$F_s \geqslant 40$
蒙脱石含量 M（%）	$M \geqslant 7$
阳离子交换量 CEC（NH_4^+）（mmol/kg）	CEC（NH_4^+）$\geqslant 170$

注：CEC 表示 1kg 干土的阳离子交换量。

10.2.3　膨胀土路基的常见病害

膨胀土路基病害非常普遍。路堑主要有坡面冲蚀、剥蚀、表层溜坍和深层滑坡；路堤主要有下沉、边坡溜坍和滑坡、路肩开裂和基床病害等，其形成原因和特征见表 10-6。

膨胀土路基常见病害表　　　　　　　表 10-6

病害名称		形成原因和特征	主要防治措施
路堑	冲蚀	表面土中微裂隙由于反复胀缩，逐渐发育，终使土块破碎成为细粒；遇雨冲刷呈现无数冲沟使风化加剧，形成恶性循环，危及边坡土体稳定	天沟、截水沟、侧沟平台及其他防冲刷、防渗实施；边坡坡面防护加固；边坡渗沟；有滑坡迹象时采用疏排水与支挡结合措施；疏排堑顶有害积水措施
	剥蚀	开挖土体卸荷，应力释放，边坡向临空面胀裂，再经风化，土层逐步散解成碎块、石屑剥落堆于坡脚，堵塞水沟	
	溜坍	雨期中，坡凹处汇水下渗，膨胀的土层局部滑动、下沉、外移；坍界周围呈马蹄形	
	滑坡	由于土体抗剪强度的过度降低（骤减或衰减）引起。具有滑坡形成的一般特征，常为牵引式塑性滑坡并恶性扩大发展	
路堤	翻浆冒泥	路基顶部受外营力（气候、湿度等）作用，多次膨胀变弱，再经水浸泡溶胀，强度骤减，受力后形成水囊，使道床下沉挤入土中泥浆上翻冒出，引起轨道变形	采取换填透水填料及横向疏排水；设路基面封闭层
	边坡溜坍与滑坡	外营力作用，使边坡部分土体强度降低，遇雨更骤减，产生局部的或由路基面至坡脚的滑动；多由于施工中使用填料不当，压实不够或排水防护工作不善而引起	采用非裂土适用填料或对裂土填料进行土质改良；加强压实边坡；分层铺设土工纤维或加宽填土压实夯拍边坡边坡防护；边坡开裂、有滑坡迹象采用支挡或挖除坍体，翻填放缓边坡或换填；基底换填及引排地下水
	路肩开裂坍沉	远处由边坡溜坍或滑坡造成。裂缝一般位于距路肩边缘 1~2m 范围	

10.2.4 膨胀土地区的选线原则

（1）路基应避免高路堤及深长路堑。如不能避免，应与桥隧通过的方案进行综合比选确定；当以路基通过时，必须有保证路基稳定的措施。当堑顶附近有重要建筑物时，路基宜远离建筑物或以隧道通过，否则应采取稳定堑坡的措施。

（2）路堑的坡脚应避免位于两种不同分类等级膨胀土层交界面处，如不可避免，且交界面下部为强膨胀土时，必须采取排水和边坡支挡措施。

（3）当土中裂缝构造面明显或有软弱夹层时，线路宜垂直软弱层面走向通过，并应采取稳定边坡的措施。

10.2.5 膨胀土路基设计

1. 膨胀土路堤

（1）膨胀土路堤的横断面设计和填筑标准

用膨胀土填筑路堤，其边坡坡度应根据路堤边坡的高度、填料重塑后的性质、区域气候特点，并参照既有路堤的成熟经验综合确定。边坡高度不大于 10m 的路堤边坡坡度和平台的设置，可按表 10-7 所列数值设计。对于边坡大于 10m 的路堤宜进行个别设计。在膨胀土地区设计路堤时，还应考虑下列要求：

路堤边坡坡度和平台宽度 　　　　　　表 10-7

边坡高度	边坡坡度		边坡平台宽度（m）	
（m）	弱	中	弱	中
<6	1:1.5	1:1.5~1:1.75	可不设	
6~10	1:1.75	1:1.75~1:2.0	2.0	≥2.0

① 用膨胀土作路堤填料，土块应击碎。基床以下的填土的压实系数不得小于 0.9。

② 强膨胀土不得作为路堤填料，如不得已而采用时，必须外包一层低塑性土、砂类土或改良土，包层厚度垂直坡面方向不得小于 1.5m，如图 10-10 所示。

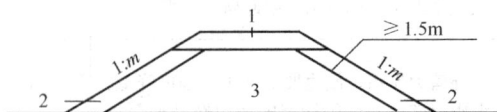

图 10-10　非膨胀土与膨胀土结合填筑路堤示意图
1—基床填料；2—改良土；3—膨胀土填料

③ 膨胀土路堤应预留沉降加宽量，可根据路堤高度，每侧加宽 0.5~1.5m。

（2）膨胀土路堤的稳定性分析

膨胀土路堤的稳定性分析方法与路堤的破坏模式密切相关。前面已经述及膨胀土路堤边坡的破坏模式主要表现为浅层溜坍（图 10-11a）和深层坍滑（图 10-11b）两种类型。因而路堤的稳定性分析应从以上两方面进行综合考虑。

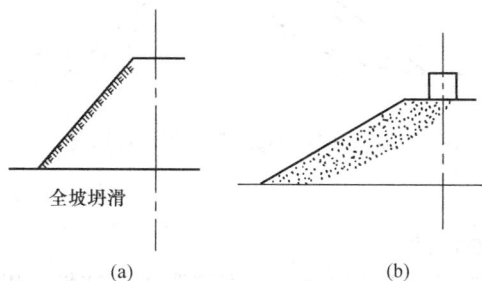

图 10-11　膨胀土路基边坡的破坏模式

(a) 浅层溜坍；(b) 深层坍滑

1) 路堤边坡的表层稳定性分析

在路堤的设计断面中，路堤边坡表层的破坏模式可假定为图 10-12 所示的计算图式。

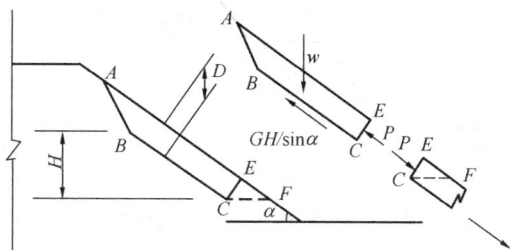

图 10-12　膨胀土路堤边坡表层破坏计算分析模式

表层的抗滑安全稳定系数可以根据滑块体的力学平衡条件按下式计算：

$$K = \frac{4c(D\sin 2\alpha + H)}{\gamma D(2H + D\sin^2\alpha)\sin 2\alpha} \tag{10-18}$$

式中　c——黏聚力，采用反复胀缩后的强度值（kPa）；

γ——土的重度（kN/m³）；

α——滑面的倾角（°）；

H——滑面的高度（m）；

D——滑面的深度，即表层软化深度（m）。

如果检算得到的安全系数 $K<1.25$，须进一步改缓边坡或采取坡面防护措施。具体采用哪种方案应根据实际情况进行技术经济比较，直至满足要求为止。

2) 路堤的整体稳定性检算

膨胀土路堤的整体稳定性分析可按图 10-13 所示的破坏模式，取一般铁路路堤的标准断面，采用圆弧滑裂面法进行稳定性分析，检算时强度采用浸水后的指标，并假定滑弧通过表层 1.0m 范围内的抗剪强度为零（考虑到表层的抗剪强度已经丧失）。如果检算得到的安全系数 $K<1.25$，须进一步改缓边坡并重新检算修改后路堤断面的稳定性，直至安全系数达到 1.25 为止。

259

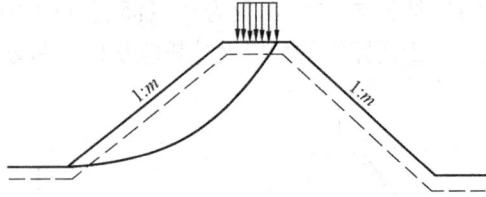

图 10-13 膨胀土路堤边坡深层破坏计算分析模式

2. 膨胀土路堑

(1) 路堑横断面设计

膨胀土路堑横断面形式的选择应依据膨胀土的特性，以防止地表水渗入、冲蚀，防止风化作用发展，防止胀缩变形和强度衰减为出发点，并加强地表排水设施和坡面防护，防止地表水下渗。

如图 10-14 所示为膨胀土路堑横断面的示意图。

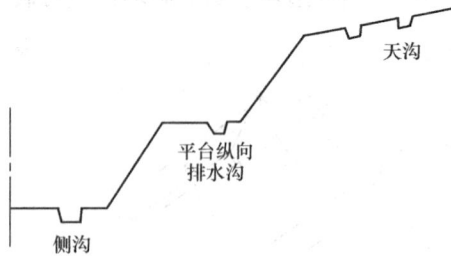

图 10-14 膨胀土路堑横断面形式

对于边坡高度不大于 10m 的路堑，边坡坡度和平台的设置应根据土的分类等级和边坡高度，按表 10-8 所列数值设计。迎水一侧的堑顶应设置天沟。路堑的所有排水设施、侧沟平台、边坡平台均须用浆砌片石或混凝土加固，防止地表水下渗。

当边坡的高度大于 10m 时，其边坡坡度应根据土的性质、软弱层和裂缝面的组合关系、当地气候特点、水文地质条件等综合确定。

路堑边坡坡度和平台宽度 表 10-8

边坡高度 (m)	边坡坡度			边坡平台宽度 (m)			侧沟平台宽度 (m)		
	弱	中	强	弱	中	强	弱	中	强
<6	1：1.5	1：1.5～1：1.75	1：1.75～1：2.0	可不设			1.0	1.0～2.0	2.0
6～10	1：1.75	1：1.75～1：2.0	1：2.0～1：2.5	1.5～2.0	2.0	≥2.0	1.5～2.0	2.0	≥2.0

(2) 膨胀土路堑的稳定性分析

根据对膨胀土路堑边坡破坏类型及特征的分析可知，坡面冲蚀和表层溜坍是一种浅层破坏现象，可通过采取各种边坡防护措施予以解决，一般不作为边坡断面设计的依据；大量的工程实践表明，膨胀土地区的滑坡多是由于边坡开挖，切断了下部支撑，使斜坡土体失去了原有平衡而产生滑动所致。膨胀土地区的滑坡破坏，基本符合滑坡的一般规律，可应用一般滑坡处理所采用的计算方法进行稳定分析和计算，其稳定安全系数不小于1.25。

3. 膨胀土基床处理

路堤基床表层不得采用膨胀土或其改良土填筑；基床底层采用膨胀土作填料时，应采取土质改良措施。采用弱膨胀土作路堤填料时，可采取改良或加强边坡加固及防排水措施。

膨胀土路堑基床表层应全部换填符合相应铁路等级标准要求的材料；基床底层应采取换填或土质改良措施，其处理厚度：弱、中膨胀土不应小于0.5m，强膨胀土应大于气候剧烈影响层且不宜小于基床底层深度。

10.3 黄土地区路基

10.3.1 黄土的定名和特征

黄土是一种第四纪以来在干旱和半干旱地区，由不同的动力作用沉积的，以粉粒为主，呈棕黄、灰黄或黄褐色，富含钙质的黏性土。黄土的成因作用一般存在两种观点，即风成作用和水成作用。风成作用即为风的动力作用下的产物；水成作用则为水的搬运、沉积作用形成的。

黄土在世界范围内的分布很广，在我国主要分布在松辽平原、黄河中下游平原、青海高原、甘肃的河西走廊、新疆的准噶尔盆地等地区，即自北纬33°~47°之间的气候干燥、降水量小的大陆干旱及半干旱地区。我国黄土分布的总面积64万平方公里，占国土总面积的6.7%，其中湿陷性黄土的分布面积约占我国黄土分布总面积的60%。

黄土的主要特征有：

(1) 颜色以黄色、褐黄色为主，有时呈微红、棕红、灰黄色等；

(2) 颗粒组成以粉粒（0.05~0.005mm）为主，含量一般在60%以上，几乎没有粒径大于0.25mm的颗粒；

(3) 具有多孔隙性，孔隙比一般大于0.8，有时存在肉眼可见的大孔隙，直径约为0.5~1.0mm；

(4) 天然含水量小，一般为3%~25%，呈干硬或半干硬状态，遇水后易崩解、冲蚀，有的黄土具有湿陷性；

(5) 富含碳酸钙盐类（$CaCO_3$）；

(6) 垂直节理发育，在天然状态下能经常保持垂直边坡。

一般认为典型黄土为不具有层理的由风的动力作用形成的原生黄土（老黄土），分布在黄土高原平坦的顶部（特别是分水岭地带）。原生黄土经过流水冲刷、搬运和重新沉积而形成的称为次生黄土（新黄土），具有层理，并含有较多的砂粒以至细砾，分布在河谷地带。次生黄土的结构强度一般较原生黄土低。

261

10.3.2　黄土的分类及工程性质

1. 黄土分类

根据黄土沉积地质年代和成因的不同，将黄土分为老黄土和新黄土两大类，具体见表 10-9。

黄土的分类和主要工程性质

表 10-9

时代		地层名称		工程性质				
				湿陷性	抗水性	透水性	压缩性	直立性
全新世 (Q_4) 黄土	近期 (Q_4^2)	新黄土	黄土状土	一般具湿陷性	易冲蚀、潜蚀、崩解	中	高至中	直立性较差，不能维持高、陡边坡
	早期 (Q_4^1)							
晚更新世 (Q_3) 黄土			马兰黄土		易冲蚀、潜蚀、崩解	中	中	直立性一般，不能维持高、陡边坡
中更新世 (Q_2) 黄土		老黄土	离石黄土 离石黄土上部(Q_2^2)	上部部分土层具湿陷性	冲蚀、潜蚀、崩解较慢	弱	中至低	直立性强，能维持高、陡边坡
			离石黄土下部(Q_2^1)					
早更新世 (Q_1) 黄土			午城黄土	不具湿陷性	冲蚀、潜蚀、崩解慢	弱	低	直立性强，能维持高、陡边坡，但易剥落

2. 黄土的工程性质

（1）湿陷性

黄土的湿陷是指当土体浸水后在土自重或外荷载作用下发生的下沉现象。黄土在天然含水量时往往具有较高的强度和较小的压缩性，但遇水浸湿后，有的即使在其自重作用下也会发生剧烈而大量的变形，强度也随之迅速降低，而有些黄土却并不发生湿陷。湿陷性黄土又分为自重湿陷性与非自重湿陷性两类。自重湿陷是指土层浸水后仅仅由于土的自重发生的湿陷，非自重湿陷是指土层浸水后，由于自重及附加应力的共同作用而发生的湿陷。

（2）压缩性

压缩性反映了土体在外荷作用下所产生的压缩变形量的大小。对黄土地基而言，压缩变形是指地基土在天然含水量条件下受外荷作用所产生的变形，不包括地基浸湿后的湿陷变形。

我国各地黄土的压缩系数一般在 0.1～1.0MPa 之间变化。一般在中更新世末期和晚更新世早期形成的黄土，其压缩性多为中等偏低，少量为低压缩性土；晚更新世末期和全更新世时期形成的黄土则压缩性多为中等偏高，有的甚至为高压缩性土；新近堆积黄土的压缩性多数较高，最高可达 1.5～2.0MPa^{-1}。

（3）透水性

透水性反映水在土中的通过能力。由于黄土具有大孔隙及垂直节理等特殊构造，其垂直方向的渗透性较水平方向为大，二者的比值在 3～30 范围内变动。当浸水湿陷后，由于土体压密，竖向渗透系数将显著降低；黄土经压实后大孔构造被破坏，其透水性也大大降低。此外，黏粒的含量也会影响黄土的渗透性，黏粒含量较多的埋藏土及红色黄土经常成为透水不良或不透水的土层。

（4）抗剪强度

黄土的抗剪强度除与土的颗粒组成、矿物成分、黏粒含量等有关外，还与土的密实程度和含水量有很大关系。

当黄土作为路基填料，或天然黄土用重锤夯实、土垫层、土桩挤密处理后，原状结构遭到破坏，其强度变化如表 10-10 所示。试验表明，压实黄土的抗剪强度随着干重度的增加而增大。

压实前后黄土抗剪强度的变化比较　表 10-10

γ_d（kN/m³）	c（kPa）	φ（°）
16	26～35	23～36
17	60	29

含水量的变化对黄土的抗剪强度的影响如图 10-15 所示。当天然含水量低于塑限时，水分变化对强度的影响最大；当天然含水量超过塑限时，降幅减少；而超饱和含水量时，则抗剪强度变化不大。

黄土在天然含水量时、湿陷过程中和湿陷后的强度变化如表 10-11 所示。

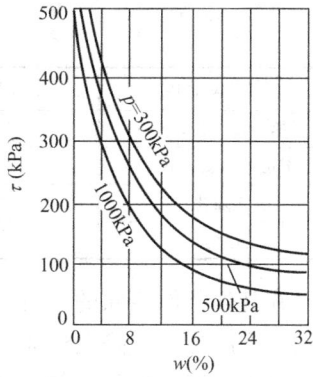

图 10-15　黄土抗剪强度与含水量的关系曲线

含水量增加时黄土抗剪强度的变化　　　　　表 10-11

土样编号	天然含水量时				湿陷过程中		湿陷后	
	w（%）	γ_d（kN/m³）	c（kPa）	φ（°）	c（kPa）	φ（°）	c（kPa）	φ（°）
1	11.7	12.9	20	38	2	24	5	33
2	8.1	14.5	28	36	2	24	5	33

10.3.3　黄土的湿陷性评价

1. 黄土的湿陷机理

黄土的湿陷现象是一个非常复杂的物理、化学变化过程，受多方面因素的制约和影响。目前，对黄土湿陷的原因有各种不同的观点，如毛细管假说、溶盐假说、欠压密理论、结构学说等。其中以欠压密理论最为著名。该理论认为黄土是在干旱和半干旱条件下形成的，干燥少雨的气候环境水分因蒸发而不断减少，盐类析出，产生了加固黏聚力，即由于土体中钙、镁等胶结物的存在而对土粒产生的胶体凝结作用；在土体湿度不太大的情况下，上覆土层不足以克服土中形成的加固黏聚力，形成欠压密状态。一旦受水浸湿，加固黏聚力消失，产生湿陷。

264

2. 黄土的湿陷性影响因素

(1) 黄土的微观结构

根据对黄土微观结构的研究，可分为接触胶结、接触基底胶结和基底胶结等三种结构。接触胶结中，粒径大于 0.05mm 的粗颗粒较多，胶结物多呈薄膜状，骨架颗粒彼此接触较多，结构较松散，湿陷性强；接触基底胶结的骨架颗粒有的彼此接触，有的在粒间镶嵌有胶结物，其湿陷性较接触胶结为少；基底胶结的骨架颗粒较细，胶结物丰富，多呈团聚状，结构致密，湿陷性小。

(2) 黄土的物理性质

黄土的物理性质指标的变化范围列于表 10-12。其中影响黄土湿陷性的主要物理性质指标为天然孔隙比、天然含水量和液限。

黄土的物理性质指标　　　　　　　　　　　　　表 10-12

土粒相对密度	2.51~2.84	饱和度	-15%~77%
天然重度（kN/m³）	13.3~18	塑限	14%~21%
干重度（kN/m³）	11.4~16.9	液限	20%~35%
孔隙比	0.8~1.25	塑性指数	3~18
含水量	3%~25%	液性指数	0 上下波动

在其他条件相同的条件下，黄土的天然孔隙比越大，大孔隙占总孔隙体积的比率越高，湿陷性越强；否则反之。

黄土的湿陷性与土的天然含水量关系密切。有研究表明，当天然含水量超过 25% 时，黄土不再具有湿陷性。有人认为低含水量黄土的湿陷性是水膜楔入的结果。低含水量黄土在细颗粒（主要是黏粒）表面上包裹的结合水膜一般很薄，其中离子引力较强，将表面带负电荷的黏粒连接起来，具有一定的凝聚强度。当水进入土中使结合水膜增厚，土颗粒孔隙膨胀，体积增大，引力减弱，凝聚强度降低，产生了湿陷。

液限是决定黄土力学性质的另一个重要指标。当黄土的液限超过 30% 时，黄土的湿陷性较弱，且多表现为非自重性湿陷。若液限小于 30%，则黄土的湿陷性一般较强烈。

3. 黄土的湿陷性评价

黄土地基的湿陷性评价一般包括三个方面的内容：第一，判定黄土地基是湿陷性的还是非湿陷性的；第二，如果是湿陷性黄土，还要判定是自重湿陷性的还是非自重湿陷性的；第三，判定湿陷性黄土地基的湿陷等级，也就是在规范给定的压力作用下，地基充分浸水后的湿陷变形量，它反映了地基的湿陷程度。

(1) 湿陷性判断。一般采用湿陷系数 δ_s（也称相对湿陷系数）来反映黄土的湿陷变形特征。它是单位厚度土样在一定压力作用下受水浸湿后所产生的湿陷量。δ_s 的确定方法是在现场通过探井或钻孔取原状土样放入室内压缩仪容器内逐渐加荷，至某一压力下沉降稳定后浸水，测出土样前后的高度，按下式计算：

$$\delta_s = \frac{h_p - h_p'}{h_0} \qquad (10\text{-}19)$$

式中 h_p——土样在某压力 p 作用下稳定后的高度（cm）；

h_p'——上述加压稳定后的土样在浸水作用下，变形稳定后的高度（cm）；

h_0——土样原始高度。

测定湿陷系数时的试验压力 p 如何取值，以及划分湿陷性与非湿陷性黄土的 δ_s 界限值定多少合适，在国内外存在不同的建议。《铁路工程特殊岩土勘察规程》TB 10038—2012 规定：

1）一般建筑物的地基自基础底面（初测时，自地面下 1.5m）算起，10m以内的土层采用 200kPa，10m 以下至非湿陷性土层的顶面，采用其上覆土层的饱和自重压力，试验压力大于 300kPa 时仍采用 300kPa；基底压力大于 300kPa 的桥梁及其他重要建筑物的湿陷系数试验压力，应按实际压力采用双线法测定。

2）新近堆积黄土湿陷系数的试验压力，基底以下 5m 内采用 100～150kPa；5～10m 采用 200kPa；10m 以下至非湿陷性黄土层顶面，采用上覆土的饱和自重压力。

3）高速铁路（含客运专线）路基地段压缩试验的试验压力，应根据黄土的地区性特征专门研究确定。

同时规定：湿陷系数的界限值定为 0.015。即 $\delta_s < 0.015$ 时定为非湿陷性黄土，$\delta_s \geqslant 0.015$ 时定为湿陷性黄土。

（2）湿陷类型的划分。如前所述，湿陷性黄土分为自重湿陷性和非自重湿陷性两种。湿陷性黄土湿陷类型的划分可按实测自重湿陷量 Δ_{zs}'（进行室内压缩试验时的浸水压力采用上覆土的饱和自重压力）或计算自重湿陷量 Δ_{zs} 来判定。黄土规范规定：Δ_{zs}'（或 Δ_{zs}）$\leqslant 7$cm 时，定为非自重湿陷性黄土；Δ_{zs}'（或 Δ_{zs}）> 7cm 时，为自重湿陷性黄土。

实测自重湿陷量应根据现场试坑浸水试验确定，该方法符合实际情况，比较可靠；但常限于现场条件或受工期限制，不易做到。

计算自重湿陷量 Δ_{zs}（cm）可按下式计算：

$$\Delta_{zs} = \beta_0 \sum_{i=1}^{n} \delta_{zsi} h_i \qquad (10\text{-}20)$$

式中 δ_{zsi}——第 i 层土在上覆土的饱和（$S_r > 85\%$）自重压力下的自重湿陷系数；δ_{zs} 小于 0.015 的土层不累计；

h_i——第 i 层土的厚度（cm）；

β_0——因地区土质而异的修正系数。在缺乏实测资料时，陇西地区可取 1.5，陇东陕北晋西地区可取 1.2，关中地区可取 0.9，其他地区可取 0.5。

计算自重湿陷量 Δ_{zs} 的累计，应自天然地面（当挖、填方的厚度和面积较大时，自设计地面）算起，至其下全部湿陷性黄土的底面为止，其中自重湿陷系数小于 0.015 的土层不予累计。

（3）湿陷等级的划分。湿陷性黄土地基湿陷的强弱程度，可按受水浸湿饱和至下沉稳定为止的总湿陷量来划分湿陷的等级（如表 10-13 所示）。湿陷等级高，地基受水浸湿时可能发生的湿陷变形大，对建筑物的危害性也较严重；湿陷等级低，地基受水浸湿时可能发生的湿陷变形小，对建筑物的危害也轻。

湿陷性黄土地基的湿陷等级　　　　　　　　　　　　　表 10-13

湿陷量　　场地分类　　湿陷等级	非自重湿陷性场地	自重湿陷性场地	
实测自重湿陷量、计算自重湿陷量 Δ_{zs}（cm）	$\Delta_{zs} \leqslant 7$	$7 < \Delta_{zs} \leqslant 35$	$\Delta_{zs} > 35$
总湿陷量 Δ_s（cm）　　$\Delta_s \leqslant 30$	Ⅰ（轻微）	Ⅱ（中等）	—
$30 < \Delta_s \leqslant 60$	Ⅱ（中等）	Ⅱ 或 Ⅲ	Ⅲ（严重）
$\Delta_s > 60$	—	Ⅲ（严重）	Ⅳ（很严重）

注：1. 当总湿陷量 $30\text{cm} < \Delta_s < 50\text{cm}$，计算自重湿陷量 $7\text{cm} < \Delta_{zs} < 30\text{cm}$ 时，可判为Ⅱ级；
　　2. 当总湿陷量 $\Delta_s \geqslant 50\text{cm}$，计算自重湿陷量 $\Delta_{zs} \geqslant 30\text{cm}$ 时，可判为Ⅲ级。

表 10-13 中的总湿陷量 Δ_s 的大小取决于基底下各黄土层的湿陷性质（即湿陷系数），可按下式计算：

$$\Delta_s = \sum_{i=1}^{n} \beta \delta_{si} h_i \qquad (10\text{-}21)$$

式中　δ_{si}——第 i 层土的湿陷系数（10m 以下采用 δ_{zs}），小于 0.015 的土层不累计；

　　　h_i——第 i 层土的厚度（cm）；

　　　β——考虑地基土的侧向挤出和浸水概率等因素的修正系数。基底下 0～5m（或压缩层）深度内可取 1.5；基底下 5～10m 深度内可取 1.0；10m 以下至非湿陷性黄土层顶面，在自重湿陷性场地，可按工程所在地区的 β_0 值取用。

关于总湿陷量的计算深度，应自基底算起。在非自重湿陷性场地，累计至基底下 10m（或压缩层）深度止；在自重湿陷性场地，累计至非湿陷性黄土层顶面止。

10.3.4　黄土地区的路基设计

1. 路堤

当路堤边坡高度不大于 15m 时，断面形式及边坡坡率可按表 10-14 确定。当边坡高度大于 15m 时，宜采用工程类比法结合稳定性检算确定路堤的断面形式及边坡坡率。

路堤断面形式及边坡坡率　　　　　　　　　　　　表 10-14

断面形式	路基面以下边坡分段坡率	
	$0 < H \leqslant 8\text{m}$	$8 < H \leqslant 15\text{m}$
折线形	1：1.5	1：1.75
阶梯形	1：1.5	1：1.75

注：阶梯形断面适用于年平均降水量大于 500mm 的地区，在边坡高 8m 处或在边坡中部设宽为 2m 的边坡平台，边坡平台宜设截水沟。

边坡稳定检算可采用圆弧法,其安全系数不应小于1.25。填土的抗剪强度应按设计压实标准,采用夯实后快剪试验测定。

2. 路堑

黄土地层经开挖后,受自然营力的作用,路堑坡面常产生各种有害的变形。影响黄土路堑边坡变形的因素有沉积年代、成因、所处地貌单元、构造节理、地面和地下水、边坡高度等,比较复杂。因此,黄土路堑边坡的设计一般以工程类比法为主,力学检算法为辅,综合考虑后确定。

工程类比法是选择附近自然条件接近、地层类似的自然稳定边坡或人工稳定边坡,对比二者在工程地质、水文地质条件、边坡高度和坡度方面的相似性,来拟定设计地段黄土路堑边坡的坡度。表10-15和表10-16就是以自然客观实际和已建工程实践经验为依据,来确定的路堑边坡坡度值和坡率等形式,以供设计参考。当边坡高度、黄土名称不符合表10-15要求或工程地质、水文地质条件复杂时,路堑边坡坡度的确定应以工程地质比拟法为主,并结合力学分析检算边坡的稳定性。

路堑边坡坡度 表10-15

黄土名称	适用地区	边坡坡率	
		$H \leqslant 10\mathrm{m}$	$10\mathrm{m} < H \leqslant 20\mathrm{m}$
全新世坡积黄土 (Q_4^{dl})	①	1:0.75~1:1	
	②	1:0.5~1:0.75	1:1~1:1.25
全新世冲积、洪积黄土 ($Q_4^{al,pl}$)	①	1:0.5~1:0.75	
	②	1:0.3~1:0.5	1:0.75~1:1
晚更新世坡积黄土 (Q_3^{dl})	①	1:0.5~1:0.75	
	②	1:0.5~1:0.75	1:1~1:1.25
晚更新世风积黄土 (Q_3^{eol})	①	—	
	②	1:0.5	1:0.5~1:0.75
晚更新世冲积、洪积黄土 ($Q_3^{al,pl}$)	①	1:0.5	
	②	1:0.5	1:0.5~1:0.75
中更新世黄土 (Q_2)	①	1:0.5~1:1	
	②	1:0.3	1:0.5
早更新世黄土 (Q_1)	①	—	
	②	1:0.3	1:0.5

注:1. 适用地区栏内①是指华北、东北平原及内蒙古高原东部地区;②是指黄土高原、豫西等地区;

2. 表列边坡坡率是指单一土层的综合边坡坡率,若为多种土层,可根据不同时代、成因土层性质的差异性及其在边坡中所占比例,综合考虑确定;

3. 阶梯形边坡的分级坡率,对均质土层可取同一坡率值,对非均质土层可选用不同坡率值;

4. 当堑顶地面横坡小于20°时,不计其对边坡坡率的影响;当为20°~35°时,Q_4黄土边坡高度大于12m,$Q_3^{al,pl}$黄土边坡高度大于15m,边坡坡率可放缓一级(按0.25计);当大于35°时,应通过稳定检算确定;

5. 对Q_2、Q_1黄土尚应考虑构造裂隙对边坡稳定性的影响。

路堑边坡形式及适用条件　　　　　　　表 10-16

形式	简图	优点	缺点	适用条件
直线形（一坡到顶）		1. 坡面平顺，水流顺畅 2. 施工方便	1. 当边坡高而缓时，坡面汇水大，易引起坡面下部冲刷 2. 直线坡不符合土的成层特性 3. 边坡高而陡时，养护维修困难	1. 均质土层，Q_4、Q_3 黄土边坡高度 $H \leqslant 12m$；Q_2、Q_1 黄土边坡高度 $H \leqslant 15m$ 2. 非均质土层，边坡高度 $H \leqslant 10m$
折线形（上缓下陡）		符合地层强度自上而下增大的规律	1. 变坡点附近易受坡面水冲刷，引起坡面变形 2. 施工和养护比较困难	非均质土层，边坡高度 $H \leqslant 15m$
阶梯形（小平台）		1. 对坡面水起缓冲作用 2. 截流坡面少量剥落的土块 3. 便于养护维修 4. 可减少坡脚压力	1. 施工比较困难 2. 平台和截水沟宜加固	1. 均质土层，Q_4、Q_3 黄土边坡高度 $12m < H \leqslant 20m$，Q_2、Q_1 黄土边坡高度 $15m < H \leqslant 25m$ 2. 非均质土层，边坡高度 $15m < H \leqslant 25m$
阶梯形（大平台）		1. 减少坡脚压力，增强边坡的稳定性 2. 截留坡面剥落及少量坍方体 3. 便于养护维修	平台和截水沟须加固	边坡高度 $H > 25m$

黄土路堑边坡稳定检算可采用圆弧法，其安全系数不应小于 1.25。检算中土的抗剪强度指标应采用天然状态原状土沿水平方向按快剪测定。设有大平台的深路堑，除对全高边坡作稳定检算外，还应对大平台毗邻的上、下分段边坡作局部稳定检算。

3. 基床

黄土地区路堤基床填料的使用及路堑基床的处治情况见表 10-17。

黄土地区路基基床填料使用情况　　　　　　　表 10-17

铁路等级	填筑位置	路堤		路堑[③]
		黄土	改良黄土	
Ⅰ级铁路	基床表层	不可用	不可用	换填
	基床底层	——[①]	可用	换填或土质改良[④]

铁路等级	填筑位置	路堤		路堑③
		黄土	改良黄土	
Ⅱ级铁路	基床表层	——	可用	换填或土质改良
	基床底层	可用②	可用	

① 表示没有明确说可用或不可用;
② Ⅱ级铁路基床底层采用黄土作为填料时,在年平均降水量大于500mm地区,其塑性指数大于12、液限大于32%时,应采取土质改良或加固措施;
③ 路堑基床表层底部应采用复合土工膜进行封闭、隔水处理;
④ 时速200km铁路处理厚度不应小于1.0m,其他Ⅰ级铁路处理厚度不应小于0.5m。

10.3.5 湿陷性黄土地基的处理

黄土地基湿陷性处理,应根据地基特性、处理深度、施工设备、材料来源和对周围环境的影响等因素进行分析,可选择表10-18中的一种或多种相结合的措施。当需要采用注浆或桩基础等特殊处理措施时,应通过试验确定其可行性、设计参数和施工工艺。

湿陷性黄土地基常用的处理措施　　　　　　　表 10-18

处理措施	适用范围	可处理的湿陷性黄土层厚度(m)
换填垫层法	地下水位以上	1~3
强夯法	地下水位以上,$S_r \leqslant 60\%$的湿陷性黄土	3~7
挤密法	地下水位以上,$S_r \leqslant 65\%$的湿陷性黄土	5~15

10.3.6 黄土陷穴及处理

黄土陷穴包括由于水的冲蚀、溶蚀形成的岩溶陷穴、古墓和掏砂洞等。普遍存在和危害严重的是天然陷穴(岩溶陷穴、冲蚀形成的陷穴)。各种陷穴如不查明、不处理,将造成严重后果。

1. 黄土陷穴的主要特点

(1)黄土陷穴的形成多与地表排水不畅,导致地表水下渗、冲蚀形成暗穴。

(2)黄土陷穴的发展较快,在水的冲蚀作用下可能迅速发展。

(3)黄土陷穴的形成与发展与降雨有关,特别是大雨、暴雨往往是其重要条件。对黄土陷穴的形成统计表明,无一是在雨期以外形成的。

(4)黄土陷穴在填挖交界处形成的较多。其次,各类道砟陷槽也可能造成路基基床内部陷穴的形成与发展。

2. 黄土陷穴的处理方法及预防

(1)处理方法及适用条件

在查明黄土陷穴发生的部位、深度和范围之后,根据不同条件采取表10-19所列的相应措施予以处理。各类陷穴无论何种处理方法一律要充填密实。

黄土陷穴的工程处理方法及适用条件　　　　　　　　表 10-19

处理方法	适用条件	处理方法	适用条件
回填夯实	明陷穴	灌砂	暗穴小而直
明挖回填夯实	暗穴埋藏浅	灌泥浆	暗穴大而深
支撑回填夯实	暗穴埋藏较深		

（2）黄土陷穴的预防

黄土陷穴的预防应从控制其形成的主要因素入手，因此，须做好以下几项工作：①做好可能形成黄土陷穴地段的排水工程。路堑堑顶的地面坑洼、裂缝和积水洼地应当填平夯实，防止因地表排水不畅下渗。路堤地段做好路基迎水一侧地表排水工程，积水洼地应预填平夯实。②新建铁路路基要严格控制填料质量，不使用湿陷性黄土填筑基床。同时路堤各部分的压实应当严格掌握压实标准。③路基的基床病害处理采用各种封闭层、垫层时应加强夯实，做好基床顶面的排水工程。对已发现可能形成或已经形成的陷穴及时处理并拦截和引排流向陷穴的地表水。④夯实土层表面，在路堤、路堑的边坡坡面上种草或其他多年生长植物，采用植被护坡加固边坡。

10.4 盐渍土地区路基

10.4.1 盐渍土的定名及分类

1. 盐渍土的定名

盐渍土指易溶盐含量大于 0.3% 的土。地表以下 1.0m 深度内易溶盐的平均含量大于 0.3% 时，应判定为盐渍土地区或场地。盐渍土具有较强的吸湿、松胀、溶蚀及腐蚀等特性。

2. 盐渍土的分类

（1）按含盐的性质分类

盐渍土按含盐的性质分为氯盐类、硫酸盐类和碳酸盐类等三种。其中氯盐的盐溶解度大致相同，有较大的吸湿性，具有保持水分的能力，结晶时体积不膨胀；硫酸盐的最大特点是结晶时要结合一定数量水分子，体积膨胀剧烈，当结晶体转变为无水状态时，体积相应减少；碳酸盐（亦称碱性盐）一般在土中含量较少，但碳酸钠的水溶液具有较大的碱性反应，对黏土颗粒间的胶结起分散作用。

盐渍土所含盐的性质，通常以土中所含阴离子的氯根（Cl^-）和硫酸根（SO_4^{2-}）以及 CO_3^{2-}、HCO_3^- 的比值来表示，如表 10-20 所示。

盐渍土按含盐成分分类　　　　　　　　表 10-20

盐渍土名称	$D_1 = \dfrac{b(Cl^-)}{2b(SO_4^{2-})}$	$D_2 = \dfrac{2b(CO_3^{2-}) + b(HCO_3^-)}{b(Cl^-) + 2b(SO_4^{2-})}$
氯盐渍土	$D_1 > 2$	—
亚氯盐渍土	$2 \geqslant D_1 > 1$	—

続表

盐渍土名称	$D_1 = \dfrac{b\ (Cl^-)}{2b\ (SO_4^{2-})}$	$D_2 = \dfrac{2b\ (CO_3^{2-})\ +b\ (HCO_3^-)}{b\ (Cl^-)\ +2b\ (SO_4^{2-})}$
亚硫酸盐渍土	$1 \geqslant D_1 > 0.3$	—
硫酸盐渍土	$D_1 < 0.3$	—
碱性盐渍土	—	$D_2 > 0.3$

注：$b(Cl^-)$、$b(HCO_3^-)$、$2b(SO_4^{2-})$、$2b(CO_3^{2-})$ 是指 1kg 土中所含括号内物质的质量摩尔浓度（单位为"mmol/kg"）。

（2）按盐渍化的程度分类

盐渍化的程度对盐渍土的工程性质影响巨大。根据各种盐类在土中含盐量的大小可将盐渍土分为弱、中、强、超强盐渍土，如表 10-21 所示。

盐渍土按含盐量分类　　　　　　　　表 10-21

盐渍土名称	平均含盐量（%）		
	氯盐渍土及亚氯盐渍土	硫酸盐渍土及亚硫酸盐渍土	碱性盐渍土
弱盐渍土	0.5~1		
中盐渍土	1~5	0.5~2	0.5~1
强盐渍土	5~8	2~5	1~2
超盐渍土	>8	>5	>2

10.4.2　盐渍土的矿物成分、结构及对工程性质的影响

盐渍土的黏土矿物成分主要为伊利石，其次为蒙脱石。化学成分以二氧化硅为主，其次为三氧化二硅。土层主要由黏土粒组成，微孔隙极为发育，有不明显的微层理。土的组织结构随深度变化，靠近地表土中的微细颗粒多以点接触或接触胶接（接触胶接为主）、大孔隙架空排列；向下逐渐变为胶接接触或胶接连接（胶接连接为主）。颗粒孔隙呈镶嵌状排列。

土的微结构变化对土体的黏聚力 c 和内摩擦角 φ 都有较大的影响。当土的颗粒以粒状为主，具架空孔隙，点式接触或接触胶接时，土的 c 值较小。当土的颗粒为粒状凝块（特别是凝块团粒状），以镶嵌的粒间孔隙为主，呈胶接接触或胶接连接时，土的 c 值较大。一般情况下，c 值随着深度的增加，而内摩擦角 φ 略有减少。而且盐渍土的这种类似湿陷性黄土的粒状、架空、点式接触或接触胶结的组织结构，使得孔径远远大于颗粒直径，其结构具有不稳定性，在浸水的条件下，使颗粒间的剪应力减少，连接点遭到破坏，细小颗粒坠入土孔隙中，导致土体湿陷。

10.4.3　盐渍土地区的路基设计

1. 盐渍土地区的选线原则

（1）对于有可能遭受洪水冲淹的低洼地区，以及经常处于潮湿或积水的强盐渍土、超盐渍土或盐沼地带，线路应尽可能绕避，不能绕避时应考虑以最短距离通过。

（2）对于一般盐渍土地区或小面积零星分布地区，线路应尽可能选择地势较高、含盐量少、地下水位和矿化度低、排水条件好、通过距离最短的位置。

（3）在一般情况下，盐渍土地区的路基宜采用适当高度的路堤通过，尽量避免采用路堑形式。

2. 盐渍土路基填料的技术标准

路堤基床不得采用盐渍土、石膏土作填料；基床以下不应采用石膏土作填料。若采用盐渍土作填料时，其容许易溶盐含量（$\overline{DT}$）不应大于表 10-22 的规定。

盐渍土填料容许易溶盐含量   表 10-22

盐渍土类型	容许易溶盐含量（$\overline{DT}$）	说　明
氯盐渍土	$5\% \leqslant \overline{DT} \leqslant 8\%$	一般为 5%，如增大压实系数，可提高其含盐量，但最高不得大于 8%；其中硫酸钠含量不得大于 2%
亚氯盐渍土	$\overline{DT} < 5\%$	其中硫酸钠含量不得大于 2%
亚硫酸盐渍土	$\overline{DT} < 5\%$	其中硫酸钠含量不得大于 2%
硫酸盐渍土	$\overline{DT} < 2.5\%$	其中硫酸钠含量不得大于 2%
碱性盐渍土	$\overline{DT} < 2\%$	其中易溶的碳酸盐含量不得大于 0.5%

注：在干燥度大于 50，年平均降水量小于 60mm，相对湿度小于 40% 的西北内陆盆地地区，当无地表水浸泡时，路堤填料和地基上均不受氯盐含量的限制。

3. 盐渍土路堤高度的控制

在一般情况下，盐渍土路堤的最小高度不宜低于 1.5m。而当地下水位较高时，若盐渍土地区的路堤高度不足，将可能出现多种路基病害，故应对盐渍土地区路基的最小高度进行控制。具体要求如下：

（1）路堤不发生次生盐渍化的最小高度：在盐渍土地区，为满足不发生次生盐渍化的要求，路堤高出地下水位的最小高度一般由三个部分组成，即：①毛细水强烈上升高度；②安全高度；③蒸发强烈影响深度。如图 10-16 所示，路堤最小高度的计算式为：

$$H_{\min} = h_c + \Delta h + h_s \pm h_w \tag{10-22}$$

式中 h_c——毛细水强烈上升高度（m）；

  Δh——安全高度，一般取 0.5m；

  h_s——蒸发强烈影响深度（m），指自地面或路面以下，天然含水率曲线有明显变化的深度；

  h_w——最高地下水水位埋藏深度或最高地面积水深度，其中前者取负值（m）。

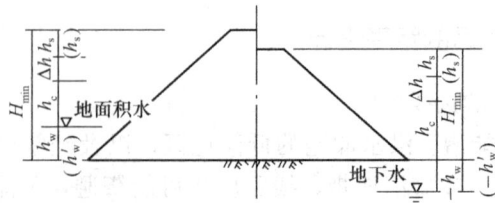

图 10-16　盐渍土最小路堤高度

（2）路堤不产生冻害的最小高度：当盐渍土路基同时为季节性冻土路基

时，应按下列公式计算路堤最小高度，并与式（10-22）比较，两者取其大值：

$$H_{\min} = h_c + \Delta h + h_f \pm h'_w \tag{10-23}$$

式中　h_f——有害冻胀深度（m），可取最大冻结深度的$60\% \sim 95\%$；

　　　h'_w——冻胀期地下水埋藏深度或地面积水深度（m），计算地下水埋藏深度时取负号；

其他符号 h_c、Δh 与式（10-22）相同。

上述规定中有关毛细水强烈上升高度、蒸发强烈影响深度、最高地下水埋藏深度或最高地面积水深度及冻胀期地下水埋藏深度或地面积水深度等应根据现场测试确定。

10.4.4　盐渍土路基的主要病害

盐渍土路基的主要病害有溶蚀、盐胀、冻胀和翻浆等类型。

1. 溶蚀

溶蚀现象主要发生在最易溶解的氯盐渍土上，其次是硫酸盐渍土。受水浸时土中盐分溶解，可形成雨洞、洞穴，甚至湿陷、坍陷等路基病害。

2. 盐胀

硫酸盐渍土的盐胀作用最强烈。在冬期，盐胀可导致路面膨胀、变形、轨面抬高，年气温升高后，路基又开始下沉。路基边坡和路肩表层在昼夜温度变化所引起的盐胀作用下，变得疏松、多孔，并易遭风蚀。

3. 冻胀

氯盐渍土当含盐量在一定范围内时，由于冰点降低，水分聚流时间加长，可加重冻胀。但含盐量更多时，由于冰点降低多，路基将不冻结或减少冻结，从而不产生冻胀或只产生轻冻胀。硫酸盐渍土对冻胀具有和氯盐渍土类似的作用，但由于吸湿性不如氯盐渍土，因此影响不如氯盐渍土显著。碳酸盐渍土由于透水性差，冻胀现象较其他类盐渍土轻。

4. 翻浆

氯盐渍土不仅聚冰多，而且液限、塑限低，蒸发缓慢，可能引起严重的翻浆现象。硫酸盐渍土和氯盐渍土类似，只是不如氯盐渍土严重。但在春融时，结晶硫酸钠脱水可产生较严重的翻浆现象。碳酸盐渍土遇水崩解速度甚快，强度显著降低，常有翻浆现象发生。

10.4.5　盐渍土地基处理及边坡防护

1. 盐渍土地基处理方法

盐渍土地基处理方法有：①当盐渍土路堤不满足最小高度且难以降低地下水水位时，路堤底部应设置毛细水隔断层，隔断层的底面高程应高于当地最高地面积水高程。毛细水隔断层材料可采用渗水土、复合土工膜等。②当地基和天然护道的表土含盐量不满足规则要求时应予铲除或设置隔断层。③当地基为天然含水量大于液限的软弱土层时，应按照软土地基的处理方法对地基进行加固。

2. 盐渍土边坡防护

为防止盐渍土路堤边坡表土的松胀、溶失、风蚀等，可以采用下列措施：①路基加宽与加固，即路基面每侧加宽值可为 0.4m，与路堤本体一次施工；②包坡：可采用骨架植物或空心砖植物、水泥砂浆块板、片石或浆砌片石等材料护坡。

10.5 冻土地区路基

冻土是指温度等于或低于 0℃并含有冰晶的土。根据冻结状态持续时间的不同，有季节性冻土和多年冻土之分。

季节性冻土是受季节气候的影响，冬季冻结、夏季全部融化而呈周期性冻结融化，冻结状态持续时间小于一年的土。季节性冻土在我国的华北、西北和东北地区均有分布，因其周期性的冻结融化，对地基土的稳定性影响较大。

多年冻土是指冻结状态持续时间多于两年的土。多年冻土常存在地面下的一定深度，其上接近地表部分，往往也受季节性影响，冬冻夏融，此部分常称为季节融冻层。我国多年冻土分布较集中的地区是东北大小兴安岭和青藏高原。前者是古代冰川沉积残留物，目前处于退化阶段，具有不稳定性的特点；后者是高海拔的近代大陆性气候的产物，至今仍在发展。

10.5.1 季节性冻土路基

1. 季节性冻土的分布

季节性冻土在我国的东北、华北、西北以及内蒙古地区均有分布，其冻结深度由南至北、由低海拔向高海拔区增厚，最大达到 3m 左右。其中季节冻土分布面积达 $5.14 \times 10^6 \text{km}^2$，而对工程有重要影响冻深超过 0.5m 的季节冻土面积为 $4.46 \times 10^6 \text{km}^2$、冻深超过 1.5m 的季节冻土面积多达 $3.67 \times 10^6 \text{km}^2$，加之因气候变暖引起 $2.15 \times 10^6 \text{km}^2$ 的多年冻土退融而使深季节冻土区继续扩大，东北属于典型深季节冻土大面积分布地区。

2. 季节性冻土的冻胀分级

季节性冻土应根据土的类别、天然含水量、地下水位、平均冻胀率按表 10-23 进行冻胀分级。

季节性冻土的冻胀性分级 表 10-23

土的类别	冻前天然含水率 w（%）	冻结期间地下水位距冻结面的最小距离 h_w（m）	平均冻胀率 η（%）	冻胀等级及类别
粉黏粒质量不大于 15% 的粗颗粒土（包括碎石类土、砾、粗、中砂，以下同），粉黏粒质量不大于 10% 的细砂	不考虑	不考虑	$\eta \leqslant 1$	I 级不冻胀
粉黏粒质量大于 15% 的粗颗粒土，粉黏粒质量大于 10% 的细砂	$w \leqslant 12$	>1.0		

土的类别	冻前天然含水率 w（%）	冻结期间地下水位距冻结面的最小距离 h_w（m）	平均冻胀率 η（%）	冻胀等级及类别
粉砂	$12<w\leqslant14$	>1.0	$\eta\leqslant1$	Ⅰ级不冻胀
黏土	$w\leqslant19$	>1.5		
黏性土	$w\leqslant w_P+2$	>2.0		
粉黏粒质量大于15%的粗颗粒土，粉黏粒质量大于10%的细砂	$w\leqslant12$	$\leqslant1.0$	$1<\eta\leqslant3.5$	Ⅱ级弱冻胀
	$12<w\leqslant18$	>1.0		
粉砂	$w\leqslant14$	$\leqslant1.0$		
	$14<w\leqslant19$	>1.0		
粉土	$w\leqslant19$	$\leqslant1.5$		
	$12<w\leqslant22$	>1.5		
黏性土	$w\leqslant w_P+2$	$\leqslant2.0$		
	$w_P+2<w\leqslant w_P+5$	>2.0		
粉黏粒质量大于15%的粗颗粒土，粉黏粒质量大于10%的细砂	$12<w\leqslant18$	$\leqslant1.0$	$3.5<\eta\leqslant6$	Ⅲ级冻胀
	$w>18$	>0.5		
粉砂	$14<w\leqslant19$	$\leqslant1.0$		
	$19<w\leqslant23$	>1.0		
粉土	$19<w\leqslant22$	$\leqslant1.5$		
	$22<w\leqslant26$	>1.5		
黏性土	$w_P+2<w\leqslant w_P+5$	$\leqslant2.0$		
	$w_P+5<w\leqslant w_P+9$	>2.0		
粉黏粒质量大于15%的粗颗粒土，粉黏粒质量大于10%的细砂	$w>18$	$\leqslant0.5$	$6<\eta\leqslant12$	Ⅳ级强冻胀
粉砂	$19<w\leqslant23$	$\leqslant1.0$		
粉土	$22<w\leqslant26$	$\leqslant1.5$		
	$26<w\leqslant30$	>1.5		
黏性土	$w_P+5<w\leqslant w_P+9$	$\leqslant2.0$		
	$w_P+9<w\leqslant w_P+15$	>2.0		
粉砂	$w>23$	不考虑	$\eta>12$	Ⅴ级特强冻胀
粉土	$26<w\leqslant30$	$\leqslant1.5$		
	$w>30$	不考虑		
黏性土	$w_P+9<w\leqslant w_P+15$	$\leqslant2.0$		
	$w\geqslant w_P+15$	不考虑		

注：1. 平均冻胀率为地表冻胀量与冻层厚度减地表冻胀量之比；

2. w_P 为塑限含水率；

3. 盐渍化冻土不在此表所列；

4. 塑性指数大于 22 时，冻胀性降低一级；

5. 碎石类土当充填物大于全部质量的 40% 时，其冻胀性按填充物土的类别判定。

3. 季节性冻土路基的主要冻害

根据对铁路沿线季节性冻土地区所出现的铁路路基冻害现象进行归类总

结，主要形成了冻胀、融沉、翻浆冒泥三种路基病害。

(1) 冻胀

冻胀是指由于土的冻结作用而造成的体积膨胀现象，这是季节性冻土区常常遇见的铁路病害。冻胀可分为原位冻胀和分凝冻胀两类，原位冻胀是指冻结锋面前进过程和已冻土继续降温过程中，正冻土中的孔隙水或已冻土中的未冻水原位冻结，造成体积增大 9%；而当土体冻结以后，由于土颗粒表面能的作用，土中存在未冻结的薄膜水，在温度梯度的诱导下，薄膜水会从温度高处向温度低处迁移，正是由于水的抽吸作用使水分集聚在前进的冻结锋面后方并冻结，分凝成冰透镜体，这一过程称为分凝冻胀，分凝冻胀过程造成体积增大 1.09 倍。据京包线路基冻害调查资料显示，线路里程 K614＋010～K781＋670 段冻害严重，每年冬季冻起高度达 40mm，轨道道钉和扣减难以保持轨道几何形位，严重影响行车安全，通过对发生病害处路基挖探、铲探及钎探，发生冻害处的铁路路基土质以粉土为主，局部为粉质黏土、黏土，天然含水量为 12.5%～33.5% 之间，土层冻胀等级及类别为 Ⅱ～Ⅴ 级强冻胀。

(2) 融沉

季节性冻土融化时，冰晶和冰膜融化成水，土层在重力和上覆荷载的作用下，路基及基床会产生不同程度的沉降，即融沉。融沉一般有两个特性：其一，由于自然营力和人为因素及土体各方面的差异，融沉在空间上具有不连续性，厚度上具有不均匀性。有的路段以较慢的速度连续下沉一段时间，有的路段则突发大量的沉陷，并使周围部分土体隆起。这是由于路基土体融化后处于饱和状态，其承载力几乎为零，在外部荷载作用下，基床瞬间产生大幅度沉陷并有大量积水冒出。其二，融沉多发生在低路堤地段。由于路堤高度、坡向、填料类别、保温措施，以及施工季节和施工后形成的地表特征、水文特征及冻土介质特征等因素的综合影响，土体中各土层的散热和吸热有极大差异。当基底土层的散热超过吸热时，地温上升，冻土融化，人为上限下降，路基就会产生融沉病害。路堤越低，意味着在从上界流向地中的传热过程中，热阻减小。路堤自身的储热能力变小，不利于热稳定，从而导致路基发生融沉。

(3) 翻浆冒泥

在路基土体冬季冻结到春季融化的过程中，由于存在未冻土层，解冻后的自由水不能及时排出，造成土体软弱，强度急剧降低，在列车荷载作用下，路基面发生鼓包、吸泥现象，即为翻浆。这种冻害主要发生在河漫滩地貌单元、山前冲洪积平原、坡地的下坡部位、冬季冻结前排水沟积满水的地段。翻浆冒泥将导致道床下沉、轨道状态不良、几何尺寸变化频繁，需要不断进行紧急整修。

4. 季节性冻土的冻害防治措施

当地基土体具有始冻负温和更低的持续负温，且具备下列条件之一时，可按产生季节性冻胀的情况进行路基设计，并采取相应的冻害防治措施：第一，路基的土质应为符合表 8-24 的冻胀土或强冻胀土；第二，饱和度 $S_r >$ 0.8 的粗粒土、黏性土及天然含水量明显大于塑限含水量 ω_p 的粉质黏土。

季节性冻土的冻害防治主要措施有：

（1）在季节性冻土地带，路堤的设计应满足本章 10.4 节公式（10-23）所要求的最小高度。若不能满足，可采取引排地面积水或降低地下水位、在基底设置毛细水隔断层以及在有害冻胀深度范围内以弱冻胀土作填料，采用聚苯乙烯泡沫塑料板隔温层等措施。

（2）对于路堑的设计，当其基床顶面至地下水水位的距离小于式（8-32）所要求的最小高度时，应采取降低地下水位的措施；若有困难则可在有害冻胀深度范围内换填弱冻胀土的做法。

（3）当改建既有线和整治路基冻害时，可采取的措施有：①当取土方便且施工便利时，宜抬高路堤以保证不产生冻害的最小高度；②若有炉渣可以利用，宜结合线路提坡，在有害冻胀深度范围内加设炉渣保温层；③当既有线路堤偏低，线路又难以抬坡时，在有害冻胀深度范围内换填弱冻胀土；④对道砟囊宜增设横向渗沟，引排囊中积水；⑤当路堑基床因地下水而形成冻害时，应增设纵向渗沟引排地下水或在有害冻胀深度范围内换填弱冻胀土。

（4）无机结合料稳定土保温法。地基采用石灰稳定土、石灰粉煤灰稳定土等无机结合料稳定土的整治方案。在已有的对东北地区季节性冻土比较封闭和开敞系统中的原状土、扰动土、石灰稳定土冻结试验中，发现石灰稳定土是抑制路基冻害的有效措施。另外，采用这些无机结合料稳定土能够使地基土具有良好的力学性能，其抗压、抗弯强度较高，而且强度与模量随龄期不断增长，水稳定好，外力作用下变形小等特点，能很好地防止铁路冻害。

（5）人工盐化路基土体。溶于水中的盐类能使水溶液的冰点低于淡水，而且浓度越大，冰点越低。主要有挖轨枕槽铺盐，打孔注盐，稀释注入和土盐拌合等几种施工方法。打孔注盐的深度至冻结深度的 80%，盐化处理后的土应夯实，减少盐的流失。盐化处理易于施工，成本较低，但只能减小冻胀，不能根除冻害，应与其他办法结合使用，或在低温极值较高的病害轻微段使用，并要根据线路的具体地质条件综合考虑，以防出现新的路基盐渍化病害。

（6）强夯加固地基。强夯的夯击能作用于地基土表面，并以波的形式将能量传向土体，在瞬间可将土体压缩数厘米或数十厘米。在强夯法处理后，地基土的性质将有很大改善，并表现出密实度提高、含水量降低、渗透性降低、降低地下水位、构成地下隔水板、减小地基土的冻胀率等特点。辽西地区道路的工程实践表明，强夯法加固后，地基土的含水率、孔隙比、液化指数降低，重度提高，随之压缩模量及承载力大幅度提高。满足了地基土的力学稳定性和变形的要求。由此可见，强夯加固地基能利用强夯的能量直接影响地基土的冻胀性。在一定的范围内，地基土的冻胀性随夯击能的增长而衰减，从而减少了地基土的冻害作用。

10.5.2　多年冻土路基

1. 多年冻土的特征及分类

在我国东北、西北和青藏高原的高寒地区，寒冷季节日平均气温都在 0℃ 以下，部分地区最低气温达到 -50℃。在这样的负温条件下，地表土层持续多年处于冻结状态，该地区即为多年冻土地区。若多年冻土层连续成整片的则为连续多年冻土；若多年冻土彼此不相连续，成岛状分布或在连续多年冻土中夹有一些岛状的非多年冻层的则称为岛状（非连续）多年冻土。这些非连续的多年冻土一般都分布在连续多年冻土的外边缘。

在多年冻土地区，有的地方在地表存在夏季融化、冬季冻结的季节融冻层，季节融冻层和下部多年冻土层相连接的称为衔接的多年冻土（图 10-17），若不相连接的称为不衔接的多年冻土，如图 10-18 所示。对于多年冻土层的顶面，称为多年冻土的上限；其底面，称为多年冻土的下限。在大自然条件下形成的上限，称为天然上限；受人为活动影响形成的新上限，称为人为上限。多年冻土应根据土的类别、总含水量及其融沉情况按表 10-24 分类。

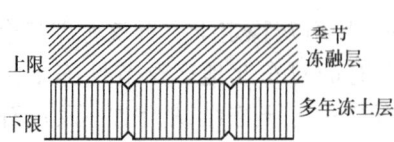

图 10-17　衔接的多年冻土

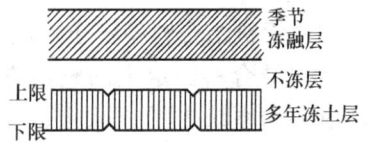

图 10-18　不衔接的多年冻土

多年冻土分类及融沉性分级表　　　　　　　　　　　　　　表 10-24

多年冻土类型	土的名称	总含水率 w_A（%）	平均融沉系数 δ_0（%）	融沉等级	融沉类别
少冰冻土	碎石类土、砾砂、粗砂、中砂（粉黏粒质量不大于 15%）	$w_A<10$	≤1	I	不融沉
	碎石类土、砾砂、粗砂、中砂（粉黏粒质量大于 15%）	$w_A<12$			
	细砂、粉砂	$w_A<14$			
	粉土	$w_A<17$			
	黏性土	$w_A<w_P$			
多冰冻土	碎石类土、砾砂、粗砂、中砂（粉黏粒质量不大于 15%）	$10\leqslant w_A<15$	$1<\delta_0\leqslant3$	II	弱融沉
	碎石类土、砾砂、粗砂、中砂（粉黏粒质量大于 15%）	$12\leqslant w_A<15$			
	细砂、粉砂	$14\leqslant w_A<18$			
	粉土	$17\leqslant w_A<21$			
	黏性土	$w_P\leqslant w_A<w_P+4$			

多年冻土类型	土的名称	总含水率 w_A（%）	平均融沉系数 $\overline{\delta}_0$（%）	融沉等级	融沉类别
富冰冻土	碎石类土、砾砂、粗砂、中砂（粉黏粒质量不大于15%）	$15 \leqslant w_A < 25$	$3 < \overline{\delta}_0 \leqslant 10$	Ⅲ	融沉
	碎石类土、砾砂、粗砂、中砂（粉黏粒质量大于15%）				
	细砂、粉砂	$18 \leqslant w_A < 28$			
	粉土	$21 \leqslant w_A < 32$			
	黏性土	$w_P + 4 \leqslant w_A < w_P + 15$			
饱冰冻土	碎石类土、砾砂、粗砂、中砂（粉黏粒质量不大于15%）	$25 \leqslant w_A < 44$	$10 < \overline{\delta}_0 \leqslant 25$	Ⅳ	强融沉
	碎石类土、砾砂、粗砂、中砂（粉黏粒质量大于15%）				
	细砂、粉砂	$28 \leqslant w_A < 44$			
	粉土	$32 \leqslant w_A < 44$			
	黏性土	$w_P + 15 \leqslant w_A < w_P + 35$			
含土冰层	碎石类土、砂类土、粉土	$w_A \geqslant 44$	>25	Ⅴ	融陷
	黏性土	$w_A \geqslant w_P + 35$			

注：1. 总含水率包括冰和未冻水；
2. 盐渍化冻土、泥炭化冻土、腐殖土、高塑性黏土不在表列；
3. 平均融沉系数：

$$\overline{\delta}_0 = \frac{h_1 - h_2}{h_1} = \frac{e_1 - e_2}{1 + e_1} \times 100\%$$

式中　h_1、e_1——冻土试样融化前的高度（mm）和孔隙比；
　　　h_2、e_2——冻土试样融化后的高度（mm）和孔隙比。

2. 多年冻土的物理力学性质

（1）物理性质

多年冻土是由矿物颗粒、固态冰、液态水和气体组成的四相体系。因此其物理性质取决于冻土中的总含水量（包括固相和液相含水量）、冻土中未冻水的含量、原状结构冻土的重度、固体矿物颗粒相对密度等四个方面的特征值。这些特征值可通过室内试验确定。

（2）热物理性质

对于一般土体，其热物理性质并不重要，但对于多年冻土，其热物理性质如热容量、导热系数等指标对土的温度情况影响很大，其数值均应从实地现场试验获得。若概略计算路基的温度时，导热系数可通过查阅有关手册确定。

（3）冻融特性

1）冻胀特性。土体在冻结过程中，土中水分（包括外界向冻结锋面迁移的水分及孔隙中原有的部分水分）冻结成冰，形成冰层、冰透镜体、多晶体冰晶等的冰侵入体，引起土粒间相对位移，使土体产生扩胀的现象。土体膨胀时对地基和基础产生力的作用，这种力称为冻胀力，其膨胀的数量即为冻胀量。土体的冻胀特性与土质、土温、水文地质条件、冻结深度等有密切关系。

2）融沉特性。在热力作用下，冻土地基逐渐产生融化，随着土的一系列物理力学性质的改变，地基在自重和外荷载作用下将产生融化下沉和压缩下沉现象。冻土的这种融沉特性将使地基产生不均匀沉陷。

另外，冻土的力学性质如抗压、抗剪强度以及压缩性能等都是不稳定的，其关键是土中固态水与液态水的变化。当土中水结成冰时，土粒间胶结性增加，透水性减少，强度增高，压缩性低；反之当冻土融化时，冰的胶结程度降低，土的性质也产生相应的变化。

3. 多年冻土地区路基的不良地质现象及主要病害

多年冻土地区路基不良地质现象：

（1）冰丘、冰锥：在寒季流出封冻地表或封冻冰面的地下水或河水，冻结后现成丘状隆起的冰体称为冰锥；在寒季地面冻结，地下水受地面和下部多年冻土的遏阻，冻结膨胀在薄弱地带将地表抬起形成丘状隆起的土丘称为冰丘。

（2）热融坍滑：由于自然营力或人为活动，破坏了有地下冰分布的斜坡（一般横坡大于 3°）的热平衡状态后，地表土体在重力作用下沿融冻界面呈牵引式位移而形成的滑坍。

（3）热融沉陷和热融湖（塘）：由于自然营力或人为活动，破坏了多年冻土（或地下冰）的热平衡状态后，使地表下沉（一般地面横坡小于 3°）所形成的凹地或积水凹地。

（4）冻土沼泽：多年冻土层地表因受积雪及地表水的影响，在平坦与低洼地形成沼泽，此种现象在东北较多，在青藏高原地区也有分布于缓山坡的低洼处。因沼泽中多长有喜水植物（如东北的塔头草）及覆盖有泥炭层，保护了多年冻土，因而上限浅，形成了隔水层，使地表长期积水或处于潮湿状态。

在多年冻土地区不良地质地带，发生的主要病害有：

（1）融沉病害。融沉是多年冻土地区路基主要病害之一，一般多发生在含冰量大的黏性土地段。当路基基底的多年冻土或路堑边坡上分布有较厚的地下冰层时，由于地下冰层埋藏较浅，在施工及运营过程中各种人为因素的影响下，使多年冻土局部融化，上覆土层在土体自重和外力作用下产生沉陷（图 10-19a），造成路基的严重变形，如路基下沉，路堤向阳侧路肩及边坡开裂、下滑，路堑边坡溜坍等。

(a)　　　　　　　　　　　　(b)

图 10-19　多年冻土地区路基冻害

(a) 融沉病害引起路基面沉陷；(b) 冻胀病害引起路基面变形

（2）冻胀病害。冻胀病害是寒区铁路特有的主要病害之一，在季节冻结深度较大地区及多年冻土地区均有发生，尤以多年冻土地区严重，主要是地基上及填土中水冻结时体积膨胀所造成，如图10-19（b）所示。形成路基冻胀病害的基本原因有以下几种情况：路基基床面不平整，积水冻结膨胀形成冻胀病害；碎石道床及垫层不洁，污染严重，混入泥土量较多，遇积水产生冻胀；地表水或地下水（或浅层潜水）对路基土的不均匀浸湿以及路基不同朝向形成的不均匀冻胀等。

（3）冰害。冰害主要是指在路堤上方出露地表的泉水，或开挖路堑后地下水自边坡流出，在隆冬季节随流随冻，形成积冰掩盖路基面或边坡挂冰，堑内积水等病害。对于路基工程来讲，路堑地段较路堤地段冰害要多，尤其发生在浅层地下冰发育的低填浅挖地段的冰害，危害程度更大。对有一定填土高度的路堤，危害程度相对较小。

4. 高原多年冻土的地温分区

高原多年冻土的地温分区，可根据多年冻土年平均地温 T_{cp} 分为以下四类：

（1）多年冻土的年平均地温 $T_{cp} \geqslant -0.5℃$ 时，属高温极不稳定冻土区；

（2）多年冻土的年平均地温 $-1.0℃ \leqslant T_{cp} < -0.5℃$ 时，属高温不稳定冻土区；

（3）多年冻土的年平均地温 $-2.0℃ \leqslant T_{cp} < -1.0℃$ 时，属低温基本稳定冻土区；

（4）多年冻土的年平均地温 $T_{cp} < -2.0℃$ 时，属低温稳定冻土区。

5. 多年冻土地区路基设计的一般要求

（1）多年冻土地区线路宜以路堤通过。应尽量减少挖方、低填浅挖、不填不挖和半填半挖地段的处数和长度。

（2）线路通过山坡时，路基位置应选在坡度较缓、干燥、向阳的地带。

（3）路基位置应避免通过不良冻土现象发育和地下水丰富地段。当绕避困难时，应选择在病害轻、范围窄的地段通过，并采取合理的工程措施。线路位于下列不良冻土区时，宜以桥梁通过：①大型的冻胀冰丘、冰锥发育地段；②发展性热融湖（塘）、范围宽广的大片沼泽或横向坡度较陡的沼泽地段；③高温极不稳定区或不易保温的岛状冻土区。

（4）少冰冻土、多冰冻土地段路基，可按一般地区设计处理，但路堤基底不宜清除地表草皮；高含冰量（富冰冻土、饱冰冻土、含土冰层）冻土地段以及有冻胀丘、冰锥、冻土沼泽、热融滑坍、热融湖（塘）等不良冻土现象地段的路基，应采取特殊处理措施。多年冻土沼泽、厚层地下冰和冻层上水发育的地段，应避免设路堑。

（5）多年冻土区的防护建筑物不得采用浆砌片石结构。挡土墙宜采用预制拼装化的轻型、柔性结构，基础宜采用混凝土拼装基础或桩基础，埋深不应小于该处多年冻土天然上限的1.3倍。

6. 多年冻土地区的路基设计

目前进行多年冻土地区的路基设计时，常规的做法是根据冻土地段的具

281

体情况分别采用"保护"多年冻土和"破坏"多年冻土的原则进行设计，并采取不同的处理方法。如在富冰冻土、饱冰冻土、含土冰层等高含冰量冻土地区，冻土融化将会因融沉引起路基病害，宜采取保护冻土的设计原则；如不易保持或采用保护冻土措施不经济时，可采取预先挖除冻土或换填不融沉土等破坏冻土的设计原则；在融沉量不大的情况下，也可以采用加宽路基、预留沉落，让其自然融化等措施。选用何种设计原则和处理方法，将直接关系到路基的稳定、安全与工程造价的高低，因而应慎重对待之。以下按不同的设计原则分别加以叙述。

（1）按保护多年冻土原则设计路基

在多年冻土地区修筑路基，由于人为地改变了原来天然地表的传热条件，破坏了天然条件下的热平衡状态，多年冻土的天然上限位置必然会发生相应的变化，这种变化了的上限即人为上限；保护多年冻土的设计原则就是要采取有效的综合保温措施，使路基建成后其基底的人为上限能控制在一定的深度范围内，保护路基下的多年冻土不被融化，保证路基的稳定。

1）适宜按保护多年冻土原则设计路基的范围：①饱冰冻土或含土冰层地段；②富冰冻土地段且含水量较大时；③多年冻土沼泽地段；④大片多年冻土带和地温较低、保温条件好的岛状多年冻土带。

2）路堤最小高度 H_{min}：是指采取保护多年冻土原则设计路堤时，能使基底人为上限维持在原天然上限位置的最小高度。路堤最小高度的确定，需要考虑多种因素，与所处的区域气候、地温、填料类别、冻土介质特性及保温措施有关。目前国内外一般都是根据调查资料统计分析后得出的。我国青藏高原确定的黏性土填筑路堤最小高度为 1.0~1.5m，东北多年冻土地区根据既有铁路的大量调查资料，提出了 1.5~2.0m 的路堤最小高度经验值。对于多年冻土沼泽地段的路堤高度，当填筑细粒土时，应按路堤不产生冻害的最小高度确定；冰丘、冰锥地段的路堤，其高度不得低于冰丘、冰锥的最大高度。

3）路堤的下沉量计算：应包括地基的融化沉降量和压缩沉降量计算，并按竣工后的地基沉降量和道床边坡坡度确定路基面每侧预留加宽值。沉降量的具体计算方法可参阅《铁路特殊路基设计规范》TB 10035—2006 附录 A。

4）保护措施：主要有加强地面排水、设置工业保温材料保温层，路基下部埋设通风管、热棒降温、遮阳板护坡、保温护道及两侧坡脚外 20m 范围地表植被不得破坏等措施。

其中排水措施应包括：①排水沟的横断面积除按流量计算外，一般可采取深度不超过 0.4m、边坡坡度为 1∶1~1∶1.5 的宽浅断面形式；富冰冻土、饱冰冻土地段排水沟的边缘至路堤坡脚的距离不得小于 5m，含土冰层地段不得小于 10m，在厚层地下冰和冻土沼泽地段可采用挡水埝或挡水埝与排水沟结合使用；②路堑地段如地面横坡明显时，应在路堑上方设挡水埝，不明显时可在两侧设置，挡水埝的高度不宜低于 0.6m，当流量较大时，尚应在挡水埝外侧增设天沟；③对路基有危害的地下水，应根据地下水类型、水量、积水和地层情况，选用冻结沟、积冰坑或渗沟等措施；采用渗沟排除地下水时，渗沟及检查井均应采取保温措施；出水口的位置应选在地势开阔、高差较大、纵坡较陡、向阳、避风处，并应采用掩埋式锥体或其他形式的保温措施。路堑边坡有地下水出露时，必须将水引排，并应在边坡上采取保温措施。

路堤两侧保温护道的设置：护道尺寸应符合表 10-25 的规定；护道材料可采用黏性土或黏性土内埋设聚苯乙烯泡沫隔温板等。高原地区还可采用块石、片石保温护道（图 10-20a），块石、片石宜采用粒径 0.1～0.3m、无级配的不易风化的坚硬石块，其保温护道尺寸可取表 10-25 中细粒土的小值。

保温护道尺寸 表 10-25

填筑材料	护道（m）		边坡坡率
	高度	宽度	
细粒土	1.5～2.0	2.5～3.0	1：1.75
聚苯乙烯泡沫隔温板或聚氨酯板	0.5	1.5～3.0	1：1.75

注：1. 护道材料为聚苯乙烯泡沫隔温板（即 EPS 板）时，根据地层含冰情况选用双层或单层（EPS 板一般厚 30mm 或 50mm）；板下铺设 0.2m 厚的中砂（或炉碴）作垫层，板上铺 0.2m 细粒土厚防火层；聚氨酯板一般厚 60～80mm；
2. 护道顶面设 4% 排水横坡。

（a） （b）

图 10-20 多年冻土地区路基冻害防治措施
（a）遮阳板及片石护道路基；（b）片石通风路基

路基下侧埋设通风管时，通风管可采用预制钢筋混凝土管、钢管或 PVC 管、EP 双壁波纹管；埋设位置、有效孔径及间距应通过热工计算确定，如图 10-20（b）所示。

（2）按破坏多年冻土原则设计路基

按破坏多年冻土原则设计路基，即为在路基修建完成后，允许路基下地基中的多年冻土全部或部分融化，或在筑路时预先使路基下的多年冻土融化，路基设计按非多年冻土地区的技术标准进行。

适宜按破坏多年冻土原则设计路基的有：①基底地质情况良好，少冰冻土或多冰冻土，融化后下沉量小，不致造成路基病害者；②基底地下冰较薄、埋藏浅、范围小或难以保持其冻结状态，以下即为良好地层（少冰冻土、多

283

冰冻土或基岩）的地段；③在人为活动频繁、地温极高、地面保温条件差的岛状多年冻土带和零星岛状多年冻土带邻近边界区等。具体实施时，根据不同的地质及水文条件，可采取以下方案：

1）基底地质情况良好，少冰冻土或多冰冻土地段，可按一般非多年冻土地区路基设计，不必采取任何特殊措施，因为冻土融化后不会产生融沉及冻胀病害。

2）含冰量大的薄层冻土，若埋藏浅，或地下冰层下不深处即为少冰冻土、多冰冻土或基岩且无地下水，路堤高度低于路堤最小高度 H_{min} 的地段，可全部挖除含冰量大的冻土层，换填渗水土或黏性土，挖除换填的厚度应能满足计算保温层厚度的要求。当基床范围全部采用碎石类、砾石类等粗粒土时，应在地面上设复合土工膜防渗层，防渗层表面设 4% 的横向排水坡，路基边坡应做好保温层、加固及排水设备等。保温层厚度应根据当地经验确定，当无经验时可按附录 B 计算确定。

3）含冰量大的冻土层厚度较薄，但埋藏稍深，冻土层以下的土层中饱含承压地下水地段，可挖除上部土层以渗水土换填，下部松动爆破，将冻土层震碎破裂，在施工过程中利用地下水温，加速碎裂冻土的融化，使冻土层消失。

10.6　粉土地区路基

10.6.1　粉土的定名、成因及分布情况

1. 粉土的定名

《铁路路基设计规范》TB 10001—2005 中将 $I_p \leqslant 10$，且粒径大于 0.075mm 颗粒的质量不超过全部质量 50% 的土定名为粉土，其中对液限 $w_L < 40\%$ 的粉土定名为低液限粉土，而 $w_L \geqslant 40\%$ 时定名为高液限粉土，如图 10-21 所示为细粒土的塑性图。

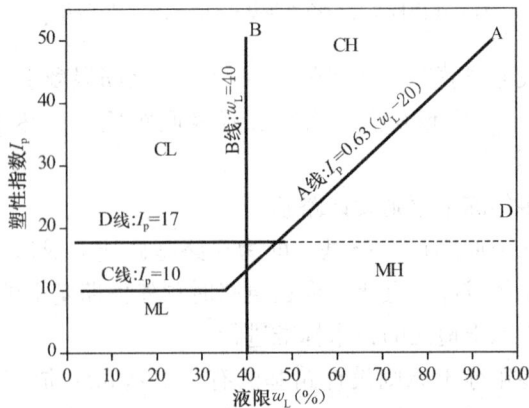

图 10-21　细粒土塑性图

2. 粉土的成因及分类

粉土按形成原因可以分为风成粉土、水成粉土、残积粉土。

(1) 风成粉土是由于风力的携带、沉积作用，形成的含有较大孔隙的土，习惯上称为黄土。由于残坡积作用和重力堆积作用，广泛分布于丘岗、坡麓、河流阶地上的土，也具大孔结构和湿陷性，其物理性质、工程性质与黄土相似，称为次生黄土。黄土、次生黄土中粉粒占优，砂粒和黏粒含量较少，多表现为粉土、粉质黏土、含砂粉质黏土。

(2) 水成粉土是在水力作用下，经搬运、沉积形成，其粒度成分单一，粉粒占绝对优势。根据其搬运距离、沉积环境、沉积位置不同，可以分为山区粉土、平原粉土。

① 山区粉土：在水力作用下，土粒搬运距离短，一般分布于丘岗、坡麓、冲洪积扇缘、阶地上。这类土一般含僵石结核和一定数量的粗粒组，埋藏较浅，一般位于地下水位以上，属欠固结状态。工程性质与风成黄土相近。

② 平原粉土：在水力作用下，土体经长途携带、沉积的粉土。广泛分布于冲洪积平原、河流三角洲、沿海平原，是工程建设经常遇到的土层。我国东北的南部和长城以南、秦岭以北，西迄青海东部、东至海滨广大黄河流域，广泛分布着黄土。黄土质地均匀，粉粒含量占 $60\% \sim 70\%$，缺乏团粒结构，粒间的固结主要依靠硫酸钙质，极易流失。由于黄土独特的物理性质，加上黄河流域降雨比较集中，因此黄河成为我国历史上洪涝灾害最频繁的河流，以善淤、善决、善徙而闻名，有史书记载：黄河自郑州花园口以下，不断决口改道，河道在天津到江苏的滨海县间来回摆动，自公元前 602 年到 1938 年的 2540 年中，决口泛滥 1590 次，平均"三年两决口"，改道 26 次，而大的改道就有 6 次。黄河中游地区每年被冲刷外移的泥沙随黄河的泛滥、改道，沉积于山东、安徽、河南、江苏、河北等地广大区域，构成了黄河冲积平原地区。其中在山东省，黄河冲积粉土遍布菏泽、聊城、济宁、德州、滨州、济南、淄博和潍坊等广大地区，覆盖面积达 52100km²，约占山东省总面积的 34%。

黄河冲积平原地区地势上具有西北高、东南低的特点，地面坡降约为 0.02%。该区地处暖温带和鲁淮季风气候亚热带气候区的过渡带，兼南北气候性，具有明显的季风环流特征，冬干冷、夏湿热，四季分明。由于处于两气候带的过渡带，冷暖气流经常交汇，导致气候多变，暴雨、干旱、霜冻、冰雹、大风等自然灾害频繁，区域内最大冻土深度 19.0～24.0cm。黄河冲积地区沿线地表水系较多，多由西北向东南径流，并大都有人工河闸的控制，除此以外，人工河网、池塘也较多，且与天然河流相贯通，总体上地表水系十分发育。地下水主要为孔隙水，其次为岩溶裂隙水。历史上由于黄河携带大量黄土高原的泥沙进入该地区，后又经历全新世完整的海水进退迁回，地表被第四纪冲洪积及湖相沉积的地层所覆盖。上部冲积地层可分为三层：表层以低液限粉（黏）土为主，中部为低液限粉（黏）土夹薄层淤泥质高液限黏土，下部为低液限黏（粉）土。地层构造在垂直和水平方向上，均主要由粉砂、粉土夹薄层高液限黏土、高液限黏土构成，粉粒含量高，黏粒含量低。大部分地区基岩埋藏较深，第四纪沉积物较厚，可达 70～80m，第四纪地层分类见表 10-26。

黄河冲积平原地区第四系地层分类表　　表 10-26

地层代号		成因	岩类			主要岩性
				大类	亚类	
全新统 (Q$_4$)	Q$_4^3$	冲积冲洪积	山前坡洪积 (Q$_4$)	砂土类		砂质粉土
				粉土类		砂质粉土、黏质粉土 高液限黏土
	Q$_4^1$	湖沼积		黏性土类	新黏性土类	低液限黏土 淤质高液限黏土
					老黏性土类	高液限黏土 低液限黏土
上更新统 (Q$_3$)	Q$_3^3$	湖积	山前坡洪积 (Q$_{2-3}$)	砂土类 粉土类		粉细砂 砂质粉土、黏质粉土
	Q$_2^3$	冲洪积				高液限黏土 粉质高液限黏土
				黏性土类	老黏性土类	高液限黏土 粉质高液限黏土
	Q$_3^1$	湖积				高液限黏土 粉质高液限黏土
中更新统 (Q$_2$)		冲洪积				高液限黏土
下更新统 (Q$_1$)		冲洪积				低液限黏土及钙核层

（3）在由第四纪松散河流堆积物而形成的粉土地区，由于风或水的作用，将表层粉土搬运移走后，剩余的原底部粉土，就称为残积粉土，该类粉土比较少见。

10.6.2 粉土路基常见病害成因分析

对于风成粉土，其特点可见本章第 10.3 节黄土路基。对于水成粉土，由于水力冲填的特殊成因，其颗粒和结构具有独有的特征。在土层构造上，土呈层状分布，部分区域中间夹杂黏土层；粒径分布上，土颗粒均匀，粉粒一般在 80% 以上，黏粒含量极低，一般不足总量的 10%；颗粒构造上，粒径均匀，颗粒磨圆度较高；毛细管发达、毛细作用剧烈；孔隙率高、压缩性大；地下水位较高，地基沉降量较大等特点。

上述性质决定了粉土具有以下工程特性及病害成因：

（1）难以压实。粉质颗粒的大量存在导致黄河冲淤积粉土较差的级配，由于缺乏细颗粒的填充作用，颗粒的表面较圆滑，孔隙率高，使得该类土难以压实，压实含水量不易控制，压实后表面松散，难以达到较高的压实度，压实后强度不高，导致路面结构的软支撑并很快发生路面结构的早期病害。

（2）结合料稳定困难。由于砂石料的严重缺乏，无机结合料稳定土成为该区域内常用的建筑材料。石灰、水泥是常用的结合料，但黏粒的严重不足，使得无机结合料与土间的离子交换、火山灰反应和化学激发作用很少发生，严重影响了稳定土强度的形成。

（3）地基的固结沉降大。过大的路堤沉降会导致严重的路面结构早期病害，而路基总沉降主要由地基的沉降构成。由于黄河冲淤积平原地区地基具有较大的压缩性以及路面结构对沉降的敏感性，地基的固结沉降是工程设计和施工中不可忽视的重要因素。

（4）边坡易刷。由于粉土的物质组成主要是原生矿物砂、粉粒，含有较少的次生黏土矿物，蒙脱石含量较高，因此具有弱可塑性、低粘结性、高分散性，从而导致路基边坡易被水冲刷，普通路基边坡防护难以满足要求。

10.6.3 粉土路基病害防治措施

1. 粉土路基的压实

众所周知，影响粉土压实的关键因素是级配、含水量和碾压组合。粉土的颗粒组成是一种不良级配，显然要想改善粉土的压实性能，就应改善粉土的颗粒组成，控制含水量，选定科学的碾压方式和机械组合。有效改善颗粒组成，添加粗粒土，控制含水量，动力碾压和静力碾压结合使用，可以大大提高粉土路基的压实效果，避免重皮现象。

2. 路基强度提高措施

为克服粉土的弊端，综合提高土的强度、刚度和稳定性，通常通过在粉土中掺加无机结合料形成半刚性材料从而提高粉土的路用性能。我国使用较多的无机结合料是石灰和水泥，由此形成的石灰土、水泥土、石灰粉煤灰土由于技术性能优良、施工简单且价格低廉，近年来在高等级公路中得到推广，并广泛应用于土基表层、基层、底基层和垫层中。在国外应用较多的是水泥土。对粉土这种特殊土使用石灰、水泥进行加固效果不理想。在这种情况下，土壤加固剂开始引起工程技术人员的关注。

国外发达国家对土壤加固剂的研究起步较早，他们从环境保护的角度出发，从电化学原理入手，综合土壤力学、土壤化学、有机高分子化学、化学工程、材料工程、环境工程等多学科知识，形成一跨领域的交叉科学——土壤加固学。美国、日本、加拿大、南非等国都从各领域的基本要求出发，研制出适合不同要求、不同土质情况的加固剂。这些加固剂在各国都得到应用，结果表明，使用加固剂，可以节约能源、节省投资且施工快捷，因而加固剂在国外发达国家已形成相当的产业规模，取得巨大的经济效益和社会效益。

近几年，随着我国公路发展速度的加快，许多国外加固剂开始向国内推广，我国许多省市也采用进口固化剂。但由于我国经济水平的制约、土质情况的差别、道路标准的差异、试验手段的不同，这些进口固化剂在我国并没有大规模的应用。近年来，国内工程技术人员开始自主研究开发适合我国国情的固化剂，经过几年的发展，国产固化剂逐渐形成一定的规模，许多品牌的固化剂开始在国内推广应用，并取得良好的效果。

（1）固化剂的分类

固化剂种类繁多，加固机理也有所差异，但从总体上看，固化剂按形态的不同，一般可分为两类：①液粉固化剂，一般由无机盐配制的溶液，辅以石灰、水泥等材料，能改善土的技术性能的液粉和粉状材料。道路中使用的该类固化剂要求溶液中固体含量不大于 3%，不得有沉淀或絮状物。②粉状固化剂，由粉状无机盐、石灰、水泥等不同材料混合而成的混合材料。我国自行研制开发的粉状固化剂中掺加活性材料以有效地提高土的性能，该类固化剂的细度应控制在 0.075mm 标准筛且筛余不超过 15%。

（2）固化剂的加固机理

我国国产固化剂一般属于粉状固化剂范畴。国内固化剂的研究大多是从水泥的加固机理出发，通过在各种基质材料中添加各种特殊的高分子材料，如早强剂、激发剂、保水剂等以达到提高土的路用性能的目的。虽然固化剂配方不同，成分各异，但加固机理大同小异，一般认为其作用机理为：当固化剂与含有一定水分的土混合后，即发生一系列物理化学反应，首先在土中大量形成富含结晶水的针状结晶体穿插在土颗粒空隙之间形成强度骨架，其次硅酸盐类水化物填充在骨架之中，使固化体系进一步密实，最后在各种激发剂的强烈作用下，固化剂和部分土颗粒参加化学反应，使加固土具有不可逆的良好的耐久性。

液粉固化剂的加固机理多是基于电化学机理，各种固化剂溶于水后形成水溶液，喷洒于土中，固化剂包覆于土颗粒周围，同时使土中的胶质电离，失去表面阳性，使之无法吸收水分，从而提高土颗粒之间的吸附力，与此同时形成结晶盐，从而综合提高土的性能。

3. 边坡冲刷防护措施

（1）防护形式

粉土边坡的防护分为植物防护和工程防护。植物防护就是在边坡上种植草丛或树木或两者兼有，以减缓边坡上水流速度，利用植物根系固着边坡表层土壤以减轻冲刷，从而达到保护边坡的目的。这对于一切适合种植的土质边坡都是应当首先选用的防护措施。植物防护还可以绿化环境，和周围景观相协调，所以也是一种符合环保要求的防护办法。常用的植物防护有种草、栽草、铺草皮和植树等。对不适宜植物生长的土质填、挖方边坡或风化严重节理发育的岩石路基边坡，以及碎（砾）石土的挖方边坡等，只能采取工程防护措施即设置人工构造物防护。工程防护的类型很多，有护面墙防护、干砌片石防护、浆砌片石防护、水泥硅预制块防护、锚杆防护、挡土墙以及土工合成材料防护等。各种防护均有其优、缺点和适用条件，因此应按照"因地制宜、就地取材、经济适用、照顾景观"的原则来选用适宜的防护形式。

（2）防护形式的选定

由于粉土采用植物防护比较困难，多采用工程防护，常见的防护形式见表 10-27。

粉土路基边坡防护措施 表 10-27

项目	满铺浆砌片石护坡	现浇混凝土薄板护坡	法式嵌锁型混凝土预制块干砌护坡	日式长方形混凝土预制块干砌护坡
优点	结构坚固耐久，防护性能好，外表较整齐美观	整体性能好，防护性能好，外表平整美观	速度较快，表面线条顺适	施工速度快，外表整齐美观
缺点	砌筑工程量大，费料费时	施工有一定难度，混凝土薄板易开裂	模板制作难度大，预制块易损坏，防护性能差	预制块易损坏，防护性能差

思考题

1. 如何确定软土地区路基的临界高度？

2. 简述软土地区地基的加固及处理措施。

3. 膨胀土的工程特性主要有哪些？简述膨胀土路基的常见病害。

4. 黄土的湿陷机理是什么？如何对黄土的湿陷性进行评价？

5. 盐渍土路基的主要病害是什么？如何控制盐渍土路基的最小高度？

6. 季节性冻土路基的主要病害有哪些？如何防治？

7. 多年冻土的物理力学性质有哪些特征？

8. 在多年冻土地区，按保护多年冻土原则设计路基的出发点是什么？如何确定路堤最小高度？

9. 在多年冻土地区，按破坏多年冻土原则设计路基的出发点是什么？适宜范围是什么？

10. 简述粉土的成因、分类及工程特性。

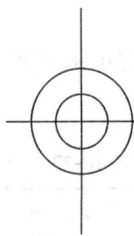

第11章
土工合成材料在路基工程中的应用

本章知识点

> 【知识点】本章主要介绍土工合成材料分类及其在路基工程中的
> 应用。
> 【重　点】本章重点掌握加筋土路堤的结构形式及设计
> 【难　点】本章难点在于了解土工合成材料在路基工程中的功能及
> 分类。

11.1　土工合成材料介绍

土工合成材料是岩土工程领域中的一种新型建筑材料，是由聚合物形成的纤维制品的总称。人工聚合物在世界上的出现，虽然已经有了 100 年左右的历史，但应用于土建工程则是 20 世纪 30 年代末才开始的。首先是将塑料薄膜作为防渗材料应用于水利工程；到 20 世纪 50 年代末，土工合成材料开始应用于海岸护坡工程；直到 20 世纪 70 年代，由于无纺织物的推广，土工合成材料才以很快的速度发展起来，从而在岩土工程学科中形成一个重要的分支。到 1984 年，全世界 10 万余项不同类型的工程中已铺设 3 亿多平方米的土工合成材料。

在 20 世纪 60 年代中期到 70 年代末，有纺织物开始在我国应用于河道、涵闸及防治路基翻浆冒泥等工程。20 世纪 80 年代初，无纺织物开始在铁路工程上试用，20 世纪 80 年代中期，土工合成材料才在我国的水利、铁路、公路、军工、港口、建筑、矿冶和电力等领域逐渐推广。

11.1.1　土工合成材料的种类

土工合成材料（geosynthetics）是土木工程应用的合成材料的总称。作为一种新型的土木工程材料，它是以人工合成的聚合物（如塑料、化纤、合成橡胶等）为原料，制成各种类型的产品，置于土体内部、表面或各种土体之间，发挥加强或保护土体的作用。关于土工合成材料的分类，至今尚无统一准则。《土工合成材料应用技术规范》GB 50290—98 称土工合成材料为土工织物、土工膜、土工特种材料、土工复合材料的总称。土工织物包括织造和非织造（无纺）两类；土工特种材料包括土工格栅、土工带、土工格室、土工网、土工模袋、土工网垫、土工织物膨润土垫（GCL）、聚苯乙烯泡沫塑料（EPS、XPS）等；土工复合材料包括复合土工膜、复合土工织物、复合防排水材料（排水带、排水管、排水防水材料等）。

1. 土工织物（geotextile）

土工织物为透水性土工合成材料。土工织物的制造过程是首先把聚合物原料加工成丝、短纤维、纱或条带，然后再制成平面结构的土工织物。按制造方法分为织造土工织物和非织造（无纺）土工织物。织造土工织物由纤维纱或长丝按一定方向排列机织而成；非织造土工织物由短纤维或长丝按随机或定向排列制成的薄絮垫，经机械结合、热粘或化粘而成。

土工织物突出的优点是重量轻，整体连续性好（可做成较大面积的整体），施工方便，抗拉强度较高，耐腐蚀和抗微生物侵蚀性好。缺点是未经特殊处理，则抗紫外线能力低，如暴露在外，受紫外线直接照射容易老化，如不直接暴露，抗老化及耐久性能仍较高。土工织物的性能与其聚合物原料、土工织物的种类及加工制造方法密切相关。

2. 土工膜（geomembrane）

土工膜是由聚合物或沥青制成的一种相对不透水薄膜。含沥青土工膜目前主要为复合型的（含编织型或无纺型的土工织物），沥青作为浸润粘结剂。聚合物土工膜根据不同的主材料分为塑性土工膜、弹性土工膜和组合型土工膜。

土工膜有很好的不透水性，且弹性和适应变形能力很强，能承受不同的施工条件和工作应力，具有良好的耐老化能力（处于水下和土中的土工膜的耐久性尤为突出）。因此，土工膜具有突出的防渗和防水性能。

3. 土工特种材料

（1）土工格栅（geogrid）

土工格栅是由有规则的网状抗拉条带形成的用于加筋的土工合成材料，其开孔可容周围土、石或其他土工材料穿入。图 11-1 为典型的土工格栅示意图。

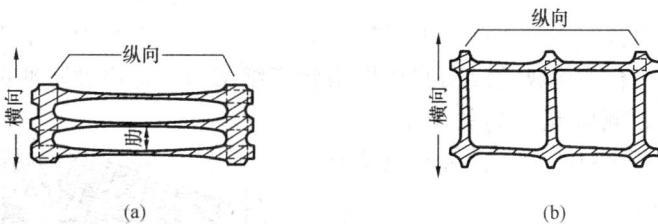

图 11-1　单向、双向拉伸土工格栅
（a）单向；（b）双向

由于土石料在土工格栅网格内互锁力增高，它们之间的摩擦系数显著增大（可达 0.8～1.0），土工格栅埋入土中的抗拔力由于格栅与土体间的摩擦咬合力较强而显著增大，因此土工格栅是一种很好的加筋材料，国内外工程中大量采用土工格栅加筋路基。同时土工格栅是一种质量轻，具有一定柔性的塑料平面网材，易于现场裁剪和连接，也可重叠搭接，施工简便，不需要特殊的施工机械和专业技术人员。

（2）土工模袋（geofabriform）

土工模袋是一种双层化纤织物制成的连续（或单独）袋状材料，其中充填混凝土或水泥砂浆，凝结后形成板状防护体系，常用于护坡或其他地基处理工程。

（3）土工带（geobelt）

土工带是经挤压拉伸或再加筋制成的条带抗拉材料。

（4）土工网（geonet）

由平行肋条经以不同角度与其上相同肋条黏结为一体的用于平面排液、排气的土工合成材料。用于软基加固垫层、坡面防护、植草以及用作制造组合土工材料的基材，如图11-2所示。

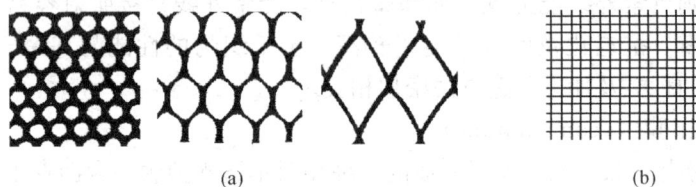

图11-2　一层平面土工网示意图
(a) 塑料平面土工网；(b) 经编平面土工网

（5）土工网垫（geosynthetic fiber mattress）和土工格室（geocell）

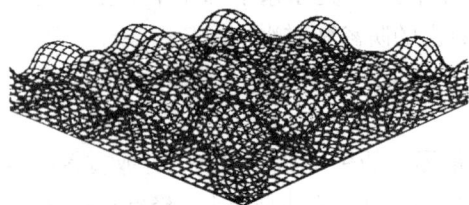

图11-3　二层塑料三维土工网垫

土工网垫和土工格室都是用合成材料特制的三维结构。土工网垫以热塑性树脂为原料制成，其底部为基础层，上覆起泡膨松网包，包内填沃土和草籽，供植物生长。图11-3是底面为双向拉伸平面网，表面为非拉伸挤出网，经点焊形成表面呈凹凸泡状的多层塑料土工网垫。土工格室由土工织物、土工格栅或土工膜、条带聚合物构成的蜂窝状或网格状三维结构，常用做防冲蚀和保土工程，刚度大、侧限能力高的土工格室多用于地基加筋垫层、路基基床或道床，如图11-4所示。

（6）土工织物膨润土垫（geosynthetic clay liner-GCL）

土工织物或土工膜间包有膨润土或其他低透水性材料，以针刺、缝接或化学剂粘接而成的一种防水材料。

（7）聚苯乙烯泡沫塑料板（EPS、XPS）

聚苯乙烯泡沫塑料板是近年来发展起来的超轻型土工合成材料。根据制作

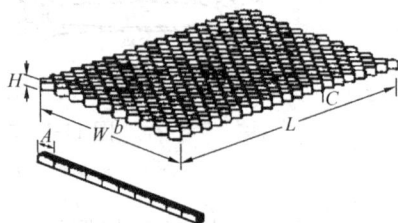

图11-4　单组土工格室示意图
A—焊接距离；H—格室高度；C—格室间格室片的边缘连接处；L—单组格室展开后的长度；b—格室间格室片的中间连接处；W—单组格室展开后的宽度

的生产工艺不同，区分为膨胀型聚苯乙烯泡沫塑料板（expanded polystyrene sheet 简称 EPS）与挤出型聚苯乙烯泡沫塑料板（Extruded polystyrene sheet 简称 XPS）。EPS 是由聚苯乙烯树脂添加发泡剂等辅助材料经过加热预发泡，之后模压成型，采用电热丝切割成为标准厚度，具有闭孔结构的聚苯乙烯泡沫塑料板。其导热系数在 $0.04\mathrm{W/(m \cdot K)}$ 左右，正常重度为 $16\sim18\mathrm{kg/m^3}$，抗压强度为 $110\sim120\mathrm{kPa}$。XPS 也称挤塑板，主要原料同 EPS 板，是由聚苯乙烯树脂添加一定的聚合物、催化剂等辅助材料混合加热，然后通过一定尺寸的模口挤出，再通过平整成型，具有连续性闭孔发泡的硬质泡沫塑料板。其导热系数在 $0.03\mathrm{W/(m \cdot K)}$ 左右，正常密度为 $25\sim32\mathrm{kg/m^3}$，抗压强度为 $150\sim250\mathrm{kPa}$，它们具有轻质、抗压强度高、吸水率低、导热系数低、防潮、耐腐蚀、使用寿命长等特点，是一种性能优异的环保型保温材料。

4. 土工复合材料（geocomposite）

土工织物、土工膜或某些特种土工合成材料，以其两种或两种以上的材料互相组合起来，成为土工复合材料。土工复合材料可将不同构成材料的性质结合起来，更好地满足具体工程的需要，起到多种功能的作用。如复合土工膜，将土工膜和土工织物按要求制成土工膜—土工织物组合物。土工膜主要用来防渗，土工织物起加筋、排水和增加土工膜与土面之间的摩擦力的作用。又如土工复合排水材料，它是以无纺土工织物和土工网、土工膜或不同形状的合成材料芯材组成的排水材料，用于软基排水固结处理、路基纵向横向排水、支挡建筑物的墙后排水等，如塑料排水板（strip geodrain）就是一种土工复合排水材料，如图 11-5 所示。

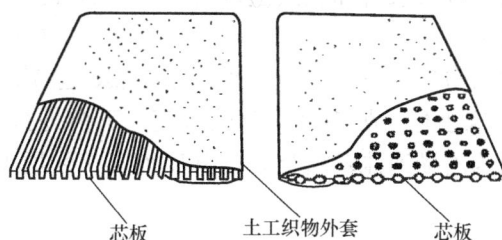

图 11-5　典型的塑料排水板（带）

11.1.2　土工合成材料的性能指标

土工合成材料的性能指标应包括下列内容，并应按工程设计需要确定试验项目。试验时，可参照《公路土工合成材料试验规程》JTG E50—2006 进行。

（1）物理性能：单位面积质量、厚度（及其与法向压力的关系）、材料相对密度、孔径等。

（2）力学性能：条带拉伸、握持拉伸、撕裂、顶破、CBR 顶破、刺破、直剪摩擦、拉拔摩擦、蠕变等。

（3）水力学性能：垂直渗透系数、平面渗透系数、淤堵、防水性等。

（4）耐久性能：抗紫外线能力、化学稳定性和生物稳定性等。

11.1.3　土工合成材料在路基工程中的应用范围

土工合成材料具有加筋、防护、防渗、过滤和排水等多种功能。目前，软基加固处理、加筋土工程、路堤边坡的植被防护、路基排水、铁路基床加固与处理是路基工程应用土工合成材料的主要场合。

在软土地基加固方面，广泛采用塑料排水带或袋装砂井加速软基的排水固结；采用土工织物或土工网、土工格栅、土工格室补强地基，提高路基的整体稳定性。国外还有采用聚苯乙烯泡沫塑料构筑软土路堤，能减轻路堤自重，减少沉降，提高稳定性。

在加筋土工程方面，采用土工格栅或土工拉筋带建造加筋土挡土墙；采用土工格栅或土工网，提高土质较差的路堤堤身或边坡的稳定性；也可用来加固陡路堤边坡或改善桥头、填挖交界处、新老路基结合部位，处治桥头跳车和路基不均匀沉降。

在路基防护方面，主要采用土工网或土工网垫结合种草；或采用土工格栅结合喷射水泥浆、混凝土，进行路基边坡坡面防护；或采用石笼、沉枕、土工模袋等做冲刷防护；或采用土工网、土工网垫结合植草种树。在风砂地区进行路基边坡防护，还有用覆盖砂石固定浮沙，建立防沙网、沙障阻止沙丘移动；在盐渍土地区，采用复合土工膜隔断毛细水，防止路堤盐渍化。

在路基排水方面，采用土工织物作为反滤层，用于护坡、护墙、挡土墙背面的反滤排水，用于渗沟、暗沟的沟壁反滤排水和浸水路堤的粗、细颗粒填料间的隔离反滤；采用土工膜或复合土工膜，用于路基顶面或底面的防渗及横向排水；采用塑料渗水管和软式透水管，用于引排挡土墙背后及边坡或滑坡体内的地下水。

在铁路基床加固与处理方面，主要采用土工膜、土工织物、土工格室等材料封闭和加固基床表层，处理基床翻浆冒泥、下沉外挤，加固软弱基床；在高寒地区采用聚苯乙烯泡沫塑料板防治基床冻害；采用无纺土工织物及排水管引排地下水等。

11.2　土工合成材料在路基工程中的具体应用

11.2.1　路堤加筋

当路堤的稳定性不足时，可采用土工合成材料加筋，以提高路堤的稳定性。土工合成材料加筋的路堤，当原地基的承载力不足时，应采取适当的措施进行处理，以确保路堤的整体稳定。土工合成材料加筋的路堤，其路堤填方的压实度必须达到规范的压实标准，并宜选择易于压实、能与土工合成材料产生良好摩擦的土料。

1. 材料选择与参数

用于路堤加筋的土工合成材料可采用土工格栅、土工织物、土工网。当土工合成材料单纯用于加筋目的时，宜选择强度高、变形小、糙度大的土工格栅。当仅仅是为防止边坡浅层溜坍，对材料强度要求较低时，采用土工网亦可达到加固的目的。

路堤加筋所选用的土工合成材料，应具有足够的抗拉强度。土工合成材料的容许抗拉强度 T_{ga} 按下式确定：

$$T_{ga} = T_{gu}/K_c \tag{11-1}$$
$$K_c = K_{id} \times K_{cr} \times K_{cd}$$

式中　T_{gu}——土工合成材料的抗拉强度（kN/m）；

　　　K_c——考虑施工损伤、材料老化、材料蠕变等因素的安全系数；

　　　K_{id}——考虑施工损伤的分项安全系数，一般取值 $1.0 \sim 1.3$；

　　　K_{cr}——考虑材料蠕变的分项安全系数，宜根据试验确定，若无试验资料，可取 $2.0 \sim 4.0$；

　　　K_{cd}——考虑化学、生物损伤的分项安全系数，可取 $1.0 \sim 1.5$。

对土工织物，还应具有较高的刺破强度、顶破强度和握持强度等，这些强度除需能满足规范规定的相应验算公式外，还应满足表 11-1 的要求。

土工织物最低强度要求　　　　　　　　　表 11-1

握持强度（kN）	刺破强度（kN）	梯形撕裂强度（kN）	CBR 顶破强度（kN）
≥1.2	≥0.5	≥0.3	≥2.5

土工合成材料与土接触的界面摩擦系数 f_{GS}，应参照规范规定的剪切试验方法，由试验确定。对路基等级条件较低时，可由下式确定：

$$\begin{cases} f_{GS} = 0.667\tan c_q & \text{土工织物} \\ f_{GS} = 0.9\tan \varphi_q & \text{土工格栅、土工网} \end{cases} \tag{11-2}$$

式中　c_q——填料的抗剪强度；

　　　φ_q——参数快剪指标。

2. 结构设计与形式

土工合成材料加筋路堤的结构形式，可根据工程具体情况，遵循技术可行、经济合理、施工方便的原则，选用图 11-6 所示的形式。受地形、地物限制需加陡路堤边坡时，宜选用图 11-6（a）的外边回折的加筋结构形式；其他一般情况，宜选用图 11-6（b）、（c）两种形式。

土工合成材料加筋路堤的设计包括土工合成材料的铺设层数、铺设方式、铺设范围及坡面防护等内容。铺设层数和长度应按圆弧滑动法和楔体滑动法通过稳定性计算确定，包括地基与堤身的整体稳定性、堤身稳定性、平面滑动稳定性（当堤下地基是浅层软弱土层或相对于路堤荷载浅层地基土强度较低时需要验算。加筋路堤平面滑动表现为堤与地基沿下卧硬土层顶面滑动和地基侧向挤出滑动）。筋材的锚固长度除应满足抗拔稳定性计算要求外，亦不得小于 2.5m。土工合成材料加筋的路堤，其边坡必须进行适当的防护，边坡的防护设计应按有关规范进行。

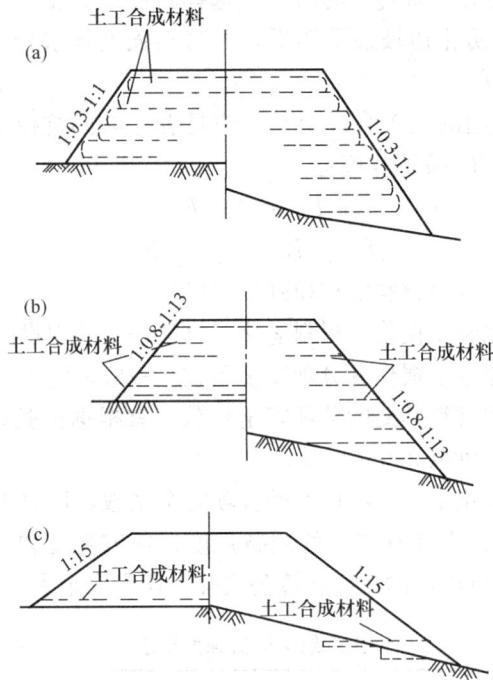

图 11-6　加筋路堤结构形式图

　　土工合成材料不宜直接设置于原地基表面上，宜在原地表设置 30～50cm 砂垫层或其他透水性较好的均质土料后，再铺设土工合成材料。多层加筋土工合成材料应以一定间距分层铺设，各层间距不宜小于一层填土的最小厚度，同时不宜大于 0.6～1.0m；施工时，由于边坡附近 1.0～1.5m 范围内土体压实较困难，因此加筋材料的最小铺设宽度不应小于 2.0～2.5m。

11.2.2　软土地基加固

　　土工合成材料加固软土地基主要有地基的加筋补强和加速排水固结两种。地基加筋补强应选用强度较高、延伸率较小的机织土工织物或土工格栅；加速地基排水固结应选用塑料排水带或袋装砂井。

　　采用土工合成材料加固软土地基，应根据地基情况、路堤高度及稳定、沉降、工期等要求，宜按以下条件确定加固措施：当路堤高度大于设计临界高度 1.0～2.0m，且沉降不受控制时，可采用土工合成材料加筋补强地基；当路堤高度大于设计临界高度 1.5～2.9 倍，且沉降受控制时，可单独采用排水固结法或采用排水固结法与土工合成材料加筋补强综合加固。

　　1. 软土地基的加筋补强

　　用于软土地基加固的加筋材料应选用强度高、延伸率小和不易老化的土工织物或土工格栅，一般要求抗拉强度不小于 35kN/m。土工合成材料设计容许强度还宜根据其与土变形相适应的情况确定：对土工织物可取应变量为 15% 的拉伸应力作为设计容许强度；对于土工格栅，可取抗拉强度的 90% 作为设计容许强度；当填土期较长时，可根据材料变形特性适当的提高。土工织物渗透系数不小于 $5 \times 10^{-3} \mathrm{cm/s}$；土工格栅延伸率不大于 15%。

用土工合成材料加筋补强软土地基，应沿路堤底部横向满铺，筋材铺设层数一般不宜超过三层。应在地表铺设中粗砂或其他透水性好的均质渗水料垫层，垫层厚度不宜小于 40cm，含泥量不宜大于 5%。筋材与砂石等组成加筋垫层，满足约束地基侧向变形、均化基底应力分布、增强路堤抗滑稳定性和提高地基承载力的要求。

土工合成材料加固软土地基的稳定性验算和沉降计算，应该针对可能发生的破坏形式（主要有深层圆弧滑动破坏、浅层水平滑动破坏和地基整体承载破坏），按规范进行计算。

2. 软土地基排水固结加固

用于软土地基排水固结的排水带芯材应具有足够的抗拉强度、耐腐性、柔性和垂直排水能力；滤套应具有一定的强度及反滤能力。袋装砂井袋料应选用韧性强的聚丙烯或其他适用的机织土工织物制成，抗拉强度应能承受砂袋自重，装砂后砂袋的渗透系数不应小于砂的渗透系数，其主要技术指标应满足表 11-2 要求。砂袋内充填料应采用渗水率较高的中粗砂，含泥量不应大于 3%，渗透系数不应小于 $5 \times 10^{-3} \mathrm{cm/s}$。

袋装砂井袋料性能要求 表 11-2

砂井长度（m） 项目	<10	10～15	15～20
抗拉强度（kN/m）	8	12	15
质量（g/m²）	85	90	95
规格（经×纬）（根/10cm）	40×40		
渗透系数（cm/s）	大于 5×10^{-3}		
等效孔径（mm）	$O_{95} > 0.05$		

排水带或袋装砂井平面布置可用正三角形或正方形布置。在加固地基表面应铺设砂垫层，其厚度不宜小于 40cm，砂料应选用中粗砂，含泥量不宜大于 5%。排水带或袋装砂井的间距及插入深度应根据地基情况、沉降及稳定等要求，按渗透固结理论计算确定。加固地基的固结度采用太沙基固结理论计算；当插入较深、施工对地基扰动较大时，地基固结度宜考虑涂抹和井阻作用的影响。

11.2.3 路基防护

土工合成材料用于路基防护，主要包括坡面防护、冲刷防护以及其他特殊防护。坡面防护用于防护易受自然因素影响而破坏的土质或岩石边坡；冲刷防护用于防护水流对路基的冲刷与淘刷。

1. 坡面防护

(1) 土质边坡防护

对适合植物生长而土质较差的路基边坡，可采用土工网垫、土工网植物防护。如拉伸网草皮、固定草种布、网格固定撒种等方式，如图 11-7、图 11-8

所示。边坡坡度不宜陡于 1∶1，陡于 1∶1 时宜设草籽垫，并选用根系发达、茎矮叶茂的多年生植物。

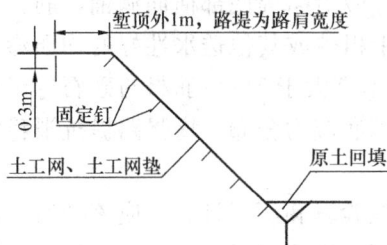

图 11-7　土工网、土工网垫铺设示意图

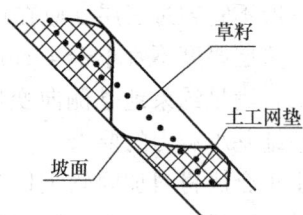

图 11-8　土工网垫种草示意图

拉伸网草皮护坡方法是在草皮生产基地，在平整的水泥地坪上铺 3～5cm 的种植土层，土工网或土工垫布置在种植土层的中间，然后撒种、养护，待草苗旺盛，土体、土工网或土工垫与草根系固定后，成捆送至施工地点进行铺设。草皮宽度宜为 1.5～2.5m，每捆长度宜为 4～6m。

固定草种布（也可称植生带）护坡方法是在土工织物纺织时，将草种固定于土工织物中，然后到现场铺筑，促使草皮生长、形成植被护坡层。

网格固定撒种护坡方法是先将土工网固定于需防护的边坡上，然后撒播草种形成草皮。

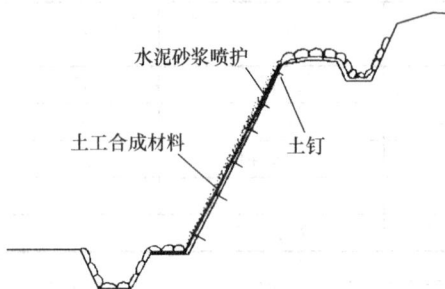

图 11-9　土工网、土工格栅挂网喷浆防护

（2）岩质边坡防护

不适合植物生长的稳定破碎岩层、易于风化岩层及土质边坡，可采用土工网或土工格栅进行防护，如图 11-9 所示。边坡坡度宜缓于 1∶0.3。可采用裸露式或埋藏式两种防护方式，裸露式是指将土工格栅直接固定并裸露于岩面；埋藏式是指将土工网或土工格栅固定于岩面后再用水泥砂浆喷护。

裸露式防护方法适用于临时性工程边坡的防护或永久型工程边坡的临时防护。对永久型工程的边坡，在更换土工网或土工格栅较方便的场合，也可采用这种防护方式。裸露式防护应采用强度较高的土工格栅，埋藏式防护可采用土工网或土工格栅。其性能指标应达到表 11-3 的要求。

岩石边坡防护土工网、土工格栅的性能要求　　　　表 11-3

防护方式	抗拉强度（kN/m）	网格尺寸（mm）
裸露式	≥25	单向拉伸格栅　长边≤150
		双向拉伸格栅　≤100
埋藏式	≥8	单向拉伸格栅　长边　≤150
		双向拉伸格栅　≤100
		土工网　25～140

此外，用于坡面防护的土工材料，其基本性能还应满足下列要求：

① 暴露状态下使用寿命不少于 5 年；

② 土工网垫水土保持能力系数不小于 5；

③ 土工网垫 30min 时回弹恢复率不低于 80%；

④ 用于喷浆或喷射混凝土防护的土工网、土工格栅网孔孔径不小于 40mm；

⑤ 当土工网、土工格栅延伸率为 5% 时，抗拉强度不低于 10kN/m。

2. 冲刷防护

土工合成材料可与土、石、混凝土等结合，覆盖于坡面或河底，构成抗冲刷护坡。一般可采用土工合成材料石笼或沉枕（土工织物软体沉排）、土工模袋等冲刷防护类型，其适用条件见表 11-4 所示，可根据情况选择采用。

冲刷防护工程类型及适用条件　　　　　　　表 11-4

防护类型	结构形式	适用条件
土工格栅或土工网石笼	用土工格栅或土工网等制成箱形或圆柱形，笼内装块石、卵石形成条体或块体	适用于临时工程，流速 4～5m/s，无滚石河段
土工织物沉枕	土工织物缝成管袋，内填砂石料等制成的枕状物	流速 4～5m/s，冲刷较严重的护坡、护底，如丁坝、顺坝等
土工模袋	土工模袋内充填流动性水泥砂浆或混凝土，厚度视工程需要确定。分有滤排水点和无滤排水点	护坡坡度不陡于 1∶1.5，充填水泥砂浆的，容许流速为 2～3m/s；充填混凝土的，容许流速为大于 3m/s 的水上、水下工程

（1）土工合成材料石笼和沉枕

石笼与沉枕应具有足够大的体积和质量，确保其稳定性。其尺寸宜通过抗滑稳定、抗浮稳定和水流作用下的稳定计算确定。一般地，石笼长 2～3m，宽 1～3m，高 1m；圆柱体时直径 1m。土工织物沉枕直径一般为 0.6～1.0m，长 5m 或 10m，沿其长轴每隔 30～50cm 用 $\phi4～5mm$ 的合成材料筋绳捆扎一圈作为加固腰箍。土工格栅或土工网石笼内应选用卵石、块石充填，块径应大于网孔尺寸，一般为 8cm×10cm 或 10cm×12cm；为保证其稳定性，宜在其防护范围内的上、下端设锚固措施，上端设桩悬挂，或以锚钉固定，下端则嵌入脚槽中；制作沉枕的管袋材料宜为机织型土工织物，其经纬向抗拉强度不应小于 12kN/m。

（2）土工模袋

模袋必须铺放在稳定的边坡上，必要时应进行土坡稳定性分析，校核其稳定性，如图 11-10 所示。一般情况下模袋护坡坡度不得陡于 1∶1.5～1∶1。模袋铺设前，应对坡面进行处理，土工模袋还应进行相应的边界处理和满足一定的构造要求。土工模袋应具有一定的抗拉强度和耐老化能力，必须能承受 0.2MPa 以上的压力，具有合适的孔隙率，能满足反滤要求。

模袋设计应按工程具体条件选用混凝土或砂浆模袋，并进行模袋混凝土护坡厚度计算、稳定性校核和抗滑措施等设计。模袋护坡厚度可分别按照抗弯曲应力、抗浮动、抗冰推力、抗滑动计算，取其大值。一般常用的竣工后的砂浆模袋护坡平均厚度不应小于 10cm，混凝土模袋护坡平均厚度不应小于 15cm。

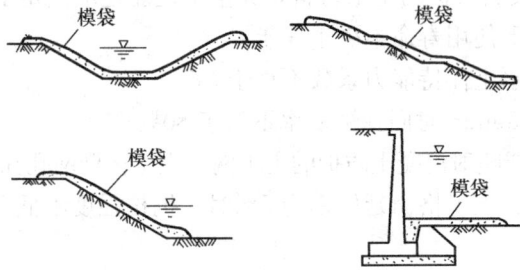

图 11-10　土工模袋的应用及铺设

3. 风沙防护

粉砂、细砂填筑的路堤边坡及粉细砂地层路堑边坡，可选用土工网、土工网垫等作为风蚀防护层。防护断面形式如图 11-11、图 11-12 所示。在沙层含水量大于 2% 的风沙区，可采用土工网与植物相结合的措施。路基两侧防沙工程的设计应采取固沙与阻沙相结合的防沙措施，固沙措施宜采用土工网、土工网垫等覆盖于沙面或沙地上固定浮沙；阻沙措施宜采用土工网方格沙障和高立式土工合成材料防沙网沙障。有关风沙防护的设计计算可参照《铁路路基土工合成材料应用技术规范》TB 10118—99。

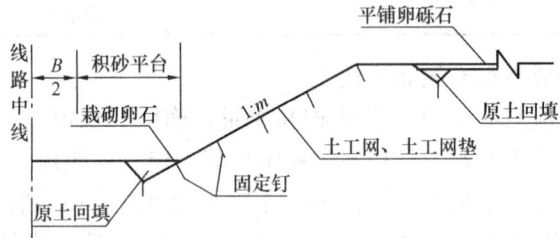

图 11-11　路堑坡面防护断面

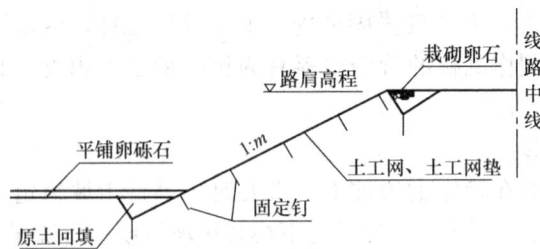

图 11-12　路堤坡面防护断面

4. 盐渍土路基隔断层设计

盐渍土路基的路肩高程不能满足要求时，可采用复合土工膜设置毛细水隔断层，防止路堤再盐渍化。对于新建路基，复合土工膜隔断层宜设置在路堤底部，横断面设计形式如图 11-13 所示；对于既有线路的改建，隔断层宜设在路肩下一定深度。复合土工膜宜选用二布一膜形式。

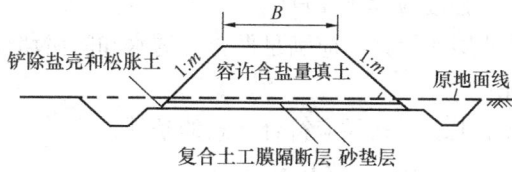

图 11-13　路基横断面形式图

此外，复合土工膜还须满足下列技术指标及性能：

① 膜厚不应小于 0.35mm，渗透系数不应大于 10^{-11}cm/s；

② 具有长期的对硫酸盐、氯盐、碳酸盐的耐腐蚀性和抗老化性能；

③ 顶破强度应大于 1.5kN；

④ 在寒冷地区使用还应满足抗冻要求。

11.2.4　路基排水

土工合成材料可单独或与其他材料配合，作为过滤体和排水体用于暗沟、渗沟、坡面防护等工程结构中。其主要应用场合如图 11-14 所示。反滤材料宜选用无纺土工织物，隔水防渗材料宜选用土工膜或复合土工膜，排水管可选用带孔塑料管或软式透水管。

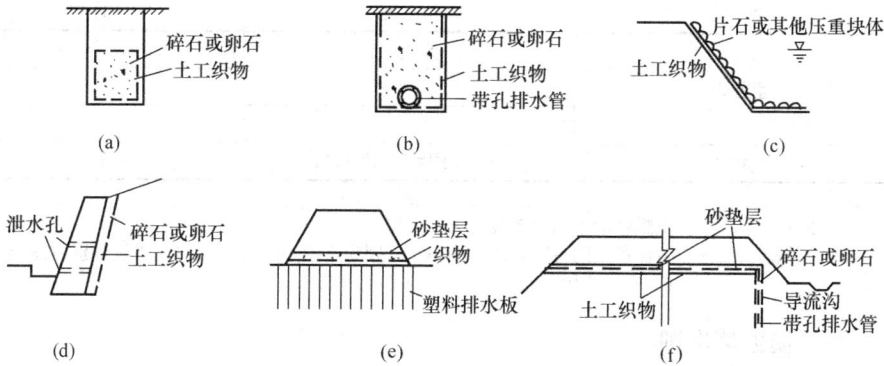

图 11-14　过滤与排水的主要应用形式

（a）暗沟；（b）渗沟；（c）坡面防护；（d）支挡结构壁墙后排水；

（e）软基路堤地基表面排水垫层；（f）处治翻浆冒泥和季节性冻土的导流沟

1. 土工织物用于反滤

土工织物作反滤层适用于以下工程情况：坡面防护的护坡、护墙及路基挡土墙背后的砂砾石反滤层；截排地表水或地下水的暗沟、渗沟中，当沟壁为细粒土或粉细砂时，其截水部分的无砂混凝土或砂砾石反滤层；浸水路堤的粗、细颗粒土填料间的砂砾石反滤层。

对 $d_{85}<0.075$mm 的土层不宜单独使用土工织物作反滤层，可在土工织物与土体间设置含泥量小于 5% 的砂层。

作反滤层的土工织物必须耐腐蚀、抗老化，具有较好的透水性能。土工织物的单位面积质量宜为 $300\sim500$g/m²，刺破强度应大于 400N，顶破强度应大于 1.5kN，撕裂强度应大于 400N。

土工织物作反滤层的设计，应满足保土、透水和防淤堵设计准则。

（1）保土准则

保土准则要求土工织物孔径应符合下式的条件：

$$O_{95} \leqslant B_s d_{85} \tag{11-3}$$

式中　O_{95}——织物的等效孔径（mm）；

　　　d_{85}——被保护土的特征粒径（mm），即土中小于该粒径的土质量占总质量的 85%；

　　　B_s——与被保护土的类型、级配、织物品种和状态有关的经验系数。B_s 值可按表 11-5 选取。

（2）透水准则

土工织物的透水性应符合下式要求：

$$k_g = A \cdot k_s \tag{11-4}$$

式中　k_g——土工织物的渗透系数（cm/s）；

　　　k_s——被保护土的渗透系数（cm/s）；

　　　A——无因次系数，取值范围 1~10，细粒土和重要工程取高值。

B_s 值表　　　　　　　　　　　　　表 11-5

土　类	条　件	B_s 值
粗粒土	$C_u > 8$ 或 $C_u < 2$	1
	$C_u = 4$	2
	其　余	1~2
细粒土	无纺土工织物 $O_{95} \leqslant 0.3$mm	1.8

注：$C_u = d_{60}/d_{10}$

　　式中　　C_u——土颗粒的不均匀系数；

　　　　　d_{60}，d_{10}——被保护土的特征粒径（mm），分别为土中小于该粒径的土质量分别占总质量的 60% 和 10%。

（3）防淤堵准则

一般情况下应满足下式的条件：

$$O_{95} \geqslant 3d_{15} \tag{11-5}$$

式中　d_{15}——被保护土的特征粒径（mm），即土中小于该粒径的土质量占总质量的 15%。

此外，用土工合成材料处治冒泥翻浆或季节性冻融翻浆时，需在土工合成材料上铺设 10~20cm 中粗砂保护层，在其下铺设 5~10cm 的中粗砂垫层，共同形成一组完善的过滤层。砂层间的土工合成材料除满足上述过滤设计准则要求外，其孔径还需满足下式要求：

反滤均匀：

$$O_{95} > 2d_{50} \tag{11-6}$$

2. 土工织物用于排水

土工合成材料应与工程中的其他排水结构充分配合，形成完善的排水体系，排除地下水、地表水和结构中多余水分。

土工合成材料用于截排地表水或地下水的渗沟不长、渗水量不大时，可采用土工织物包裹碎石或砂砾石，如图 11-14（a）所示；渗沟较长、渗水量较大时，可在渗沟底部设置软式透水管或带孔塑料渗水管，如图 11-14（b）所示。渗沟的布置、断面尺寸及渗水管管径应根据排水要求和渗水量大小计算确定。一般地，塑料渗水管管径取 20～30cm，软式透水管管径取 5～20cm。此外，渗水管材应质量轻、耐化学腐蚀，可在－25～60℃条件下应用，使用寿命长，有良好的透水、渗滤纵向排水性能，并具有较高抗拉、抗压强度和环形刚度，满足设计规定的要求。用做包裹的土工织物应满足反滤的设计要求。

路堑边坡或滑坡体内的地下水，宜在仰斜泄水钻孔中插入软式透水管或带孔塑料渗水管引排。泄水孔位布置、直径及长度可根据含水层水文地质情况确定，仰斜角度一般 10°～15°，困难时不应小于 5°。

地下水发育地段的路堑挡土墙，可沿墙背斜向平行设置多条软式透水管或塑料渗水管，倾斜角度一般为 45°，并与沿墙底纵向设置的较大管径渗水管连接。斜向渗水管的管径及其布设应根据地下水发育情况确定，一般管间距为 2～3m，管径可选用 5～10cm，纵向渗水管管径可选用 8～20cm。

11.2.5 铁路基床加固与处理

新建铁路基床需进行加固和处理时，经比选可采用土工合成材料进行加固、防渗、反滤和排水处理。既有线基床翻浆冒泥病害，可采用土工合成材料进行整治；既有线基床下沉外挤、道砟陷槽较深、积水严重等病害，可采用土工合成材料加强基床和改善排水条件；基床冻害可采用铺设土工合成材料隔离防渗层、保温层并结合降排水进行防治。

1. 材料选择

既有线基床翻浆冒泥的整治宜选用土工膜或复合土工膜；病害轻微时，可采用 $300g/m^2$ 以上的无纺土工织物。基床下沉外挤、深陷槽、严重积水等病害的整治宜采用土工格室，其高度应根据病害的严重程度选择，土工格室内宜填充中粗砂、砾石并压实。道砟陷槽、积水病害整治宜选用软式透水管引排积水。基床冻害防治，宜选用土工膜或复合土工膜，冻害较轻时，也可选用较厚的无纺土工织物。冻害严重时，还应上铺保温材料。保温材料可选用厚度不小于 5cm 的聚苯乙烯泡沫塑料板。

新建铁路加固处理基床时，根据具体情况可选用下列土工合成材料：①基床防地表水下渗，可选用土工膜或复合土工膜；②引排地下水，可选用塑料排水板、较厚的无纺土工织物；或土工织物包裹碎石、砂、砾石的横向或纵向渗沟；③软弱基床，宜采用土工格室加强基床；④冻害地区，除了采取上述防渗或反滤排水的措施外，可于基床表层的砂垫层中夹铺聚苯乙烯泡沫塑料板保温层。

2. 材料铺设

（1）铺设位置

在既有线采用土工合成材料整治基床翻浆冒泥、冻害时，在清除基床表面软化薄层后，即可把土工合成材料铺设在基床表面（图 11-15）。清除基床表面后，不必恢复原梯形路拱，可以以线路中心原梯形路拱顶为基准，把梯形路拱改为三角形路拱。三角形路拱的排水坡应不小于 4%。土工合成材料上、下均应设置砂保护层，上部砂层厚不小于 0.10m，下部砂层厚不小于 0.05m，总厚度应不小于 0.20m，在双层道床地段可利用道床的砂垫床，在单层道床地段可将下部 0.10m 厚的道砟置换为砂层。

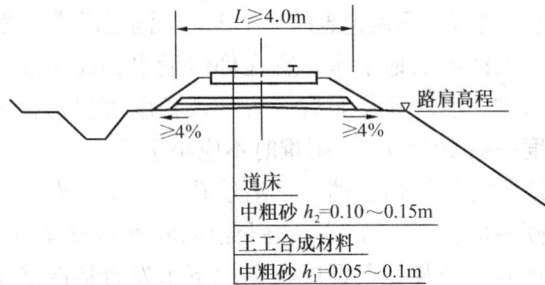

图 11-15 土工合成材料铺设在基床表面

在既有线采用土工格室加固基床、整治基床下沉外挤等病害时，应将其作为置换层铺设在基床表层内，如图 11-16 所示。置换的材料厚度视病害程度而定。土工格室下中粗砂保护层厚度不小于 0.05m，土工格室与砂层之间视具体需要加设 150～200g/m² 土工织物 1～2 层，其作用是隔离、反滤、排水和加筋。土工格室上即路基面上，可直接铺设碎石道床。为了保证置换层的排水通畅，土工格室两侧应依次设置碎石反滤层、干砌片石路肩（或留有泄水孔的浆砌片石路肩）。

新建铁路处理路基基床时，宜将土工合成材料铺设在基床表层内，如图 11-16 所示。

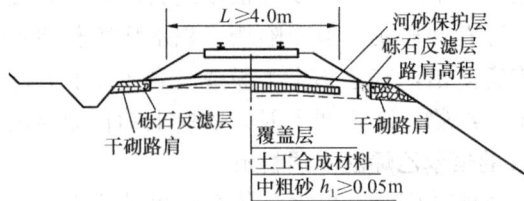

图 11-16 土工合成材料铺设在基床表层内

注：土工合成材料右侧所示为土工格室，左侧所示为其他土工合成材料

（2）铺设深度

土工合成材料铺设深度不应小于道床标准厚度，铺设土工合成材料后，不应降低原有道床的标准厚度。

土工合成材料下的基床土应具有不致使材料破坏的压实度与承载力，不满足时可清除软弱层、降低材料铺设面或对基床土采取辅助性的其他改良、补强措施。

（3）铺设宽度

一般地区的土工合成材料的铺设宽度，应满足轨道与列车等上部荷载作用于路基面上的应力分布宽度（即沿轨枕两端头底面起以 45°扩散角传力至路基面），且不外露于道床。土工合成材料的铺设宽度与铺设深度有关，根据实际应用，单线铁路不应小于 4.0m，并行等高双线铁路，不应小于线间距加 4.0m。

冻害防治、膨胀岩（土）处理地段的整治，路基面需"全封闭"隔、排水，土工合成材料应全断面铺设，并与片石路肩、侧沟配合应用。

思考题

1. 土工合成材料有哪些类型？

2. 土工合成材料的性能指标包括哪些内容？

3. 如何应用土工合成材料提高路堤的稳定性？

4. 如何应用土工合成材料对软土地基进行加固？

5. 如何应用土工合成材料进行路基防护？

6. 土工合成材料在路基排水中的应用有哪些？

参 考 文 献

[1] 中华人民共和国行业标准. TB10001—2005 铁路路基设计规范 [S]. 北京：中国铁道出版社，2005.

[2] 中华人民共和国行业标准. TB10621—2014 高速铁路设计规范 [S]. 北京：中国铁道出版社，2014.

[3] 中华人民共和国行业标准. TB10751－2010 高速铁路路基工程施工质量验收标准 [S]. 北京：中国铁道出版社，2010.

[4] 中华人民共和国行业标准. 铁建设函 [2005] 285 号 新建时速 200km 客货共线铁路设计暂行规定 [S]. 北京：中国铁道出版社，2005.

[5] 中华人民共和国行业标准. 铁建设 [2005] 140 号 新建时速 200－250 公里客运专线铁路设计暂行规定（上）[S]. 北京：中国铁道出版社，2005.

[6] 中华人民共和国行业标准. TB10414—2003 铁路路基工程施工质量验收标准 [S]. 北京：中国铁道出版社，2003.

[7] 中华人民共和国铁道部. TB10035—2006 铁路特殊路基设计规范 [S]. 北京：中国铁道出版社，2006.

[8] 刘建坤，童长江，房建宏. 寒区岩土工程引论 [M]. 北京：中国铁道出版社，2005.

[9] 陈肖柏，刘建坤，刘鸿绪等. 土的冻结作用与地基 [M]. 北京：科学出版社，2006.

[10] 刘建坤，曾巧玲，侯永峰. 路基工程 [M]. 北京：中国建筑工业出版社，2006.

[11] 池淑兰，孔书祥. 路基工程（第三版）[M]. 北京：中国铁道出版社，2014.

[12] 杨广庆等主编. 高速铁路路基设计与施工 [M]. 北京：中国铁道出版社，1999.

[13] 中华人民共和国铁道部. 铁建设 [2007] 47 号. 新建时速 300－350 公里客运专线铁路设计暂行规定（上、下）[S]. 北京，2007.

[14] 铁道部第一勘测设计院. 铁路工程设计技术手册——路基. 北京：中国铁道出版社，1995.

[15] 中华人民共和国铁道部. TB10025—2006 铁路路基支挡结构设计规范（2009 局部修订版）[S]. 2006.

[16] 中华人民共和国铁道部. GB50111—2006 铁路工程抗震设计规范（2009 局部修订版）[S]. 北京：中国计划出版社，2009.

高等学校土木工程学科专业指导委员会规划教材（专业基础课）
（按高等学校土木工程本科指导性专业规范编写）

征订号	书　名	定价	作　者	备　注
V21081	高等学校土木工程本科指导性专业规范	21.00	高等学校土木工程学科专业指导委员会	
V20707	土木工程概论（赠送课件）	23.00	周新刚	土建学科专业"十二五"规划教材
V22994	土木工程制图（含习题集、赠送课件）	68.00	何培斌	土建学科专业"十二五"规划教材
V20628	土木工程测量（赠送课件）	45.00	王国辉	土建学科专业"十二五"规划教材
V21517	土木工程材料（赠送课件）	36.00	白宪臣	土建学科专业"十二五"规划教材
V20689	土木工程试验（含光盘）	32.00	宋　彧	土建学科专业"十二五"规划教材
V19954	理论力学（含光盘）	45.00	韦　林	土建学科专业"十二五"规划教材
V20630	材料力学（赠送课件）	35.00	曲淑英	土建学科专业"十二五"规划教材
V21529	结构力学（赠送课件）	45.00	祁　皑	土建学科专业"十二五"规划教材
V20619	流体力学（赠送课件）	28.00	张维佳	土建学科专业"十二五"规划教材
V23002	土力学（赠送课件）	39.00	王成华	土建学科专业"十二五"规划教材
V22611	基础工程（赠送课件）	45.00	张四平	土建学科专业"十二五"规划教材
V22992	工程地质（赠送课件）	35.00	王桂林	土建学科专业"十二五"规划教材
V22183	工程荷载与可靠度设计原理（赠送课件）	28.00	白国良	土建学科专业"十二五"规划教材
V23001	混凝土结构基本原理（赠送课件）	45.00	朱彦鹏	土建学科专业"十二五"规划教材
V20828	钢结构基本原理（赠送课件）	40.00	何若全	土建学科专业"十二五"规划教材
V20827	土木工程施工技术（赠送课件）	35.00	李慧民	土建学科专业"十二五"规划教材
V20666	土木工程施工组织（赠送课件）	25.00	赵　平	土建学科专业"十二五"规划教材
V20813	建设工程项目管理（赠送课件）	36.00	臧秀平	土建学科专业"十二五"规划教材
V21249	建设工程法规（赠送课件）	36.00	李永福	土建学科专业"十二五"规划教材
V20814	建设工程经济（赠送课件）	30.00	刘亚臣	土建学科专业"十二五"规划教材